大中型批发零售和住宿餐饮企业统计年鉴

国家统计局贸易外经统计司 编

© 中国统计出版社 2018
版权所有。未经许可，本书的任何部分不得以任何方式在世界任何地区以任何文字翻印、拷贝、仿制或转载。

© 2018 China Statistics Press
All rights reserved. No part of the publication may be reproduced or transmitted in any form or by any means, electronic or mechanical, including photocopying, recording, or any information storage and retrieval system, without written permission from the publisher.

图书在版编目（CIP）数据

大中型批发零售和住宿餐饮企业统计年鉴 . 2018 / 国家统计局贸易外经统计司编 . -- 北京 : 中国统计出版社 , 2018.10
ISBN 978-7-5037-8701-0

Ⅰ . ①大 … Ⅱ . ①国 … Ⅲ . ①批发业－统计资料－中国－ 2018 －年鉴②零售业－统计资料－中国－ 2018 －年鉴③饭店业－统计资料－中国－ 2018 －年鉴④饮食业－统计资料－中国－ 2018 －年鉴 Ⅳ . ① F721.7-54 ② F719-54

中国版本图书馆 CIP 数据核字 (2018) 第 222601 号

大中型批发零售和住宿餐饮企业统计年鉴—2018

作　　者 / 国家统计局贸易外经统计司
责任编辑 / 王振宇
封面设计 / 李雪燕　王　芳
出版发行 / 中国统计出版社
通信地址 / 北京市丰台区西三环南路甲 6 号　邮政编码 /100073
电　　话 / 邮购（010）63376909　书店（010）68783171
网　　址 / http://www.zgtjcbs.com
印　　刷 / 北京厚诚则铭印刷有限公司
经　　销 / 新华书店
开　　本 /880×1230 毫米　1/16
字　　数 /855 千字
印　　张 /27.5
版　　别 /2018 年 10 月第 1 版
版　　次 /2018 年 10 月第 1 次印刷
定　　价 /380.00 元

如有印装差错，由本社发行部调换。

《大中型批发零售和住宿餐饮企业统计年鉴—2018》

编辑成员

顾　　问：宁吉喆

主　　编：贾　楠

副 主 编：孟庆欣　蔺　涛

编辑主任：冶静怡　卢　山

编辑人员：（以姓氏笔画为序）

万　萍　王月香　申俊利　付加奇　付　媛

刘旭玲　刘　洋　刘晓燕　汤魏巍　严先溥

杜　燕　李　敏　张　敏　陈群林　罗卫华

胡春霖　姚　虎　袁　彦　夏　欢

责任编辑：王振宇

编辑说明

一、《大中型批发零售和住宿餐饮企业统计年鉴—2018》系统收录了全国和各省、自治区、直辖市大中型批发零售和住宿餐饮业企业基本情况、经营情况和主要财务情况的2017年年报数据，是一部全面反映中国大中型批发和零售业、住宿和餐饮业企业改革和发展状况的资料性年刊。

二、本年鉴正文内容分为4部分：1. 综合篇；2. 地区篇；3. 行业篇；4. 企业篇。同时设有3个附录：1. 统计上大中小微型企业划分办法；2. 批发和零售业、住宿和餐饮业统计限额标准；3. 主要统计指标解释。

三、本年鉴对所用略语和主要统计指标解释、统计范围和统计方法作了简要说明。

四、本年鉴中所使用的企业划型标准，采用国家统计局于2017年12月印发的《统计上大中小微型企业划分办法(2017)》。

五、本年鉴中涉及的全国性统计资料，均未包括香港、澳门特别行政区和台湾省数据。

六、本年鉴中所使用的度量衡单位，均为国际统一标准计量单位。

七、本年鉴表中的“空格”表示该项统计指标数据不足本表最小单位数、不详或无该项数据。

八、本年鉴中涉及到的历史数据，均以最新出版的本年鉴数据为准；本年鉴中部分数据合计数或相对数由于单位取舍不同而产生的计算误差，均未做机械调整。

目 录

综合篇

地区篇

行业篇

企业篇

附 录

综合篇

简要说明：

一、本篇资料主要内容为全国大中型批发和零售业、住宿和餐饮业企业单位数和从业人员数情况；大中型批发和零售业企业商品购、销、存情况；大中型住宿和餐饮业企业经营情况；大中型批发和零售业、住宿和餐饮业企业主要财务及经济效益指标等。

二、大中型批发和零售业、住宿和餐饮业企业采用全面调查方法。

三、批发和零售业、住宿和餐饮业大中型企业划分依据《统计上大中小微型企业划分办法》，具体见附录Ⅰ。

1-1 大中型批发和零售业企业基本情况

项 目	批发业					
	大中型		大型		中型	
	2017年	2016年	2017年	2016年	2017年	2016年
一、法人单位数(个)	**31914**	**29571**	**2489**	**2362**	**29425**	**27209**
二、年末从业人数(万人)	**395.9**	**387.3**	**190.7**	**193.9**	**205.2**	**193.4**
三、商品购、销、存情况(亿元)						
商品购进额	327416.3	282216.3	136410.7	119241.9	191005.6	162974.4
商品销售额	360917.5	311366.3	154840.2	135451.9	206077.4	175914.4
期末商品库存额	24514.0	20822.4	11167.3	8837.8	13346.7	11984.6
四、实收资本及构成(亿元)						
实收资本	22980.2	18814.7	8520.2	6526.4	14460.0	12288.4
国家资本	5602.7	4889.3	2351.6	2034.5	3251.1	2854.8
集体资本	307.0	248.1	96.7	74.4	210.3	173.7
法人资本	9780.8	7049.6	3519.3	2068.1	6261.6	4981.4
个人资本	3869.8	3658.9	471.6	540.0	3398.1	3118.9
港澳台资本	1396.0	1229.7	791.5	680.3	604.5	549.4
外商资本	2023.9	1739.1	1289.5	1128.9	734.4	610.2
五、主要财务指标(亿元)						
(一)年末资产负债						
流动资产合计	125964.7	110464.7	54250.4	47362.7	71714.3	63102.0
固定资产原价	10797.2	10542.2	5980.0	5774.9	4817.2	4767.3
累计折旧	4211.3	4046.1	2488.1	2404.9	1723.2	1641.2
资产总计	164153.0	147558.8	71517.0	63564.3	92636.0	83994.5
负债合计	116026.0	102742.3	48269.6	42016.8	67756.4	60725.4
所有者权益	48170.4	44793.0	23291.1	21525.0	24879.3	23268.0
(二)损益及分配						
主营业务收入	317004.9	276943.0	135325.6	119360.1	181679.3	157583.0
主营业务成本	292659.0	254341.8	120488.0	105486.2	172171.0	148855.6
主营业务税金及附加	2287.3	2234.1	1798.0	1724.5	489.3	509.6
主营业务利润	22058.6	20367.2	13039.6	12149.4	9019.0	8217.8
其他业务利润	889.4	817.7	557.4	391.9	332.0	425.7
销售费用	10388.2	9138.1	6664.3	5870.3	3723.9	3267.7
管理费用	4659.5	4424.1	2392.3	2308.0	2267.2	2116.1
财务费用	1182.7	1195.6	249.4	291.5	933.3	904.2
营业利润	7776.5	6904.3	4777.8	4430.4	2998.7	2473.9
利润总额	8158.2	7547.6	4934.6	4712.4	3223.6	2835.2
所得税费用	1702.9	1606.2	1089.5	984.2	613.4	622.0
应付职工薪酬	4663.5	4064.2	2777.4	2459.1	1886.1	1605.0
应交增值税	3685.5	3182.7	2087.7	1891.3	1597.7	1291.4

1-1 续表

项目	零售业					
	大中型		大型		中型	
	2017年	2016年	2017年	2016年	2017年	2016年
一、法人单位数(个)	**27671**	**28108**	**2304**	**2435**	**25367**	**25673**
二、年末从业人数(万人)	**541.9**	**564.2**	**249.6**	**266.3**	**292.3**	**297.9**
三、商品购、销、存情况(亿元)						
商品购进额	79289.7	82557.5	33906.5	35583.6	45383.2	46973.9
商品销售额	93972.4	96741.2	42430.9	43562.8	51541.6	53178.5
期末商品库存额	9378.8	8676.7	4157.7	3342.2	5221.1	5334.4
四、实收资本及构成(亿元)						
实收资本	10640.6	9179.7	3085.5	3149.0	7555.1	6030.7
国家资本	1175.1	1279.0	731.8	820.5	443.3	458.6
集体资本	211.8	291.5	109.0	92.4	102.8	199.1
法人资本	4449.8	4027.1	1226.9	1037.7	3222.9	2989.4
个人资本	2017.0	2246.8	375.4	473.2	1641.6	1773.6
港澳台资本	2171.2	733.5	264.7	327.0	1906.5	406.5
外商资本	615.6	601.8	377.6	398.3	238.0	203.5
五、主要财务指标(亿元)						
(一)年末资产负债						
流动资产合计	32845.8	32046.1	15822.8	15708.2	17023.0	16337.9
固定资产原价	9676.9	9902.2	4795.9	4887.8	4881.1	5014.4
累计折旧	3586.6	3461.3	1919.2	1865.2	1667.3	1596.1
资产总计	49116.4	48252.0	23785.5	24261.7	25331.0	23990.3
负债合计	33621.4	34152.5	15785.9	16256.9	17835.5	17895.6
所有者权益	15469.6	14064.9	7974.9	7974.7	7494.7	6090.2
(二)损益及分配						
主营业务收入	81644.6	83945.5	36125.7	37069.3	45518.8	46876.2
主营业务成本	71429.3	74122.1	30735.1	31983.8	40694.1	42138.3
主营业务税金及附加	334.9	341.1	149.2	147.6	185.7	193.5
主营业务利润	9880.4	9482.3	5241.4	4938.0	4639.0	4544.3
其他业务利润	904.2	934.4	492.9	549.2	411.3	385.2
销售费用	6245.9	5804.6	3666.7	3379.6	2579.2	2425.0
管理费用	2561.4	2573.3	1189.5	1193.6	1371.9	1379.7
财务费用	493.8	563.5	133.9	171.4	359.9	392.1
营业利润	1948.0	1841.6	1036.8	1004.1	911.2	837.5
利润总额	2050.9	1919.0	1079.5	1077.7	971.4	841.3
所得税费用	422.8	383.0	210.8	206.9	212.0	176.1
应付职工薪酬	3350.2	3136.7	1691.1	1585.8	1659.1	1551.0
应交增值税	1378.6	1292.9	622.8	609.5	755.8	683.4

1-2 大中型批发和零售业企业单位数和从业人数

项目	法人单位数(个)		年末从业人数(人)	
	限额以上	大中型	限额以上	大中型
总 计	**200170**	**59585**	**11837989**	**9377170**
一、批发业	**100988**	**31914**	**5063213**	**3958576**
(一)按登记注册类型分				
1.内资企业	**96000**	**29134**	**4331273**	**3263622**
国有企业	1887	1102	310232	280980
集体企业	431	135	21651	13396
股份合作企业	105	33	3096	1835
联营企业	17	4	1088	915
国有联营企业	5	NA	457	387
集体联营企业	6	NA	125	78
国有与集体联营企业	NA	NA	467	450
其他联营企业	NA		39	
有限责任公司	29638	11162	1680898	1368098
国有独资公司	1548	947	163037	148465
其他有限责任公司	28090	10215	1517861	1219633
股份有限公司	2106	1278	446659	427149
私营企业	61032	15186	1834929	1156275
私营独资企业	472	89	10149	4059
私营合伙企业	50	9	1124	587
私营有限责任公司	59176	14588	1753848	1097418
私营股份有限公司	1334	500	69808	54211
其他企业	784	234	32720	14974
2.港、澳、台商投资企业	**2299**	**1198**	**320168**	**299690**
合资经营企业	328	176	27619	24167
合作经营企业	17	12	1962	1894
独资经营企业	1843	958	275351	259372
投资股份有限公司	54	28	7101	6636
其他港澳台商投资企业	57	24	8135	7621
3.外商投资企业	**2689**	**1582**	**411772**	**395264**
中外合资经营企业	380	225	49368	46433
中外合作经营企业	18	9	1359	1222
外资企业	2175	1292	338180	326003
外商投资股份有限公司	49	27	9461	9075
其他外商投资企业	67	29	13404	12531

注：NA表示小于或等于3(下表同)。

1-2 续表 1

项 目	法人单位数(个)		年末从业人数(人)	
	限额以上	大中型	限额以上	大中型
(二)按国民经济行业分				
农、林、牧产品批发	4946	1564	200839	123074
食品、饮料及烟草制品批发	10983	4234	1021175	848140
米、面制品及食用油批发	1754	645	106758	83554
肉、禽、蛋、奶及水产品批发	1744	588	108839	82493
酒、饮料及茶叶批发	2259	916	232209	198144
烟草制品批发	510	478	249264	247437
纺织、服装及家庭用品批发	13316	4410	833329	689559
服装批发	2820	1152	253350	219554
鞋帽批发	974	329	65672	54559
家用电器批发	1802	776	172043	153246
文化、体育用品及器材批发	3203	1197	209118	172842
文具用品批发	1027	311	33830	23727
体育用品及器材批发	201	90	13650	11785
图书批发	298	174	42997	38414
医药及医疗器材批发	8008	4685	704476	616575
西药批发	3612	2558	386129	352159
中药批发	1834	1126	175238	151462
矿产品、建材及化工产品批发	39971	8846	1181318	813733
煤炭及制品批发	4538	1127	143938	98791
石油及制品批发	4452	1502	355263	317450
金属及金属矿批发	12553	2316	236333	142354
建材批发	5949	1208	153732	86595
化肥批发	1608	447	59088	37755
农药批发	277	106	13526	10219
机械设备、五金产品及电子产品批发	16568	5919	782269	606876
汽车批发	1711	652	93422	79353
计算机、软件及辅助设备批发	1368	565	65332	52298
通讯及广播电视设备批发	1109	528	104130	92975
贸易经纪与代理	1291	331	38955	28256
其他批发业	2702	728	91734	59521
(三)按控股情况分				
国有控股	8056	4969	1127921	1050010
集体控股	1464	599	83701	63169
私人控股	80079	21108	2715119	1813042
港澳台控股	2169	1141	314102	295254
外商控股	2527	1467	372674	357615

1-2 续表 2

项　目	法人单位数(个)		年末从业人数(人)	
	限额以上	大中型	限额以上	大中型
二、零售业	**99182**	**27671**	**6774776**	**5418594**
(一)按登记注册类型分				
1.内资企业	**96810**	**25825**	**5884853**	**4547155**
国有企业	1119	357	79540	62395
集体企业	1241	239	54650	35545
股份合作企业	267	36	14075	9908
联营企业	102	16	4308	2914
国有联营企业	18	NA	1514	1223
集体联营企业	30	9	1159	861
国有与集体联营企业	27	NA	736	301
其他联营企业	27	4	899	529
有限责任公司	32572	11521	2554643	2123270
国有独资公司	797	371	77884	67193
其他有限责任公司	31775	11150	2476759	2056077
股份有限公司	2337	1208	598487	571177
私营企业	58217	12316	2545480	1723230
私营独资企业	4875	266	94906	31237
私营合伙企业	473	45	12201	6209
私营有限责任公司	51205	11535	2312163	1582865
私营股份有限公司	1664	470	126210	102919
其他企业	955	132	33670	18716
2.港、澳、台商投资企业	**1448**	**1128**	**469350**	**460949**
合资经营企业	336	249	112097	109336
合作经营企业	31	18	5507	5132
独资经营企业	978	794	332515	328152
投资股份有限公司	50	38	10782	10399
其他港澳台商投资企业	53	29	8449	7930
3.外商投资企业	**924**	**718**	**420573**	**410490**
中外合资经营企业	242	179	141053	134349
中外合作经营企业	21	18	8313	8253
外资企业	570	456	236213	233423
外商投资股份有限公司	43	34	14376	14152
其他外商投资企业	48	31	20618	20313

1-2　续表 3

项　　目	法人单位数(个)		年末从业人数(人)	
	限额以上	大中型	限额以上	大中型
(二)按国民经济行业分				
综合零售	12998	6691	2314872	2158695
百货零售	6311	3109	1002203	924227
超级市场零售	5335	3179	1195278	1136466
食品、饮料及烟草制品专门零售	9319	1465	378631	235447
粮油零售	1075	114	35419	17827
肉、禽、蛋、奶及水产品零售	1494	279	68906	44780
酒、饮料及茶叶零售	2836	276	76341	34174
烟草制品零售	330	81	15010	10516
纺织、服装及日用品专门零售	5443	1774	563332	493317
服装零售	2657	1100	364940	331696
文化、体育用品及器材专门零售	4475	1049	246230	180963
体育用品及器材零售	204	57	20384	17661
图书、报刊零售	1323	500	109756	90211
医药及医疗器材专门零售	4958	2166	566911	504927
药品零售	4372	2109	549182	496089
汽车、摩托车、燃料及零配件专门零售	37496	11166	1725171	1219064
汽车零售	27493	10232	1322300	954557
机动车燃料零售	7732	747	352433	244297
家用电器及电子产品专门零售	11352	1667	475706	310849
日用家电设备零售	4120	608	177258	117765
计算机、软件及辅助设备零售	2999	229	102586	59831
通信设备零售	1309	363	78374	60087
五金、家具及室内装饰材料专门零售	6203	616	189519	101575
货摊、无店铺及其他零售业	6938	1077	314404	213757
互联网零售	4061	647	214639	157876
(三)按控股情况分				
国有控股	5171	2569	841316	773394
集体控股	2464	807	237397	204033
私人控股	81763	19358	4126847	2976117
港澳台控股	1302	1052	417448	411168
外商控股	849	663	384757	380171

1-3 大中型批发和零售业

项目	商品购进额		进口	
	限额以上	大中型	限额以上	大中型
总计	**5722878090**	**4067059083**	**437438066**	**351713965**
一、批发业	**4681653902**	**3274162512**	**407540039**	**327109574**
(一)按登记注册类型分				
1.内资企业	**4030110643**	**2707682081**	**242084100**	**180726704**
国有企业	169553648	159982497	9309460	8806117
集体企业	7507122	5157574	492387	478622
股份合作企业	2446958	2063626	148459	130424
联营企业	276820	181337	6871	
国有联营企业	44057	22438	1184	
集体联营企业	53500	13834		
国有与集体联营企业	167060	145065	5687	
其他联营企业	12205			
有限责任公司	2111138395	1556350052	141067859	103671803
国有独资公司	417164150	356936683	16547933	14942263
其他有限责任公司	1693974242	1199413372	124519923	88729539
股份有限公司	412905089	389599223	29662709	25998016
私营企业	1319560607	590476315	61384410	41630706
私营独资企业	3757054	1691508	23837	12767
私营合伙企业	296815	72460	6335	6035
私营有限责任公司	1284973769	567228632	60455127	41032634
私营股份有限公司	30532972	21483716	899111	579269
其他企业	6722015	3871464	11939	11019
2.港、澳、台商投资企业	**219673892**	**173671701**	**30262310**	**23691331**
合资经营企业	39493463	31271749	1720774	1435401
合作经营企业	1158864	1059618	55234	44378
独资经营企业	175017240	138329053	27901759	21879068
投资股份有限公司	1382217	1148611	118382	88267
其他港澳台商投资企业	2622112	1862674	466160	244217
3.外商投资企业	**431869369**	**392808731**	**135193635**	**122691542**
中外合资经营企业	143541276	135832724	6405390	5553129
中外合作经营企业	440120	389405	100548	90157
外资企业	277347235	247028710	126038804	114503447
外商投资股份有限公司	3844778	3321321	289134	248453
其他外商投资企业	6695962	6236571	2359759	2296354

企业商品购、销、存情况

单位：万元

商品销售额		出口		期末商品库存额	
限额以上	大中型	限额以上	大中型	限额以上	大中型
6301812537	**4548899542**	**236170982**	**159842471**	**433970049**	**338928147**
5070959768	**3609175135**	**235446007**	**159559756**	**316090047**	**245140104**
4317933255	**2948058568**	**194290874**	**128907270**	**258292866**	**193918972**
220348067	209713662	5188050	4776813	23760638	22637866
8353745	5795130	121473	46715	460428	313213
2522846	2103217	12760	12760	90436	61397
306081	203050	9738		45831	38269
60216	36353			5158	4570
57167	14878			14740	12272
174913	151819	9738		23531	21427
13786				2402	
2243559042	1685992192	82246883	61617999	122848964	91142831
437161220	382387134	8939482	8197254	20288850	18330864
1806397824	1303605060	73307403	53420747	102560113	72811969
422054195	395951011	20791712	20172115	40293524	38109405
1413043768	643744509	85908616	42276647	70561495	41499510
4201773	1863160	15006	10393	206178	103493
431664	80221			18637	8666
1374569944	617863451	84423310	41208134	68029935	39579971
33840386	23937673	1470299	1058119	2306751	1807384
7745519	4555807	11644	4221	231555	116482
249464475	**199591664**	**6757371**	**4579560**	**22568083**	**19813275**
41687654	32733687	304429	244567	2612113	2007038
1445703	1334045	106328	104490	27455	26001
201628956	162013425	6230995	4191018	19684481	17574790
1745999	1399251	50998	35938	126132	107484
2956165	2111260	64619	3547	117901	97964
503562040	**461524902**	**34397759**	**26072926**	**35229103**	**31407855**
157517497	149454145	1882843	1413477	6136943	5903654
520629	469251	287	193	35862	15774
332664251	299756356	31611392	23821548	28142403	24635028
5010447	4460924	51150	14105	286052	277616
7849222	7384230	852090	823602	627847	575784

1-3 续表 1

项目	商品购进额		进口	
	限额以上	大中型	限额以上	大中型
(二)按国民经济行业分				
农、林、牧产品批发	88170280	58450396	8851015	7353797
食品、饮料及烟草制品批发	357392341	298182214	19027770	13905820
米、面制品及食用油批发	63390592	47355581	9543346	7343997
肉、禽、蛋、奶及水产品批发	24660810	16802156	2691844	1397896
酒、饮料及茶叶批发	61326822	52610040	1487041	789599
烟草制品批发	120390807	118697928	462080	431892
纺织、服装及家庭用品批发	371225406	278729235	19454952	16050638
服装批发	66453620	48422650	3975840	3411073
鞋帽批发	18270336	13006121	869944	539306
家用电器批发	140402299	125316749	3609583	3296123
文化、体育用品及器材批发	91898998	72924251	5333933	3658296
文具用品批发	23614944	15897971	1441444	703755
体育用品及器材批发	9297253	8511176	155316	147365
图书批发	9077911	8562654	317702	312459
医药及医疗器材批发	246331868	219210520	30711243	16865510
西药批发	150219460	145685825	6514084	6114697
中药批发	45172420	42118297	1524441	1434682
矿产品、建材及化工产品批发	2694575863	1684247623	166819772	129042864
煤炭及制品批发	279950399	199874758	6936015	4477675
石油及制品批发	671272856	505917373	45941793	33863024
金属及金属矿批发	1139608128	617244145	69439256	58458428
建材批发	133782427	86351915	7659379	5236776
化肥批发	43385762	33281780	1870039	1652220
农药批发	3432296	2457250	70056	67830
机械设备、五金产品及电子产品批发	699937125	570013566	140267871	126024184
汽车批发	252147094	220707360	42926452	40994889
计算机、软件及辅助设备批发	57683654	40507723	9429084	3808055
通讯及广播电视设备批发	118802564	105908331	30952802	30787396
贸易经纪与代理	53518178	38558871	11036515	9451945
其他批发业	78603849	53845839	6036976	4756523
(三)按控股情况分				
国有控股	1774083168	1546419268	127912599	110086572
集体控股	78315397	57224424	2611569	2193619
私人控股	1882809724	930271669	89395308	62490189
港澳台控股	194466475	155118050	29123110	22775486
外商控股	302195120	264893985	131318788	119225944

单位：万元

商品销售额				期末商品库存额	
		出　口			
限额以上	大中型	限额以上	大中型	限额以上	大中型
93725201	62456810	1621867	738836	22810266	18904842
453568737	385777107	8916602	5855294	35893333	30740206
67020292	49550970	2192515	1504984	9834643	8344948
28740793	20144971	1592780	871037	2613002	1804028
77895670	66215130	401129	264267	5895161	4639391
175300980	173123288	947737	907400	10643121	10600063
408214196	307190628	73132905	47178765	49383052	44127150
80861326	60856484	25885656	19207736	7948944	6734128
21038034	15324870	7055533	3859059	1721121	1478093
136172222	120208553	5359383	3750308	28962422	27660800
99581335	79098141	5896076	3404433	13596513	11894719
25440419	17115962	1131725	637108	1450482	1047088
10380073	9540139	879306	348256	808527	780966
9904582	9282872	33637	26469	1710305	1600422
271333168	253653763	2915414	2365030	26403048	24720844
167895596	162369623	1585386	1399144	15504052	14832956
53606471	50010313	390567	348013	5021178	4685453
2824172720	1783358915	52353976	37656513	107992400	64840210
298551547	214021009	1286678	991879	9124805	5637381
698326508	537132986	10859532	7922137	27891098	16109119
1184909873	648709126	14849609	10891216	43869914	25349604
143474551	92213878	4991669	3000965	5683382	3566953
46050776	35228479	1307617	1110225	4065452	3385684
4007101	2896828	911517	669976	420113	343446
778027873	637623229	69730600	48085639	51698322	43337677
285038902	250999937	4354118	3763246	16811576	15725550
63453566	45569791	8739550	1584796	4872926	4313326
122260125	108548585	4505049	3417315	7410674	6606073
57898348	41992801	15718854	10496303	2365674	1801009
84438192	58023747	5159719	3778947	5947446	4773457
1914372716	1686883583	58275018	51713114	111471475	94748567
86801247	64938155	3299340	2851458	3742072	2939860
2025570693	1020139986	116781332	63362160	102578716	64275664
223949369	180586099	6541872	4416369	21024923	18723512
362071513	321819811	32579715	24422375	30031690	26332165

1-3 续表 2

项 目	商品购进额			
			进 口	
	限额以上	大中型	限额以上	大中型
二、零售业	**1041224189**	**792896570**	**29898028**	**24604391**
(一)按登记注册类型分				
1.内资企业	**917008899**	**673671443**	**21757031**	**16781651**
国有企业	9592784	6978743	287360	271794
集体企业	8122331	3876388	5807	90
股份合作企业	1567002	719601	390	
联营企业	778713	251300		
国有联营企业	88108	700		
集体联营企业	248936	60567		
国有与集体联营企业	237139	73601		
其他联营企业	204531	116433		
有限责任公司	430571529	343087577	11432245	9318589
国有独资公司	18459754	14836142	583064	538936
其他有限责任公司	412111778	328251438	10849185	8779654
股份有限公司	114337811	109267063	459267	416285
私营企业	349732299	208808027	9566106	6770293
私营独资企业	10524567	1581564	22661	842
私营合伙企业	1310632	513497	21900	21900
私营有限责任公司	325138779	198240458	9351615	6609767
私营股份有限公司	12758327	8472511	169930	137783
其他企业	2306434	682753	5860	4608
2.港、澳、台商投资企业	**58801704**	**56590204**	**4307932**	**4138769**
合资经营企业	16391694	15603020	810034	786436
合作经营企业	695694	626115	1842	
独资经营企业	39463872	38307003	3425570	3288235
投资股份有限公司	1386401	1280335	27823	26980
其他港澳台商投资企业	864046	773738	42664	37119
3.外商投资企业	**65413589**	**62634922**	**3833067**	**3683972**
中外合资经营企业	24762094	23058619	1513069	1511139
中外合作经营企业	1072148	1009163	6660	6660
外资企业	30295644	29369009	2276659	2131158
外商投资股份有限公司	1487504	1450365		
其他外商投资企业	7796199	7747763	36679	35013

单位：万元

商品销售额				期末商品库存额	
		出　口			
限额以上	大中型	限额以上	大中型	限额以上	大中型
1230852765	**939724411**	**724979**	**282713**	**117880000**	**93788047**
1073963170	**791266007**	**655313**	**232557**	**102445774**	**78817378**
11229476	8210223	10115	5704	1066257	741216
8957461	4249677			450681	236037
1717967	762396			129847	63636
931816	299603			17836	6917
127878	14813			2599	58
269876	64716			5046	2697
284571	88846			2494	709
249493	131228			7696	3453
497444758	395767142	293761	124945	42334378	33519950
23839239	18802032	57351	7700	1802846	1196403
473605518	376965111	236411	117244	40531530	32323544
153169921	143152131	6471	3911	16309065	15735744
397687885	237937357	344945	97999	42011673	28462342
11816561	1780448	2409	728	677813	123438
1460089	566268			78567	29976
369280298	225269341	337812	97270	39623253	27024272
15130938	10321305	4724		1632042	1284658
2823888	887480	21		126042	51539
74220388	**71633241**	**52605**	**35696**	**8829913**	**8551664**
20436090	19592621	8573	597	2352152	2289205
855503	775971			44842	36753
50113219	48678856	38181	35099	6135593	5965691
1728274	1608520			236999	210678
1087306	977276	5851		60325	49336
82669207	**76825168**	**17064**	**14460**	**6604317**	**6419006**
32468213	28070976	1365	706	2511174	2466534
1203597	1121267			112678	111995
39041653	37797748	14810	13754	3484941	3358120
2203890	2151881			213618	211484
7751861	7683296	890		281910	270873

1-3 续表 3

项目	商品购进额			
			进口	
	限额以上	大中型	限额以上	大中型
(二)按国民经济行业分				
综合零售	194575867	178161291	1874482	1605077
百货零售	96560614	87942666	1304260	1223689
超级市场零售	88660121	84070127	390715	353277
食品、饮料及烟草制品专门零售	33456696	14910574	267619	165212
粮油零售	4121534	1484565	6656	3525
肉、禽、蛋、奶及水产品零售	5928852	2554045	10271	8846
酒、饮料及茶叶零售	8371958	3004894	35951	12253
烟草制品零售	1811907	907668	108071	98792
纺织、服装及日用品专门零售	40013175	30259873	2947801	2839096
服装零售	24467668	20227575	2214695	2166079
文化、体育用品及器材专门零售	28038742	17079441	1062080	973069
体育用品及器材零售	1815075	1496820	9057	328
图书、报刊零售	10137090	7950031	547315	536460
医药及医疗器材专门零售	49018085	40766614	163101	100339
药品零售	46857373	39885639	47330	33682
汽车、摩托车、燃料及零配件专门零售	501332246	379658820	22066217	18063565
汽车零售	385181322	292492225	21762660	17976820
机动车燃料零售	107095697	84032954	179995	4805
家用电器及电子产品专门零售	88940575	62693683	473169	301284
日用家电设备零售	35545642	25887745	71438	50828
计算机、软件及辅助设备零售	23605321	17348366	229256	200050
通信设备零售	10072948	7128510	57341	11665
五金、家具及室内装饰材料专门零售	27652211	12264047	282397	146864
货摊、无店铺及其他零售业	78196589	57102226	761170	409895
互联网零售	65296087	52263616	600727	348913
(三)按控股情况分				
国有控股	178548460	161571797	2636118	2333393
集体控股	36736109	28949151	186387	157521
私人控股	589619711	388667579	16201468	12012524
港澳台控股	59518240	57878441	4384760	4201720
外商控股	58941710	57524726	3361677	3193503

单位：万元

商品销售额				期末商品库存额	
		出　口			
限额以上	大中型	限额以上	大中型	限额以上	大中型
242519167	223529389	30620	22350	28863132	27443195
130257881	120091589	7778	408	12338239	11563495
101024337	95900273	22737	21898	15754820	15310235
42091499	19334573	34046	4135	3254996	1547541
5338078	1693271	6		480215	131244
6950940	3090956	12703	1430	303962	170149
10151471	3588222	6006		1132555	516408
2173684	1149382			389088	236067
58235024	46159582	78851	28265	9797242	8639107
36295198	30842653	44918	23613	6389062	5770791
33803140	20814452	157580	19077	6660019	4501477
2763892	2361372	3340		447480	395512
11118446	8646744	16663	16663	2068288	1656872
56486009	46770933	5263	564	6623616	5692519
53643398	45540330	2020	15	6376204	5562391
572450397	430419463	138200	118147	47069851	35785102
412185343	310953628	79057	70525	41387994	31805286
149001792	114705404	48839	47622	4654221	3566128
100468288	70922640	24676	12111	9163140	6224291
39910194	29070756	39		4676265	3378318
25836886	18764890	3183	2100	1619304	1131963
11925554	8601738	1064	6	1223163	896692
33352324	15684942	103510	3746	2276552	1043439
91446918	66088449	152235	74323	4171460	2911378
75881209	59873001	86163	66086	3291881	2467057
233612753	206664124	107156	18749	15828635	13812576
40207267	31544852	200	100	3958180	3439737
671351138	442669714	496771	164204	66655442	47539233
73090578	71098819	48686	35099	7612834	7366593
72509478	70683481	17064	14460	6652242	6490799

1-4 大中型批发和零售业

项　　目	流动资产合计		固定资产原价	
	限额以上	大中型	限额以上	大中型
总　　计	**2170942589**	**1588105494**	**252614541**	**204741454**
一、批发业	**1753755784**	**1259647224**	**134216920**	**107972037**
(一)按登记注册类型分				
1.内资企业	**1463796384**	**1009978077**	**119567199**	**94784013**
国有企业	92708530	87663102	15055842	14064944
集体企业	2820986	2153987	560140	394068
股份合作企业	580887	431914	108635	87099
联营企业	217260	190142	15576	11353
国有联营企业	24038	20377	4419	2788
集体联营企业	40511	30655	10601	8193
国有与集体联营企业	144288	139110	409	372
其他联营企业	8424	8424	146	
有限责任公司	758345396	565382851	51833302	41963124
国有独资公司	121575309	106556372	14861516	14158108
其他有限责任公司	636770090	458826482	36971785	27805019
股份有限公司	152222586	142311994	20384300	19583719
私营企业	455723798	211397352	31156810	18467764
私营独资企业	1386485	863666	289817	154368
私营合伙企业	85192	15884	12764	6634
私营有限责任公司	441785119	201876287	29477793	17320051
私营股份有限公司	12467008	8641517	1376440	986715
其他企业	1176935	446736	452602	211943
2.港、澳、台商投资企业	**124182494**	**99776337**	**6039815**	**5417648**
合资经营企业	17887555	13501835	948890	803155
合作经营企业	600505	572149	56563	55864
独资经营企业	102072434	83575969	4721054	4255443
投资股份有限公司	1954354	1189054	183484	176867
其他港澳台商投资企业	1667644	937333	129829	126324
3.外商投资企业	**165776909**	**149892813**	**8609909**	**7770374**
中外合资经营企业	30752736	28622686	1629422	1544981
中外合作经营企业	232904	199704	37027	36170
外资企业	131199819	117781929	6508066	5775285
外商投资股份有限公司	1217270	1108046	257201	248672
其他外商投资企业	2374182	2180449	178195	165266

注：限额以上(大中型)批发和零售业企业中，因包含了部分视同法人单位，财务指标数据存在资产总计≠负债合计+所有者权益合计的问题(下表同)。

企业年末资产负债

单位：万元

累计折旧		资产总计		负债合计		所有者权益合计	
限额以上	大中型	限额以上	大中型	限额以上	大中型	限额以上	大中型
92604914	**77978622**	**2832103978**	**2132694504**	**2030996479**	**1496474385**	**801277574**	**636400091**
50366232	**42112994**	**2220045020**	**1641530194**	**1615967656**	**1160259896**	**604497991**	**481704020**
43468906	**35652036**	**1867768024**	**1334486251**	**1365602902**	**944269232**	**502569413**	**390647520**
7203802	6891012	116466498	109435677	57373091	52399776	59093407	57035897
242146	166076	3961733	3106059	2947579	2359799	1014157	746260
46192	33593	696460	526995	563283	433963	133176	93033
4582	2821	246235	215733	192655	173996	53579	41737
2865	1782	25806	21479	6232	2790	19573	18689
1279	716	67530	55024	53751	48279	13779	6745
347	323	144421	139230	127690	122927	16731	16303
93		8477		4981		3496	
17286650	14346957	962509422	733147295	730769370	551817998	232216047	181803367
4911969	4669885	178257839	159749269	127137409	113824942	51593943	46397841
12374681	9677075	784251585	573398029	603631961	437993061	180622107	135405526
8426007	8115646	236505797	223298051	147439138	138542971	89029479	84717907
10148150	6037795	545638194	264044145	425345868	198226236	120257797	65811511
51582	19222	1722678	1034616	1258016	833465	464665	201152
3963	1466	103619	26729	65219	15162	38400	11566
9666469	5707634	527706817	251395864	414102862	190679134	113569429	60710332
426139	309480	16105081	11586942	9919776	6698481	6185305	4888463
111390	58138	1743692	712297	971917	314487	771773	397811
2627270	**2403872**	**150586115**	**123364171**	**112904425**	**91865722**	**37694806**	**31498451**
388993	339392	23005054	17850478	16763741	12418587	6241315	5431891
12955	12488	754667	725927	613454	590695	141214	135233
2129819	1961131	121582377	101144188	92311457	76835999	29284032	24308190
36417	33631	3023554	2225677	1804682	1092327	1218874	1133351
59093	57232	2220465	1417903	1411091	928115	809376	489787
4270054	**4057089**	**201690881**	**183679768**	**137460333**	**124124945**	**64233770**	**59558052**
716227	682287	38048234	35587999	30845811	28924533	7205652	6666691
23484	23001	257125	219345	217833	192180	39292	27165
3283820	3112959	158727404	143580730	104076845	92913989	54650566	50666743
138066	136005	1834308	1714988	940481	863181	893830	851808
108459	102841	2823806	2576710	1379369	1231062	1444437	1345647

1-4 续表 1

项　目	流动资产合计		固定资产原价	
	限额以上	大中型	限额以上	大中型
(二)按国民经济行业分				
农、林、牧产品批发	58867297	44446988	8249548	5763722
食品、饮料及烟草制品批发	178381727	150088432	26490945	23176366
米、面制品及食用油批发	32502158	23723160	3728960	3013046
肉、禽、蛋、奶及水产品批发	8840588	5834068	2187363	1708879
酒、饮料及茶叶批发	45509558	39895098	2731738	2247458
烟草制品批发	54445317	54069398	11978902	11963561
纺织、服装及家庭用品批发	183673649	145759780	9280022	7218392
服装批发	35699100	27423152	2719546	2329611
鞋帽批发	8937563	7123115	734953	652987
家用电器批发	77797493	70001405	1148140	966548
文化、体育用品及器材批发	49851085	40543863	2965214	2460886
文具用品批发	9557319	6795345	486541	342913
体育用品及器材批发	3958654	3416992	241374	222801
图书批发	9572284	9056458	1103947	1006391
医药及医疗器材批发	129170421	118861788	9157299	8225282
西药批发	78263845	74700977	4523413	4183689
中药批发	24632891	22489306	1493500	1224177
矿产品、建材及化工产品批发	779970838	460907275	62127899	49490096
煤炭及制品批发	110153567	66875072	10587216	9060065
石油及制品批发	145553697	93839642	32307295	28266336
金属及金属矿批发	313036823	174973573	8841562	5991090
建材批发	65569441	37031658	3164451	1686613
化肥批发	22458789	18864577	1636621	1075691
农药批发	2363469	1841863	96120	59083
机械设备、五金产品及电子产品批发	297428410	238091662	12685462	9364675
汽车批发	81746329	70874888	2142339	1678097
计算机、软件及辅助设备批发	23783589	15730902	605678	484225
通讯及广播电视设备批发	37217096	32481783	934582	788056
贸易经纪与代理	42875314	36800373	991451	758034
其他批发业	33537050	24147073	2269085	1514589
(三)按控股情况分				
国有控股	598983775	521349002	64440415	59274759
集体控股	28901733	22624700	2147816	1612802
私人控股	697473784	369403951	46996039	29347491
港澳台控股	114306770	92831425	5472889	4905801
外商控股	141079794	125249522	7268644	6448672

单位：万元

累计折旧		资产总计		负债合计		所有者权益合计	
限额以上	大中型	限额以上	大中型	限额以上	大中型	限额以上	大中型
2442937	1828303	84475900	65728105	58312175	45128277	26157739	20593842
10721231	9850465	227522520	191035180	124266379	98592256	103256696	92443487
1013983	826241	41488431	30727028	34030457	25029168	7457975	5697859
658766	540977	12517011	8872931	8208248	5644890	4308755	3228044
1031048	883393	53150903	46512117	32848362	28804977	20302541	17707140
6273120	6265952	66803606	66417849	14048716	13850470	52754888	52567377
3959223	3131168	217971133	174850216	167578369	134572335	50392768	40277884
1216747	1040536	48539325	39258907	31316207	24539696	17223122	14719211
326091	291565	10395437	8311129	6646241	5096711	3749197	3214421
429826	360727	85160358	77053032	75406504	68397144	9753851	8655888
1167046	984414	63303457	53045734	43415319	35712735	19888139	17333004
186274	128396	10758869	7729380	8329533	6065870	2429338	1663514
86479	80342	4425606	3834870	3488385	3054829	937219	780043
416318	378162	14892615	14206323	9450206	9146306	5442412	5060016
3630886	3335983	152555321	140548270	111294932	102900134	41235497	37647638
1529328	1408683	92422628	88337874	67568564	64644550	24853566	23692826
460044	402942	28803934	26144142	22419093	20533701	6384841	5610441
22728731	18639235	1022784067	652325712	773797397	471555512	249424881	181206629
2940010	2431042	160097937	109707602	118767172	77318991	41330200	32388616
13046834	11955944	208668461	146361224	149211342	99334000	59895494	47463563
3074148	2034776	384609620	228379706	308111209	176244358	76498305	52135348
962827	532095	84585355	50220395	63625046	36902003	20957389	13318482
449703	311742	28640078	24081947	22294690	18866270	6345390	5215674
37616	24861	3096160	2498075	2095946	1683205	1000215	814871
4723280	3653006	356141166	289030323	262200705	210134439	93953244	78899109
642165	522524	97723962	85496172	76441166	65793964	21282796	19702212
219028	168870	26182295	17865906	20598917	13758454	5583379	4107455
509415	443751	41575133	36260674	33065587	29003055	8509545	7257621
323403	239941	50722892	41603205	40632107	35566698	10090828	6036506
669508	450478	44568553	33363450	34470275	26097526	10098206	7265928
25655975	24133665	820224801	720213966	561668954	489660487	258992189	230989817
786618	570426	36025046	28714526	27348689	21547926	8676357	7166600
14918262	9363349	853195500	474399204	657490088	351935156	195676590	122461434
2372832	2174639	138702876	114714769	103708165	85280561	35007828	29434205
3651257	3447339	171118834	152947662	112924849	99360883	58193985	53586781

1-4 续表 2

项　　目	流动资产合计		固定资产原价	
	限额以上	大中型	限额以上	大中型
二、零售业	**417186809**	**328458274**	**118397624**	**96769414**
(一)按登记注册类型分				
1.内资企业	**358303866**	**272663069**	**100827055**	**79858876**
国有企业	4069093	2791533	2076425	1598269
集体企业	1332581	642693	801404	476482
股份合作企业	360050	179468	216925	152867
联营企业	163896	55668	79965	17821
国有联营企业	31287	17614	8215	2288
集体联营企业	34713	5521	12251	2490
国有与集体联营企业	44086	1422	47160	6778
其他联营企业	53806	31111	12342	6264
有限责任公司	166715954	133280872	41985621	34715138
国有独资公司	8974071	7899765	3308859	2998231
其他有限责任公司	157741884	125381109	38676765	31716910
股份有限公司	58231807	55934685	24044147	23527721
私营企业	126955578	79608229	31215861	19243232
私营独资企业	1837033	319880	1263875	173600
私营合伙企业	258987	93851	153831	61705
私营有限责任公司	118882502	74641247	28421260	17998066
私营股份有限公司	5977057	4553252	1376891	1009860
其他企业	474914	169926	406714	127355
2.港、澳、台商投资企业	**29700886**	**27338077**	**9241021**	**8856477**
合资经营企业	10018725	8767885	2478714	2384326
合作经营企业	294579	259688	196017	187915
独资经营企业	18222452	17382716	6095759	5844101
投资股份有限公司	808721	621210	266631	240619
其他港澳台商投资企业	356414	306587	203905	199518
3.外商投资企业	**29182056**	**28457124**	**8329545**	**8054061**
中外合资经营企业	7066736	6904659	2811649	2679431
中外合作经营企业	557165	540249	265891	264748
外资企业	18844994	18383583	4486788	4357612
外商投资股份有限公司	701344	650322	466367	459265
其他外商投资企业	2011825	1978319	298853	293010

单位：万元

累计折旧		资产总计		负债合计		所有者权益合计	
限额以上	大中型	限额以上	大中型	限额以上	大中型	限额以上	大中型
42238677	**35865629**	**612058956**	**491164312**	**415028821**	**336214489**	**196779581**	**154696072**
34256660	**28148944**	**512619662**	**397011537**	**359022167**	**283149906**	**153346939**	**113607876**
734802	574896	6518261	4724588	3678439	2614813	2839818	2109774
313804	203496	2194021	1171822	1272582	673416	921443	498404
57294	26134	589517	350379	391209	253537	198313	96841
25962	6879	300677	138307	94770	28525	205910	109783
5352	1639	34333	18263	25914	21017	8421	-2754
4156	917	46364	8268	18395	3312	27968	4957
11503	3763	97604	17092	22487	-10510	75116	27602
4951	562	122377	94684	27973	14707	94405	79978
14709484	12469858	230299869	185171640	170748795	139705938	59551021	45465572
1090621	985176	14548840	13022902	10144175	9231656	4404665	3791244
13618868	11484686	215751026	172148746	160604619	130474283	55146354	41674331
8724570	8547377	101102683	97655751	57664258	55866346	43184723	41535705
9597469	6288783	170662751	107472707	124813825	83869527	45852122	23603253
298191	48028	3210188	506636	1294555	251837	1915636	254801
48267	20308	447786	166078	231478	110628	218310	55450
8818612	5886802	158466217	100219157	117897576	79353932	40569837	20865293
432404	333649	8538558	6580840	5390218	4153132	3148339	2427709
93276	31524	951886	326354	358299	137805	593588	188551
3965003	**3794233**	**58841505**	**54802646**	**27645707**	**25434343**	**31195797**	**29368305**
963135	925906	15791678	13212317	7499621	6182679	8292056	7029640
104319	99329	451900	413073	173794	159182	278107	253890
2708041	2590820	40707048	39596135	18729897	18029907	21977152	21566227
100297	90594	1265868	1041191	824904	708796	440961	332396
89220	87592	625025	539937	417502	353787	207523	186150
4017022	**3922453**	**40597795**	**39350131**	**28360947**	**27630242**	**12236850**	**11719890**
1396180	1344981	10904879	10462326	6516975	6305078	4387903	4157247
194963	193959	928395	909278	546764	534089	381630	375189
2169973	2130212	24787680	24112775	18008036	17569251	6779646	6543524
135270	133597	1660571	1592805	1206766	1173642	453805	419163
120640	119700	2316274	2272949	2082405	2048181	233869	224767

1-4 续表 3

项　目	流动资产合计		固定资产原价	
	限额以上	大中型	限额以上	大中型
(二)按国民经济行业分				
综合零售	86934901	80200252	46504484	44027074
百货零售	54268221	50322720	30538708	28912320
超级市场零售	30380546	28172504	14974317	14383385
食品、饮料及烟草制品专门零售	14881938	8574733	4860855	2434878
粮油零售	1813669	603508	784414	255562
肉、禽、蛋、奶及水产品零售	1416578	772500	906617	516359
酒、饮料及茶叶零售	4167381	2129991	952017	354669
烟草制品零售	1076438	634845	171987	104867
纺织、服装及日用品专门零售	26460830	22167877	5245946	4295037
服装零售	17601805	15441837	3470732	3003864
文化、体育用品及器材专门零售	18368314	12599465	4642569	3651809
体育用品及器材零售	980654	847686	353869	312455
图书、报刊零售	7751957	6226200	2680315	2280030
医药及医疗器材专门零售	27012714	23558568	2705763	2203555
药品零售	25484832	22873481	2506479	2084637
汽车、摩托车、燃料及零配件专门零售	166614787	127737079	41612729	32239391
汽车零售	123202570	91696523	24899910	18577145
机动车燃料零售	39248971	33633111	16014958	13366140
家用电器及电子产品专门零售	39314287	29195739	4416724	2731940
日用家电设备零售	22204160	18052048	2301421	1557447
计算机、软件及辅助设备零售	6320606	3917046	524974	237913
通信设备零售	3748765	2626882	369076	236838
五金、家具及室内装饰材料专门零售	9802104	4628018	3682273	2261379
货摊、无店铺及其他零售业	27796932	19796541	4726282	2924354
互联网零售	21720390	16622428	1363007	837342
(三)按控股情况分				
国有控股	79272258	73117726	29713746	28063003
集体控股	12149753	10520883	5428801	4733788
私人控股	222056646	152017138	53879631	36995530
港澳台控股	26488637	24281482	8346218	7987599
外商控股	27597690	26930255	7315822	7141375

单位：万元

累计折旧		资产总计		负债合计		所有者权益合计	
限额以上	大中型	限额以上	大中型	限额以上	大中型	限额以上	大中型
17010086	16311175	167092443	155390716	107352516	100247260	59739925	55143457
10139452	9686772	114364659	107214210	66459717	62469341	47904944	44744870
6516408	6326627	49035201	45452605	37944743	35386936	11090462	10065674
1384580	809370	22038855	12343562	12025268	7072717	10013587	5270845
208150	90443	2901564	965844	1741137	709596	1160428	256249
256978	165426	2512051	1384441	1331784	812233	1180269	572208
280709	126824	5672935	2745103	3140386	1564607	2532549	1180497
71854	45561	1497046	927128	538080	273382	958966	653745
2030534	1767787	35394190	29545519	23947122	20113971	11447068	9431546
1351433	1207313	23813761	21050145	16272247	14335765	7541518	6714378
1686308	1377587	26245215	18610081	14914237	10645580	11332214	7964502
97213	86802	1386114	1187209	835506	697817	550610	489390
1053489	907722	12184039	9993695	6297980	5173934	5886061	4819766
945795	768730	34018872	29935714	24377664	21653573	9642095	8282014
887518	740639	31794891	28677429	23006146	20876583	8788616	7800711
15354304	12270977	226991698	175107579	161242407	125159079	65497862	49694802
8748414	6725252	158306777	117736375	121794767	91407474	36514279	26328904
6360496	5442750	63624182	54549625	35867983	31567303	27502500	22728622
1352268	887317	50654116	38258997	33260751	25669460	17393465	12589611
655822	471427	29283053	24084161	19263936	15734015	10019189	8350218
211111	106268	7437943	4667587	4394983	3039628	3042982	1627958
140176	103996	4644934	3345233	3278424	2404626	1366513	940605
988367	651427	14835216	7833009	9360063	5152343	5473809	2680662
1486437	1021253	34788359	24139139	28548798	20500504	6239564	3638637
399487	315171	24705476	18485892	22321624	16933902	2383850	1551993
11124205	10512474	126626999	117799133	77033255	71876089	49097454	45426761
1881805	1636547	20628493	18135921	14251929	12805671	6376569	5330252
16929124	12256393	305274767	211411484	219774863	157739296	85501628	53672131
3604544	3441263	53251962	49420407	26498029	24421675	26753935	24998734
3511046	3455248	36870541	35925155	27310259	26645101	9560287	9280054

1-5 大中型批发和零售业

项目	实收资本		国家资本		集体资本	
	限额以上	大中型	限额以上	大中型	限额以上	大中型
总计	**545864458**	**336207422**	**88025738**	**67778362**	**6782603**	**5188080**
一、批发业	**382832538**	**229801690**	**74028849**	**56026899**	**4124017**	**3069848**
(一)按登记注册类型分						
1.内资企业	**334072634**	**190706073**	**72672347**	**54878654**	**4046788**	**2994260**
国有企业	10228969	8527143	5543859	4313716	44138	41252
集体企业	379056	251461	1590	18	338811	224129
股份合作企业	86348	51545	699	311	6316	3848
联营企业	26745	15937	612		4423	4137
国有联营企业	3055	1800	605			
集体联营企业	10076	4137	7		4266	4137
国有与集体联营企业	10605	10000			150	
其他联营企业	3009				7	
有限责任公司	155006902	95552179	54854704	38718786	2640106	1935755
国有独资公司	25688118	22365697	18832890	16128528	41149	41074
其他有限责任公司	129318786	73186484	36021813	22590254	2598959	1894682
股份有限公司	32708089	30087977	12129484	11744131	724396	626741
私营企业	135268997	56058446	139301	101582	256566	146777
私营独资企业	182784	52416			200	
私营合伙企业	35307	8817	2392		4456	4456
私营有限责任公司	126140458	53104082	125671	91344	237292	134581
私营股份有限公司	8910448	2893131	11238	10238	14619	7741
其他企业	367534	161395	2100	110	32038	11625
2.港、澳、台商投资企业	**22098354**	**16348189**	**711863**	**528552**	**7802**	**6487**
合资经营企业	3501262	2547873	687197	503886	6548	5233
合作经营企业	80674	78789			80	80
独资经营企业	17245327	12809035	24666	24666		
投资股份有限公司	724109	657547			1174	1174
其他港澳台商投资企业	546982	254944				
3.外商投资企业	**26661552**	**22747426**	**644638**	**619692**	**69428**	**69103**
中外合资经营企业	4427304	3184187	468967	449531	69128	68803
中外合作经营企业	40294	29462	3558	3558		
外资企业	21258137	18691475	82831	77831		
外商投资股份有限公司	424864	406938	88771	88771	300	300
其他外商投资企业	510956	435366	510			

企业实收资本及构成

单位：万元

法人资本		个人资本		港澳台资本		外商资本	
限额以上	大中型	限额以上	大中型	限额以上	大中型	限额以上	大中型
225553249	**142306866**	**154725793**	**58867780**	**40618544**	**35671565**	**30158535**	**26394769**
148693865	**97808398**	**114199405**	**38697654**	**18174653**	**13959814**	**23611755**	**20239084**
142666097	**93629516**	**113749045**	**38346328**	**191629**	**175259**	**746730**	**682062**
4625867	4159096	15108	13078				
28585	22835	10071	4481				
12780	7263	66558	40125				
18710	11800	3000					
2450	1800						
5803							
10455	10000						
2		3000					
66345171	47176266	30894361	7515973	27719	19868	244848	185540
6789427	6176584	24653	19512				
59555743	40999683	30869708	7496462	27719	19868	244848	185540
12448605	10990478	6826772	6148110	116709	116630	462127	461887
59024128	31187392	75762043	24549296	47202	38760	39756	34635
39573	13782	143013	38633				
4624	2776	23835	1585				
56880915	29346310	68809793	23458594	47182	38760	39605	34493
2099015	1824525	6785405	1050485	20		151	142
162259	74391	171137	75270				
3087885	**1805322**	**236331**	**162165**	**17932089**	**13747530**	**122385**	**98138**
1168719	728543	78079	19745	1481339	1215780	79381	74685
12564	11920	53518	53518	14449	13271	64	
1510820	911477	8050	1128	15679100	11868439	22692	3327
88136	49657	9653	4637	625147	602079		
307647	103725	87031	83136	132056	47959	20249	20126
2939884	**2373564**	**214030**	**189160**	**50933**	**37024**	**22742641**	**19458884**
1321663	1058818	133883	112534	40757	31062	2392909	1463438
7984	6575	3280	750	97		25376	18580
1188027	897505	1606	1430	6187	2071	19979487	17712640
43745	42792	44800	44800	1772	1772	245476	228505
378468	367876	30464	29649	2120	2120	99394	35722

1-5 续表 1

项　目	实收资本		国家资本		集体资本	
	限额以上	大中型	限额以上	大中型	限额以上	大中型
(二)按国民经济行业分						
农、林、牧产品批发	20795772	10279799	3832212	2759819	177076	124502
食品、饮料及烟草制品批发	24914255	16519327	6695861	4350773	353534	272482
米、面制品及食用油批发	3991426	2534224	916452	721614	143865	102766
肉、禽、蛋、奶及水产品批发	2258129	1410319	224475	147915	23985	17674
酒、饮料及茶叶批发	5131013	3679663	390469	367061	40474	34763
烟草制品批发	2609028	2590221	1843718	1840293	7658	7322
纺织、服装及家庭用品批发	24442000	16336261	1271480	1121058	294217	241970
服装批发	6591699	4780274	281694	261870	158450	136429
鞋帽批发	1461332	1120085	94687	88670	10149	3973
家用电器批发	5346917	4227866	127746	121162	36733	33202
文化、体育用品及器材批发	11435223	8885550	2408987	2326809	235237	222726
文具用品批发	1429737	954235	150496	120074	15520	10414
体育用品及器材批发	512276	449916	15855	10913		
图书批发	3125771	2989896	1238145	1216547	5698	5695
医药及医疗器材批发	26382053	23117629	3437254	3369858	290386	168606
西药批发	17871655	17108430	2552458	2534113	129690	120464
中药批发	4529097	2912872	281381	246450	144799	34443
矿产品、建材及化工产品批发	205187515	105136964	48844485	36164377	2330304	1759948
煤炭及制品批发	29411966	19027600	8916712	8177953	166362	120391
石油及制品批发	47555799	29182703	19137060	12958759	138346	69191
金属及金属矿批发	54964126	29509974	12912322	9870396	892707	669400
建材批发	31133040	9913408	2518019	1699470	114355	50498
化肥批发	4897404	3059534	471660	406240	456892	365801
农药批发	981256	334523	95562	84172	14150	7258
机械设备、五金产品及电子产品批发	58703021	43318518	4862237	4124813	234599	166612
汽车批发	19494192	18118415	1403241	1226508	86131	73309
计算机、软件及辅助设备批发	3334816	2474287	56936	45531	18759	6726
通讯及广播电视设备批发	6829027	2915240	182283	123083	4012	3800
贸易经纪与代理	4830164	3156467	1654865	907558	17257	14265
其他批发业	6142539	3051181	1021478	901843	191415	98748
(三)按控股情况分						
国有控股	116833024	92917649	72017212	54527911	708829	628808
集体控股	4267169	3018722	38068	26735	1591397	1106468
私人控股	193625162	82394996	442562	355200	449320	276422
港澳台控股	20310256	15034178	36728	34318	2949	2649
外商控股	24520743	20538113	177807	170607	73073	73048

单位：万元

法人资本		个人资本		港澳台资本		外商资木	
限额以上	大中型	限额以上	大中型	限额以上	大中型	限额以上	大中型
6514867	5152856	9311894	1372276	472277	408021	487450	462328
9397351	6377259	5043276	2527777	1555370	1283887	1868876	1707156
1598766	1029481	942309	400179	276528	184817	113505	95374
1247862	818478	666851	352157	40056	23113	54900	50985
2264343	1513567	1230565	626127	522883	477455	682286	660688
752565	741093	5086	1512				
9362654	5998900	7052324	3260785	3417458	2925720	3043872	2787832
2341477	1773132	2347743	1398755	1103957	917010	358384	293082
770526	637212	304799	153106	247962	216560	33209	20564
1616816	1210344	1084923	416122	1000704	970791	1479998	1476249
3893580	3332692	1734028	1098975	2311376	1096727	852019	807625
384235	276818	393775	208019	172488	39601	313221	299310
197690	175291	61108	36210	196135	191543	41490	35959
1270439	1223557	144653	86017	448025	445337	18810	12743
10729438	8837438	10401780	9318728	322325	262736	1200878	1160271
6022055	5705416	8221263	7840961	139465	123068	806732	784416
3000298	1791374	1048985	791730	44323	43522	9314	5359
72695011	43015889	69144028	15173416	5874847	4539413	6298846	4483927
12967362	7992742	6392339	2009747	409713	234065	559479	492707
15734453	10937490	10043531	3044047	1883572	1659244	618841	513973
24972429	13042569	13850907	4361048	857990	583454	1477769	983111
7203857	4529180	19496020	2198813	1547652	1287910	253139	147536
1650290	836431	1161909	315601	71861	52841	1084795	1082626
261668	183112	606401	56505	166	166	3311	3311
30999372	22427440	9557244	5053849	3614431	3084321	9435145	8461492
12659564	11896601	1503666	1141885	1001989	982682	2839604	2797434
1696691	1321939	931874	531603	287087	242002	343469	326487
4964556	1561210	741921	420130	635818	572648	300438	234366
1994667	1448270	682187	415539	178002	93038	303189	277797
3106944	1217658	1272654	476321	428572	265950	121488	90662
40839742	34777479	2183400	1961130	165385	126570	918464	895749
2309367	1617271	321285	262441	4369	3120	2687	2686
84520719	47151671	107936784	34373129	168347	147199	107436	91375
2466514	1364263	43152	15607	17672557	13548648	88359	68695
2124663	1452187	87276	61635	21487	16512	22036440	18764127

1-5 续表 2

项目	实收资本		国家资本		集体资本	
	限额以上	大中型	限额以上	大中型	限额以上	大中型
二、零售业	**163031922**	**106405735**	**13996891**	**11751462**	**2658589**	**2118232**
(一)按登记注册类型分						
1.内资企业	**119107662**	**74086190**	**13186733**	**10999604**	**2229390**	**1704541**
国有企业	692799	424437	537874	364520	5545	635
集体企业	392721	197325	4490	1875	299014	169847
股份合作企业	174726	66310	1205	1200	14699	7245
联营企业	78047	46285	14792	6	10336	2621
国有联营企业	5897	4180	667		26	
集体联营企业	10842	3409	501		8685	2621
国有与集体联营企业	46903	27587	13538	6	1100	
其他联营企业	14407	11109	86		525	
有限责任公司	53440488	37241128	8381968	6507817	1244322	979465
国有独资公司	2513698	2220905	2078694	1853557	3209	2960
其他有限责任公司	50926786	35020226	6303276	4654262	1241114	976505
股份有限公司	12892039	12024723	4150226	4089594	453843	423205
私营企业	51109220	23995331	94959	34455	184967	116224
私营独资企业	1084975	139384	3498	10	3903	10
私营合伙企业	157760	45872	637		7418	6560
私营有限责任公司	48233312	22756599	89605	34244	142419	83759
私营股份有限公司	1633173	1053479	1222	201	31229	25896
其他企业	327628	90653	1222	136	16669	5299
2.港、澳、台商投资企业	**24937908**	**23874454**	**60191**	**57854**	**363050**	**358501**
合资经营企业	3231614	2872468	53632	51295	359017	354617
合作经营企业	159377	140855	6399	6399	2682	2533
独资经营企业	21168370	20553208	160	160	1350	1350
投资股份有限公司	267375	209750				
其他港澳台商投资企业	111177	98178				
3.外商投资企业	**18986358**	**8445091**	**749967**	**694008**	**66154**	**55192**
中外合资经营企业	2698442	2506340	722745	666786	64739	53777
中外合作经营企业	377137	374245	3845	3845	415	415
外资企业	15295549	5007049			1000	1000
外商投资股份有限公司	394313	348973				
其他外商投资企业	220920	208489	23378	23378		

单位：万元

法人资本		个人资本		港澳台资本		外商资本	
限额以上	大中型	限额以上	大中型	限额以上	大中型	限额以上	大中型
76859384	**44498472**	**40526386**	**20170129**	**22443892**	**21711753**	**6546781**	**6155689**
62830132	**40945010**	**40315246**	**19983195**	**251039**	**194871**	**295120**	**258970**
140011	53646	9278	5582	31		59	53
66562	18261	22639	7347	10		10	
13238	4564	145580	53299				
50672	41727	2250	1932				
5204	4180						
1147	278	510	510				
31902	27233	363	349				
12420	10036	1377	1073				
31044587	23212442	12396120	6238203	169977	126642	203519	176558
431184	364257	614	133				
30613404	22848186	12395506	6238070	169977	126642	203519	176558
6038156	5618989	2111513	1754676	64360	64350	73939	73909
25327804	11950464	25467305	11881859	16627	3878	17561	8451
405360	55848	672012	83492	106		96	22
46576	11265	103106	28049	26			
24318333	11551881	23649000	11074407	16496	3878	17465	8429
557541	331471	1043188	695916				
149109	44922	160565	40296	33		33	
2211490	**1860799**	**153214**	**134192**	**21954871**	**21280841**	**195098**	**182271**
1414236	1144828	138223	123753	1112700	1055755	153809	142222
46947	41003	1285	1000	99057	87123	3007	2797
706899	642750	4691	3205	20426610	19877083	28661	28661
30623	25519	5534	5534	229075	176554	2144	2144
12786	6702	3482	700	87431	84330	7477	6447
11817768	**1692669**	**57927**	**52744**	**237986**	**236041**	**6056564**	**5714446**
824602	793846	29781	25656	12638	10693	1043941	955586
89634	89634			188824	188824	94421	91528
10672059	626461	323		16099	16099	4606070	4363490
140001	99809	26800	26788	4035	4035	223475	218339
91471	82917	1022	300	16390	16390	88660	85505

1-5 续表 3

项目	实收资本		国家资本		集体资本	
	限额以上	大中型	限额以上	大中型	限额以上	大中型
(二)按国民经济行业分						
综合零售	52881712	39834016	2313235	2222171	1222842	1107370
百货零售	39712638	27886721	1574852	1522014	596852	529780
超级市场零售	11857914	10939067	671579	645745	551363	542457
食品、饮料及烟草制品专门零售	5351668	2544191	597835	392175	154497	80789
粮油零售	608185	171926	143291	39675	16713	3542
肉、禽、蛋、奶及水产品零售	729223	348524	36700	30143	13909	5542
酒、饮料及茶叶零售	1249300	465197	100490	63613	17709	2886
烟草制品零售	332862	232035	226305	201467	6505	3161
纺织、服装及日用品专门零售	8755996	7165539	306526	278714	108443	81388
服装零售	6072622	5315013	221412	198949	41635	31388
文化、体育用品及器材专门零售	5932019	3504477	1653122	1346581	39774	26111
体育用品及器材零售	458071	381713	3124	2100	263	
图书、报刊零售	2066174	1660716	1506224	1254746	7048	3770
医药及医疗器材专门零售	5771747	3796248	596167	560488	141837	134436
药品零售	5402279	3615575	587844	557973	92381	85287
汽车、摩托车、燃料及零配件专门零售	62946966	37780257	6897907	6423035	658145	448776
汽车零售	50307154	28700879	910304	735848	520899	390226
机动车燃料零售	11523789	8836422	5970608	5677322	132578	57538
家用电器及电子产品专门零售	10461750	6539336	60232	47804	228540	190592
日用家电设备零售	3692293	2539127	17147	12596	95780	88313
计算机、软件及辅助设备零售	1937266	636335	17593	13352	8660	939
通信设备零售	874510	499418	15283	15240	5751	2400
五金、家具及室内装饰材料专门零售	3970232	2161068	92771	69001	30408	12575
货摊、无店铺及其他零售业	6959839	3080609	1479103	411496	74106	36201
互联网零售	4482460	1849801	1062825	42400	27382	8536
(三)按控股情况分						
国有控股	19193654	17407751	11983474	10958981	139209	122751
集体控股	2570593	1978414	55358	46748	1178901	895218
私人控股	84638112	45669843	186323	101911	635852	504488
港澳台控股	23515859	22461953	30873	30028	14211	13868
外商控股	17226217	6820771	69616	69611	28391	28204

单位：万元

法人资本		个人资本		港澳台资本		外商资本	
限额以上	大中型	限额以上	大中型	限额以上	大中型	限额以上	大中型
23295076	11948006	5427424	4280877	17538275	17278301	3084865	2997296
17371135	6505108	2968352	2420337	15961323	15751378	1240127	1158108
5350817	4990768	2231373	1755396	1437228	1394637	1615556	1610070
1902275	872178	2414525	982533	221783	165178	60755	51344
204722	49624	213507	49159	29941	29928	9	
314596	173846	349851	125313	11590	11390	2582	2293
472867	182293	590584	168454	65574	46459	2076	1495
62209	16665	37844	10742				
3621682	2839338	1416069	845656	2204318	2103126	1098958	1017327
2589900	2253866	846280	570737	1541598	1470227	831801	789854
2072267	869079	1540808	719859	202211	174324	423842	368529
100248	83167	111161	74884	67403	67303	175873	154261
350827	260666	126826	66444	1917	1755	73337	73337
2422939	1938536	2525662	1084686	69752	63091	15391	15013
2285021	1886482	2370609	1019490	62468	62442	3953	3903
32298084	18877971	20680872	9941048	1495558	1278878	916400	810555
28552084	16460061	18369902	9396965	1439856	1246438	514115	471350
3434381	2315949	1549914	427804	49114	32372	387190	325434
6626851	4835299	3169648	1106770	149736	145792	226749	213079
2287790	1757719	1010633	400211	136331	135851	144612	144439
1045384	408812	825229	173904	9260	8224	31143	31101
385140	207138	426625	241644	243		41471	32997
1410879	719149	1745622	698003	83186	66450	607367	595890
3209340	1598929	1605755	510711	479080	436618	112460	86659
2142367	1070832	808617	296022	379644	376547	61628	55466
6064468	5383865	647913	586244	71862	70815	286732	285100
1101997	898038	197199	101299	3051	3032	34090	34080
45820527	26569843	37575946	18108055	289727	267523	129737	118028
1453011	1120889	46092	37866	21866763	21166716	104917	92587
11397040	1272432	32061	30736	32523	27237	5666586	5392550

1-6 大中型批发和零售业

项　　目	主营业务收入		主营业务成本	
	限额以上	大中型	限额以上	大中型
总　　计	**5528094784**	**3986494901**	**5108271909**	**3640882213**
一、批发业	**4457936427**	**3170049062**	**4169353313**	**2926589552**
(一)按登记注册类型分				
1.内资企业	**3801572458**	**2595846383**	**3589162854**	**2424270420**
国有企业	194223383	185569094	156094767	147978738
集体企业	7536723	5255363	7005779	4883467
股份合作企业	2198425	1822904	2111994	1763044
联营企业	271158	175287	241992	151816
国有联营企业	51226	30914	43461	24860
集体联营企业	56560	14613	51671	13040
国有与集体联营企业	150866	129760	134693	113916
其他联营企业	12506		12168	
有限责任公司	1963132330	1471988075	1872787454	1397355580
国有独资公司	383856646	335894320	369395239	322385215
其他有限责任公司	1579275681	1136093754	1503392219	1074970363
股份有限公司	377367752	356056315	357847764	337288686
私营企业	1249638179	570796153	1186665738	531128026
私营独资企业	3790268	1664040	3334436	1507227
私营合伙企业	388183	72502	361059	60976
私营有限责任公司	1215086160	547542580	1155027024	510023301
私营股份有限公司	30373574	21517036	27943223	19536520
其他企业	7204512	4183194	6407374	3721071
2.港、澳、台商投资企业	**219114056**	**175535373**	**196168028**	**154284593**
合资经营企业	36157608	28331512	34495769	26822977
合作经营企业	1305559	1199868	1186502	1086379
独资经营企业	177445577	142873895	156714901	123633816
投资股份有限公司	1554875	1250991	1341320	1052815
其他港澳台商投资企业	2650437	1879106	2429532	1688604
3.外商投资企业	**437249915**	**398667308**	**384022435**	**348034540**
中外合资经营企业	135212431	128143318	124603438	117747950
中外合作经营企业	508625	422755	475887	396569
外资企业	289818168	259296738	249080352	220876128
外商投资股份有限公司	4430328	3926820	3478039	3002387
其他外商投资企业	7280365	6877678	6384720	6011508

企业损益及分配

单位：万元

主营业务税金及附加		主营业务利润		其他业务利润		销售费用	
限额以上	大中型	限额以上	大中型	限额以上	大中型	限额以上	大中型
29468317	**26222472**	**390354558**	**319390216**	**19669321**	**17936398**	**193235701**	**166341388**
24533889	**22873237**	**264049225**	**220586273**	**9833671**	**8894468**	**120838728**	**103882080**
22980660	**21413878**	**189428944**	**150162085**	**6408462**	**5579919**	**77965254**	**62898481**
14747690	14701343	23380926	22889013	1143238	1124798	4619828	4447773
23871	16550	507073	355346	41557	36380	203700	145946
3971	2909	82460	56951	3089	2279	39939	31029
702	280	28464	23191	1253	1231	15436	13822
214	174	7551	5880	51	51	1640	858
360	5	4529	1568	1180	1180	834	272
124	101	16049	15743	21		12828	12692
		335				134	
5648354	5020009	84696522	69612486	2753660	2457474	36338424	30630474
1852610	1819610	12608797	11689495	485413	460636	4768695	4523546
3795742	3200399	72087720	57922992	2268246	1996840	31569729	26106928
612953	587249	18907035	18180380	827313	711431	9982368	9718016
1892433	1050982	61080008	38617145	1636661	1245945	26593938	17801399
24113	5748	431719	151065	801		90112	27007
2996	797	24128	10729			67102	2958
1784526	982947	58274610	36536332	1572146	1195489	25373358	16873468
80793	61493	2349558	1919023	63716	50456	1063365	897974
50687	34567	746451	427556	1701	386	171627	110021
465144	**410912**	**22480884**	**20839868**	**724044**	**663526**	**12042802**	**11150081**
83051	74789	1578788	1433746	108095	101746	589546	485441
2401	2343	116656	111146	212	187	65307	63930
370021	325659	20360655	18914420	609453	555984	11175562	10407369
3950	3402	209605	194774	5014	4670	107453	101505
5725	4722	215180	185780	1273	943	104936	91839
1088090	**1048448**	**52139390**	**49584320**	**2701163**	**2651027**	**30830671**	**29833521**
208092	200359	10400901	10195009	157950	156305	7423930	7353383
738	503	32000	25683	-642	-1182	19879	16330
859868	829125	39877948	37591485	2523951	2476819	22259682	21350657
10233	9816	942056	914617	11565	11282	688798	682990
9163	8645	886482	857525	8339	7801	438382	430164

1-6 续表 1

项 目	管理费用		财务费用		营业利润	
	限额以上	大中型	限额以上	大中型	限额以上	大中型
总 计	**90655079**	**72209185**	**24288509**	**16765047**	**116304822**	**97245292**
一、批发业	**57463816**	**46594988**	**17662451**	**11826935**	**87640284**	**77764948**
(一)按登记注册类型分						
1.内资企业	**41339682**	**31558366**	**17015724**	**11385623**	**66021761**	**57305759**
国有企业	5577694	5380651	-272444	-315431	14231477	14134072
集体企业	161536	100025	52683	46822	127665	101349
股份合作企业	21480	13978	6386	4530	19801	11564
联营企业	3959	2341	2110	1910	5910	5230
国有联营企业	2215	1214	-52	-39	3870	3954
集体联营企业	763	395	888	725	918	177
国有与集体联营企业	800	732	1269	1224	1110	1099
其他联营企业	182		6		12	
有限责任公司	16655367	13589825	9088332	6820056	28335382	25644544
国有独资公司	2736061	2534492	1591499	1432023	4844008	4535901
其他有限责任公司	13919307	11055335	7496835	5388031	23491373	21108642
股份有限公司	3567261	3367236	1686818	1552056	7210513	6960438
私营企业	15232912	9041167	6421895	3260683	15666664	10210357
私营独资企业	80544	28192	15186	5638	223894	87787
私营合伙企业	7949	1925	1031	543	14132	5158
私营有限责任公司	14565464	8561111	6263445	3164236	14580525	9383719
私营股份有限公司	578954	449940	142227	90267	848120	733692
其他企业	119476	63153	29948	14995	424346	238219
2.港、澳、台商投资企业	**6373732**	**5902686**	**356616**	**231535**	**5782596**	**5534965**
合资经营企业	576361	537182	187084	149553	799267	818471
合作经营企业	21826	19525	1089	1057	31721	30136
独资经营企业	5659600	5242902	139650	58446	4808946	4550831
投资股份有限公司	68189	60469	7323	5782	54058	53140
其他港澳台商投资企业	47755	42612	21469	16699	88604	82392
3.外商投资企业	**9750408**	**9133938**	**290111**	**209784**	**15835927**	**14924220**
中外合资经营企业	776300	720250	294131	269305	2244780	2188052
中外合作经营企业	12289	10419	1988	1519	596	133
外资企业	8676312	8135936	-8932	-63243	13121838	12287033
外商投资股份有限公司	139943	130343	2901	1647	131666	124748
其他外商投资企业	145565	136991	27	556	337051	324252

单位：万元

利润总额		应交所得税		应付职工薪酬		应交增值税	
限额以上	大中型	限额以上	大中型	限额以上	大中型	限额以上	大中型
122880907	**102090611**	**25000732**	**21256933**	**94716399**	**80136625**	**61377931**	**50640728**
92322049	**81582066**	**19691081**	**17028841**	**53897273**	**46634580**	**44127028**	**36854614**
69470327	**60119214**	**14500280**	**12267175**	**39030740**	**32264061**	**35845489**	**28940311**
15220005	15003809	3746547	3696261	6112998	5939428	6858539	6786038
149397	115728	17247	12407	109678	71611	80052	62575
20373	11560	2563	1667	15658	10427	8255	5593
5651	5229	1048	992	5480	4270	5149	4041
3912	3953	1046	992	3304	2541	1463	1205
622	177			377	227	2139	1996
1110	1099			1675	1502	1518	840
7				124		28	
29972510	26964661	7007316	5846868	16285369	14363908	15887147	13207024
5547942	5128739	1216183	1116613	2722364	2569191	2527339	2336784
24424565	21835924	5791130	4730257	13563005	11794720	13359812	10870243
7506637	7199299	942715	903806	4262988	4137601	3846374	3732471
16191257	10591635	2755680	1789026	12113083	7677726	9089952	5099507
223235	88404	19295	7622	40597	18053	60925	20101
27190	4262	1261	330	4619	2149	11852	311
15077929	9751752	2595566	1657112	11592328	7260102	8715587	4838739
862902	747219	139558	123967	475541	397423	301591	240360
404505	227293	27175	16150	125489	59090	70026	43062
6410944	**5964172**	**1482199**	**1322284**	**4791819**	**4547422**	**2503269**	**2223252**
899270	916268	125726	115910	379623	352035	342169	320432
36479	34928	8271	7890	45347	44664	15322	15105
5328924	4873602	1328952	1183172	4256721	4049221	2084539	1839189
55510	55189	9460	8593	63162	57966	34716	24154
90764	84184	9793	6717	46968	43540	26525	24371
16440780	**15498684**	**3708604**	**3439381**	**10074712**	**9823097**	**5778271**	**5691059**
2282169	2226350	514336	492141	952210	923470	1506647	1491512
-3680	-4298	2733	2402	12000	10942	3428	2420
13683325	12817621	3057742	2816496	8824938	8616105	4170402	4108243
136257	129391	40812	38779	146523	142413	53887	49904
342709	329621	92983	89562	139043	130170	43907	38976

1-6 续表 2

项　目	主营业务收入		主营业务成本	
	限额以上	大中型	限额以上	大中型
(二)按国民经济行业分				
农、林、牧产品批发	86445990	57571810	82030858	54830021
食品、饮料及烟草制品批发	396752286	337146154	321844719	267450033
米、面制品及食用油批发	59928334	44242696	56193024	41293141
肉、禽、蛋、奶及水产品批发	26819107	18883079	23983988	16623015
酒、饮料及茶叶批发	66523411	56513404	51084413	42569914
烟草制品批发	151347565	149992024	109316169	108179231
纺织、服装及家庭用品批发	365902300	273480137	323697384	236810403
服装批发	73451925	54695755	62319301	45003103
鞋帽批发	19146317	13723005	15968161	10874026
家用电器批发	120011528	105887945	110753150	97312355
文化、体育用品及器材批发	88891885	70532804	81071687	63806374
文具用品批发	22736694	15329147	21585762	14527864
体育用品及器材批发	9165606	8370582	8337126	7608854
图书批发	9028400	8424702	7471587	6986541
医药及医疗器材批发	237913284	222164252	208422089	195265735
西药批发	146785005	141802378	132312200	128195197
中药批发	47299009	44098511	41193449	38435996
矿产品、建材及化工产品批发	2473762148	1565395726	2404659133	1516206230
煤炭及制品批发	256144874	181828006	246170279	174986679
石油及制品批发	616229207	476870897	596243962	459652345
金属及金属矿批发	1032859600	565442054	1015923195	554541063
建材批发	127361703	82235424	121301557	78586080
化肥批发	43206326	33128186	41336565	31804206
农药批发	3883663	2825606	3465787	2493254
机械设备、五金产品及电子产品批发	679425841	553438976	625204240	506770831
汽车批发	243780951	214411482	222855636	195243229
计算机、软件及辅助设备批发	56501290	40029039	54045907	38066726
通讯及广播电视设备批发	99411352	87392576	93654661	82069581
贸易经纪与代理	52968049	38401377	50914062	36825414
其他批发业	75874662	51917828	71509145	48624515
(三)按控股情况分				
国有控股	1668783155	1473023543	1567992810	1377574977
集体控股	77794251	58608830	74654570	55976797
私人控股	1792645661	904343396	1697362727	840360316
港澳台控股	197096529	159115200	174525828	138155451
外商控股	315811970	278851768	272447179	238049603

单位：万元

主营业务税金及附加		主营业务利润		其他业务利润		销售费用	
限额以上	大中型	限额以上	大中型	限额以上	大中型	限额以上	大中型
194146	114530	4220986	2627259	177841	143025	1774752	1197924
18483628	18278665	56423939	51417456	2195136	1990140	20690959	18514505
95959	68528	3639351	2881027	551186	524672	2496571	2062580
70065	46874	2765054	2213190	48304	40666	1226623	984600
455467	397734	14983531	13545756	201745	154658	7136780	6553466
17581232	17542288	24450164	24270505	934982	934865	3826239	3820246
814433	675726	41390483	35994008	895206	795149	22906244	20828023
205051	166897	10927573	9525755	332792	310545	5286469	4718857
60287	53751	3117869	2795228	13730	10767	1117673	992737
165893	146596	9092485	8428994	209679	198188	5751768	5415724
209068	167877	7611130	6558553	706408	685538	3797381	3433841
34203	24118	1116729	777165	30679	26424	507515	391252
17582	16114	810898	745614	367320	366454	683610	657354
15331	14540	1541482	1423621	111904	104811	685965	641904
645113	573507	28846082	26325010	1376946	1337194	15619983	14507309
333604	314581	14139201	13292600	704192	688583	7490855	7053022
148009	133270	5957551	5529245	194110	187402	3676017	3490322
2449283	1679898	66653732	47509598	2062722	1694780	26947786	19731078
542913	410423	9431682	6430904	357813	322460	4234978	2767440
598852	483118	19386393	16735434	585982	525773	8473774	7616943
586980	367315	16349425	10533676	542164	410142	5610598	3584885
280056	168687	5780090	3480657	186028	145157	1936447	1158133
66923	40813	1802838	1283167	37953	27465	764742	573076
7001	4149	410875	328203	2978	2156	202244	170777
1398790	1163329	52822811	45504816	2233141	2095883	26753825	23853055
700451	649901	20224864	18518352	658035	642470	13386285	12283216
53137	39150	2402246	1923163	250258	242656	1012237	885362
105326	93563	5651365	5229432	461336	442540	2746531	2578524
52883	38057	2001104	1537906	115193	100364	766424	560998
286552	181653	4078965	3111660	71080	52402	1581372	1255350
19426053	19192400	81364292	76256166	3054000	2918728	32347666	30597898
99973	73371	3039708	2558662	131970	100392	1388960	1198611
2912919	1728328	92370015	62254752	2523389	1913548	40574889	28975613
420645	373665	22150056	20586084	644551	587523	11868726	11049154
922860	883136	42441931	39919029	2579961	2528768	23858119	22836532

1-6 续表 3

项　目	管理费用		财务费用		营业利润	
	限额以上	大中型	限额以上	大中型	限额以上	大中型
(二)按国民经济行业分						
农、林、牧产品批发	1487610	1047681	954480	741582	1489927	1071041
食品、饮料及烟草制品批发	11444794	10263291	93496	-193842	27055374	25464601
米、面制品及食用油批发	948452	704305	392631	300019	410257	331230
肉、禽、蛋、奶及水产品批发	625078	471106	120236	86073	760365	629706
酒、饮料及茶叶批发	1804981	1579986	96699	58145	6776404	6131200
烟草制品批发	5545902	5538296	-977020	-966452	16401059	16225328
纺织、服装及家庭用品批发	9729998	8383055	1113745	669187	9957936	8319413
服装批发	2895107	2581765	336272	261757	3058626	2601428
鞋帽批发	1144708	1049690	61393	40251	884283	800289
家用电器批发	2151484	1969415	88595	59358	1763636	1625206
文化、体育用品及器材批发	1970963	1640911	309788	228658	2564875	2238199
文具用品批发	330099	230110	55970	41365	264952	157671
体育用品及器材批发	257629	238596	9692	6420	223487	199234
图书批发	526222	483356	-79272	-81213	667514	621924
医药及医疗器材批发	6501282	5671414	1295862	1211471	7332730	6778388
西药批发	3103824	2865323	928624	891175	3820348	3679121
中药批发	1152203	987634	222521	203570	1132315	1063841
矿产品、建材及化工产品批发	13404769	9134394	11209243	7243602	19122541	16234069
煤炭及制品批发	1801109	1327183	1815923	1339062	2625184	2076397
石油及制品批发	2742928	2247810	1783125	1085767	6147172	6749607
金属及金属矿批发	3545836	2201047	4712436	2969312	3319984	2644535
建材批发	1445790	878637	918024	543276	1816622	1100217
化肥批发	428150	304197	367084	308416	269081	115485
农药批发	99083	80104	50498	42008	86564	63461
机械设备、五金产品及电子产品批发	11133329	9147292	1979832	1376299	18046110	15907997
汽车批发	1691554	1533851	206241	110161	6768131	6329723
计算机、软件及辅助设备批发	787133	643576	206595	144465	519895	379898
通讯及广播电视设备批发	1475380	1332477	336916	286914	1377248	1269130
贸易经纪与代理	631844	445769	289461	240933	799411	666461
其他批发业	1159227	861196	416538	309053	1271380	1084783
(三)按控股情况分						
国有控股	15108453	14256345	5471509	4486915	33899903	33936582
集体控股	695237	526644	369139	294280	1089237	998938
私人控股	22225938	14079339	9803286	5632410	25292942	17769752
港澳台控股	6271115	5816998	228443	133142	5717948	5438965
外商控股	9157643	8544536	67407	-22106	13683809	12809531

单位：万元

利润总额		应交所得税		应付职工薪酬		应交增值税	
限额以上	大中型	限额以上	大中型	限额以上	大中型	限额以上	大中型
2305053	1762117	233174	168590	1471162	1151865	310209	173774
28065857	26363179	6236065	5940002	12115657	11196577	11394739	10875137
761126	592163	109589	92948	777283	646486	272867	230847
804744	679589	79500	63327	684666	501220	231718	180664
6813037	6174265	1557878	1403087	2051082	1887823	2093105	1890410
16865997	16689718	4079952	4037643	6209656	6203488	7644528	7608686
10617443	8883607	2118229	1822568	8015968	7086880	4477702	3723222
3150272	2660560	696148	585937	2139286	1936023	1047746	880121
916756	831624	206218	193766	499986	439778	328929	304509
1809160	1685007	371538	343831	1898949	1795987	961652	883891
2719977	2319984	496744	424993	2161836	1941524	776959	588930
268464	158945	64210	40163	285995	221488	140576	91654
243847	217272	59070	55570	179543	167246	81353	75338
701979	653892	47765	37783	540002	506799	15678	12493
7503268	6956983	1632931	1521062	6666687	6068509	4830627	4445638
3918977	3766426	833370	793417	3098514	2934351	2698762	2594490
1185264	1120057	212818	202709	1186591	1091639	976284	920206
19918815	16972819	4315130	3141568	11911209	9070157	13178149	9606278
2666023	2166539	480410	337051	1313265	1052116	1943468	1491267
6168688	6775497	1528221	1260771	3794331	3472317	4398475	3664799
3761240	2988011	1004350	649996	2492816	1814227	2801871	1569639
1932891	1203234	319352	214548	985466	651542	995132	571220
270602	149690	66084	50892	376559	286935	1306012	1262252
100350	76873	15140	11618	104658	88718	11335	2456
18737049	16355559	4221005	3646884	10242966	9079697	7675618	6473726
7169710	6532355	1704472	1500705	1515803	1415873	3385466	3095041
578572	425081	151351	107019	821020	735976	301835	230239
1328055	1213642	367684	343705	1326576	1244027	1023764	954073
858655	689960	135530	116343	477235	387482	240465	172061
1595934	1277866	302279	246832	834562	651900	1242552	795859
36006147	35708803	8600613	8042208	18106270	17378328	18769452	17701069
1167040	1057542	199642	174907	582009	469957	562335	475987
26188834	18462001	4363890	3014008	17752492	12197271	14424280	9326164
6274530	5785422	1442790	1289517	4698796	4467247	2301593	2037954
14368896	13465352	3229670	2973430	9294522	9052165	4528505	4437831

1-6 续表 4

项 目	主营业务收入		主营业务成本	
	限额以上	大中型	限额以上	大中型
二、零售业	**1070158359**	**816445838**	**938918600**	**714292664**
(一)按登记注册类型分				
1.内资企业	**935911416**	**686450895**	**831317728**	**610134836**
国有企业	9985357	7135934	8676325	6229248
集体企业	8096014	3807759	7103153	3293289
股份合作企业	1558540	699225	1344748	608278
联营企业	844878	282202	738660	250696
国有联营企业	112749	14813	93494	13866
集体联营企业	253863	63503	226310	52880
国有与集体联营企业	245883	76605	221998	75802
其他联营企业	232383	127281	196860	108148
有限责任公司	436230529	346823690	388313910	308866541
国有独资公司	19520055	15996325	17421629	14259137
其他有限责任公司	416710477	330827365	370892286	294607409
股份有限公司	121654787	116352889	108461044	103756647
私营企业	354840480	210508202	314492784	186479495
私营独资企业	10896221	1619389	9106000	1357139
私营合伙企业	1348872	535731	1146734	465728
私营有限责任公司	329305370	199345029	292827144	177027630
私营股份有限公司	13290018	9008058	11412911	7628993
其他企业	2700832	840994	2187105	650649
2.港、澳、台商投资企业	**64504762**	**62495529**	**51658784**	**50007805**
合资经营企业	16932388	16480239	13888920	13502271
合作经营企业	762547	690966	639108	580319
独资经营企业	44327361	43044143	35118480	34087898
投资股份有限公司	1544427	1435467	1248227	1149130
其他港澳台商投资企业	938046	844720	764058	688194
3.外商投资企业	**69742187**	**67499413**	**55942088**	**54150018**
中外合资经营企业	26217314	25175550	21198470	20350831
中外合作经营企业	1067338	996327	882390	827126
外资企业	33585446	32558388	26078942	25266032
外商投资股份有限公司	1940026	1893964	1530550	1499360
其他外商投资企业	6932067	6875188	6251730	6206665

单位：万元

主营业务税金及附加		主营业务利润		其他业务利润		销售费用	
限额以上	大中型	限额以上	大中型	限额以上	大中型	限额以上	大中型
4934422	**3349233**	**126305337**	**98803941**	**9835654**	**9041936**	**72396977**	**62459309**
4285145	**2726650**	**100308543**	**73589409**	**7655411**	**6904518**	**54422600**	**44906196**
63458	38160	1245574	868526	111162	87844	594943	454052
63361	30657	929500	483813	23089	17001	292890	155720
9520	5741	204272	85206	4400	3235	58300	22766
4044	1288	102174	30218	231		30360	11428
426	23	18829	924	22		4666	124
1536	552	26017	10071	64		6536	1533
1033	222	22852	581	103		11385	4669
1049	491	34474	18642	42		7776	5102
1736913	1230803	46179706	36726346	3942442	3599198	27118323	23423323
74948	65045	2023478	1672143	148749	139490	987211	861999
1661964	1165757	44156227	35054199	3793697	3459710	26131117	22561326
501107	453892	12692636	12142350	1402524	1388080	8044347	7850847
1879087	956117	38468609	23072590	2169706	1808529	18168496	12935372
141819	17637	1648402	244613	30927	2885	395824	80030
13361	4708	188777	65295	823	104	55565	25746
1624109	871486	34854117	21445913	2087540	1761082	16854192	12103861
99798	62287	1777309	1316778	50420	44460	862920	725742
27657	10000	486070	180345	1862	635	114949	52694
331865	**316279**	**12514113**	**12171445**	**1137802**	**1122147**	**8874330**	**8667336**
84040	78907	2959428	2899061	310085	305780	1991390	1960257
3104	2813	120335	107834	4703	4193	58644	54878
232825	223717	8976056	8732528	769463	759523	6457035	6296623
6709	6111	289491	280226	35340	34805	243998	238790
5186	4730	168802	151796	18217	17851	123271	116795
317417	**306312**	**13482682**	**13043083**	**1042439**	**1015272**	**9100047**	**8885783**
122355	117443	4896489	4707276	336735	328669	3138614	3062083
6340	6024	178608	163177	69171	68839	168873	166591
162519	157284	7343985	7135072	586313	569280	4945370	4827130
13561	13294	395915	381310	29615	27954	260559	249486
12641	12265	667696	656258	20612	20534	586634	580497

1-6 续表 5

项目	管理费用		财务费用		营业利润	
	限额以上	大中型	限额以上	大中型	限额以上	大中型
二、零售业	**33191264**	**25614191**	**6626059**	**4938111**	**28664536**	**19480343**
(一)按登记注册类型分						
1.内资企业	**27293992**	**19927122**	**6182222**	**4526826**	**23122957**	**14135981**
国有企业	410489	278046	29825	16025	357315	234366
集体企业	254123	142341	40909	20358	377046	217119
股份合作企业	65853	40691	15315	12641	50249	20496
联营企业	16392	4938	1454	613	56657	13250
国有联营企业	1857	1355	67	16	12263	-571
集体联营企业	5532	1613	987	271	13052	6652
国有与集体联营企业	4947	170	-50	57	8535	-4394
其他联营企业	4058	1801	451	270	22812	11562
有限责任公司	12035446	9420738	2688421	2104945	9423542	6435661
国有独资公司	525918	336031	30032	24942	675467	621327
其他有限责任公司	11509527	9084708	2658389	2080007	8748072	5814332
股份有限公司	3165442	3016114	474019	427231	3567261	3371624
私营企业	11248710	6989836	2913374	1938782	9033197	3755276
私营独资企业	341582	61645	90602	15311	816376	87717
私营合伙企业	46150	16563	9128	3469	84101	26369
私营有限责任公司	10421295	6588746	2694489	1835850	7633715	3318850
私营股份有限公司	439684	322881	119157	84156	499009	322339
其他企业	97541	34424	18898	6225	257690	88191
2.港、澳、台商投资企业	**3050902**	**2940126**	**223146**	**201305**	**2657860**	**2607976**
合资经营企业	724009	701248	52642	39549	1064778	1044012
合作经营企业	36549	34692	1775	1621	42724	34921
独资经营企业	2207339	2126587	152772	142473	1478609	1469409
投资股份有限公司	52414	49471	8487	11004	26791	22286
其他港澳台商投资企业	30595	28126	7472	6664	44958	37347
3.外商投资企业	**2846368**	**2746949**	**220687**	**209978**	**2883722**	**2736392**
中外合资经营企业	840021	807874	30152	27309	1427756	1340110
中外合作经营企业	35933	35645	-264	-518	43133	30197
外资企业	1768823	1706285	155087	148155	1345698	1304084
外商投资股份有限公司	140403	139399	29562	29373	27873	24366
其他外商投资企业	61188	57745	6152	5661	39259	37638

单位：万元

利润总额		应交所得税		应付职工薪酬		应交增值税	
限额以上	大中型	限额以上	大中型	限额以上	大中型	限额以上	大中型
30558858	**20508541**	**5309647**	**4228095**	**40819123**	**33502046**	**17250903**	**13786115**
24681932	**14826409**	**3870682**	**2844218**	**34559188**	**27384238**	**14491242**	**11104723**
386130	248454	53429	33799	475049	382342	170071	131526
375130	224866	52635	30143	200325	126816	99774	45421
49344	19297	8225	3486	92132	48039	29504	18246
57373	13321	12206	2663	29902	19665	15355	4375
12295	-522	3141		13839	11634	4284	31
12854	6611	2166	1355	5913	4223	2942	1372
9290	-4449	3218		5785	1792	3714	1007
22938	11680	3683	1308	4366	2017	4419	1965
9846273	6911731	1875280	1444985	15397854	12402195	6717386	5453095
703754	635263	106787	98237	624445	550326	452561	406833
9142521	6276463	1768496	1346750	14773410	11851868	6264828	5046260
3542585	3353826	537461	513054	5709158	5534456	2060780	1946692
10184308	3973460	1318885	811476	12508925	8798990	5362888	3492495
796671	89075	58505	8657	328099	88190	195414	21823
78853	23237	6013	1085	96397	18477	27455	12291
8823509	3546211	1175479	737306	11484147	8195958	4961544	3332576
485275	314935	78897	64434	600283	496370	178475	125805
240789	81455	12564	4618	145845	71739	35481	12878
2792745	**2746632**	**731366**	**708715**	**3401307**	**3322140**	**1331523**	**1292191**
1081629	1067109	207739	205327	881850	862728	318001	312674
48656	41164	13011	11441	39299	31501	14220	12548
1540720	1528507	492198	475074	2321537	2275274	945879	916358
30402	25836	9008	8754	121219	118165	24952	23413
91340	84014	9408	8123	37402	34475	28473	27201
3084183	**2935503**	**707599**	**675162**	**2858636**	**2795669**	**1428141**	**1389201**
1512308	1424621	317792	294910	924370	894544	575497	572318
51255	38308	6377	5942	58675	57795	21606	18905
1446793	1404713	370971	362698	1654768	1627584	729597	700831
25087	21660	5673	5620	96692	93991	37589	33882
48735	46198	6788	5995	124135	121757	63854	63273

1-6 续表 6

项目	主营业务收入		主营业务成本	
	限额以上	大中型	限额以上	大中型
(二)按国民经济行业分				
综合零售	202959353	185982558	171753504	157241062
百货零售	105269028	96118501	88597569	80821254
超级市场零售	87795133	83112413	74902258	70915520
食品、饮料及烟草制品专门零售	38209825	17517160	30728721	13076013
粮油零售	5009012	1562508	4424046	1322852
肉、禽、蛋、奶及水产品零售	6506121	2835332	5531761	2353994
酒、饮料及茶叶零售	9027836	3060372	7230483	2301714
烟草制品零售	1948680	1041235	1609162	827944
纺织、服装及日用品专门零售	50759752	39899782	35688134	26680357
服装零售	31190065	26437294	21125872	17244293
文化、体育用品及器材专门零售	30563823	18808273	24647367	14584338
体育用品及器材零售	2412273	2061553	1778783	1487032
图书、报刊零售	10732380	8353377	8282954	6382731
医药及医疗器材专门零售	49797856	41028534	42075798	34582471
药品零售	47287713	39952408	40195181	33844625
汽车、摩托车、燃料及零配件专门零售	499417795	380108725	461655818	352608605
汽车零售	369761346	278439221	344892528	259836314
机动车燃料零售	119635214	97480215	107730412	88907084
家用电器及电子产品专门零售	88181745	61558102	78493745	55029720
日用家电设备零售	34595143	24902280	30697483	22110777
计算机、软件及辅助设备零售	22868671	16446232	20627257	14956003
通信设备零售	10529485	7547713	9432521	6765240
五金、家具及室内装饰材料专门零售	29330258	13555725	24124884	10552374
货摊、无店铺及其他零售业	80937962	57986997	69750642	49937735
互联网零售	66589253	52242763	57782144	45309236
(三)按控股情况分				
国有控股	187345991	171626079	166653600	153014249
集体控股	35816492	27929465	31687802	24662169
私人控股	595788285	389427361	527818593	344659191
港澳台控股	64611677	62820769	52584188	51114431
外商控股	63439695	61903670	51219263	49980236

单位：万元

主营业务税金及附加		主营业务利润		其他业务利润		销售费用	
限额以上	大中型	限额以上	大中型	限额以上	大中型	限额以上	大中型
1369588	1201228	29836261	27540268	5462749	5322636	21789475	20951361
946479	842475	15724980	14454772	3033157	2951227	9303681	8839310
359482	322099	12533393	11874794	2200506	2158549	11343115	11089467
295200	124060	7185904	4317087	176178	99014	3211251	2374884
25681	6525	559285	233131	22245	13735	264684	140236
43026	12915	931334	468423	12797	8929	348286	229238
85841	27840	1711512	730818	68427	23113	621632	352107
20753	10551	318765	202740	7462	4540	137190	103294
363774	274967	14707844	12944458	373088	326936	9075587	8307786
234649	193308	9829544	8999693	253768	231468	6268893	5841328
264592	168371	5651864	4055564	293820	254453	2628732	2103033
12041	9512	621449	565009	3948	1882	427990	399518
35281	24539	2414145	1946107	182540	162183	1036076	878473
221141	166650	7500917	6279413	226835	205449	4294122	3824480
203458	158002	6889074	5949781	218612	202114	4057816	3677706
1397279	839785	36364698	26660335	2467831	2150830	17069907	13515081
1027607	654766	23841211	17948141	2203820	1945140	10978647	8507314
320240	174249	11584562	8398882	239416	187458	5679234	4765404
385802	207539	9302198	6320843	438574	383539	5334556	4349795
144778	76356	3752882	2715147	209451	190999	2328754	1955718
83294	45210	2158120	1445019	24343	12529	1088215	874012
26721	14792	1070243	767681	139740	127141	729935	593758
381737	225983	4823637	2777368	48751	27920	1658150	1112892
255320	140659	10932000	7908603	347835	271168	7335197	5919990
156635	98488	8650474	6835039	215901	181962	6409255	5340719
670662	589634	20021729	18022196	1663464	1585332	11506916	10745447
193727	133439	3934963	3133857	518172	501538	2383717	2127618
2986923	1666740	64982769	43101430	4467655	3887493	33345488	25677127
307783	296662	11719706	11409676	1049147	1028024	8461461	8255988
288409	281015	11932023	11642419	914934	888679	8231357	8063207

1-6 续表 7

项 目	管理费用		财务费用		营业利润	
	限额以上	大中型	限额以上	大中型	限额以上	大中型
(二)按国民经济行业分						
综合零售	9466073	8800848	1537583	1347442	5949488	5116701
百货零售	5844970	5472831	1060937	959588	4506544	4023272
超级市场零售	3044792	2851482	425303	354889	1396263	1183299
食品、饮料及烟草制品专门零售	1580110	855054	236523	99318	2464654	1259856
粮油零售	145424	46130	41741	16326	146869	63247
肉、禽、蛋、奶及水产品零售	253624	143777	43713	20625	317122	105645
酒、饮料及茶叶零售	385969	152628	70862	26284	683496	246376
烟草制品零售	94802	62614	2323	-579	160071	94471
纺织、服装及日用品专门零售	3377958	2917196	318483	246776	2499991	1989827
服装零售	2307794	2092444	235091	197558	1388516	1212785
文化、体育用品及器材专门零售	1744612	1261996	195388	107744	1412872	850321
体育用品及器材零售	164159	145672	18225	15149	24158	10125
图书、报刊零售	827284	694886	3970	2512	729542	521697
医药及医疗器材专门零售	1781188	1436371	349310	304810	1583936	1196862
药品零售	1614593	1364828	328528	291198	1355440	1073116
汽车、摩托车、燃料及零配件专门零售	9190798	6438902	3132478	2375512	9873501	6928297
汽车零售	7461219	5469186	2849551	2240472	5745549	4631246
机动车燃料零售	1474631	873834	231167	118478	3878102	2311784
家用电器及电子产品专门零售	2466283	1656013	362144	208631	1720928	639305
日用家电设备零售	931970	671055	136192	77603	729467	371394
计算机、软件及辅助设备零售	482226	240691	49606	17689	569512	339619
通信设备零售	313697	217422	59105	43741	146154	72248
五金、家具及室内装饰材料专门零售	1337542	823060	254727	143355	1643576	750631
货摊、无店铺及其他零售业	2246696	1424752	239423	104533	1515594	748541
互联网零售	1580716	1152211	165423	85752	699355	377465
(三)按控股情况分						
国有控股	4504386	3959501	510765	439311	6036804	5252622
集体控股	1248130	1038987	254340	218582	588410	291948
私人控股	18528482	12466939	4689304	3258793	14677211	7418430
港澳台控股	2742927	2632305	235792	215959	2090992	2065361
外商控股	2619113	2541086	184232	175913	2396257	2334190

单位：万元

利润总额		应交所得税		应付职工薪酬		应交增值税	
限额以上	大中型	限额以上	大中型	限额以上	大中型	限额以上	大中型
6027660	5230392	1394675	1318812	12104819	11528100	3223715	2979628
4534384	4064800	1004309	949911	6532242	6238714	1897197	1765961
1461888	1259888	363741	349434	5072470	4854742	1112846	1051937
2510170	1308548	308225	205218	1816952	1189933	774946	516376
196574	84634	20748	13297	172939	74086	47142	18144
308950	115201	28975	14625	281108	186807	70516	29924
659003	244016	82521	48381	376951	202018	177993	88940
169291	101997	29052	19018	106374	78979	45544	25375
2516335	1999917	556301	498281	3641023	3320345	1503642	1308675
1409281	1229239	333003	309095	2426308	2275962	985742	890424
1493771	959328	168663	116184	1806051	1389794	361261	237581
27548	12829	7461	4847	126229	112765	37118	30396
816346	603525	32088	24211	1062351	854733	62552	52390
2901333	1365651	286181	236383	2928766	2345851	1110382	962852
2686029	1243342	245607	207193	2806853	2272180	1011956	904865
10037665	7214503	1861688	1398796	12688915	9582233	7600792	6004532
6002674	4963185	1225238	1061816	9583860	7379427	5163309	4156812
3788032	2266704	576494	308772	2864876	2084478	2255265	1782170
1679874	656584	209398	105364	2533258	1722062	1173475	814883
745092	394510	77525	47080	896633	634107	453522	333724
553154	344538	101261	80308	622839	384464	284052	193488
154753	85874	29198	20710	398784	313596	137389	102780
1778906	921949	205079	131438	917151	533842	527358	274585
1613146	851680	319445	217629	2382198	1889888	975338	687006
785626	462767	200233	150320	1825535	1531564	705159	561039
6193598	5401671	1034606	877233	6429463	5914168	3164170	2866875
596840	309904	109818	61280	1207399	1059640	443680	342787
15971261	7857896	2295613	1576625	23423822	17441218	8945055	6238309
2173887	2142037	657211	636952	3042851	2976761	1302338	1264985
2612837	2548508	581851	569426	2471300	2428488	1229675	1190393

1-7 大中型批发和零售业企业经济效益指标

项　目	负债率(%)		主营业务毛利率(%)		人均主营业务收入(万元)		费用率(%)	
	限额以上	大中型	限额以上	大中型	限额以上	大中型	限额以上	大中型
总　计	**71.7**	**70.2**	**7.6**	**8.7**	**467.0**	**425.1**	**5.6**	**6.4**
一、批发业	**72.8**	**70.7**	**6.5**	**7.7**	**880.5**	**800.8**	**4.4**	**5.1**
(一)按登记注册类型分								
1.内资企业	**73.1**	**70.8**	**5.6**	**6.6**	**877.7**	**795.4**	**3.6**	**4.1**
国有企业	49.3	47.9	19.6	20.3	626.1	660.4	5.1	5.1
集体企业	74.4	76.0	7.0	7.1	348.1	392.3	5.5	5.6
股份合作企业	80.9	82.3	3.9	3.3	710.1	993.4	3.1	2.7
联营企业	78.2	80.7	10.8	13.4	249.2	191.6	7.9	10.3
国有联营企业	24.1	13.0	15.2	19.6	112.1	79.9	7.4	6.6
集体联营企业	79.6	87.7	8.6	10.8	452.5	187.3	4.4	9.5
国有与集体联营企业	88.4	88.3	10.7	12.2	323.1	288.4	9.9	11.3
其他联营企业	58.8		2.7		320.7		2.6	
有限责任公司	75.9	75.3	4.6	5.1	1167.9	1075.9	3.2	3.5
国有独资公司	71.3	71.3	3.8	4.0	2354.4	2262.4	2.4	2.5
其他有限责任公司	77.0	76.4	4.8	5.4	1040.5	931.5	3.4	3.7
股份有限公司	62.3	62.0	5.2	5.3	844.9	833.6	4.0	4.1
私营企业	78.0	75.1	5.0	6.9	681.0	493.7	3.9	5.3
私营独资企业	73.0	80.6	12.0	9.4	373.5	410.0	4.9	3.7
私营合伙企业	62.9	56.7	7.0	15.9	345.4	123.5	19.6	7.5
私营有限责任公司	78.5	75.8	4.9	6.9	692.8	498.9	3.8	5.2
私营股份有限公司	61.6	57.8	8.0	9.2	435.1	396.9	5.9	6.7
其他企业	55.7	44.2	11.1	11.0	220.2	279.4	4.5	4.5
2.港、澳、台商投资企业	**75.0**	**74.5**	**10.5**	**12.1**	**684.4**	**585.7**	**8.6**	**9.8**
合资经营企业	72.9	69.6	4.6	5.3	1309.2	1172.3	3.7	4.1
合作经营企业	81.3	81.4	9.1	9.5	665.4	633.5	6.8	7.0
独资经营企业	75.9	76.0	11.7	13.5	644.4	550.8	9.6	11.0
投资股份有限公司	59.7	49.1	13.7	15.8	219.0	188.5	11.8	13.4
其他港澳台商投资企业	63.5	65.5	8.3	10.1	325.8	246.6	6.6	8.0
3.外商投资企业	**68.2**	**67.6**	**12.2**	**12.7**	**1061.9**	**1008.6**	**9.3**	**9.8**
中外合资经营企业	81.1	81.3	7.8	8.1	2738.9	2759.7	6.3	6.5
中外合作经营企业	84.7	87.6	6.4	6.2	374.3	346.0	6.7	6.7
外资企业	65.6	64.7	14.1	14.8	857.0	795.4	10.7	11.3
外商投资股份有限公司	51.3	50.3	21.5	23.5	468.3	432.7	18.8	20.8
其他外商投资企业	48.8	47.8	12.3	12.6	543.1	548.9	8.0	8.3

注：费用率等于销售费用、管理费用、财务费用三项之和除以主营业务收入(下表同)。

1-7 续表 1

项目	负债率(%)		主营业务毛利率(%)		人均主营业务收入(万元)		费用率(%)	
	限额以上	大中型	限额以上	大中型	限额以上	大中型	限额以上	大中型
(二)按国民经济行业分								
农、林、牧产品批发	69.0	68.7	5.1	4.8	430.4	467.8	4.9	5.2
食品、饮料及烟草制品批发	54.6	51.6	18.9	20.7	388.5	397.5	8.1	8.5
米、面制品及食用油批发	82.0	81.5	6.2	6.7	561.3	529.5	6.4	6.9
肉、禽、蛋、奶及水产品批发	65.6	63.6	10.6	12.0	246.4	228.9	7.4	8.2
酒、饮料及茶叶批发	61.8	61.9	23.2	24.7	286.5	285.2	13.6	14.5
烟草制品批发	21.0	20.9	27.8	27.9	607.2	606.2	5.5	5.6
纺织、服装及家庭用品批发	76.9	77.0	11.5	13.4	439.1	396.6	9.2	10.9
服装批发	64.5	62.5	15.2	17.7	289.9	249.1	11.6	13.8
鞋帽批发	63.9	61.3	16.6	20.8	291.5	251.5	12.1	15.2
家用电器批发	88.5	88.8	7.7	8.1	697.6	691.0	6.7	7.0
文化、体育用品及器材批发	68.6	67.3	8.8	9.5	425.1	408.1	6.8	7.5
文具用品批发	77.4	78.5	5.1	5.2	672.1	646.1	3.9	4.3
体育用品及器材批发	78.8	79.7	9.0	9.1	671.5	710.3	10.4	10.8
图书批发	63.5	64.4	17.2	17.1	210.0	219.3	12.5	12.4
医药及医疗器材批发	73.0	73.2	12.4	12.1	337.7	360.3	9.8	9.6
西药批发	73.1	73.2	9.9	9.6	380.1	402.7	7.9	7.6
中药批发	77.8	78.5	12.9	12.8	269.9	291.2	10.7	10.6
矿产品、建材及化工产品批发	75.7	72.3	2.8	3.1	2094.1	1923.7	2.1	2.3
煤炭及制品批发	74.2	70.5	3.9	3.8	1779.6	1840.5	3.1	3.0
石油及制品批发	71.5	67.9	3.2	3.6	1734.6	1502.2	2.1	2.3
金属及金属矿批发	80.1	77.2	1.6	1.9	4370.4	3972.1	1.3	1.5
建材批发	75.2	73.5	4.8	4.4	828.5	949.7	3.4	3.1
化肥批发	77.8	78.3	4.3	4.0	731.2	877.5	3.6	3.6
农药批发	67.7	67.4	10.8	11.8	287.1	276.5	9.1	10.4
机械设备、五金产品及电子产品批发	73.6	72.7	8.0	8.4	868.5	911.9	5.9	6.2
汽车批发	78.2	77.0	8.6	8.9	2609.5	2702.0	6.3	6.5
计算机、软件及辅助设备批发	78.7	77.0	4.3	4.9	864.8	765.4	3.6	4.2
通讯及广播电视设备批发	79.5	80.0	5.8	6.1	954.7	940.0	4.6	4.8
贸易经纪与代理	80.1	85.5	3.9	4.1	1359.7	1359.1	3.2	3.2
其他批发业	77.3	78.2	5.8	6.3	827.1	872.3	4.2	4.7
(三)按控股情况分								
国有控股	68.5	68.0	6.0	6.5	1479.5	1402.9	3.2	3.3
集体控股	75.9	75.0	4.0	4.5	929.4	927.8	3.2	3.4
私人控股	77.1	74.2	5.3	7.1	660.2	498.8	4.1	5.4
港澳台控股	74.8	74.3	11.5	13.2	627.5	538.9	9.3	10.7
外商控股	66.0	65.0	13.7	14.6	847.4	779.8	10.5	11.2

1-7 续表 2

项　目	负债率 (%)		主营业务毛利率 (%)		人均主营业务收入 (万元)		费用率 (%)	
	限额以上	大中型	限额以上	大中型	限额以上	大中型	限额以上	大中型
二、零售业	**67.8**	**68.5**	**12.3**	**12.5**	**158.0**	**150.7**	**10.5**	**11.4**
(一)按登记注册类型分								
1.内资企业	**70.0**	**71.3**	**11.2**	**11.1**	**159.0**	**151.0**	**9.4**	**10.1**
国有企业	56.4	55.3	13.1	12.7	125.5	114.4	10.4	10.5
集体企业	58.0	57.5	12.3	13.5	148.1	107.1	7.3	8.4
股份合作企业	66.4	72.4	13.7	13.0	110.7	70.6	8.9	10.9
联营企业	31.5	20.6	12.6	11.2	196.1	96.8	5.7	6.0
国有联营企业	75.5	115.1	17.1	6.4	74.5	12.1	5.8	10.1
集体联营企业	39.7	40.1	10.9	16.7	219.0	73.8	5.1	5.4
国有与集体联营企业	23.0	-61.5	9.7	1.0	334.1	254.5	6.6	6.4
其他联营企业	22.9	15.5	15.3	15.0	258.5	240.6	5.3	5.6
有限责任公司	74.1	75.4	11.0	10.9	170.8	163.3	9.6	10.1
国有独资公司	69.7	70.9	10.8	10.9	250.6	238.1	7.9	7.6
其他有限责任公司	74.4	75.8	11.0	10.9	168.2	160.9	9.7	10.2
股份有限公司	57.0	57.2	10.8	10.8	203.3	203.7	9.6	9.7
私营企业	73.1	78.0	11.4	11.4	139.4	122.2	9.1	10.4
私营独资企业	40.3	49.7	16.4	16.2	114.8	51.8	7.6	9.7
私营合伙企业	51.7	66.6	15.0	13.1	110.6	86.3	8.2	8.5
私营有限责任公司	74.4	79.2	11.1	11.2	142.4	125.9	9.1	10.3
私营股份有限公司	63.1	63.1	14.1	15.3	105.3	87.5	10.7	12.6
其他企业	37.6	42.2	19.0	22.6	80.2	44.9	8.6	11.1
2.港、澳、台商投资企业	**47.0**	**46.4**	**19.9**	**20.0**	**137.4**	**135.6**	**18.8**	**18.9**
合资经营企业	47.5	46.8	18.0	18.1	151.1	150.7	16.3	16.4
合作经营企业	38.5	38.5	16.2	16.0	138.5	134.6	12.7	13.2
独资经营企业	46.0	45.5	20.8	20.8	133.3	131.2	19.9	19.9
投资股份有限公司	65.2	68.1	19.2	19.9	143.2	138.0	19.7	20.8
其他港澳台商投资企业	66.8	65.5	18.5	18.5	111.0	106.5	17.2	17.9
3.外商投资企业	**69.9**	**70.2**	**19.8**	**19.8**	**165.8**	**164.4**	**17.4**	**17.5**
中外合资经营企业	59.8	60.3	19.1	19.2	185.9	187.4	15.3	15.5
中外合作经营企业	58.9	58.7	17.3	17.0	128.4	120.7	19.2	20.2
外资企业	72.6	72.9	22.4	22.4	142.2	139.5	20.5	20.5
外商投资股份有限公司	72.7	73.7	21.1	20.8	134.9	133.8	22.2	22.1
其他外商投资企业	89.9	90.1	9.8	9.7	336.2	338.5	9.4	9.4

1-7 续表 3

项　　目	负债率(%)		主营业务毛利率(%)		人均主营业务收入(万元)		费用率(%)	
	限额以上	大中型	限额以上	大中型	限额以上	大中型	限额以上	大中型
(二)按国民经济行业分								
综合零售	64.2	64.5	15.4	15.5	87.7	86.2	16.2	16.7
百货零售	58.1	58.3	15.8	15.9	105.0	104.0	15.4	15.9
超级市场零售	77.4	77.9	14.7	14.7	73.5	73.1	16.9	17.2
食品、饮料及烟草制品专门零售	54.6	57.3	19.6	25.4	100.9	74.4	13.2	19.0
粮油零售	60.0	73.5	11.7	15.3	141.4	87.6	9.0	13.0
肉、禽、蛋、奶及水产品零售	53.0	58.7	15.0	17.0	94.4	63.3	9.9	13.9
酒、饮料及茶叶零售	55.4	57.0	19.9	24.8	118.3	89.6	11.9	17.4
烟草制品零售	35.9	29.5	17.4	20.5	129.8	99.0	12.0	15.9
纺织、服装及日用品专门零售	67.7	68.1	29.7	33.1	90.1	80.9	25.2	28.8
服装零售	68.3	68.1	32.3	34.8	85.5	79.7	28.3	30.8
文化、体育用品及器材专门零售	56.8	57.2	19.4	22.5	124.1	103.9	14.9	18.5
体育用品及器材零售	60.3	58.8	26.3	27.9	118.3	116.7	25.3	27.2
图书、报刊零售	51.7	51.8	22.8	23.6	97.8	92.6	17.4	18.9
医药及医疗器材专门零售	71.7	72.3	15.5	15.7	87.8	81.3	12.9	13.6
药品零售	72.4	72.8	15.0	15.3	86.1	80.5	12.7	13.4
汽车、摩托车、燃料及零配件专门零售	71.0	71.5	7.6	7.2	289.5	311.8	5.9	5.9
汽车零售	76.9	77.6	6.7	6.7	279.6	291.7	5.8	5.8
机动车燃料零售	56.4	57.9	10.0	8.8	339.5	399.0	6.2	5.9
家用电器及电子产品专门零售	65.7	67.1	11.0	10.6	185.4	198.0	9.3	10.1
日用家电设备零售	65.8	65.3	11.3	11.2	195.2	211.5	9.8	10.9
计算机、软件及辅助设备零售	59.1	65.1	9.8	9.1	222.9	274.9	7.1	6.9
通信设备零售	70.6	71.9	10.4	10.4	134.3	125.6	10.5	11.3
五金、家具及室内装饰材料专门零售	63.1	65.8	17.7	22.2	154.8	133.5	11.1	15.3
货摊、无店铺及其他零售业	82.1	84.9	13.8	13.9	257.4	271.3	12.1	12.8
互联网零售	90.4	91.6	13.2	13.3	310.2	330.9	12.2	12.6
(三)按控股情况分								
国有控股	60.8	61.0	11.0	10.8	222.7	221.9	8.8	8.8
集体控股	69.1	70.6	11.5	11.7	150.9	136.9	10.9	12.1
私人控股	72.0	74.6	11.4	11.5	144.4	130.9	9.5	10.6
港澳台控股	49.8	49.4	18.6	18.6	154.8	152.8	17.7	17.7
外商控股	74.1	74.2	19.3	19.3	164.9	162.8	17.4	17.4

1-8 大中型住宿和餐饮业企业基本情况

项　目	住宿业					
	大中型		大型		中型	
	2017年	2016年	2017年	2016年	2017年	2016年
一、法人单位数(个)	**3800**	**3764**	**391**	**389**	**3409**	**3375**
二、年末从业人数(万人)	**101.2**	**103.3**	**22.6**	**23.6**	**78.6**	**79.7**
三、经营情况(亿元)						
营业额	2458.4	2384.6	829.4	804.5	1629.0	1580.1
客房收入	1121.9	1070.3	364.3	353.7	757.6	716.6
餐费收入	961.7	948.1	290.4	284.4	671.3	663.7
商品销售额	66.9	61.3	31.3	23.7	35.6	37.6
其他收入	307.9	304.9	143.4	142.7	164.5	162.1
四、实收资本及构成(亿元)						
实收资本	2653.1	3036.9	917.3	853.8	1735.7	2183.2
国家资本	772.8	793.9	303.1	331.2	469.8	462.7
集体资本	30.0	39.9	1.5	1.6	28.5	38.3
法人资本	993.3	908.4	307.1	260.7	686.2	647.7
个人资本	255.5	779.1	21.5	25.0	234.0	754.1
港澳台资本	428.0	356.4	202.4	169.9	225.6	186.5
外商资本	173.4	159.3	81.8	65.4	91.6	93.9
五、主要财务指标(亿元)						
(一)年末资产负债						
流动资产合计	3259.7	2946.5	1173.0	1021.3	2086.7	1925.2
固定资产原价	5780.5	5602.5	2080.5	1992.1	3700.1	3610.4
累计折旧	2432.4	2327.3	908.9	843.7	1523.5	1483.6
资产总计	8734.1	8403.8	3179.4	2989.8	5554.7	5414.0
负债合计	6383.9	6107.5	2091.0	1933.5	4292.9	4174.0
所有者权益	2350.3	2296.3	1088.5	1056.3	1261.8	1240.0
(二)损益及分配						
主营业务收入	2333.5	2321.8	792.1	782.1	1541.5	1539.7
主营业务成本	820.1	812.8	269.3	251.2	550.8	561.6
主营业务税金及附加	43.0	61.0	18.5	21.3	24.5	39.7
主营业务利润	1470.5	1448.0	504.3	509.6	966.2	938.5
其他业务利润	44.8	40.4	17.1	15.0	27.7	25.4
销售费用	683.9	674.1	192.6	191.6	491.4	482.6
管理费用	727.7	727.3	239.3	240.2	488.5	487.2
财务费用	122.3	131.6	39.9	42.8	82.4	88.8
营业利润	0.1	-30.7	72.5	57.3	-72.4	-88.0
利润总额	10.6	-14.6	68.4	60.2	-57.8	-74.8
应交所得税	30.7	24.6	20.1	15.3	10.6	9.3
应付职工薪酬	613.0	584.4	191.0	186.2	422.0	398.1

1-8 续表

项目	餐饮业					
	大中型		大型		中型	
	2017年	2016年	2017年	2016年	2017年	2016年
一、法人单位数(个)	**2760**	**2714**	**420**	**380**	**2340**	**2334**
二、年末从业人数(万人)	**126.8**	**120.2**	**77.7**	**71.1**	**49.1**	**49.1**
三、经营情况(亿元)						
营业额	3119.3	2899.8	1992.7	1801.2	1126.6	1098.6
客房收入	139.4	131.8	26.4	22.1	112.9	109.7
餐费收入	2828.8	2635.5	1892.3	1719.1	936.6	916.4
商品销售额	85.9	71.5	46.5	36.6	39.5	34.9
其他收入	65.2	61.0	27.6	23.4	37.6	37.6
四、实收资本及构成(亿元)						
实收资本	632.9	559.7	221.1	205.2	411.8	354.5
国家资本	45.3	52.8	15.9	11.9	29.4	40.9
集体资本	6.8	8.6	2.4	5.0	4.4	3.6
法人资本	234.2	209.9	68.6	62.2	165.6	147.8
个人资本	199.4	148.3	38.9	38.5	160.5	109.8
港澳台资本	80.5	67.3	42.8	31.0	37.8	36.3
外商资本	66.6	72.8	52.6	56.7	14.0	16.1
五、主要财务指标(亿元)						
(一)年末资产负债						
流动资产合计	1233.4	1154.1	534.0	488.5	699.4	665.6
固定资产原价	1265.7	1212.7	543.3	481.3	722.3	731.5
累计折旧	494.6	470.6	221.3	206.3	273.3	264.3
资产总计	2754.1	2622.8	1233.3	1127.5	1520.8	1495.3
负债合计	1988.1	1878.6	756.3	710.3	1231.8	1168.2
所有者权益	766.7	744.3	477.0	417.2	289.7	327.0
(二)损益及分配						
主营业务收入	2937.0	2795.5	1877.2	1736.4	1059.9	1059.0
主营业务成本	1316.4	1264.1	799.4	745.4	517.0	518.7
主营业务税金及附加	15.2	60.4	5.8	35.0	9.4	25.4
主营业务利润	1605.5	1471.0	1072.0	956.1	533.5	514.9
其他业务利润	27.5	59.4	12.3	41.9	15.1	17.5
销售费用	1073.5	1000.3	730.1	665.7	343.4	334.6
管理费用	340.1	316.0	175.8	156.8	164.4	159.2
财务费用	32.9	37.5	10.1	12.9	22.8	24.6
营业利润	179.6	142.5	169.0	134.8	10.6	7.8
利润总额	191.2	150.0	174.0	141.3	17.2	8.7
应交所得税	50.9	37.8	40.2	29.8	10.6	8.0
应付职工薪酬	600.2	530.7	381.6	320.7	218.6	210.0

1-9 大中型住宿和餐饮业企业单位数和从业人数

项目	法人单位数(个)		年末从业人数(人)	
	限额以上	大中型	限额以上	大中型
总计	**45664**	**6560**	**4053109**	**2280223**
一、住宿业	**19780**	**3800**	**1820851**	**1012064**
(一)按登记注册类型分				
1.内资企业	**18941**	**3337**	**1637086**	**852842**
国有企业	1487	405	191630	112689
集体企业	250	33	19405	8003
股份合作企业	51	6	4145	1493
联营企业	16	NA	1925	1138
国有联营企业	6	NA	1361	1138
集体联营企业	6		301	
国有与集体联营企业	NA		118	
其他联营企业	NA		145	
有限责任公司	6883	1723	747253	462995
国有独资公司	411	194	73871	57248
其他有限责任公司	6472	1529	673382	405747
股份有限公司	495	120	56781	34750
私营企业	9589	1039	606523	230051
私营独资企业	968	29	38904	5671
私营合伙企业	231	14	12604	3073
私营有限责任公司	8013	941	528491	210981
私营股份有限公司	377	55	26524	10326
其他企业	170	8	9424	1723
2.港、澳、台商投资企业	**515**	**302**	**120574**	**105253**
合资经营企业	211	137	53338	47666
合作经营企业	42	28	10339	9269
独资经营企业	231	124	51188	43775
投资股份有限公司	23	10	4548	3623
其他港澳台商投资企业	8	NA	1161	920
3.外商投资企业	**324**	**161**	**63191**	**53969**
中外合资经营企业	127	71	26091	22385
中外合作经营企业	35	23	10495	9729
外资企业	134	58	22997	19128
外商投资股份有限公司	13	NA	1019	662
其他外商投资企业	15	6	2589	2065
(二)按国民经济行业分				
旅游饭店	11663	3284	1406118	893244
一般旅馆	7456	450	372781	103970
其他住宿业	661	66	41952	14850
(三)按控股情况分				
国有控股	2971	1109	455089	320741
集体控股	544	114	52727	27293
私人控股	13633	1669	942883	394168
港澳台控股	413	239	92100	80101
外商控股	241	111	42217	35410

注：NA表示小于或等于3(下表同)。

1-9 续表

项目	法人单位数(个)		年末从业人数(人)	
	限额以上	大中型	限额以上	大中型
二、餐饮业	**25884**	**2760**	**2232258**	**1268159**
(一)按登记注册类型分				
1.内资企业	**24872**	**2340**	**1655996**	**722417**
国有企业	327	55	33651	15961
集体企业	151	11	7801	2379
股份合作企业	76	9	5961	3008
联营企业	8		335	
国有联营企业				
集体联营企业	6		235	
国有与集体联营企业				
其他联营企业	NA		100	
有限责任公司	6459	905	550730	293959
国有独资公司	108	32	18265	13217
其他有限责任公司	6351	873	532465	280742
股份有限公司	377	69	63215	46736
私营企业	17181	1280	981971	358294
私营独资企业	2942	53	98002	8827
私营合伙企业	328	15	14085	2145
私营有限责任公司	13420	1171	835611	334053
私营股份有限公司	491	41	34273	13269
其他企业	293	11	12332	2080
2.港、澳、台商投资企业	**628**	**278**	**246662**	**227947**
合资经营企业	118	43	52636	48396
合作经营企业	19	11	6636	6048
独资经营企业	475	221	186097	172705
投资股份有限公司	9	NA	709	456
其他港澳台商投资企业	7	NA	584	342
3.外商投资企业	**384**	**142**	**329600**	**317795**
中外合资经营企业	82	22	69163	66400
中外合作经营企业	10	5	3591	3395
外资企业	255	104	233058	225537
外商投资股份有限公司	16	5	11356	10722
其他外商投资企业	21	6	12432	11741
(二)按国民经济行业分				
正餐服务	23977	2315	1593776	690293
快餐服务	950	270	475258	445693
饮料及冷饮服务	226	33	64788	58641
其他餐饮业	731	142	98436	73532
(三)按控股情况分				
国有控股	751	201	114416	79171
集体控股	339	48	38001	23863
私人控股	22211	1817	1363528	542842
港澳台控股	599	263	241017	222862
外商控股	343	134	302596	291954

1-10 大中型住宿和餐饮业

项　目	营业额		客房收入	
	限额以上	大中型	限额以上	大中型
总　计	**92767093**	**55776715**	**23661560**	**12612450**
一、住宿业	**39639340**	**24583993**	**20512415**	**11218774**
(一)按登记注册类型分				
1.内资企业	**34162409**	**19573819**	**17782575**	**8796362**
国有企业	3598820	2399977	1589107	997619
集体企业	397164	179847	185862	70351
股份合作企业	85629	44403	33971	12959
联营企业	37711	16526	20632	9611
国有联营企业	22113	16526	12380	9611
集体联营企业	4656		1870	
国有与集体联营企业	6645		3740	
其他联营企业	4298		2642	
有限责任公司	16076904	10984375	8114163	5005421
国有独资公司	1529998	1245443	704514	553760
其他有限责任公司	14546904	9738938	7409649	4451661
股份有限公司	1219942	809607	577065	348504
私营企业	12585143	5105822	7173926	2336807
私营独资企业	846375	132564	479486	66480
私营合伙企业	245347	57566	107133	18621
私营有限责任公司	10939954	4665847	6300320	2146266
私营股份有限公司	553466	249844	286992	105445
其他企业	161098	33268	87853	15090
2.港、澳、台商投资企业	**3571381**	**3307195**	**1738041**	**1575347**
合资经营企业	1468193	1384823	700008	656477
合作经营企业	386632	368871	192582	181894
独资经营企业	1580900	1442327	774343	680460
投资股份有限公司	108001	92421	57164	46696
其他港澳台商投资企业	27651	18757	13946	9823
3.外商投资企业	**1905553**	**1702979**	**991805**	**847070**
中外合资经营企业	821630	742327	415435	361116
中外合作经营企业	305565	287824	153826	140494
外资企业	654658	564989	358682	292765
外商投资股份有限公司	36686	25464	22679	14622
其他外商投资企业	87017	82379	41182	38073
(二)按国民经济行业分				
旅游饭店	30594066	21882849	14623511	9775011
一般旅馆	8132557	2346508	5374170	1277249
其他住宿业	912719	354642	514739	166520
(三)按控股情况分				
国有控股	9941361	7692152	4552725	3404106
集体控股	1052137	595480	480046	234630
私人控股	19529051	8934091	10833920	4022801
港澳台控股	2732356	2506999	1344232	1203100
外商控股	1264214	1091110	698089	582364

企业经营情况

单位：万元

餐费收入		商品销售额		其他收入	
限额以上	大中型	限额以上	大中型	限额以上	大中型
61354173	**37905441**	**2783989**	**1528235**	**4967368**	**3730593**
14033174	**9617334**	**1108657**	**668887**	**3985099**	**3078997**
12244512	**7942913**	**905078**	**470224**	**3230242**	**2364322**
1392185	933158	80200	55824	537335	413383
139514	68895	11074	4740	60716	35862
31429	18097	6222	5092	14010	8254
14041	5782	542	452	2499	682
8071	5782	473	452	1190	682
2383		6		396	
1935		62		909	
1652				4	
5751442	4333337	413895	246271	1797400	1399353
564503	470821	27271	19079	233718	201783
5186945	3862515	386626	227195	1563682	1197570
435982	285475	66772	54607	140128	121024
4421347	2284426	320549	101646	669323	382942
305527	51643	32620	3967	28749	10476
111538	33301	12668	337	14011	5307
3784655	2080388	263014	92591	591967	346611
219627	119101	12249	4751	34601	20547
58584	13752	5835	1599	8838	2827
1202401	**1131037**	**139942**	**135967**	**490998**	**464847**
512950	482498	32164	30097	223077	215754
121047	115973	10712	10712	62293	60293
516717	488948	94134	92715	195708	180204
40616	36718	2835	2391	7386	6614
11072	6898	100	53	2533	1984
586264	**543387**	**63636**	**62701**	**263855**	**249831**
257652	238502	5995	5576	142549	137135
85569	83352	41229	41105	24942	22875
193904	176495	15603	15252	86472	80479
10942	8183	267	250	2803	2410
38202	36857	540	516	7094	6934
11669074	8680893	880986	621534	3420493	2805410
2103309	813872	184442	34088	470646	221294
260793	122569	43227	13262	93961	52289
3559055	2808539	312572	227339	1517015	1252165
405422	260514	24670	10755	142000	89583
6888419	3837663	499132	201260	1307582	872369
927734	868295	122566	119602	337823	316005
373537	343602	20011	19374	172581	145773

1-10 续表

项目	营业额		客房收入	
	限额以上	大中型	限额以上	大中型
二、餐饮业	**53127754**	**31192726**	**3149148**	**1393670**
(一)按登记注册类型分				
1.内资企业	**37501042**	**16383932**	**3056347**	**1319808**
国有企业	585950	307697	131607	64790
集体企业	239100	77466	34357	4039
股份合作企业	138249	76734	4420	2691
联营企业	10809		3341	
国有联营企业				
集体联营企业	8250		2271	
国有与集体联营企业				
其他联营企业	2559		1070	
有限责任公司	11870827	6698254	1134969	635573
国有独资公司	407187	293256	47295	24550
其他有限责任公司	11463639	6404997	1087675	611024
股份有限公司	1466291	1098802	92131	47166
私营企业	22854323	8084323	1626556	561395
私营独资企业	2853319	203118	152219	12189
私营合伙企业	304512	51824	19824	1491
私营有限责任公司	18891698	7503054	1389515	527115
私营股份有限公司	804794	326329	65007	20601
其他企业	335500	40659	28971	4164
2.港、澳、台商投资企业	**6650252**	**6166005**	**67302**	**56286**
合资经营企业	1214595	1136295	14874	10155
合作经营企业	174286	165798	6074	6061
独资经营企业	5227031	4845756	43383	37700
投资股份有限公司	15445	10382	511	
其他港澳台商投资企业	18896	7775	2459	2369
3.外商投资企业	**8976463**	**8642790**	**25504**	**17575**
中外合资经营企业	1872976	1807488	14000	11649
中外合作经营企业	74472	68359	2280	2280
外资企业	6402112	6181654	5607	2543
外商投资股份有限公司	307708	297310	3092	1103
其他外商投资企业	319195	287980	525	
(二)按国民经济行业分				
正餐服务	36504012	16365122	3116384	1380370
快餐服务	12150511	11243964	10729	5495
饮料及冷饮服务	2157981	2023713	1026	
其他餐饮业	2315249	1559931	21008	7805
(三)按控股情况分				
国有控股	2481108	1753395	274995	155398
集体控股	767958	464433	117476	69373
私人控股	31174236	12290104	2337487	892834
港澳台控股	6534043	6057685	60142	48709
外商控股	8325114	8023202	19692	13839

单位：万元

餐费收入		商品销售额		其他收入	
限额以上	大中型	限额以上	大中型	限额以上	大中型
47320996	**28288107**	**1675332**	**859355**	**982274**	**651600**
32151735	**13876915**	**1468873**	**670505**	**824085**	**516704**
403985	219731	16650	5600	33709	17575
179122	62309	14031	4839	11593	6281
119120	61133	11405	10056	3307	2853
7419		51			
5970		10			
1449		41			
9841441	5469035	489906	309118	404513	284528
234851	158844	55892	46642	69156	63225
9606596	5310193	434014	262478	335356	221305
1211365	941872	129764	79741	33039	30025
20102794	7089953	789772	258632	335198	174349
2568492	184525	112627	5370	19983	1037
274682	49652	7183	573	2828	109
16579629	6587634	619760	220364	302799	167943
679991	268142	50206	32325	9588	5263
286500	32884	17307	2514	2728	1095
6428191	**5973129**	**107084**	**99972**	**47672**	**36618**
1173723	1103417	11312	10066	14686	12658
163893	158127	1955	1607	2362	3
5062336	4697770	91541	87091	29770	23197
14649	10108	280	270	4	3
13591	3708	1996	939	851	758
8741067	**8438062**	**99375**	**88875**	**110519**	**98277**
1842574	1784497	5918	2139	10486	9204
51134	46400	467	467	20591	19212
6277387	6075003	58673	52493	60452	51617
256462	248713	33819	33779	14335	13715
313514	283451	500		4657	4530
31379746	13997501	1194394	474820	813481	512432
11850214	10992095	185085	156753	104487	89622
2047596	1927383	100325	91904	9036	4427
2043445	1371128	195531	135877	55271	45120
1765556	1270206	236356	171629	204198	156161
565665	337409	46454	32096	38367	25556
27257866	10724572	1087673	403069	491207	269630
6330445	5882290	103867	98212	39586	28473
8098438	7822708	97304	88398	109683	98257

1-11 大中型住宿和餐饮业

项　目	流动资产合计		固定资产原价	
	限额以上	大中型	限额以上	大中型
总　计	**71464804**	**44930869**	**102862964**	**70462323**
一、住宿业	**48810357**	**32596880**	**79840824**	**57805446**
(一)按登记注册类型分				
1.内资企业	**40749874**	**25280401**	**62879772**	**42405301**
国有企业	2986880	2125922	9065530	6626776
集体企业	285380	154399	713451	391581
股份合作企业	78535	47799	114710	48781
联营企业	34413	22927	60756	33356
国有联营企业	23960	22927	39625	33356
集体联营企业	1351		12508	
国有与集体联营企业	8759		8290	
其他联营企业	344		332	
有限责任公司	22557925	15271523	35245728	26274310
国有独资公司	2054243	1503866	4552612	3742286
其他有限责任公司	20503681	13767657	30693121	22532023
股份有限公司	1890029	1451186	2515845	1636746
私营企业	12842310	6185202	14943157	7301413
私营独资企业	397961	51359	721313	119533
私营合伙企业	101281	26561	188223	39382
私营有限责任公司	11855838	5853385	13373000	6829153
私营股份有限公司	487232	253899	660624	313346
其他企业	74411	21447	220598	92346
2.港、澳、台商投资企业	**5343408**	**4955093**	**11300669**	**10378658**
合资经营企业	2225328	2064624	4523776	4168429
合作经营企业	444230	382252	1089012	999549
独资经营企业	2535388	2386457	5297386	4865077
投资股份有限公司	102409	86288	295897	273023
其他港澳台商投资企业	36059	35476	94599	72578
3.外商投资企业	**2717071**	**2361389**	**5660390**	**5021484**
中外合资经营企业	1083717	973019	2418002	2192558
中外合作经营企业	439880	407216	937217	822754
外资企业	1138630	935984	2067341	1800713
外商投资股份有限公司	23655	19184	66651	50141
其他外商投资企业	31189	25988	171182	155317
(二)按国民经济行业分				
旅游饭店	39893062	28907576	70359511	53970668
一般旅馆	7280928	2798155	8106014	3090934
其他住宿业	1636369	891155	1375305	743843
(三)按控股情况分				
国有控股	10684927	8183594	27690553	21818102
集体控股	809470	510414	2404858	1592108
私人控股	23513801	12771774	27179388	15410202
港澳台控股	4324019	4078410	8716641	7955766
外商控股	2281447	1861831	3835728	3344039

注：限额以上(大中型)住宿和餐饮业企业中，因包含了部分视同法人单位，财务指标数据存在资产总计≠负债合计+所有者权益合计的问题(下表同)。

企业年末资产负债

单位：万元

累计折旧		资产总计		负债合计		所有者权益合计	
限额以上	大中型	限额以上	大中型	限额以上	大中型	限额以上	大中型
41372356	**29270100**	**176500497**	**114881959**	**127908649**	**83719460**	**48600639**	**31169619**
33054801	**24323851**	**126480581**	**87341317**	**92791036**	**63838508**	**33689544**	**23502805**
25022959	**17169155**	**103977016**	**66831453**	**76963455**	**49883007**	**27013561**	**16948444**
4020156	2885769	10106755	7440478	5365003	3679730	4741758	3760754
376636	202590	747334	394738	522830	265006	224505	129731
61385	27259	180148	105506	154155	79350	25995	26157
37774	19857	75725	49922	40683	19854	35044	30070
25030	19857	53436	49922	22471	19854	30966	30070
5996		11282		13144		-1862	
6697		10355		3842		6513	
50		653		1226		-573	
13668736	10242897	58821936	41818368	44192533	31623387	14629402	10194985
1895266	1570860	6604170	5121285	3842447	2872174	2761727	2249112
11773473	8672039	52217760	36697082	40350088	28751210	11867673	7945874
1123730	782900	4720863	3400076	2828110	1858518	1892754	1541558
5636809	2964229	29083111	13547603	23739894	12330704	5343217	1216902
249435	60817	1062723	136404	563254	78642	499467	57763
76236	20375	262489	63024	132381	39264	130107	23760
5068661	2762982	26569848	12769130	22186937	11804862	4382912	964274
242479	120060	1188053	579047	857320	407939	330734	171108
97743	43652	241150	74761	120259	26472	120894	48290
5336551	**4822259**	**15138463**	**13966900**	**10721685**	**9588982**	**4416775**	**4377915**
2479654	2241566	6034844	5603890	4936560	4414806	1098284	1189086
641118	588777	1063240	947201	592785	480931	470454	466269
2075245	1869266	7579524	7024413	4884901	4440352	2694619	2584063
108716	97475	335737	284994	223573	188271	112168	96722
31821	25179	125122	106404	83869	64628	41253	41775
2695295	**2332438**	**7365102**	**6542966**	**5105896**	**4366521**	**2259205**	**2176449**
1244735	1103237	3394970	3128145	2433119	2200260	961853	927888
365172	285412	1094068	1011661	979139	819772	114929	191887
975034	844612	2645834	2212877	1603247	1290307	1042587	922571
41670	35691	85500	67164	55445	38211	30055	28954
68687	63490	144734	123124	34945	17971	109788	105151
29785175	23032079	106289147	78806946	78684547	57615621	27604597	21191327
2725211	1007775	16998855	6765924	11669151	4909821	5329704	1856107
544426	284003	3192577	1768449	2437334	1313071	755244	455380
11896541	9435381	35254305	27682603	20819947	15821470	14434358	11861132
1158607	747218	2589666	1668559	1881578	1239882	708084	428676
9926842	5767386	53383051	28836967	44451094	26348381	8931957	2488589
3810504	3387656	12064585	11153981	8559657	7691824	3504928	3462157
1799583	1552856	5831750	5016456	3955672	3303148	1876078	1713306

1-11 续表

项目	流动资产合计		固定资产原价	
	限额以上	大中型	限额以上	大中型
二、餐饮业	**22654447**	**12333988**	**23022143**	**12656880**
(一)按登记注册类型分				
1.内资企业	**18866755**	**9048212**	**19410726**	**9409136**
国有企业	262223	118939	790407	428140
集体企业	93355	57019	123307	53810
股份合作企业	88793	67928	57892	41481
联营企业	21906		2934	
国有联营企业				
集体联营企业	17564		2794	
国有与集体联营企业				
其他联营企业	4342		140	
有限责任公司	6959163	3966814	7674321	4569645
国有独资公司	253095	181334	467548	370384
其他有限责任公司	6706068	3785484	7206775	4199262
股份有限公司	1127664	821928	809904	565761
私营企业	10235557	3999816	9841410	3728938
私营独资企业	566372	51986	949872	112673
私营合伙企业	74773	11454	92337	8737
私营有限责任公司	9225703	3814737	8424379	3456986
私营股份有限公司	368709	121636	374819	150545
其他企业	78106	15769	110552	21355
2.港、澳、台商投资企业	**2463878**	**2138356**	**1960045**	**1708688**
合资经营企业	451180	385843	425968	348834
合作经营企业	55697	50743	49959	29183
独资经营企业	1895851	1693029	1465051	1323243
投资股份有限公司	56175	5273	18244	7242
其他港澳台商投资企业	4977	3467	827	189
3.外商投资企业	**1323812**	**1147425**	**1651375**	**1539059**
中外合资经营企业	269850	221158	559465	540566
中外合作经营企业	28109	17389	7721	7401
外资企业	887650	783526	1005512	932268
外商投资股份有限公司	67847	61717	25858	19875
其他外商投资企业	70356	63636	52822	38949
(二)按国民经济行业分				
正餐服务	18856829	9267295	19976037	9946812
快餐服务	2180526	1835069	2408923	2256626
饮料及冷饮服务	781463	706485	296255	256123
其他餐饮业	835632	525140	340930	197314
(三)按控股情况分				
国有控股	1761082	1233294	2266568	1601482
集体控股	394201	198653	969340	695493
私人控股	14910230	6513236	14108633	5842874
港澳台控股	2371456	2040133	1866088	1625432
外商控股	1239849	1078800	1530050	1423655

单位：万元

累计折旧		资产总计		负债合计		所有者权益合计	
限额以上	大中型	限额以上	大中型	限额以上	大中型	限额以上	大中型
8317551	**4946248**	**50019916**	**27540642**	**35117610**	**19880950**	**14911097**	**7666814**
6554394	**3366055**	**41474035**	**19928297**	**29827408**	**15358807**	**11655420**	**4576615**
324879	181364	1022406	442927	579527	269360	442880	173566
57521	29915	192010	88996	120713	44525	71296	44471
27721	16779	130782	100587	96403	66176	34376	34411
318		50674		31855		18820	
310		40091		23280		16811	
8		10583		8575		2009	
2532662	1512737	15716997	9023399	12143088	7219120	3574175	1804277
111784	82143	739847	563122	492000	375047	247849	188078
2420875	1430597	14977154	8460276	11651093	6844079	3326329	1616199
290368	208233	2439444	1763740	1399106	858001	1040335	905738
3279863	1407656	21739106	8480013	15375143	6889916	6372491	1597212
277153	46210	1507179	148705	659798	90323	847378	58380
28923	5165	173460	17313	66230	7995	107241	9317
2850714	1304251	19224610	8021327	14081682	6581076	5151490	1447367
123074	52034	833862	292672	567440	210521	266376	82149
41066	9375	182625	28648	81577	11710	101050	16939
924377	**804634**	**4986416**	**4400208**	**3129542**	**2645470**	**1856874**	**1754740**
209972	174196	1090880	939148	599353	471288	491527	467859
29892	17887	104481	83186	138913	100208	-34431	-17022
676840	609321	3708922	3363094	2349575	2067607	1359344	1295489
7219	3084	76530	11203	36742	4301	39786	6902
454	144	5607	3578	4960	2066	648	1511
838788	**775559**	**3559465**	**3212140**	**2160661**	**1876677**	**1398803**	**1335461**
294598	282905	765477	696337	443036	358598	322440	337738
5870	5606	35605	24348	21728	15884	13876	8464
495705	453889	2438806	2247371	1489808	1350285	948998	897088
14407	10907	156310	105524	97903	58950	58405	46574
28205	22253	163269	138561	108185	92960	55084	45602
6858310	3625110	42056232	20669097	30446286	15975692	11618741	4700527
1187525	1116633	5393940	4876617	3107112	2746404	2286829	2130213
128260	111883	1339984	1223005	809465	686078	530521	536927
143462	92625	1229761	771924	754756	472780	475006	299145
847419	581427	4129586	2836299	2618861	1666494	1510730	1169804
269668	151815	1336561	892651	1144173	789529	192386	103122
4703413	2186992	31951723	13879383	23138666	11287121	8821849	2599382
873416	758800	4682595	4101548	2940487	2469155	1742106	1632395
774091	713494	3327536	3004127	2018406	1775676	1309131	1228450

1-12 大中型住宿和餐饮业

项目	实收资本		国家资本		集体资本	
	限额以上	大中型	限额以上	大中型	限额以上	大中型
总计	**60920825**	**32859897**	**11891532**	**8181954**	**906244**	**368130**
一、住宿业	**46172018**	**26530582**	**11042181**	**7728467**	**683365**	**299874**
(一)按登记注册类型分						
1.内资企业	**36599018**	**18085361**	**10396599**	**7159076**	**637775**	**269575**
国有企业	4403185	2395072	3950848	2089219	5341	322
集体企业	162002	63061	315		128267	50399
股份合作企业	29633	9344	4884	4742	7200	2157
联营企业	37018	21236	30769	21236	2411	
国有联营企业	23766	21236	22678	21236		
集体联营企业	3436				2411	
国有与集体联营企业	8091		8091			
其他联营企业	1725					
有限责任公司	18274740	11687605	5811964	4602724	408742	179657
国有独资公司	2538640	2050912	1998553	1631973	374	374
其他有限责任公司	15736102	9636693	3813416	2970752	408368	179283
股份有限公司	1706772	1030697	555103	424600	65887	34077
私营企业	11912089	2873743	25780	12857	16290	2962
私营独资企业	536041	52823	2113		568	
私营合伙企业	105837	13431	7		118	
私营有限责任公司	10909469	2646402	23656	12856	15052	2911
私营股份有限公司	360743	161086	4	1	553	51
其他企业	73583	4611	16939	3698	3631	
2.港、澳、台商投资企业	**6465018**	**5833236**	**322760**	**259529**	**25383**	**14538**
合资经营企业	2024222	1780204	220102	172443	24381	13536
合作经营企业	489440	454639	88349	73246	1002	1002
独资经营企业	3661057	3324064				
投资股份有限公司	232687	217353	13840	13840		
其他港澳台商投资企业	57617	56977	469			
3.外商投资企业	**3107988**	**2611986**	**322823**	**309862**	**20209**	**15761**
中外合资经营企业	1077031	920273	108249	95289	6798	2400
中外合作经营企业	559752	492853	214573	214573	13361	13361
外资企业	1317197	1077998				
外商投资股份有限公司	27252	19843			50	
其他外商投资企业	126754	101019				
(二)按国民经济行业分						
旅游饭店	37442325	24319690	9029570	6969803	603783	290962
一般旅馆	7469438	1858863	1765468	559480	63007	7862
其他住宿业	1260254	352030	247147	199184	16573	1050
(三)按控股情况分						
国有控股	14175635	10302632	10063072	6889736	30198	16782
集体控股	860666	509910	4234		420605	170303
私人控股	18844268	5677311	52744	26366	47208	17954
港澳台控股	5520904	4961928	59048	46163	15883	11518
外商控股	2226648	1794997	29609	26049	3370	2400

企业实收资本及构成

单位：万元

法人资本		个人资本		港澳台资本		外商资本	
限额以上	大中型	限额以上	大中型	限额以上	大中型	限额以上	大中型
22997882	**12275287**	**16362658**	**4549152**	**5753194**	**5085824**	**3009324**	**2399563**
17051394	**9932905**	**10536112**	**2555101**	**4735665**	**4280495**	**2123308**	**1733740**
15030078	**8127613**	**10345277**	**2411226**	**57339**	**55205**	**131953**	**62672**
444887	305528	2107					
32106	12341	1313	321				
8830		8718	2445				
3636		203					
1089							
1025							
1522		203					
9262453	5853254	2631088	962684	42038	39987	118450	49295
539615	418564	100					
8722842	5434691	2630988	962684	42038	39987	118450	49295
745550	462702	328718	97801	10094	10094	1425	1425
4507429	1493585	7345304	1347263	5206	5124	12079	11952
287456	27442	245906	25382				
32239	6689	73474	6742				
3980112	1367740	6873378	1245823	5204	5123	12078	11952
207631	91716	152552	69318	1	1	1	
25191	200	27823	713				
1368884	**1283324**	**124369**	**109118**	**4595123**	**4148753**	**28495**	**17974**
599916	549853	112644	101210	1046039	925237	21137	17922
114306	111194	2767	1974	282950	267170	64	52
645301	618275	3438	413	3005024	2705377	7294	
5191				213655	203513		
4171	4000	5521	5521	47457	47457		
652426	**521970**	**66464**	**34760**	**83203**	**76539**	**1962859**	**1653094**
440265	369292	32974	26003	32919	29564	455825	397725
65943	44988	29765	8757	19535	16225	216576	194949
132360	97328	2500		30749	30749	1151591	949922
12687	10363	1181				13334	9480
1173		44				125537	101019
13065784	9174165	8389291	2214813	4496083	4143079	1857819	1526868
3166643	645496	1990654	314460	222146	124693	261524	206872
818968	113247	156170	25828	17436	12721	3965	
3695812	3028017	73853	59363	115182	112486	197524	196248
420875	332537	14089	7072	860		6	
8933438	3460958	9732780	2099257	18985	16164	59116	56613
1064859	981872	50982	44472	4313899	3872152	16230	5752
433959	364908	13772	9152	43512	43075	1702427	1349412

1-12 续表

项　目	实收资本		国家资本		集体资本	
	限额以上	大中型	限额以上	大中型	限额以上	大中型
二、餐饮业	**14748809**	**6329318**	**849348**	**453488**	**222880**	**68255**
(一)按登记注册类型分						
1.内资企业	**12200854**	**4359511**	**839634**	**445716**	**212242**	**62168**
国有企业	450814	131534	377142	121019	50	
集体企业	47484	11027			33803	2827
股份合作企业	14898	8276	5000	5000	3004	1231
联营企业	15641				14897	
国有联营企业						
集体联营企业	15347				14897	
国有与集体联营企业						
其他联营企业	294					
有限责任公司	4615660	2160522	342811	227884	114955	37591
国有独资公司	137083	99998	99000	81898	2010	2000
其他有限责任公司	4478577	2060525	243813	145986	112945	35591
股份有限公司	481727	339720	95759	83185	9387	6140
私营企业	6512139	1698066	11357	2224	35945	14375
私营独资企业	605006	39029	103		1807	
私营合伙企业	87655	5130	5		612	
私营有限责任公司	5528624	1559116	9908	2224	27792	9375
私营股份有限公司	290852	94794	1343		5735	5000
其他企业	62499	10367	7569	6403	201	5
2.港、澳、台商投资企业	**1451479**	**1153771**	**4071**	**3904**	**6057**	**1655**
合资经营企业	353791	258876	2283	2116	5357	1655
合作经营企业	47122	34648	1788	1788	700	
独资经营企业	1018028	851009				
投资股份有限公司	30543	8239				
其他港澳台商投资企业	1996	1000				
3.外商投资企业	**1096483**	**816042**	**5644**	**3868**	**4582**	**4432**
中外合资经营企业	225436	172488	5644	3868	4582	4432
中外合作经营企业	17979	9919				
外资企业	758118	582770				
外商投资股份有限公司	45184	25551				
其他外商投资企业	49765	25311				
(二)按国民经济行业分						
正餐服务	12868603	4891042	753666	360440	202349	62589
快餐服务	1331555	1128483	63355	61571	4160	3572
饮料及冷饮服务	203721	149606	3676	3651	18	
其他餐饮业	344935	160185	28653	27828	16352	2095
(三)按控股情况分						
国有控股	1155423	701068	674315	410551	11106	10437
集体控股	260421	74789	1119	1056	114520	20094
私人控股	9843324	3183567	17108	4101	45815	18100
港澳台控股	1296502	1004687	676	676	6057	1655
外商控股	1016202	765041	3980	3868	4504	4432

单位：万元

法人资本		个人资本		港澳台资本		外商资本	
限额以上	大中型	限额以上	大中型	限额以上	大中型	限额以上	大中型
5946491	**2342381**	**5826550**	**1994051**	**1017526**	**805328**	**886020**	**665825**
5442918	**1979547**	**5694986**	**1869359**	**7123**	**810**	**3951**	**1917**
72616	10515	1007					
12928	8200	754					
2337	760	4556	1285				
588		156					
450							
138		156					
2362637	1035369	1789502	859678	4715		1043	
35731	16100	342					
2326905	1019269	1789160	859678	4715		1043	
178914	107096	195684	141385	67		1917	1917
2788440	814804	3673060	865855	2341	810	991	
185376	11402	417716	27626	3		3	
26013	2460	60854	2670	168			
2467040	784464	3020773	762243	2129	810	988	
110014	16478	173723	73316	41			
24463	2804	30268	1155				
310416	**228428**	**129045**	**124618**	**991388**	**790155**	**10502**	**5013**
107225	57289	127842	124010	106072	68795	5013	5013
31819	26344	1203	608	11611	5908		
151453	143795			861089	707215	5490	
18270				12273	8239		
1651	1000			345			
193158	**134407**	**2521**	**76**	**19015**	**14364**	**871566**	**658894**
103347	65667	2121	76	14364	14364	95379	84084
4377	4347			4547		9055	5573
83765	64396	313		34		674010	518374
230		80				44874	25551
1439		7		70		48250	25311
5332748	1882821	5515542	1879471	604305	421355	459998	284376
441939	386009	177536	82153	325713	315163	318855	280020
42062	14975	15081	244	62822	54002	80064	76735
129744	58580	118395	32185	24687	14807	27107	24693
403556	218652	60772	57033	56		5620	4394
139059	49569	5727	4071				
4308990	1336272	5462964	1822083	6585	3010	1858	
281754	207964	4547	2940	997327	791452	6146	
135451	100079	6354	76	34		865880	656587

1-13 大中型住宿和餐饮业

项目	主营业务收入		主营业务成本	
	限额以上	大中型	限额以上	大中型
总计	**87355618**	**52705849**	**40889790**	**21364140**
一、住宿业	**37315323**	**23335472**	**15015461**	**8200609**
(一)按登记注册类型分				
1.内资企业	**32089158**	**18545130**	**13250474**	**6608567**
国有企业	3370526	2256917	1215661	686111
集体企业	376139	171186	140075	46407
股份合作企业	73559	42509	29264	17103
联营企业	35637	15563	10723	5197
国有联营企业	20813	15563	6324	5197
集体联营企业	4499		1802	
国有与集体联营企业	6193		1075	
其他联营企业	4133		1524	
有限责任公司	15197400	10421510	5938836	3727560
国有独资公司	1449262	1178937	573782	442382
其他有限责任公司	13748138	9242572	5365055	3285179
股份有限公司	1152632	760894	513242	320919
私营企业	11732298	4844700	5318229	1794322
私营独资企业	811046	126182	498540	68719
私营合伙企业	224789	51926	131009	25343
私营有限责任公司	10168876	4428263	4417502	1589288
私营股份有限公司	527589	238335	271176	110972
其他企业	150977	31859	84447	10950
2.港、澳、台商投资企业	**3397181**	**3148568**	**1153361**	**1042063**
合资经营企业	1401186	1320411	428493	392225
合作经营企业	371772	354666	156708	148989
独资经营企业	1495941	1365796	519157	461696
投资股份有限公司	99114	87397	37135	32568
其他港澳台商投资企业	29178	20300	11870	6585
3.外商投资企业	**1828982**	**1641776**	**611626**	**549980**
中外合资经营企业	785413	711975	191534	166465
中外合作经营企业	313484	297516	156308	154030
外资企业	614074	528836	216342	187855
外商投资股份有限公司	32092	24089	8122	4640
其他外商投资企业	83923	79361	39321	36987
(二)按国民经济行业分				
旅游饭店	28936704	20751276	11127345	7207478
一般旅馆	7519520	2246653	3492344	869918
其他住宿业	859102	337541	395772	123212
(三)按控股情况分				
国有控股	9392405	7300222	3477601	2483818
集体控股	990505	564476	374826	188275
私人控股	18308696	8478314	8147051	3204268
港澳台控股	2596681	2386325	892540	798381
外商控股	1172666	1026910	371255	328934

企业损益及分配

单位：万元

主营业务税金及附加		主营业务利润		其他业务利润		销售费用	
限额以上	大中型	限额以上	大中型	限额以上	大中型	限额以上	大中型
1172776	**582334**	**45293052**	**30759375**	**1099768**	**722635**	**25285759**	**17574155**
689399	**430034**	**21610463**	**14704829**	**638161**	**447972**	**10500711**	**6839175**
567883	**318492**	**18270801**	**11618071**	**512544**	**335726**	**9222024**	**5700976**
62977	39982	2091888	1530824	52247	37720	1138608	794869
6132	1946	229932	122833	17486	13328	123586	69230
1358	526	42937	24880	2731	2397	21442	8904
402	283	24512	10083	121		16674	8394
292	283	14197	10083			11068	8394
37		2660		29		1587	
49		5069		92		2558	
23		2586				1462	
290250	203091	8968314	6490859	243560	181349	4412687	3058599
32653	27662	842827	708893	24347	22855	405016	320981
257598	175432	8125485	5781961	219216	158497	4007668	2737612
25938	16230	613452	423745	35368	23864	313807	203496
177945	56215	6236124	2994163	158251	77070	3167313	1549514
20380	2611	292126	54852	6483	4023	100913	22741
5276	745	88504	25838	2228		38032	11737
142334	48353	5609040	2790622	143732	72707	2922386	1464587
9960	4511	246453	122852	5813	340	105983	50452
2889	219	63641	20690	2782		27914	7977
82393	**76388**	**2161427**	**2030117**	**70347**	**65702**	**815927**	**743424**
38400	36450	934293	891736	35733	35317	361969	336293
8135	7935	206929	197742	3260	2178	69418	63412
32920	30269	943864	873831	26530	24125	345821	310757
1670	1243	60309	53586	4577	3836	33488	28634
1273	496	16035	13219	245	245	5233	4333
39118	**35157**	**1178238**	**1056639**	**55268**	**46543**	**462762**	**394774**
22930	21357	570949	524153	37754	35033	222161	195541
2593	1929	154583	141557	7215	6370	73418	62781
12393	10935	385339	330046	8861	3832	147576	119833
477	250	23493	19199	131		7440	5519
726	685	43876	41689	1308	1308	12169	11100
554676	394658	17254683	13149140	533348	413003	8411209	6110447
117162	27406	3910014	1349329	92431	32222	1897179	648545
17564	7970	445766	206359	12384	2748	192324	80184
220922	175709	5693882	4640695	157079	132616	2918812	2263039
17495	9140	598184	367061	24646	16659	325414	205407
286598	109287	9875047	5164759	270067	145565	4880429	2508365
58789	53876	1645352	1534068	45440	39910	650219	589060
23639	21000	777772	676976	41350	35078	295303	241498

1-13 续表 1

项　　目	主营业务收入		主营业务成本	
	限额以上	大中型	限额以上	大中型
二、餐饮业	**50040296**	**29370377**	**25874328**	**13163534**
(一)按登记注册类型分				
1.内资企业	**35365310**	**15453986**	**19835958**	**7468658**
国有企业	559016	295740	316298	159680
集体企业	229718	72646	156420	41997
股份合作企业	120180	62788	67274	31991
联营企业	10501		7282	
国有联营企业				
集体联营企业	7942		5879	
国有与集体联营企业				
其他联营企业	2559		1403	
有限责任公司	11151172	6321407	5793612	2926464
国有独资公司	365939	269198	200116	144433
其他有限责任公司	10785233	6052208	5593498	2782034
股份有限公司	1314300	991572	709679	509362
私营企业	21656585	7671169	12560931	3775188
私营独资企业	2712117	202090	1844123	110445
私营合伙企业	295493	49514	183595	27531
私营有限责任公司	17892333	7112653	10107202	3486371
私营股份有限公司	756643	306915	426016	150844
其他企业	323847	38672	224463	23984
2.港、澳、台商投资企业	**6203992**	**5749140**	**2206492**	**2018784**
合资经营企业	1127472	1054275	468892	434065
合作经营企业	164593	156555	72488	70100
独资经营企业	4879742	4521340	1652546	1508381
投资股份有限公司	14511	9730	6813	4782
其他港澳台商投资企业	17670	7243	5753	1454
3.外商投资企业	**8470999**	**8167249**	**3831883**	**3676097**
中外合资经营企业	1765263	1710072	766182	733322
中外合作经营企业	70703	64831	54884	52587
外资企业	6042581	5839935	2756572	2664054
外商投资股份有限公司	285932	276029	126409	119394
其他外商投资企业	306520	276383	127840	106741
(二)按国民经济行业分				
正餐服务	34476939	15449719	18718389	7121987
快餐服务	11404614	10567873	5224585	4675642
饮料及冷饮服务	2017699	1889198	573451	506090
其他餐饮业	2141045	1463595	1357908	859818
(三)按控股情况分				
国有控股	2271633	1626154	1181389	801331
集体控股	717410	429226	394290	201591
私人控股	29512407	11639000	16892728	5715865
港澳台控股	6097850	5649487	2141801	1956524
外商控股	7858788	7585168	3535780	3401783

单位：万元

主营业务税金及附加		主营业务利润		其他业务利润		销售费用	
限额以上	大中型	限额以上	大中型	限额以上	大中型	限额以上	大中型
483374	**152298**	**23682594**	**16054545**	**461612**	**274662**	**14785049**	**10734980**
450645	**124841**	**15078707**	**7860487**	**354387**	**174995**	**8849062**	**5105860**
9420	4283	233298	131777	14578	9135	139137	74250
2469	600	70829	30049	432	17	36563	17075
1026	595	51880	30202	164		35924	20797
127		3092				890	
117		1946				436	
10		1146				454	
133348	48730	5224212	3346213	151236	88489	3277667	2203081
4038	2281	161785	122484	909	221	98046	72906
129310	46450	5062425	3223724	150329	88269	3179619	2130178
18435	11301	586186	470909	25712	8097	350288	293237
277996	58969	8817658	3837012	161295	69261	4969625	2489464
56664	3235	811330	88410	7318	3016	278366	52491
4553	257	107345	21726	807	157	53976	14692
206507	54029	7578624	3572253	144348	63684	4458783	2324721
10273	1453	320354	154618	8823	2405	178502	97567
7834	367	91550	14321	973	3	38974	7957
12115	**9002**	**3985385**	**3721354**	**47253**	**44637**	**2942463**	**2739593**
2385	1623	656195	618587	5171	4548	467755	439532
1287	718	90818	85737	15	15	66408	62077
8212	6608	3218984	3006351	42065	40072	2396759	2232220
63	26	7635	4922	3	3	4866	3115
170	30	11747	5759			6677	2648
20623	**18457**	**4618493**	**4472695**	**59969**	**55029**	**2993526**	**2889529**
1597	1161	997484	975589	8785	8713	637665	619913
216	159	15603	12085			5479	3048
17283	16340	3268726	3159541	18345	13847	2110272	2036575
717	264	158806	156371	1532	1532	105678	103065
814	535	177866	169107	31309	30939	134435	126929
435892	119272	15322658	8208460	355927	176439	9135032	5358731
32542	24967	6147487	5867264	94517	89463	4184480	4021147
3856	2496	1440392	1380612	5969	4546	994601	956491
11092	5561	772045	598216	5198	4217	470941	398613
25912	14953	1064332	809870	70415	43962	681928	518749
6788	1974	316332	225661	5947	3017	203202	147211
388539	94994	12231140	5828141	255164	112398	7013469	3768837
11211	8211	3944838	3684752	44870	42395	2927028	2726939
19933	18096	4303075	4165289	27357	22729	2811503	2715966

1-13 续表 2

项　目	管理费用		财务费用	
	限额以上	大中型	限额以上	大中型
总　计	**16412952**	**10678781**	**2314113**	**1552164**
一、住宿业	**10516976**	**7277489**	**1708149**	**1223322**
(一)按登记注册类型分				
1.内资企业	**8751621**	**5660604**	**1446978**	**975721**
国有企业	1126234	785298	26027	15159
集体企业	86378	43178	4329	2036
股份合作企业	17587	10418	2909	735
联营企业	6230	1368	468	499
国有联营企业	2356	1368	515	499
集体联营企业	1066		3	
国有与集体联营企业	2191		-71	
其他联营企业	619		22	
有限责任公司	4527428	3310396	817994	630405
国有独资公司	508464	425059	47452	41551
其他有限责任公司	4018965	2885337	770537	588850
股份有限公司	309917	220008	50156	23017
私营企业	2647401	1275615	542904	303872
私营独资企业	86755	13736	18921	2853
私营合伙企业	30923	7573	4388	1156
私营有限责任公司	2427896	1203216	494219	286621
私营股份有限公司	101833	51092	25384	13242
其他企业	30449	14324	2203	9
2.港、澳、台商投资企业	**1166788**	**1082702**	**194741**	**186263**
合资经营企业	469020	437800	101415	99469
合作经营企业	82337	75242	3776	2765
独资经营企业	581349	540129	88231	82859
投资股份有限公司	24644	21784	1112	1063
其他港澳台商投资企业	9439	7752	203	103
3.外商投资企业	**598572**	**534186**	**66433**	**61342**
中外合资经营企业	283121	260865	32048	28851
中外合作经营企业	78226	70910	16852	17308
外资企业	203456	172992	15202	13065
外商投资股份有限公司	11221	9166	398	309
其他外商投资企业	22549	20252	1932	1810
(二)按国民经济行业分				
旅游饭店	8594831	6519935	1456336	1115614
一般旅馆	1694258	639474	201426	80781
其他住宿业	227889	118078	50391	26933
(三)按控股情况分				
国有控股	3084412	2436822	254127	205738
集体控股	254935	155438	23697	17632
私人控股	4427792	2419562	977396	616268
港澳台控股	912909	843789	151563	145943
外商控股	433811	351786	64106	60472

单位：万元

营业利润		利润总额		应交所得税		应付职工薪酬	
限额以上	大中型	限额以上	大中型	限额以上	大中型	限额以上	大中型
2400028	**1796968**	**2672531**	**2017570**	**1120108**	**815840**	**20053572**	**12131601**
-301261	**780**	**-124478**	**105800**	**439575**	**307093**	**10000317**	**6129598**
-602428	**-354545**	**-433678**	**-257899**	**300981**	**171208**	**8749970**	**4983482**
-126541	-21513	-36841	27421	35179	26433	1170773	804135
20998	11242	24284	11555	5958	3377	99260	52528
866	4063	-1064	2593	1031	937	23026	10375
1306	-180	2147	624	581	63	12554	6604
356	-180	1154	624	194	63	8509	6604
-20		5		55		1502	
486		503		150		1833	
485		485		182		710	
-520214	-325550	-421911	-254380	144459	97245	4190436	2815674
-78401	-42947	-58746	-25428	16890	15038	501154	411450
-441808	-282605	-363168	-228954	127571	82204	3689284	2404221
25700	60729	-12748	20949	13202	9536	300794	216736
-8857	-81969	8499	-65336	99441	33438	2913512	1065622
85762	13041	80027	12708	11208	3196	121050	23440
17799	5514	17100	5488	1762	656	38153	9178
-127689	-108288	-103083	-91990	81518	26880	2653740	980728
15276	7767	14450	8458	4953	2712	100569	52280
4314	-1370	3953	-1328	1130	183	39624	11814
96368	**137303**	**102755**	**143181**	**67714**	**67263**	**805952**	**743238**
46576	61916	51505	68213	26158	25644	363806	342623
55717	60715	57301	61904	17086	16965	82994	77808
-10579	9550	-11091	7349	24015	24326	326458	294606
2884	3501	3247	4045	353	227	26991	23487
1773	1627	1796	1672	100	100	5703	4718
204799	**218011**	**206448**	**220518**	**70882**	**68618**	**444397**	**402873**
168532	173676	168183	173389	50928	50130	205400	189948
-8819	-6150	-6533	-3848	3102	2962	71381	66614
32587	36441	34024	38390	15790	14543	136117	118424
4497	4207	4217	4211	1012	952	8714	7178
8004	9837	6553	8378	49	31	22789	20715
-536474	-50332	-353549	72818	338826	269295	8126771	5502172
205744	21909	218206	26088	88918	32121	1681760	537338
29470	29204	10864	6895	11832	5679	191788	90093
-285875	-40344	-187405	5947	124690	105374	3062697	2386102
6148	-4730	17181	5840	12390	6634	270100	164834
-227093	-280920	-190165	-253249	144785	51012	4628770	1932337
9310	39603	2772	34323	42890	42633	595026	544523
151006	171891	153160	174428	58386	56440	270475	237039

1-13 续表 3

项　目	管理费用		财务费用	
	限额以上	大中型	限额以上	大中型
二、餐饮业	**5895975**	**3401293**	**605964**	**328842**
(一)按登记注册类型分				
1.内资企业	**4482055**	**2129958**	**565160**	**295817**
国有企业	124071	62164	3342	935
集体企业	22165	8207	1623	-69
股份合作企业	16671	10453	959	545
联营企业	1140		36	
国有联营企业				
集体联营企业	762		11	
国有与集体联营企业				
其他联营企业	378		25	
有限责任公司	1576145	933028	181155	109295
国有独资公司	76666	60020	4829	4308
其他有限责任公司	1499482	873011	176328	104990
股份有限公司	169847	117827	40461	26252
私营企业	2548630	994597	333039	157792
私营独资企业	207280	21658	31553	3465
私营合伙企业	28792	4465	3147	245
私营有限责任公司	2224171	929383	279810	144951
私营股份有限公司	88389	39097	18535	9133
其他企业	23387	3688	4546	1063
2.港、澳、台商投资企业	**573616**	**490491**	**37352**	**32973**
合资经营企业	104623	90260	8063	6208
合作经营企业	21213	17794	998	925
独资经营企业	443283	380230	28074	25830
投资股份有限公司	2202	988	195	11
其他港澳台商投资企业	2294	1221	23	-2
3.外商投资企业	**840308**	**780843**	**3455**	**52**
中外合资经营企业	167430	158626	3713	1996
中外合作经营企业	8644	7521	184	159
外资企业	606414	562187	-1287	-2868
外商投资股份有限公司	31340	28520	624	594
其他外商投资企业	26480	23991	221	172
(二)按国民经济行业分				
正餐服务	4507063	2195916	569288	302943
快餐服务	1047514	963568	29488	24589
饮料及冷饮服务	124868	101411		-2268
其他餐饮业	216535	140403	7191	3579
(三)按控股情况分				
国有控股	413464	281443	18033	9676
集体控股	107869	73439	14119	11066
私人控股	3530726	1511602	489470	248681
港澳台控股	555418	474800	34258	29832
外商控股	775816	720151	1715	-310

单位：万元

营业利润		利润总额		应交所得税		应付职工薪酬	
限额以上	大中型	限额以上	大中型	限额以上	大中型	限额以上	大中型
2701292	**1796187**	**2797014**	**1911766**	**680532**	**508747**	**10053254**	**6002011**
1450716	**504374**	**1517887**	**591452**	**340748**	**173240**	**7174836**	**3285240**
-28591	-6699	-6636	-216	3608	1699	143980	72264
11441	5544	10195	5569	2621	1878	39413	19041
4219	4235	4979	4713	1408	1124	22345	11105
1003		994		114		1056	
739		730		54		718	
264		264		60		338	
278457	164448	322317	209882	118518	80458	2807727	1420723
-8324	-8055	-1537	-3276	2731	2524	118503	93873
286779	172504	323853	213155	115786	77936	2689227	1326849
111068	104825	110279	107434	12237	10226	434640	259199
1049931	230595	1055097	262483	200028	77301	3684249	1495065
296899	10849	280157	10841	32433	2000	324690	37114
21671	2365	20168	2335	2789	399	48828	8677
693428	207221	719240	238251	156562	72475	3173203	1384809
37933	10164	35535	11054	8250	2429	137537	64468
23189	1429	20665	1591	2215	557	41431	7847
491903	**514955**	**490667**	**511785**	**135939**	**133014**	**1215462**	**1112961**
78494	84524	78329	84463	24014	23687	181985	163464
-773	1936	-889	1843	2053	2046	35428	32597
410964	425788	409741	422755	109817	107274	990720	911783
378	812	683	825	15	6	3851	2603
2840	1896	2807	1900	40		3475	2514
758674	**776862**	**788456**	**808527**	**203850**	**202495**	**1662960**	**1603808**
193779	199934	191863	199234	51695	51351	340767	330951
1242	1301	1338	1387	169	146	26316	25336
524554	531757	554821	562197	138493	137539	1169414	1127864
24745	27645	29615	32564	8290	8273	58189	54871
14354	16225	10820	13148	5203	5185	68274	64789
1354547	499768	1440575	598969	354996	194181	7177196	3363222
939561	909134	942312	911520	215380	208916	1973419	1855751
321929	324629	331983	338837	90214	89326	491248	467418
85258	62657	82141	62444	19944	16328	411392	315616
51505	82113	85415	100617	28112	24224	658570	493601
2915	3968	3935	5102	6606	5085	182036	129494
1308778	342055	1314465	391209	271988	118577	5323487	2274818
486369	508689	485306	505684	134842	132027	1186205	1084814
692081	704566	726390	738859	184038	182821	1543817	1488805

1-14 大中型住宿和餐饮业企业经济效益指标

项 目	负债率 (%)		主营业务毛利率 (%)		人均主营业务收入 (万元)		费用率 (%)	
	限额以上	大中型	限额以上	大中型	限额以上	大中型	限额以上	大中型
总 计	**72.5**	**72.9**	**53.2**	**59.5**	**21.6**	**23.1**	**50.4**	**56.5**
一、住宿业	**73.4**	**73.1**	**59.8**	**64.9**	**20.5**	**23.1**	**60.9**	**65.7**
(一)按登记注册类型分								
1.内资企业	**74.0**	**74.6**	**58.7**	**64.4**	**19.6**	**21.7**	**60.5**	**66.5**
国有企业	53.1	49.5	63.9	69.6	17.6	20.0	68.0	70.7
集体企业	70.0	67.1	62.8	72.9	19.4	21.4	57.0	66.9
股份合作企业	85.6	75.2	60.2	59.8	17.7	28.5	57.0	47.2
联营企业	53.7	39.8	69.9	66.6	18.5	13.7	65.6	65.9
国有联营企业	42.1	39.8	69.6	66.6	15.3	13.7	67.0	65.9
集体联营企业	116.5		59.9		14.9		59.0	
国有与集体联营企业	37.1		82.6		52.5		75.5	
其他联营企业	187.7		63.1		28.5		50.9	
有限责任公司	75.1	75.6	60.9	64.2	20.3	22.5	64.2	67.2
国有独资公司	58.2	56.1	60.4	62.5	19.6	20.6	66.3	66.8
其他有限责任公司	77.3	78.3	61.0	64.5	20.4	22.8	64.0	67.2
股份有限公司	59.9	54.7	55.5	57.8	20.3	21.9	58.5	58.7
私营企业	81.6	91.0	54.7	63.0	19.3	21.1	54.2	64.6
私营独资企业	53.0	57.7	38.5	45.5	20.8	22.3	25.5	31.2
私营合伙企业	50.4	62.3	41.7	51.2	17.8	16.9	32.6	39.4
私营有限责任公司	83.5	92.4	56.6	64.1	19.2	21.0	57.5	66.7
私营股份有限公司	72.2	70.5	48.6	53.4	19.9	23.1	44.2	48.2
其他企业	49.9	35.4	44.1	65.6	16.0	18.5	40.1	70.0
2.港、澳、台商投资企业	**70.8**	**68.7**	**66.0**	**66.9**	**28.2**	**29.9**	**64.1**	**63.9**
合资经营企业	81.8	78.8	69.4	70.3	26.3	27.7	66.5	66.2
合作经营企业	55.8	50.8	57.8	58.0	36.0	38.3	41.8	39.9
独资经营企业	64.4	63.2	65.3	66.2	29.2	31.2	67.9	68.4
投资股份有限公司	66.6	66.1	62.5	62.7	21.8	24.1	59.8	58.9
其他港澳台商投资企业	67.0	60.7	59.3	67.6	25.1	22.1	51.0	60.0
3.外商投资企业	**69.3**	**66.7**	**66.6**	**66.5**	**28.9**	**30.4**	**61.7**	**60.3**
中外合资经营企业	71.7	70.3	75.6	76.6	30.1	31.8	68.4	68.2
中外合作经营企业	89.5	81.0	50.1	48.2	29.9	30.6	53.7	50.8
外资企业	60.6	58.3	64.8	64.5	26.7	27.6	59.6	57.8
外商投资股份有限公司	64.8	56.9	74.7	80.7	31.5	36.4	59.4	62.2
其他外商投资企业	24.1	14.6	53.1	53.4	32.4	38.4	43.7	41.8
(二)按国民经济行业分								
旅游饭店	74.0	73.1	61.5	65.3	20.6	23.2	63.8	66.2
一般旅馆	68.6	72.6	53.6	61.3	20.2	21.6	50.4	60.9
其他住宿业	76.3	74.2	53.9	63.5	20.5	22.7	54.8	66.7
(三)按控股情况分								
国有控股	59.1	57.2	63.0	66.0	20.6	22.8	66.6	67.2
集体控股	72.7	74.3	62.2	66.6	18.8	20.7	61.0	67.0
私人控股	83.3	91.4	55.5	62.2	19.4	21.5	56.2	65.4
港澳台控股	70.9	69.0	65.6	66.5	28.2	29.8	66.0	66.2
外商控股	67.8	65.8	68.3	68.0	27.8	29.0	67.6	63.7

1-14 续表

项　　目	负债率(%)		主营业务毛利率(%)		人均主营业务收入(万元)		费用率(%)	
	限额以上	大中型	限额以上	大中型	限额以上	大中型	限额以上	大中型
二、餐饮业	**70.2**	**72.2**	**48.3**	**55.2**	**22.4**	**23.2**	**42.5**	**49.3**
(一)按登记注册类型分								
1.内资企业	**71.9**	**77.1**	**43.9**	**51.7**	**21.4**	**21.4**	**39.3**	**48.7**
国有企业	56.7	60.8	43.4	46.0	16.6	18.5	47.7	46.4
集体企业	62.9	50.0	31.9	42.2	29.4	30.5	26.3	34.7
股份合作企业	73.7	65.8	44.0	49.0	20.2	20.9	44.6	50.6
联营企业	62.9		30.7		31.3		19.7	
国有联营企业								
集体联营企业	58.1		26.0		33.8		15.2	
国有与集体联营企业								
其他联营企业	81.0		45.2		25.6		33.5	
有限责任公司	77.3	80.0	48.0	53.7	20.2	21.5	45.2	51.3
国有独资公司	66.5	66.6	45.3	46.3	20.0	20.4	49.1	51.0
其他有限责任公司	77.8	80.9	48.1	54.0	20.3	21.6	45.0	51.4
股份有限公司	57.4	48.6	46.0	48.6	20.8	21.2	42.7	44.1
私营企业	70.7	81.2	42.0	50.8	22.1	21.4	36.3	47.5
私营独资企业	43.8	60.7	32.0	45.3	27.7	22.9	19.1	38.4
私营合伙企业	38.2	46.2	37.9	44.4	21.0	23.1	29.1	39.2
私营有限责任公司	73.2	82.0	43.5	51.0	21.4	21.3	38.9	47.8
私营股份有限公司	68.0	71.9	43.7	50.9	22.1	23.1	37.7	47.5
其他企业	44.7	40.9	30.7	38.0	26.3	18.6	20.7	32.9
2.港、澳、台商投资企业	**62.8**	**60.1**	**64.4**	**64.9**	**25.2**	**25.2**	**57.3**	**56.8**
合资经营企业	54.9	50.2	58.4	58.8	21.4	21.8	51.5	50.8
合作经营企业	133.0	120.5	56.0	55.2	24.8	25.9	53.8	51.6
独资经营企业	63.3	61.5	66.1	66.6	26.2	26.2	58.8	58.4
投资股份有限公司	48.0	38.4	53.0	50.9	20.5	21.3	50.1	42.3
其他港澳台商投资企业	88.5	57.7	67.4	79.9	30.3	21.2	50.9	53.4
3.外商投资企业	**60.7**	**58.4**	**54.8**	**55.0**	**25.7**	**25.7**	**45.3**	**44.9**
中外合资经营企业	57.9	51.5	56.6	57.1	25.5	25.8	45.8	45.6
中外合作经营企业	61.0	65.2	22.4	18.9	19.7	19.1	20.2	16.5
外资企业	61.1	60.1	54.4	54.4	25.9	25.9	44.9	44.5
外商投资股份有限公司	62.6	55.9	55.8	56.7	25.2	25.7	48.1	47.9
其他外商投资企业	66.3	67.1	58.3	61.4	24.7	23.5	52.6	54.7
(二)按国民经济行业分								
正餐服务	72.4	77.3	45.7	53.9	21.6	22.4	41.2	50.9
快餐服务	57.6	56.3	54.2	55.8	24.0	23.7	46.1	47.4
饮料及冷饮服务	60.4	56.1	71.6	73.2	31.1	32.2	55.5	55.9
其他餐饮业	61.4	61.2	36.6	41.3	21.8	19.9	32.4	37.1
(三)按控股情况分								
国有控股	63.4	58.8	48.0	50.7	19.9	20.5	49.0	49.8
集体控股	85.6	88.4	45.0	53.0	18.9	18.0	45.3	54.0
私人控股	72.4	81.3	42.8	50.9	21.6	21.4	37.4	47.5
港澳台控股	62.8	60.2	64.9	65.4	25.3	25.3	57.7	57.2
外商控股	60.7	59.1	55.0	55.2	26.0	26.0	45.7	45.3

地区篇

简要说明：

一、本篇资料主要内容为分地区大中型批发和零售业、住宿和餐饮业企业单位数和从业人员数情况；分地区大中型批发和零售业企业商品购、销、存情况；分地区大中型住宿和餐饮业企业经营情况；分地区大中型批发和零售业、住宿和餐饮业企业主要财务及经济效益指标等。

二、批发和零售业、住宿和餐饮业统计采用“法人在地统计”原则，即按法人企业主要经营活动所在地确定法人企业所在地区。

2-1 各地区大中型批发和零售业企业基本情况

地区	大中型		大型		中型	
	法人单位数(个)	年末从业人数(人)	法人单位数(个)	年末从业人数(人)	法人单位数(个)	年末从业人数(人)
全国	**59585**	**9377170**	**4793**	**4402573**	**54792**	**4974597**
北京	3270	668898	363	396905	2907	271993
天津	1100	152314	81	74465	1019	77849
河北	1609	306528	151	143484	1458	163044
山西	1096	177979	98	73195	998	104784
内蒙古	580	87820	50	37911	530	49909
辽宁	1267	218071	136	111211	1131	106860
吉林	677	102059	56	45381	621	56678
黑龙江	604	108944	78	47449	526	61495
上海	3380	781259	582	524778	2798	256481
江苏	4974	714479	360	342098	4614	372381
浙江	4930	600535	289	227853	4641	372682
安徽	1756	272247	164	118398	1592	153849
福建	2696	320868	136	117027	2560	203841
江西	1122	183562	83	84858	1039	98704
山东	4397	671743	293	314260	4104	357483
河南	3520	497026	185	149180	3335	347846
湖北	2115	404735	152	224108	1963	180627
湖南	1922	272850	126	112184	1796	160666
广东	8587	1256193	568	563605	8019	692588
广西	1173	158852	99	54375	1074	104477
海南	228	40625	23	18646	205	21979
重庆	1529	238800	113	116412	1416	122388
四川	2108	358355	188	166938	1920	191417
贵州	796	118731	52	45736	744	72995
云南	998	169829	97	80039	901	89790
西藏	52	8160	4	2644	48	5516
陕西	1406	248343	124	119876	1282	128467
甘肃	525	76927	42	24747	483	52180
青海	155	22832	13	8522	142	14310
宁夏	201	32864	17	12805	184	20059
新疆	812	104742	70	43483	742	61259

2-2 各地区大中型批发和零售业企业商品购、销、存情况

单位：万元

地 区	商品购进额	进 口	商品销售额	出 口	期末商品库存额
全 国	**4067059083**	**351713965**	**4548899542**	**159842471**	**338928147**
北 京	502670579	81770725	540821284	21258287	42394739
天 津	166259066	11350872	177525429	3237687	10079891
河 北	76103444	1289135	85797295	644911	7389409
山 西	70451195	222827	78424265	403008	4686151
内蒙古	29399160	1137638	33761114	425414	4704332
辽 宁	105491833	1113326	116588089	1165705	6838593
吉 林	25310797	275087	31997167	73403	4575859
黑龙江	31323807	5160470	37249432	466726	4713822
上 海	618676299	122602099	709713214	34557864	44837286
江 苏	308062652	9661319	337394742	14427734	44924954
浙 江	311143655	21487995	337752765	26876462	20514632
安 徽	74818537	2754416	85733668	1746275	7560668
福 建	157803913	17059572	175044515	8109202	11115107
江 西	28966371	267075	38097039	429498	3170518
山 东	201134099	6144914	224806006	7873137	14116786
河 南	97487811	1496946	112261994	628707	8095676
湖 北	127363876	1013996	144182898	853777	11189995
湖 南	64689944	1086358	78946804	309669	6955246
广 东	534778251	44895969	581429382	30065822	41861279
广 西	42566937	1267585	53323025	658605	3263795
海 南	19463661	605339	21816107	183433	1057668
重 庆	70386710	3785307	81697608	1309277	4332314
四 川	96326196	2163808	108542091	888905	7446707
贵 州	35464397	312122	45415485	572940	3018020
云 南	62521192	1989182	74168071	1476139	6300047
西 藏	1797527	12814	2171226		190810
陕 西	93589239	586884	111642244	764207	4520386
甘 肃	33432482	117075	36188174	72577	2199588
青 海	6795870	28132	8043948	51486	456358
宁 夏	11959181	97135	12118390	8304	930760
新 疆	60820402	9957843	66246071	303310	5486751

2-3 各地区大型批发和零售业企业商品购、销、存情况

单位：万元

地　区	商品购进额	进　口	商品销售额	出　口	期末商品库存额
全　国	**1703171370**	**161341283**	**1972710458**	**54165842**	**153249870**
北　京	273856105	35408949	296637451	9473669	21289887
天　津	48834617	2853302	54356677	202476	1888120
河　北	39179522	700286	44690580	2655	3759010
山　西	23193426		27687414	353385	2224028
内蒙古	7065444	308516	8978901		468505
辽　宁	24296688	185715	29053751	199087	1451316
吉　林	10814106	2399	14992930		1734476
黑龙江	11444267	45979	15310434	335543	1002395
上　海	309985695	87430752	376800451	18318029	24609787
江　苏	116315306	1751414	122974565	4609570	33075641
浙　江	104346004	3527860	117740555	3457441	6542462
安　徽	28674193	144355	34365727	648324	2001715
福　建	57593426	10706812	63115991	1741578	3717318
江　西	11533080	35743	17887443	232823	1398730
山　东	64533746	986704	74964017	2596040	5108391
河　南	32913570	8169	38945306		2387169
湖　北	80381330	59141	90615600	10785	7018678
湖　南	24923937	142913	34465172	9848	2208284
广　东	229664747	16307265	251089722	10944970	16069678
广　西	8533873	137	17346821		819587
海　南	4189888	241013	5076495		571091
重　庆	23214803	109390	29440970	292627	1610005
四　川	44216841	129615	52089610	52344	3075678
贵　州	11513829	6103	17830539	18516	1114475
云　南	28170774	107512	35774324	277967	3157913
西　藏	404880		522576		10318
陕　西	43006564	52798	53993943	356920	1861143
甘　肃	15892742	410	16788629	476	1109762
青　海	1712087		2333807		83019
宁　夏	3529346		3309185		492842
新　疆	19236534	88031	23530872	30769	1388447

2-4 各地区中型批发和零售业企业商品购、销、存情况

单位：万元

地区	商品购进额	进口	商品销售额	出口	期末商品库存额
全国	**2363887715**	**190372679**	**2576189084**	**105676633**	**185678277**
北京	228814474	46361776	244183834	11784618	21104853
天津	117424449	8497570	123168751	3035211	8191771
河北	36923922	588850	41106715	642256	3630399
山西	47257769	222827	50736851	49623	2462123
内蒙古	22333716	829122	24782213	425414	4235826
辽宁	81195145	927611	87534338	966618	5387277
吉林	14496691	272688	17004238	73403	2841383
黑龙江	19879541	5114491	21938998	131183	3711426
上海	308690604	35171347	332912763	16239835	20227499
江苏	191747345	7909905	214420177	9818164	11849313
浙江	206797651	17960135	220012210	23419021	13972169
安徽	46144344	2610060	51367941	1097952	5558954
福建	100210487	6352761	111928524	6367624	7397789
江西	17433291	231331	20209596	196675	1771788
山东	136600353	5158210	149841989	5277098	9008396
河南	64574241	1488776	73316688	628707	5708507
湖北	46982546	954854	53567298	842992	4171317
湖南	39766007	943444	44481632	299821	4746962
广东	305113504	28588703	330339659	19120852	25791601
广西	34033064	1267448	35976204	658605	2444207
海南	15273773	364326	16739612	183433	486577
重庆	47171907	3675917	52256637	1016651	2722309
四川	52109354	2034193	56452481	836562	4371029
贵州	23950569	306020	27584946	554424	1903545
云南	34350419	1881670	38393747	1198172	3142134
西藏	1392648	12814	1648649		180493
陕西	50582675	534085	57648301	407287	2659243
甘肃	17539740	116665	19399546	72101	1089826
青海	5083784	28132	5710141	51486	373339
宁夏	8429834	97135	8809206	8304	437918
新疆	41583868	9869813	42715199	272541	4098304

2-5 各地区大中型批发业企业商品购、销、存情况

单位：万元

地 区	商品购进额	进 口	商品销售额	出 口	期末商品库存额
全 国	**3274162512**	**327109574**	**3609175135**	**159559756**	**245140104**
北 京	434441879	79788727	466856692	21245489	36297539
天 津	152451864	11226509	159859577	3237687	8867582
河 北	53513029	799232	59844826	644441	2616978
山 西	56559735	46788	61704910	400460	2201796
内蒙古	20599120	989993	23638354	425163	3976143
辽 宁	85209233	580733	91882037	1165670	4854993
吉 林	13992862	122757	16815389	71873	3290422
黑龙江	21412414	4989177	24716092	466726	3666945
上 海	567059685	118254177	644065127	34551008	36846420
江 苏	242405517	7678044	255931752	14426339	32575316
浙 江	255954346	18253996	274781814	26848039	14341326
安 徽	49448037	2301126	55333594	1745875	5120642
福 建	129356394	16196771	142398390	8091403	8780742
江 西	18467817	65448	26101414	416866	1547865
山 东	144807877	5552296	161222406	7860485	8377176
河 南	66837828	983415	76078948	620541	5029001
湖 北	86476172	480238	97397731	853228	7208373
湖 南	34939794	406679	42683120	306995	3690171
广 东	449070376	41203448	476996363	29980729	30461749
广 西	29933297	1106771	38772110	658605	2069295
海 南	14562796	328877	16173052	183433	445360
重 庆	49900154	3168232	56723055	1288691	2611938
四 川	57414726	779020	64902749	888658	4030708
贵 州	24112205	45209	31155835	572940	1934653
云 南	48795239	1720728	56783834	1456426	4681754
西 藏	764208	84	1071693		93167
陕 西	69686235	102366	82813077	716309	2288760
甘 肃	27766501	15336	29269362	72577	1685175
青 海	5335580	27000	6136939	51486	289758
宁 夏	9379124	39208	9335915	8304	618735
新 疆	53508468	9857189	57728978	303310	4639622

2-6 各地区大中型零售业企业商品购、销、存情况

单位：万元

地区	商品购进额		商品销售额		期末商品库存额
		进口		出口	
全国	**792896570**	**24604391**	**939724411**	**282713**	**93788047**
北京	68228700	1981998	73964592	12798	6097200
天津	13807202	124363	17665852		1212309
河北	22590415	489904	25952469	470	4772431
山西	13891460	176039	16719355	2548	2484354
内蒙古	8800040	147645	10122760	251	728189
辽宁	20282600	532593	24706052	35	1983600
吉林	11317934	152330	15181779	1530	1285436
黑龙江	9911393	171293	12533340		1046877
上海	51616614	4347922	65648087	6855	7990866
江苏	65657134	1983275	81462990	1395	12349639
浙江	55189309	3233999	62970952	28423	6173306
安徽	25370500	453289	30400075	400	2440026
福建	28447519	862802	32646124	17799	2334365
江西	10498553	201627	11995625	12632	1622654
山东	56326223	592618	63583600	12653	5739611
河南	30649983	513531	36183046	8166	3066676
湖北	40887704	533758	46785167	549	3981623
湖南	29750150	679679	36263685	2674	3265076
广东	85707875	3692520	104433019	85092	11399530
广西	12633640	160814	14550915		1194500
海南	4900864	276462	5643055		612307
重庆	20486556	617075	24974553	20586	1720377
四川	38911470	1384788	43639342	247	3415999
贵州	11352193	266913	14259650		1083367
云南	13725953	268454	17384237	19712	1618293
西藏	1033319	12730	1099532		97643
陕西	23903004	484518	28829167	47898	2231626
甘肃	5665981	101739	6918813		514413
青海	1460290	1132	1907009		166600
宁夏	2580057	57927	2782476		312025
新疆	7311935	100654	8517093		847129

2-7 各地区大中型批发和零售业企业年末资产负债

单位：万元

地区	流动资产合计	固定资产原价	累计折旧	资产总计	负债合计	所有者权益合计
全国	**1588105494**	**204741454**	**77978622**	**2132694504**	**1496474385**	**636400091**
北京	273741935	13699930	6124050	376456898	268083332	108373566
天津	60794051	4907591	1773096	80591937	62248938	18343000
河北	32424718	6356695	2246964	42234193	31698099	10536094
山西	31595609	7068456	2247464	46599293	34858602	11740691
内蒙古	13539244	3124869	1077641	18901107	14762328	4138779
辽宁	28542590	6000893	2591332	37966759	29236551	8607982
吉林	14383013	4342054	1350559	19181938	15876949	3202077
黑龙江	16146624	3660681	1252680	21342317	17063267	4246176
上海	193557035	16696799	7844225	251140744	172368448	78775520
江苏	123635599	17358875	6462199	163579311	116636293	46943018
浙江	106249208	12057260	4740964	145912259	105186760	40725072
安徽	31944240	5367687	1813664	42468516	29477169	12991347
福建	54715167	6032229	2388969	75691393	46071880	29619512
江西	14630211	3554189	1193066	19759136	13655695	6103441
山东	73015962	14424279	5127317	94920928	71211082	24077354
河南	34825749	7085410	2058639	45531919	31956212	14049220
湖北	39792434	11080903	3819418	55342027	38377551	16964477
湖南	23228251	6962632	2192584	49577237	23158405	26418832
广东	213025604	20301291	8716441	265190543	190293691	74890824
广西	18540359	2829493	1117169	25376041	16720685	8655356
海南	10569094	1184032	450305	14496714	8788196	5708518
重庆	24202815	4042902	1449653	31968842	22100476	9871291
四川	36222628	6172951	2265090	47526056	34265678	13260378
贵州	27130554	3120202	1125923	32312483	19667010	12645473
云南	26177682	4275139	1784876	35480765	20369004	15111761
西藏	821163	278637	105731	1180039	643901	536137
陕西	26092078	4475762	1516661	36399888	24701634	11707197
甘肃	6828450	2404262	930391	11598940	6027011	5547600
青海	3217390	817809	304008	4062452	2425243	1637209
宁夏	4570252	896391	327427	6260991	4346136	1987015
新疆	23945785	4161151	1580116	33642838	24198159	8985174

注：大中型批发和零售业企业中，因包含了部分视同法人单位，财务指标数据存在资产总计≠负债合计+所有者权益合计的问题(下表同)。

2-8 各地区大型批发和零售业企业年末资产负债

单位：万元

地区	流动资产合计	固定资产原价	累计折旧	资产总计	负债合计	所有者权益合计
全国	**700732247**	**107759052**	**44072827**	**953024926**	**640555291**	**312659359**
北京	145541354	8127451	4004009	202788684	140738073	62050611
天津	12365053	2177005	903882	17001109	12919771	4081338
河北	19458427	3714255	1353282	25264671	18442284	6822387
山西	14019676	4706393	1384450	23596386	16958462	6637924
内蒙古	2775360	1345565	564197	4582382	3273364	1309018
辽宁	9914917	2640347	1266404	13690377	8875545	4692605
吉林	4858831	2525923	819121	7446882	6036536	1307434
黑龙江	6131153	1574665	657770	8187653	6046401	2107817
上海	102839913	10723583	5445047	131456473	88011095	43445378
江苏	61751270	7135834	2881766	79764025	56951828	22812197
浙江	31777799	4308120	1815907	41861117	26941925	14919193
安徽	13600574	2528649	852559	17711266	11878566	5832700
福建	19719367	2709436	1155262	27469395	13938952	13530443
江西	7480318	2262568	752756	10379865	6798719	3581146
山东	30890605	7178376	2714589	42147024	30787400	11727132
河南	12115930	2610819	977883	15451533	11351767	4573279
湖北	20519799	7852557	2724111	30614360	19320184	11294176
湖南	11523271	4201539	1419502	18582530	11582924	6999606
广东	95778801	11597002	5116988	126650711	84580696	42070016
广西	3845080	1663907	667181	5998504	3323736	2674768
海南	1567213	524585	214393	2092517	1050079	1042438
重庆	8995079	2107693	842115	12612366	8062161	4550205
四川	15123260	3395134	1346877	20933071	13621060	7312011
贵州	10609169	1821073	627669	12609499	7500763	5108736
云南	11929649	2533661	1215975	15581249	6956367	8624882
西藏	112218	18889	9385	180101	140081	40020
陕西	13306493	2110169	834986	18714889	12477914	6245918
甘肃	2044222	842551	397515	3454823	1455936	1984564
青海	1437400	439564	204894	1804767	994772	809994
宁夏	665165	439787	177307	1477898	900467	649591
新疆	8034881	1941952	725045	12918799	8637463	3821832

2-9 各地区中型批发和零售业企业年末资产负债

单位：万元

地区	流动资产合计	固定资产原价	累计折旧	资产总计	负债合计	所有者权益合计
全国	**887373251**	**96982401**	**33905795**	**1179669582**	**855919096**	**323740735**
北京	128200581	5572479	2120041	173668214	127345259	46322955
天津	48428998	2730586	869215	63590828	49329167	14261662
河北	12966291	2642439	893683	16969522	13255815	3713707
山西	17575932	2362062	863013	23002907	17900140	5102767
内蒙古	10763885	1779304	513443	14318725	11488964	2829761
辽宁	18627673	3360546	1324927	24276382	20361006	3915376
吉林	9524183	1816131	531437	11735056	9840413	1894643
黑龙江	10015471	2086016	594910	13154665	11016866	2138359
上海	90717122	5973216	2399177	119684272	84357353	35330142
江苏	61884329	10223042	3580432	83815286	59684465	24130821
浙江	74471409	7749140	2925057	104051142	78244835	25805880
安徽	18343666	2839038	961105	24757250	17598603	7158647
福建	34995800	3322792	1233707	48221998	32132929	16089070
江西	7149893	1291621	440310	9379271	6856976	2522295
山东	42125356	7245903	2412729	52773905	40423682	12350223
河南	22709820	4474591	1080756	30080386	20604445	9475941
湖北	19272634	3228347	1095307	24727667	19057366	5670301
湖南	11704980	2761093	773082	30994708	11575481	19419226
广东	117246804	8704289	3599454	138539832	105712995	32820808
广西	14695279	1165586	449987	19377538	13396950	5980588
海南	9001882	659447	235912	12404197	7738117	4666080
重庆	15207736	1935210	607539	19356477	14038316	5321086
四川	21099369	2777817	918213	26592985	20644618	5948367
贵州	16521385	1299129	498254	19702984	12166247	7536737
云南	14248034	1741477	568902	19899516	13412637	6486879
西藏	708945	259748	96346	999937	503820	496117
陕西	12785585	2365593	681676	17684999	12223720	5461280
甘肃	4784228	1561711	532877	8144117	4571075	3563036
青海	1779990	378245	99113	2257686	1430471	827215
宁夏	3905087	456604	150120	4783092	3445669	1337424
新疆	15910904	2219199	855071	20724038	15560696	5163342

2-10 各地区大中型批发业企业年末资产负债

单位：万元

地区	流动资产合计	固定资产原价	累计折旧	资产总计	负债合计	所有者权益合计
全国	**1259647224**	**107972037**	**42112994**	**1641530194**	**1160259896**	**481704020**
北京	242819412	8607729	3774401	335281023	237049971	98231051
天津	55434590	2691714	937506	70346780	54926017	15420763
河北	23426854	2646471	959710	28345286	21539782	6805504
山西	25378743	4522330	1284385	37293398	27376399	9916999
内蒙古	10738894	1462386	458941	14267753	10942988	3324765
辽宁	19690301	2811078	1247961	24785986	18377039	6324105
吉林	9428822	1118811	459791	10634476	9444634	1189842
黑龙江	12199003	1590149	592746	14559964	11804966	2722123
上海	169749791	9699073	4673033	218721030	149832926	68891328
江苏	92901587	7634905	2876014	114148752	84223183	29925569
浙江	85449857	6172257	2553712	115855086	82238280	33616306
安徽	22256422	1994819	767919	28133518	19869506	8264013
福建	45082387	3810446	1499695	61838473	38272627	23565846
江西	9560118	2142152	721842	12337886	8791459	3546427
山东	50193895	7194029	2446718	62391534	46341450	16050084
河南	24184425	3850295	1119912	30623850	21202754	9894608
湖北	26320391	5570214	1961386	34318877	23055560	11263317
湖南	12611436	2325943	772113	17466605	11567977	5898627
广东	168282186	14150439	5807140	210461341	154760190	55695253
广西	13756884	1691713	671285	19039839	12410506	6629333
海南	8679787	483676	171820	11707278	7007623	4699655
重庆	17662860	1814287	647344	21790391	14589263	7201128
四川	23760687	2421457	907126	28796637	21429468	7367168
贵州	20366474	1593688	700353	23451598	13032113	10419485
云南	20618729	2486274	1152988	27014227	14642425	12371801
西藏	649872	126809	48801	813031	406271	406761
陕西	17061341	1858258	704649	22865807	15696985	7177765
甘肃	4942649	1531800	610558	8317159	3795967	4521191
青海	2573342	492632	229952	3082119	1709605	1372514
宁夏	3277339	577942	208311	4344888	3143844	1273205
新疆	20588146	2898261	1144882	28495602	20778118	7717484

2-11 各地区大中型零售业企业年末资产负债

单位：万元

地　区	流动资产合计	固定资产原价	累计折旧	资产总计	负债合计	所有者权益合计
全　国	**328458274**	**96769414**	**35865629**	**491164312**	**336214489**	**154696072**
北　京	30922523	5092201	2349649	41175875	31033361	10142515
天　津	5359461	2215877	835590	10245157	7322921	2922237
河　北	8997864	3710224	1287255	13888907	10158317	3730590
山　西	6216866	2546125	963079	9305895	7482203	1823692
内蒙古	2800351	1662483	618700	4633354	3819340	814014
辽　宁	8852288	3189816	1343371	13180773	10859512	2283877
吉　林	4954191	3223243	890767	8547462	6432315	2012235
黑龙江	3947620	2070532	659934	6782354	5258301	1524053
上　海	23807244	6997726	3171191	32419714	22535522	9884192
江　苏	30734012	9723970	3586185	49430559	32413110	17017449
浙　江	20799351	5885003	2187252	30057173	22948480	7108766
安　徽	9687819	3372868	1045744	14334998	9607663	4727335
福　建	9632780	2221783	889274	13852920	7799253	6053666
江　西	5070094	1412036	471225	7421250	4864236	2557014
山　东	22822067	7230249	2680600	32529394	24869632	8027270
河　南	10641324	3235114	938727	14908069	10753458	4154612
湖　北	13472043	5510689	1858032	21023150	15321990	5701159
湖　南	10616815	4636689	1420471	32110633	11590428	20520205
广　东	44743419	6150853	2909301	54729202	35533501	19195571
广　西	4783475	1137780	445884	6336202	4310179	2026023
海　南	1889307	700356	278485	2789436	1780573	1008862
重　庆	6539955	2228615	802309	10178451	7511213	2670163
四　川	12461941	3751494	1357964	18729419	12836210	5893209
贵　州	6764080	1526514	425570	8860885	6634897	2225989
云　南	5558954	1788864	631888	8466539	5726579	2739960
西　藏	171291	151828	56930	367007	237631	129377
陕　西	9030737	2617504	812013	13534081	9004649	4529432
甘　肃	1885801	872462	319833	3281781	2231044	1026409
青　海	644049	325177	74056	980333	715638	264695
宁　夏	1292913	318449	119116	1916103	1202292	713811
新　疆	3357639	1262890	435234	5147236	3420041	1267690

2-12 各地区大中型批发和零售业企业实收资本及构成

单位：万元

地区	实收资本	国家资本	集体资本	法人资本	个人资本	港澳台资本	外商资本
全国	**336207422**	**67778362**	**5188080**	**142306866**	**58867780**	**35671565**	**26394769**
北京	50167028	10774659	310984	22871933	3408268	4677945	8123238
天津	11150913	4034421	155337	4699746	916372	898157	446880
河北	6417274	740670	65491	2087148	3382903	76490	64572
山西	6341435	1482119	174275	3348294	1286986	39387	10374
内蒙古	2684649	1100094	44818	1082958	447455	6172	3152
辽宁	5832318	1697907	106484	2110646	965828	262891	688561
吉林	1893706	364215	50818	957213	467900	23658	29902
黑龙江	2270136	574260	92133	998288	503867	47252	54336
上海	36844967	6054557	584796	9816858	4116878	5999091	10272788
江苏	20673344	3934853	295865	7326664	4946024	1936633	2233307
浙江	35341204	2776870	520352	24719834	5658503	1120145	545501
安徽	5364384	1995456	143099	1934492	1090721	94573	106044
福建	14342748	3642502	488906	6451578	2729872	642954	386935
江西	2993657	1194012	25769	1049941	606257	49164	68515
山东	13311107	1852885	341693	6110913	4181489	444298	379827
河南	7400555	1247193	70252	3324608	2561945	166375	30182
湖北	7114991	2129363	238286	3088693	1090464	388481	179704
湖南	23465099	1608263	174878	3922431	3306044	14371751	81732
广东	34533489	6350407	577344	17472649	5198544	3066313	1868232
广西	4367891	2447629	22985	1292992	542204	50560	11521
海南	3434573	459449	11130	2668972	112686	14302	168034
重庆	5281981	844687	33462	3163849	962638	158645	118698
四川	6377633	2296908	104413	2264968	1228257	250428	232659
贵州	7459822	894983	31152	1063954	5340538	117237	11958
云南	4930831	1772714	105786	1304334	1569746	117724	60527
西藏	138801	91635	851	29291	16063	961	
陕西	7176735	2300886	221346	3282468	1020339	176942	174754
甘肃	2532375	1419208	51924	711187	333070	14522	2463
青海	447003	200570	25690	151716	60372	3386	5270
宁夏	1426180	148117	9322	1147326	110319	5348	5748
新疆	4490593	1346870	108439	1850922	705228	449780	29355

2-13 各地区大型批发和零售业企业实收资本及构成

单位：万元

地区	实收资本	国家资本	集体资本	法人资本	个人资本	港澳台资本	外商资本
全国	**116056652**	**30834412**	**2057095**	**47462236**	**8470527**	**10561809**	**16670578**
北京	23210185	3870235	31174	9183189	843506	3477190	5804892
天津	1718873	326821	31245	922964	76529	109825	251489
河北	2501842	493384	36359	640471	1274353	1581	55695
山西	1567939	790183	54893	557922	150366	4877	9698
内蒙古	540648	323380		157681	56275	3312	
辽宁	2329856	772508	51055	621755	335310	68871	480357
吉林	299016	100478	4700	100305	69444	17501	6588
黑龙江	864782	246943	14989	442464	148411	10976	1000
上海	17447488	3023366	164163	3739473	461558	3285974	6772956
江苏	6246840	1391201	113094	2301797	710381	708886	1021481
浙江	14519105	1411341	142576	11737330	498003	578615	151240
安徽	1506394	544918	56835	731201	112547	37499	23394
福建	4433674	1919999	396640	1482180	229539	210182	195134
江西	1346207	1012285	10000	212347	97306	588	13680
山东	3504790	1126377	105239	1577226	442497	145114	108336
河南	1429897	504153	6257	484279	368538	61953	4717
湖北	3128314	1320336	125609	1394621	96317	38448	152983
湖南	1781291	861863	95002	499791	251559	12903	60174
广东	15140823	4049078	344724	6965333	1118692	1458793	1204203
广西	482571	212985	4896	145043	102693	6432	10521
海南	452229	414146	500	27199	500	1294	8590
重庆	1157300	241526		688224	145383	27026	55141
四川	2651076	1430517	5558	672613	283736	137582	121070
贵州	584536	464651		79115	22711	14132	3927
云南	1313514	843764	49387	282258	94614	41810	1681
西藏	2961			2000		961	
陕西	3247101	1627156	165488	988027	236614	98073	131744
甘肃	1009370	750681		206789	50489	1411	
青海	33816	4962	22063	1521			5270
宁夏	276011	112579		159832	3600		
新疆	1328203	642596	24649	457286	189056		14617

2-14 各地区中型批发和零售业企业实收资本及构成

单位：万元

地区	实收资本						
		国家资本	集体资本	法人资本	个人资本	港澳台资本	外商资本
全国	**220150773**	**36943951**	**3130989**	**94844633**	**50397251**	**25109761**	**9724195**
北京	26956842	6904424	279810	13688745	2564763	1200755	2318346
天津	9432039	3707600	124092	3776782	839842	788332	195391
河北	3915433	247287	29133	1446677	2108550	74909	8877
山西	4773497	691936	119382	2790372	1136619	34511	676
内蒙古	2144002	776714	44818	925277	391181	2860	3152
辽宁	3502462	925399	55429	1488891	630517	194021	208205
吉林	1594690	263736	46118	856908	398456	6158	23314
黑龙江	1405354	327318	77145	555825	355456	36276	53336
上海	19397479	3031191	420633	6077385	3655320	2713117	3499832
江苏	14426504	2543652	182771	5024866	4235643	1227747	1211826
浙江	20822099	1365529	377775	12982504	5160500	541530	394261
安徽	3857990	1450537	86264	1203291	978174	57074	82650
福建	9909074	1722503	92266	4969399	2500333	432772	191801
江西	1647451	181727	15769	837593	508950	48576	54835
山东	9806317	726508	236454	4533688	3738992	299185	271491
河南	5970659	743040	63995	2840328	2193408	104422	25466
湖北	3986676	809027	112678	1694072	994146	350033	26721
湖南	21683807	746400	79877	3422640	3054485	14358848	21559
广东	19392666	2301329	232620	10507317	4079852	1607520	664029
广西	3885321	2234644	18089	1147949	439511	44128	1000
海南	2982344	45303	10630	2641773	112186	13008	159444
重庆	4124681	603161	33462	2475626	817256	131619	63557
四川	3726558	866392	98855	1592355	944520	112846	111590
贵州	6875286	430332	31152	984839	5317827	103105	8031
云南	3617317	928950	56399	1022076	1475132	75914	58846
西藏	135840	91635	851	27291	16063		
陕西	3929634	673730	55859	2294441	783725	78869	43010
甘肃	1523005	668527	51924	504398	282581	13112	2463
青海	413187	195608	3627	150195	60372	3386	
宁夏	1150169	35538	9322	987494	106719	5348	5748
新疆	3162390	704274	83790	1393636	516172	449780	14738

2-15 各地区大中型批发业企业实收资本及构成

单位：万元

地　区	实收资本	国家资本	集体资本	法人资本	个人资本	港澳台资本	外商资本
全　国	**229801690**	**56026899**	**3069848**	**97808398**	**38697654**	**13959814**	**20239084**
北　京	44230307	10442804	234770	19682177	2798380	3873099	7199077
天　津	8628978	3912294	97113	3441981	672173	150709	354709
河　北	3322017	427940	23607	1036964	1759284	73613	610
山　西	3468758	1087396	144436	1729239	482702	24809	176
内蒙古	2009183	1034527	13523	722595	238538		
辽　宁	3593120	1424265	21073	1188271	516104	29436	413971
吉　林	860985	239650	6360	495742	114232		5000
黑龙江	1299100	489067	67434	550935	191653	10	
上　海	30180992	5140293	474476	7888561	3661525	4440452	8575685
江　苏	11660926	3431522	151885	2935513	2790316	846569	1505122
浙　江	23990778	2490686	320489	15655474	4732889	643668	147573
安　徽	3127763	1389982	116211	979003	621836	8760	11972
福　建	10612927	2994592	61839	4777892	2221770	319137	237697
江　西	1449988	810479	18341	398993	216067	6098	10
山　东	9103495	1616987	150681	4089152	2825963	231852	188861
河　南	4431173	1095442	37904	1949154	1264371	70808	13494
湖　北	4582734	1487072	150197	2105520	563539	258671	17735
湖　南	2161184	650295	22858	837661	621220	19454	9697
广　东	27338097	4780708	436947	14489909	4002710	2304495	1323328
广　西	3414916	2262396	7244	866852	276746		1679
海　南	2876766	101563	6259	2581633	49298	5649	132364
重　庆	3765266	657499	25786	2308634	650710	78447	44189
四　川	2932728	1221062	78142	987244	595665	27278	23337
贵　州	6516747	505893	11424	755267	5159991	83907	266
云　南	2492688	1320459	62438	808105	277478	21302	2906
西　藏	41121	25340		12820	2000	961	
陕　西	4691714	2223129	170686	1771516	515379	100	10905
甘　肃	2052653	1398926	44251	366306	242664	50	455
青　海	273983	179195	1027	51361	37131		5270
宁　夏	1044797	91946	8784	898569	45498		
新　疆	3645806	1093490	103663	1445355	549822	440480	12996

2-16 各地区大中型零售业企业实收资本及构成

单位：万元

地区	实收资本	国家资本	集体资本	法人资本	个人资本	港澳台资本	外商资本
全国	**106405735**	**11751462**	**2118232**	**44498472**	**20170129**	**21711753**	**6155689**
北京	5936721	331855	76215	3189756	609888	804846	924161
天津	2521934	122127	58224	1257765	244199	747448	92171
河北	3095257	312730	41885	1050185	1623619	2877	63962
山西	2872678	394723	29839	1619055	804283	14579	10198
内蒙古	675467	65567	31295	360364	208918	6172	3152
辽宁	2239198	273642	85410	922376	449724	233455	274591
吉林	1032721	124564	44458	461471	353668	23658	24902
黑龙江	971037	85193	24699	447353	312213	47242	54336
上海	6663975	914264	110319	1928296	455353	1558639	1697103
江苏	9012418	503331	143980	4391151	2155709	1090063	728185
浙江	11350426	286184	199863	9064360	925614	476477	397928
安徽	2236620	605474	26888	955488	468886	85813	94072
福建	3729821	647910	427067	1673687	508102	323818	149237
江西	1543669	383533	7428	650948	390190	43066	68505
山东	4207612	235898	191013	2021762	1355527	212447	190966
河南	2969383	151752	32348	1375454	1297574	95567	16689
湖北	2532257	642291	88089	983174	526925	129810	161969
湖南	21303915	957968	152020	3084770	2684824	14352297	72036
广东	7195392	1569699	140397	2982740	1195834	761818	544904
广西	952975	185233	15740	426141	265459	50560	9842
海南	557807	357886	4871	87340	63388	8653	35670
重庆	1516715	187188	7676	855215	311928	80198	74509
四川	3444905	1075846	26271	1277724	632591	223150	209322
贵州	943075	389090	19728	308687	180547	33330	11693
云南	2438143	452254	43348	496228	1292268	96422	57622
西藏	97680	66295	851	16471	14063		
陕西	2485021	77757	50660	1510952	504960	176842	163849
甘肃	479722	20283	7673	344881	90406	14472	2008
青海	173020	21374	24663	100355	23242	3386	
宁夏	381383	56171	538	248757	64821	5348	5748
新疆	844788	253380	4776	405566	155406	9300	16359

2-17 各地区大中型批发和

地　区	主营业务收入	主营业务成本	主营业务税金及附加	主营业务利润	其他业务利润	销售费用
全　国	**3986494901**	**3640882213**	**26222472**	**319390216**	**17936398**	**166341388**
北　京	462766854	426397042	1121696	35248116	3664596	19864695
天　津	154194611	147270307	627521	6296783	1067817	3651484
河　北	74945031	69039491	788315	5117225	346148	2523420
山　西	67458330	63154851	536408	3767071	245184	2015998
内蒙古	29683528	27025194	398831	2259503	162687	1271452
辽　宁	100652001	95266441	631106	4754454	317787	2596737
吉　林	26769066	24114170	329986	2324910	168565	1409118
黑龙江	32987050	30215697	384392	2386961	192402	1142460
上　海	620258261	559481735	1360124	59416402	2355544	34928077
江　苏	299468805	271563777	1779401	26125627	1441432	13256881
浙　江	297104342	276229203	1644904	19230235	1249652	10604203
安　徽	74781892	66602578	896718	7282596	205015	3778794
福　建	152646989	141893367	901367	9852255	338772	4681434
江　西	34693920	30085646	626912	3981362	134408	1913631
山　东	202957523	186032734	1594760	15330029	698382	7151148
河　南	99115597	87837320	1488336	9789941	506483	3517847
湖　北	121901973	109601266	1038217	11262490	580010	5730613
湖　南	70229806	61527331	1230042	7472433	235763	3557683
广　东	513292996	469703289	2447866	41141841	2288350	22155347
广　西	46232083	42341167	598076	3292840	164384	1546495
海　南	19638445	17583898	224778	1829769	70607	873171
重　庆	72239724	64736027	1119171	6384526	415958	3025857
四　川	94669387	84862043	1172776	8634568	418492	4702772
贵　州	39533451	31908140	753053	6872258	111192	1708184
云　南	65362942	58419536	735425	6207981	149687	2381226
西　藏	1951393	1586659	88864	275870	1277	165783
陕　西	98858119	91336823	820889	6700407	168122	3239275
甘　肃	34820671	32695741	291734	1833196	59750	817556
青　海	8119972	7273302	161909	684761	22206	267157
宁　夏	10601904	9898551	97723	605630	58821	354420
新　疆	58558235	55198887	331172	3028176	96905	1508470

零售业企业损益及分配

单位：万元

管理费用	财务费用	营业利润	利润总额	应交所得税	应付职工薪酬	应交增值税
72209185	**16765047**	**97245292**	**102090611**	**21256933**	**80136625**	**50640728**
9321214	1833649	12517138	12861920	2707003	10197707	4466757
1458236	1074399	803694	1107539	352063	1479471	1642384
1323918	408661	1419126	1483226	306060	1890953	995085
1136230	493078	466466	597459	208333	1227647	1819082
518898	163724	374598	488837	141588	565642	931432
1422161	497206	1064410	1005959	279936	1387450	869928
719526	241843	489880	618968	148146	612553	406443
656565	200113	729052	746832	143741	743196	520569
12207472	1250630	15785521	16792648	3840900	12060211	5250348
6058536	1304595	8459294	8674618	1903264	5273635	4325177
4428959	1510246	5999465	6430587	1321911	5773072	3760042
1447447	246651	2104293	2193820	366707	1615559	1074001
2214529	643357	3509216	3694388	624175	2436125	1143452
869367	116205	1164742	1246827	251652	1025582	717143
3562026	1112023	4239566	4432166	890538	3827175	2921715
2262551	626885	3824946	3850790	668464	2253183	1566178
2573288	495137	3115890	3283901	745137	2824225	1563372
1695917	330011	2300435	2316730	421461	3379066	1250734
9575410	1827691	11944493	12702962	2411209	10308408	6104388
840279	218809	895310	1023814	182262	934546	691547
284845	192895	613223	633068	162236	335651	190929
1457047	277608	2172230	2334384	341256	1548362	1193552
1674105	422076	1784953	2031105	514105	2336610	1260157
790958	94039	4309962	4323938	1022557	956246	1455070
938050	254977	2991450	3086955	651362	1442382	997647
72361	-1726	49440	61867	7465	93617	302993
1343799	366864	2426504	2305373	351884	1385227	1186610
378815	113608	564995	578702	89662	693108	922157
133369	72186	321977	286152	22680	146995	115830
139319	97906	63494	68438	28727	174350	169341
703988	279701	739529	826638	150449	1208671	826665

2-18 各地区大型批发和

地区	主营业务收入	主营业务成本	主营业务税金及附加	主营业务利润	其他业务利润	销售费用
全国	**1714513089**	**1512231278**	**19472050**	**182809761**	**10503198**	**103309943**
北京	249078004	226359629	494724	22223651	2440752	13849358
天津	45809127	42408649	427695	2972783	854308	1938270
河北	38827550	35186786	639640	3001124	193592	1385641
山西	23788162	21206946	476739	2104477	76204	1054548
内蒙古	7517153	6198259	305060	1013834	14273	584826
辽宁	24722367	22024233	543947	2154187	110133	1209237
吉林	11102999	9820254	274271	1008474	59660	686602
黑龙江	13188727	11773995	272794	1141938	111622	594008
上海	328457159	283870147	944981	43642031	1666819	27159014
江苏	111363523	95122369	1374559	14866595	733136	8113147
浙江	102843343	92417174	1360702	9065467	505419	5406742
安徽	29507215	24375796	786396	4345023	65683	2247019
福建	54558504	49844048	577124	4137332	134714	2105177
江西	16225269	13277964	565758	2381547	58509	944354
山东	72332674	64136640	1122161	7073873	455412	3993029
河南	33454133	28575976	1072975	3805182	296391	1502826
湖北	74182081	66481805	732257	6968019	455121	3898939
湖南	30437340	25576108	909536	3951696	103837	2083405
广东	219329035	195033741	1745689	22549605	1411292	13124985
广西	14635216	12526496	531524	1577196	63477	624769
海南	4414971	3478042	180788	756141	16825	412894
重庆	25644176	21852695	687986	3103495	242208	1699356
四川	45885751	40116641	941101	4828009	208327	2721444
贵州	15241982	11466256	631520	3144206	13517	896803
云南	31230656	26238021	624165	4368470	48016	1490798
西藏	493871	376761	2590	114520		106888
陕西	48981199	44537657	649080	3794462	54323	2042800
甘肃	14710751	13940150	203157	567444	22151	256015
青海	3032360	2530501	118487	383372	8656	145693
宁夏	2866003	2498127	69190	298686	39388	191772
新疆	20651788	18979412	205454	1466922	39433	839584

零售业企业损益及分配

单位：万元

管理费用	财务费用	营业利润	利润总额	应交所得税	应付职工薪酬	应交增值税
35818524	**3832716**	**58145785**	**60140879**	**13002979**	**44684396**	**27105178**
5433626	576511	7794897	7843945	1679959	6481866	2733264
587185	136420	364507	388473	137766	721210	797923
679704	161349	1155114	1185225	222782	770516	632554
602175	274373	370708	449662	155355	685813	317074
181032	30765	-1825	5369	70298	260754	476116
655695	96759	618097	542431	164633	736960	320902
279396	84871	275502	262498	82937	353637	252951
296489	54565	353717	350282	87176	434912	335858
7753972	196944	11639220	12217675	2783625	8462781	4071754
3205114	215021	4871466	4981652	1187337	2925743	2188963
1431918	107456	3299349	3459003	716935	2319576	1459327
672170	18204	1237423	1225887	261404	812336	664936
680890	74166	1933820	1826461	342097	1030823	600657
488673	26605	922567	974971	209000	607920	437761
1686568	348484	1591256	1701087	387286	2053136	1752063
877267	107628	1511278	1510399	302617	970758	699168
1511765	176013	1926053	2050543	490576	1823278	904969
823488	69157	1259556	1304926	306548	2590400	768459
4092396	638515	7507560	7939913	1410272	5113875	2844685
368234	-86	613246	706897	113020	428240	390534
100203	1556	277870	276429	70815	175897	83970
688858	36686	1020054	1106579	210598	739151	624473
725862	105133	1502727	1684631	329533	1219747	725594
395673	-3650	1714303	1730522	391854	483812	570501
442263	8116	2542428	2609446	544570	924407	756423
3462	-263	10133	19029	2033	19856	20076
596955	152825	1269538	1257878	203886	812640	697987
160284	42117	111601	111282	41152	212304	291010
43044	222	220731	185917	7120	37016	66725
47677	1601	53219	48975	14110	74690	123383
306486	94653	179670	182892	75685	400342	495118

2-19 各地区中型批发和

地区	主营业务收入	主营业务成本	主营业务税金及附加	主营业务利润	其他业务利润	销售费用
全国	**2271981813**	**2128650938**	**6750420**	**136580455**	**7433205**	**63031447**
北京	213688850	200037413	626972	13024465	1223844	6015337
天津	108385484	104861657	199826	3324001	213509	1713214
河北	36117481	33852705	148675	2116101	152557	1137779
山西	43670167	41947905	59670	1662592	168981	961450
内蒙古	22166375	20826936	93771	1245668	148415	686626
辽宁	75929634	73242208	87159	2600267	207653	1387501
吉林	15666067	14293916	55715	1316436	108905	722516
黑龙江	19798324	18441702	111598	1245024	80780	548452
上海	291801101	275611589	415142	15774370	688725	7769063
江苏	188105282	176441409	404841	11259032	708296	5143735
浙江	194260999	183812029	284201	10164769	744233	5197461
安徽	45274677	42226782	110322	2937573	139332	1531774
福建	98088486	92049320	324243	5714923	204058	2576257
江西	18468650	16807682	61154	1599814	75899	969277
山东	130624849	121896093	472599	8256157	242970	3158119
河南	65661464	59261344	415361	5984759	210092	2015021
湖北	47719893	43119461	305960	4294472	124890	1831674
湖南	39792467	35951223	320505	3520739	131926	1474279
广东	293963960	274669548	702177	18592235	877058	9030362
广西	31596868	29814671	66552	1715645	100907	921726
海南	15223474	14105856	43991	1073627	53783	460277
重庆	46595548	42883333	431184	3281031	173751	1326500
四川	48783636	44745401	231676	3806559	210165	1981328
贵州	24291469	20441884	121533	3728052	97675	811381
云南	34132286	32181515	111260	1839511	101672	890428
西藏	1457522	1209897	86274	161351	1277	58895
陕西	49876920	46799167	171809	2905944	113799	1196475
甘肃	20109920	18755591	88577	1265752	37599	561542
青海	5087612	4742801	43422	301389	13549	121464
宁夏	7735901	7400424	28533	306944	19433	162648
新疆	37906447	36219476	125718	1561253	57472	668886

零售业企业损益及分配

单位：万元

管理费用	财务费用	营业利润	利润总额	应交所得税	应付职工薪酬	应交增值税
36390658	**12932331**	**39099505**	**41949731**	**8253954**	**35452229**	**23535552**
3887588	1257138	4722241	5017974	1027044	3715841	1733493
871052	937979	439186	719066	214297	758261	844461
644214	247311	264012	298001	83278	1120437	362532
534054	218705	95758	147797	52977	541834	1502008
337866	132959	376423	483467	71290	304888	455316
766466	400448	446313	463528	115303	650490	549026
440130	156973	214378	356470	65208	258916	153492
360076	145548	375335	396550	56565	308284	184712
4453500	1053686	4146300	4574973	1057275	3597430	1178594
2853422	1089574	3587829	3692966	715927	2347892	2136213
2997041	1402789	2700116	2971584	604976	3453497	2300715
775276	228448	866870	967934	105304	803222	409065
1533639	569192	1575397	1867927	282078	1405303	542795
380694	89599	242175	271856	42651	417662	279382
1875458	763539	2648309	2731080	503252	1774038	1169652
1385284	519257	2313667	2340391	365847	1282425	867009
1061523	319124	1189837	1233359	254561	1000947	658403
872430	260854	1040879	1011804	114914	788666	482275
5483014	1189176	4436933	4763049	1000937	5194533	3259703
472045	218895	282064	316917	69241	506306	301013
184642	191339	335352	356639	91422	159754	106959
768189	240922	1152176	1227805	130658	809211	569079
948243	316944	282226	346474	184572	1116863	534563
395285	97689	2595659	2593416	630704	472435	884569
495786	246861	449023	477508	106792	517974	241224
68898	-1463	39306	42838	5432	73761	282917
746844	214039	1156966	1047495	147999	572587	488624
218530	71490	453394	467420	48510	480804	631148
90325	71963	101247	100235	15560	109979	49106
91642	96305	10275	19462	14617	99660	45957
397502	185048	559859	643746	74763	808329	331547

2-20 各地区大中型批发业

地 区	主营业务收入	主营业务成本	主营业务税金及附加	主营业务利润	其他业务利润	销售费用
全 国	**3170049062**	**2926589552**	**22873237**	**220586273**	**8894468**	**103882080**
北 京	397658899	368978147	886517	27794235	2250547	14125374
天 津	138763244	133666453	570181	4526610	927380	2224524
河 北	52662550	49010124	708619	2943807	73600	1139614
山 西	52992805	49950969	498648	2543188	142135	1192004
内蒙古	20717733	18945611	367969	1404153	92830	699986
辽 宁	79734307	76574879	541680	2617748	137837	1190336
吉 林	15584734	14190565	280565	1113604	18856	824997
黑龙江	22809424	21283732	338214	1187478	49412	574498
上 海	562518562	513862501	1087930	47568131	1730325	26765312
江 苏	228521822	208773956	1518145	18229721	596054	8338768
浙 江	242000834	227373578	1470318	13156938	480961	6406911
安 徽	48508855	43140861	813268	4554726	49878	2184856
福 建	124491304	117017216	792398	6681690	159483	2709548
江 西	23825570	20485366	580196	2760008	19461	1215902
山 东	146675324	136006253	1337327	9331744	180549	3792534
河 南	67779790	60454481	1293908	6031401	120169	1823464
湖 北	84214769	76397901	867889	6948979	101042	3197860
湖 南	37804979	32728963	1063469	4012547	49046	1543599
广 东	421501676	391312410	2165880	28023386	1216366	13533535
广 西	33670618	31102233	555308	2013077	40035	788831
海 南	14819366	13491464	191247	1136655	20312	530149
重 庆	50284583	45659892	974866	3649825	109586	1366576
四 川	55809607	50217367	1056307	4535933	114739	1951329
贵 州	27150200	20973001	718924	5458275	16928	960722
云 南	50339960	45063542	697393	4579025	45079	1374022
西 藏	947256	648531	81073	217652	62	120689
陕 西	73786930	69659165	615644	3512121	52599	1558065
甘 肃	28697225	27298841	268257	1130127	21728	444113
青 海	6404513	5752543	156018	495952	2237	162509
宁 夏	8192310	7810874	87945	293491	32925	152130
新 疆	51179313	48758133	287134	2134046	42307	989323

企业损益及分配

单位：万元

管理费用	财务费用	营业利润	利润总额	应交所得税	应付职工薪酬	应交增值税
46594988	**11826935**	**77764948**	**81582066**	**17028841**	**46634580**	**36854614**
7298620	1479697	11355620	11662492	2361128	7328974	3581063
854553	945136	1159254	1401124	375629	859372	1380290
592930	208619	1172907	1180974	237343	623645	607268
714209	358845	490293	619261	175239	614767	1622411
297347	103148	245278	318505	106042	220256	627715
611248	263807	804782	819398	196188	586061	414640
212715	93998	223680	395162	93647	301742	222274
306787	102664	345910	367396	86275	402585	369313
9062201	1080669	14134748	14958047	3320499	9233755	4226391
3915564	880468	6513771	6741079	1512919	3013025	2974862
2805639	1147062	5092652	5453099	1038189	3030080	2838282
763127	108621	1557967	1605596	280594	792546	813149
1423836	551329	2706483	2898685	513562	1323032	776540
521675	39753	930342	1000450	221522	575128	571422
2054383	699554	3089921	3206856	619724	1965597	1943084
1248853	359305	2657830	2678323	473596	1117446	995828
1494664	264771	2067172	2195968	496415	1390476	1018537
868868	137805	1524958	1570668	318032	704652	820794
6903209	1463718	8566433	9007434	1800218	6453784	4200552
515518	171635	610640	643484	137042	487913	533100
132960	158260	369091	389708	94344	163417	129919
752093	172776	1653836	1723849	259110	818371	768832
723150	226228	1056742	1245286	368910	1044901	814045
556517	37954	3923502	3945891	951705	588380	1182211
602221	185003	2608294	2692407	582477	831759	777791
47981	-3857	54072	65024	6443	60295	292415
510891	236033	1506071	1400165	193719	623755	815313
255684	73886	376824	385838	60592	471718	635653
76539	-3221	288577	241550	13341	78132	89220
67334	76063	30422	36398	18985	88499	129844
403672	207206	646876	731949	115412	840517	681856

2-21 各地区大中型零售业

地区	主营业务收入	主营业务成本	主营业务税金及附加	主营业务利润	其他业务利润	销售费用
全国	**816445838**	**714292664**	**3349233**	**98803941**	**9041936**	**62459309**
北京	65107955	57418894	235179	7453882	1414049	5739321
天津	15431368	13603854	57340	1770174	140437	1426960
河北	22282481	20029367	79696	2173418	272548	1383806
山西	14465524	13203882	37760	1223882	103049	823994
内蒙古	8965795	8079583	30862	855350	69858	571466
辽宁	20917693	18691561	89426	2136706	179950	1406402
吉林	11184332	9923605	49421	1211306	149708	584121
黑龙江	10177627	8931966	46178	1199483	142990	567962
上海	57739698	45619235	272193	11848270	625219	8162766
江苏	70946983	62789821	261255	7895907	845377	4918113
浙江	55103508	48855624	174585	6073299	768691	4197292
安徽	26273037	23461717	83449	2727871	155137	1593938
福建	28155685	24876151	108969	3170565	179290	1971886
江西	10868349	9600281	46716	1221352	114947	697728
山东	56282199	50026481	257434	5998284	517833	3358614
河南	31335807	27382839	194427	3758541	386314	1694383
湖北	37687204	33203365	170327	4313512	478969	2532754
湖南	32424828	28798368	166573	3459887	186717	2014084
广东	91791320	78390879	281986	13118455	1071984	8621812
广西	12561465	11238934	42769	1279762	124349	757663
海南	4819079	4092435	33531	693113	50296	343022
重庆	21955141	19076136	144305	2734700	306373	1659280
四川	38859780	34644676	116469	4098635	303753	2751443
贵州	12383251	10935138	34129	1413984	94264	747462
云南	15022982	13355994	38032	1628956	104609	1007205
西藏	1004137	938128	7791	58218	1216	45093
陕西	25071189	21677658	205246	3188285	115523	1681211
甘肃	6123446	5396901	23478	703067	38023	373443
青海	1715459	1520759	5891	188809	19969	104648
宁夏	2409594	2087677	9778	312139	25896	202290
新疆	7378922	6440755	44038	894129	54598	519147

企业损益及分配

单位：万元

管理费用	财务费用	营业利润	利润总额	应交所得税	应付职工薪酬	应交增值税
25614191	**4938111**	**19480343**	**20508541**	**4228095**	**33502046**	**13786115**
2022594	353953	1161518	1199428	345875	2868733	885694
603683	129263	-355560	-293584	-23565	620099	262095
730988	200041	246219	302252	68716	1267308	387818
422021	134233	-23827	-21802	33094	612880	196671
221551	60576	129320	170332	35546	345386	303717
810913	233399	259629	186561	83748	801389	455288
506811	147845	266199	223806	54499	310812	184169
349777	97449	383142	379436	57466	340611	151256
3145270	169961	1650772	1834601	520401	2826456	1023957
2142972	424127	1945524	1933539	390346	2260610	1350315
1623320	363184	906813	977487	283722	2742992	921760
684320	138031	546326	588224	86113	823012	260852
790692	92028	802733	795703	110613	1113093	366912
347692	76452	234400	246377	30130	450454	145721
1507643	412469	1149644	1225310	270814	1861578	978631
1013698	267580	1167116	1172467	194868	1135737	570350
1078624	230366	1048718	1087933	248722	1433749	544835
827049	192206	775477	746063	103430	2674414	429940
2672201	363973	3378060	3695528	610991	3854624	1903836
324761	47174	284670	380330	45220	446633	158447
151885	34635	244131	243360	67892	172234	61010
704953	104831	518394	610534	82146	729991	424720
950955	195848	728211	785819	145195	1291709	446112
234441	56085	386460	378047	70853	367866	272859
335829	69974	383156	394547	68885	610623	219855
24380	2132	-4632	-3157	1022	33321	10578
832908	130831	920433	905207	158165	761472	371297
123130	39721	188171	192863	29070	221391	286504
56830	75407	33401	44602	9339	68863	26610
71985	21842	33072	32039	9742	85852	39497
300315	72495	92653	94689	35037	368154	144809

2-22 各地区大中型批发和零售业企业经济效益指标

地 区	负债率 (%)	主营业务毛利率 (%)	人均主营业务收入 (万元)	费用率 (%)
全 国	**70.2**	**8.7**	**425.1**	**6.4**
北 京	71.2	7.9	691.8	6.7
天 津	77.2	4.5	1012.3	4.0
河 北	75.1	7.9	244.5	5.7
山 西	74.8	6.4	379.0	5.4
内蒙古	78.1	9.0	338.0	6.6
辽 宁	77.0	5.4	461.6	4.5
吉 林	82.8	9.9	262.3	8.9
黑龙江	80.0	8.4	302.8	6.1
上 海	68.6	9.8	793.9	7.8
江 苏	71.3	9.3	419.1	6.9
浙 江	72.1	7.0	494.7	5.6
安 徽	69.4	10.9	274.7	7.3
福 建	60.9	7.0	475.7	4.9
江 西	69.1	13.3	189.0	8.4
山 东	75.0	8.3	302.1	5.8
河 南	70.2	11.4	199.4	6.5
湖 北	69.3	10.1	301.2	7.2
湖 南	46.7	12.4	257.4	8.0
广 东	71.8	8.5	408.6	6.5
广 西	65.9	8.4	291.0	5.6
海 南	60.6	10.5	483.4	6.9
重 庆	69.1	10.4	302.5	6.6
四 川	72.1	10.4	264.2	7.2
贵 州	60.9	19.3	333.0	6.6
云 南	57.4	10.6	384.9	5.5
西 藏	54.6	18.7	239.1	12.1
陕 西	67.9	7.6	398.1	5.0
甘 肃	52.0	6.1	452.6	3.8
青 海	59.7	10.4	355.6	5.8
宁 夏	69.4	6.6	322.6	5.6
新 疆	71.9	5.7	559.1	4.3

注：费用率等于销售费用、管理费用、财务费用三项之和除以主营业务收入(下表同)。

2-23 各地区大型批发和零售业企业经济效益指标

地 区	负债率(%)	主营业务毛利率(%)	人均主营业务收入(万元)	费用率(%)
全 国	**67.2**	**11.8**	**389.4**	**8.3**
北 京	69.4	9.1	627.6	8.0
天 津	76.0	7.4	615.2	5.8
河 北	73.0	9.4	270.6	5.7
山 西	71.9	10.9	325.0	8.1
内蒙古	71.4	17.5	198.3	10.6
辽 宁	64.8	10.9	222.3	7.9
吉 林	81.1	11.6	244.7	9.5
黑龙江	73.8	10.7	278.0	7.2
上 海	67.0	13.6	625.9	10.7
江 苏	71.4	14.6	325.5	10.4
浙 江	64.4	10.1	451.4	6.8
安 徽	67.1	17.4	249.2	10.0
福 建	50.7	8.6	466.2	5.2
江 西	65.5	18.2	191.2	9.0
山 东	73.0	11.3	230.2	8.3
河 南	73.5	14.6	224.3	7.4
湖 北	63.1	10.4	331.0	7.5
湖 南	62.3	16.0	271.3	9.8
广 东	66.8	11.1	389.2	8.1
广 西	55.4	14.4	269.2	6.8
海 南	50.2	21.2	236.8	11.7
重 庆	63.9	14.8	220.3	9.5
四 川	65.1	12.6	274.9	7.7
贵 州	59.5	24.8	333.3	8.5
云 南	44.6	16.0	390.2	6.2
西 藏	77.8	23.7	186.8	22.3
陕 西	66.7	9.1	408.6	5.7
甘 肃	42.1	5.2	594.4	3.1
青 海	55.1	16.6	355.8	6.2
宁 夏	60.9	12.8	223.8	8.4
新 疆	66.9	8.1	474.9	6.0

2-24 各地区中型批发和零售业企业经济效益指标

地　区	负债率(%)	主营业务毛利率(%)	人均主营业务收入(万元)	费用率(%)
全　国	**72.6**	**6.3**	**456.7**	**4.9**
北　京	73.3	6.4	785.6	5.2
天　津	77.6	3.3	1392.3	3.2
河　北	78.1	6.3	221.5	5.6
山　西	77.8	3.9	416.8	3.9
内蒙古	80.2	6.0	444.1	5.2
辽　宁	83.9	3.5	710.6	3.4
吉　林	83.9	8.8	276.4	8.4
黑龙江	83.7	6.9	322.0	5.3
上　海	70.5	5.5	1137.7	4.5
江　苏	71.2	6.2	505.1	4.8
浙　江	75.2	5.4	521.3	4.9
安　徽	71.1	6.7	294.3	5.6
福　建	66.6	6.2	481.2	4.8
江　西	73.1	9.0	187.1	7.8
山　东	76.6	6.7	365.4	4.4
河　南	68.5	9.7	188.8	6.0
湖　北	77.1	9.6	264.2	6.7
湖　南	37.3	9.7	247.7	6.6
广　东	76.3	6.6	424.4	5.3
广　西	69.1	5.6	302.4	5.1
海　南	62.4	7.3	692.6	5.5
重　庆	72.5	8.0	380.7	5.0
四　川	77.6	8.3	254.9	6.7
贵　州	61.7	15.8	332.8	5.4
云　南	67.4	5.7	380.1	4.8
西　藏	50.4	17.0	264.2	8.7
陕　西	69.1	6.2	388.2	4.3
甘　肃	56.1	6.7	385.4	4.2
青　海	63.4	6.8	355.5	5.6
宁　夏	72.0	4.3	385.7	4.5
新　疆	75.1	4.5	618.8	3.3

2-25 各地区大中型批发业企业经济效益指标

地 区	负债率 (%)	主营业务毛利率 (%)	人均主营业务收入 (万元)	费用率 (%)
全 国	**70.7**	**7.7**	**800.8**	**5.1**
北 京	70.7	7.2	1082.7	5.8
天 津	78.1	3.7	1817.8	2.9
河 北	76.0	6.9	627.4	3.7
山 西	73.4	5.7	946.6	4.3
内蒙古	76.7	8.6	869.3	5.3
辽 宁	74.1	4.0	1290.9	2.6
吉 林	88.8	8.9	518.0	7.3
黑龙江	81.1	6.7	710.8	4.3
上 海	68.5	8.6	1272.3	6.6
江 苏	73.8	8.6	755.5	5.7
浙 江	71.0	6.0	821.5	4.3
安 徽	70.6	11.1	536.6	6.3
福 建	61.9	6.0	942.7	3.8
江 西	71.3	14.0	309.4	7.5
山 东	74.3	7.3	594.6	4.5
河 南	69.2	10.8	397.8	5.1
湖 北	67.2	9.3	549.9	5.9
湖 南	66.2	13.4	449.9	6.7
广 东	73.5	7.2	625.1	5.2
广 西	65.2	7.6	569.2	4.4
海 南	59.9	9.0	974.3	5.5
重 庆	67.0	9.2	639.9	4.6
四 川	74.4	10.0	480.4	5.2
贵 州	55.6	22.8	567.0	5.7
云 南	54.2	10.5	784.6	4.3
西 藏	50.0	31.5	295.6	17.4
陕 西	68.6	5.6	973.8	3.1
甘 肃	45.6	4.9	1209.4	2.7
青 海	55.5	10.2	666.0	3.7
宁 夏	72.4	4.7	901.8	3.6
新 疆	72.9	4.7	890.3	3.1

2-26 各地区大中型零售业企业经济效益指标

地　区	负债率(%)	主营业务毛利率(%)	人均主营业务收入(万元)	费用率(%)
全　国	**68.5**	**12.5**	**150.7**	**11.4**
北　京	75.4	11.8	215.9	12.5
天　津	71.5	11.8	203.1	14.0
河　北	73.1	10.1	100.1	10.4
山　西	80.4	8.7	118.6	9.5
内蒙古	82.4	9.9	140.1	9.5
辽　宁	82.4	10.6	133.8	11.7
吉　林	75.3	11.3	155.4	11.1
黑龙江	77.5	12.2	132.4	10.0
上　海	69.5	21.0	170.3	19.9
江　苏	65.6	11.5	172.2	10.6
浙　江	76.3	11.3	180.1	11.2
安　徽	67.0	10.7	144.5	9.2
福　建	56.3	11.6	149.1	10.1
江　西	65.5	11.7	102.0	10.3
山　东	76.5	11.1	132.4	9.4
河　南	72.1	12.6	95.9	9.5
湖　北	72.9	11.9	149.8	10.2
湖　南	36.1	11.2	171.7	9.4
广　东	64.9	14.6	157.8	12.7
广　西	68.0	10.5	126.0	9.0
海　南	63.8	15.1	189.6	11.0
重　庆	73.8	13.1	137.0	11.2
四　川	68.5	10.8	160.5	10.0
贵　州	74.9	11.7	174.8	8.4
云　南	67.6	11.1	142.2	9.4
西　藏	64.7	6.6	202.6	7.1
陕　西	66.5	13.5	145.3	10.5
甘　肃	68.0	11.9	115.1	8.8
青　海	73.0	11.3	129.8	13.8
宁　夏	62.7	13.4	101.3	12.3
新　疆	66.4	12.7	156.1	12.1

2-27 各地区大中型住宿和餐饮业企业基本情况

地 区	大中型		大型		中型	
	法人单位数(个)	年末从业人数(人)	法人单位数(个)	年末从业人数(人)	法人单位数(个)	年末从业人数(人)
全 国	**6560**	**2280223**	**811**	**1003573**	**5749**	**1276650**
北 京	616	298586	147	204279	469	94307
天 津	100	39691	8	18639	92	21052
河 北	129	35637	5	4834	124	30803
山 西	78	27657	4	5893	74	21764
内蒙古	78	20096	5	3689	73	16407
辽 宁	110	35015	14	14181	96	20834
吉 林	43	12038	5	3143	38	8895
黑龙江	31	9869	NA	1874	28	7995
上 海	497	240201	118	166248	379	73953
江 苏	530	177321	48	71290	482	106031
浙 江	574	171327	67	64788	507	106539
安 徽	162	53162	14	22135	148	31027
福 建	278	89301	36	34839	242	54462
江 西	97	23699	4	3254	93	20445
山 东	357	110240	26	31977	331	78263
河 南	194	49669	8	9038	186	40631
湖 北	202	69208	18	26752	184	42456
湖 南	251	69142	17	17980	234	51162
广 东	989	373848	155	183909	834	189939
广 西	110	36009	10	12673	100	23336
海 南	126	41957	25	17001	101	24956
重 庆	181	63132	20	22129	161	41003
四 川	243	70617	16	25810	227	44807
贵 州	78	18200	5	2182	73	16018
云 南	136	40278	11	10296	125	29982
西 藏	9	1848			9	1848
陕 西	216	66025	16	19794	200	46231
甘 肃	62	15604	NA	2134	59	13470
青 海	14	3513			14	3513
宁 夏	16	3753			16	3753
新 疆	53	13580	NA	2812	50	10768

注：NA表示小于或等于3(下表同)。

2-28 各地区大中型住宿和餐饮业企业经营情况

单位：万元

地 区	营业额				
		客房收入	餐费收入	商品销售额	其他收入
全 国	**55776715**	**12612450**	**37905441**	**1528235**	**3730593**
北 京	8170414	1513950	5765478	108939	782047
天 津	955939	152753	719191	16519	67477
河 北	550729	180023	302695	10394	57617
山 西	429696	89737	308171	8978	22811
内蒙古	466492	107500	335780	850	22362
辽 宁	1136430	163551	897410	16219	59249
吉 林	223636	93364	113935	1892	14446
黑龙江	179302	70314	85857	9252	13878
上 海	7724130	1118573	5993260	145376	466922
江 苏	4045050	845949	2877472	125315	196315
浙 江	4291869	1128486	2841347	73284	248752
安 徽	1065865	234772	714608	69750	46736
福 建	2121980	517556	1368195	135175	101054
江 西	492129	161963	287972	12537	29657
山 东	2232512	644704	1399373	58941	129495
河 南	978048	316505	559192	31906	70445
湖 北	1713081	343574	1218077	65600	85830
湖 南	1531451	455702	944351	45551	85846
广 东	9382237	2025765	6292953	310665	752854
广 西	657266	207616	382549	33364	33737
海 南	1041887	621691	346195	5517	68484
重 庆	1480691	270004	1088233	62597	59857
四 川	1583457	351742	1082195	53542	95977
贵 州	358013	142832	180452	9134	25595
云 南	865493	301052	459156	36889	68397
西 藏	39461	22462	10519	432	6048
陕 西	1373465	285580	946985	70061	70839
甘 肃	307977	115025	172169	3359	17424
青 海	48343	20750	22281	572	4740
宁 夏	62110	22074	35948	979	3109
新 疆	267562	86881	153442	4646	22593

2-29 各地区大型住宿和餐饮业企业经营情况

单位：万元

地 区	营业额				
		客房收入	餐费收入	商品销售额	其他收入
全 国	**28221325**	**3907436**	**21826890**	**777096**	**1709909**
北 京	5619246	738771	4304157	81701	494617
天 津	522478	20685	476108	9752	15933
河 北	68616	17220	44387	1883	5126
山 西	109489	6127	102373		989
内蒙古	171074	7631	160302		3142
辽 宁	694947	32137	644819	8485	9507
吉 林	70385	24457	44119	320	1490
黑龙江	46636	10110	31409	3022	2095
上 海	5596837	621574	4541127	103725	330411
江 苏	1774369	184063	1434964	78522	76821
浙 江	1783329	318474	1375721	10941	78194
安 徽	474948	46858	365473	51767	10851
福 建	902520	132456	644199	88391	37474
江 西	121174	13708	99756	723	6987
山 东	706840	155814	482318	21177	47531
河 南	178397	28982	138979	4051	6385
湖 北	803559	43388	683473	48100	28599
湖 南	444790	58933	362553	3527	19778
广 东	5391939	842033	3966372	171861	411674
广 西	221166	43847	157259	12875	7184
海 南	541997	330924	174487	2482	34103
重 庆	564157	41795	486849	20145	15368
四 川	603171	55288	501869	16720	29293
贵 州	70075	27846	35444	2622	4162
云 南	237646	44353	168370	14412	10511
西 藏					
陕 西	375364	41765	296481	18822	18296
甘 肃	56864	4607	51443	256	558
青 海					
宁 夏					
新 疆	69312	13590	52079	814	2830

2-30 各地区中型住宿和餐饮业企业经营情况

单位：万元

地 区	营业额				
		客房收入	餐费收入	商品销售额	其他收入
全 国	**27555391**	**8705016**	**16078549**	**751143**	**2020684**
北 京	2551169	775179	1461322	27238	287430
天 津	433461	132068	243083	6767	51544
河 北	482113	162803	258308	8512	52491
山 西	320207	83610	205798	8978	21823
内蒙古	295418	99869	175478	850	19220
辽 宁	441483	131415	252592	7735	49742
吉 林	153251	68907	69816	1572	12955
黑龙江	132665	60204	54447	6231	11783
上 海	2127293	496999	1452132	41651	136511
江 苏	2270681	661886	1442508	46793	119494
浙 江	2508540	810012	1465626	62344	170558
安 徽	590917	187914	349135	17983	35884
福 建	1219460	385101	723995	46784	63580
江 西	370955	148255	188215	11814	22670
山 东	1525672	488890	917055	37763	81964
河 南	799652	287524	420214	27855	64060
湖 北	909521	300186	534604	17500	57231
湖 南	1086661	396770	581799	42025	66068
广 东	3990298	1183733	2326581	138804	341181
广 西	436100	163768	225290	20488	26553
海 南	499891	290766	171708	3035	34381
重 庆	916534	228210	601384	42452	44489
四 川	980286	296454	580325	36823	66684
贵 州	287938	114985	145007	6512	21433
云 南	627847	256698	290786	22477	57886
西 藏	39461	22462	10519	432	6048
陕 西	998101	243815	650504	51239	52543
甘 肃	251113	110418	120726	3103	16866
青 海	48343	20750	22281	572	4740
宁 夏	62110	22074	35948	979	3109
新 疆	198250	73291	101363	3832	19763

2-31 各地区大中型住宿业企业经营情况

单位：万元

地区	营业额				
		客房收入	餐费收入	商品销售额	其他收入
全国	**24583993**	**11218774**	**9617334**	**668887**	**3078997**
北京	3004436	1496022	804150	33596	670667
天津	257414	121486	95571	2898	37458
河北	406083	156545	192023	6737	50778
山西	158550	59858	79969	1579	17143
内蒙古	184195	75503	91811	448	16434
辽宁	361210	146731	154966	9111	50402
吉林	145338	73877	59543	1887	10031
黑龙江	139497	67189	49968	8644	13697
上海	2196978	1082015	642254	68098	404611
江苏	1682870	653857	811554	68707	148751
浙江	2166758	909271	1049792	19321	188374
安徽	389627	160080	185621	9191	34735
福建	1266364	474562	589417	112088	90297
江西	319518	142958	139647	7769	29145
山东	1145899	474820	542381	31224	97473
河南	615094	276912	269681	17382	51119
湖北	513852	258812	201259	6708	47074
湖南	956663	409624	433478	35803	77758
广东	4182336	1884062	1529710	114533	654032
广西	390117	195280	148630	15767	30440
海南	988558	621658	295751	4917	66231
重庆	541810	248459	225369	16068	51914
四川	694959	307716	290942	28534	67767
贵州	269561	135557	104348	8249	21408
云南	536285	292778	170665	17884	54958
西藏	39461	22462	10519	432	6048
陕西	592705	247539	286726	12881	45558
甘肃	195267	106009	71279	2694	15285
青海	33597	16685	11828	572	4512
宁夏	38369	17972	16597	818	2982
新疆	170622	82475	61885	4347	21915

2-32 各地区大中型餐饮业企业经营情况

单位：万元

地 区	营业额	客房收入	餐费收入	商品销售额	其他收入
全 国	**31192726**	**1393670**	**28288107**	**859355**	**651600**
北 京	5165979	17928	4961328	75343	111380
天 津	698526	31267	623620	13620	30019
河 北	144647	23478	110672	3658	6839
山 西	271147	29878	228202	7398	5668
内蒙古	282297	31998	243968	403	5929
辽 宁	775220	16820	742444	7109	8847
吉 林	78298	19487	54392	5	4415
黑龙江	39805	3126	35889	609	181
上 海	5527152	36557	5351006	77279	62311
江 苏	2362180	192091	2065918	56608	47564
浙 江	2125111	219215	1791555	53964	60378
安 徽	676238	74691	528987	60559	12000
福 建	855617	42994	778778	23088	10757
江 西	172611	19006	148325	4768	512
山 东	1086613	169883	856992	27717	32022
河 南	362954	39593	289511	14524	19326
湖 北	1199228	84761	1016818	58893	38757
湖 南	574789	46078	510874	9749	8088
广 东	5199901	141703	4763243	196132	98823
广 西	267148	12335	233919	17597	3297
海 南	53330	33	50444	600	2253
重 庆	938881	21545	862864	46529	7943
四 川	888498	44026	791253	25009	28210
贵 州	88451	7275	76104	885	4188
云 南	329208	8273	288491	19005	13439
西 藏					
陕 西	780760	38041	660259	57180	25281
甘 肃	112710	9016	100890	666	2138
青 海	14746	4064	10453		228
宁 夏	23742	4102	19351	160	128
新 疆	96939	4406	91557	298	679

2-33 各地区大中型住宿和餐饮业企业年末资产负债

单位：万元

地区	流动资产合计	固定资产原价	累计折旧	资产总计	负债合计	所有者权益合计
全国	**44930869**	**70462323**	**29270100**	**114881959**	**83719460**	**31169619**
北京	6202647	9076176	4123148	15397849	10903622	4494227
天津	517113	874820	315117	1480823	1202903	277921
河北	939894	1277171	495321	2265224	1925819	339405
山西	315963	867511	361347	1025364	985561	39803
内蒙古	355282	889573	314985	1120070	763656	356414
辽宁	746051	1835265	831638	2262636	1667731	594906
吉林	231010	594519	225300	664888	424334	240553
黑龙江	152223	510933	169091	604207	373303	230904
上海	4492034	5793915	2914316	10526435	6093694	4432742
江苏	2711903	6123578	2296947	8964669	6586275	2378394
浙江	3285391	6564144	2663657	9635339	7484332	2151007
安徽	933594	1385500	477377	2750529	2202828	547701
福建	1534758	2601204	902122	4395453	3062841	1332612
江西	548748	631990	237695	1413467	1035426	378041
山东	1864736	3769846	1449447	5461734	3928639	1533095
河南	1112656	1233180	451349	2438714	1637928	800786
湖北	921442	1733622	828535	2720718	1955809	764909
湖南	1323156	2301586	874243	3608273	2571439	1036833
广东	8022975	9959188	4631806	17562668	14114052	3455735
广西	615962	1090487	499767	1543273	1209427	333846
海南	2111893	2121335	701000	4549007	2881070	1667937
重庆	1200454	1325264	499445	2631898	2051425	580473
四川	1554217	2037803	820358	3492582	2786382	706200
贵州	419934	471370	157522	891397	707832	183565
云南	1236874	1855906	692937	2973510	2025136	948374
西藏	27568	213219	69517	185931	32867	153065
陕西	947278	2247317	826240	2839447	2198954	640493
甘肃	233203	350402	146798	564225	356608	207617
青海	108445	136276	48041	212581	52073	160508
宁夏	52036	174078	58387	183128	220698	-37570
新疆	211429	415145	186647	515920	276796	239123

注：大中型住宿和餐饮业企业中，因包含了部分视同法人单位，财务指标数据存在资产总计≠负债合计+所有者权益合计的问题(下表同)。

2-34 各地区大型住宿和餐饮业企业年末资产负债

单位：万元

地 区	流动资产合计	固定资产原价	累计折旧	资产总计	负债合计	所有者权益合计
全 国	**17069864**	**26238164**	**11302008**	**44127218**	**28472870**	**15654351**
北 京	3421452	4977047	2364394	9175463	5820941	3354523
天 津	106943	256690	80508	378985	203504	175481
河 北	65645	166438	76029	200399	213062	-12664
山 西	20485	74858	39405	76405	55153	21252
内蒙古	113786	173003	73510	251690	122275	129416
辽 宁	143951	612864	265439	641306	366088	275218
吉 林	41255	196138	81095	171473	59742	111731
黑龙江	25854	73453	39754	74457	29701	44756
上 海	2983010	3895393	2022568	7211374	3628314	3583059
江 苏	591830	1965340	646323	2464200	1668806	795394
浙 江	1147795	2321221	940211	3202300	2312964	889336
安 徽	216536	442230	155312	676482	520021	156461
福 建	448830	797211	296673	1310009	999305	310704
江 西	91096	28498	11004	134360	103781	30579
山 东	607131	1036893	442107	1492405	928244	564162
河 南	260592	167152	74662	410883	299073	111810
湖 北	272015	294910	143982	778918	582472	196446
湖 南	645828	394420	206997	1103418	741899	361520
广 东	3708335	5147861	2284107	8919763	6380104	2539659
广 西	69990	251177	111585	275899	137068	138831
海 南	791188	1001720	207031	1886774	1148388	738385
重 庆	441788	358269	153812	888330	642854	245476
四 川	235858	431290	193504	564828	243359	321469
贵 州	38865	86048	37600	90682	68536	22146
云 南	359374	399541	147402	869284	645070	224214
西 藏						
陕 西	185006	633211	171596	802770	521087	281683
甘 肃	14887	31370	25803	25136	15491	9646
青 海						
宁 夏						
新 疆	20539	23918	9595	49225	15568	33658

2-35 各地区中型住宿和餐饮业企业年末资产负债

单位：万元

地 区	流动资产合计	固定资产原价	累计折旧	资产总计	负债合计	所有者权益合计
全 国	**27861007**	**44224159**	**17968088**	**70754743**	**55246595**	**15515269**
北 京	2781195	4099129	1758753	6222386	5082682	1139704
天 津	410170	618130	234609	1101838	999399	102440
河 北	874249	1110732	419292	2064825	1712757	352068
山 西	295479	792653	321942	948959	930408	18552
内蒙古	241496	716570	241475	868380	641381	226999
辽 宁	602100	1222401	566199	1621330	1301643	319687
吉 林	189756	398381	144205	493415	364592	128822
黑龙江	126369	437481	129337	529750	343602	186148
上 海	1509023	1898522	891748	3315062	2465379	849682
江 苏	2120073	4158238	1650624	6500469	4917469	1583000
浙 江	2137596	4242923	1723446	6433039	5171368	1261671
安 徽	717059	943270	322064	2074047	1682808	391239
福 建	1085928	1803993	605449	3085444	2063536	1021909
江 西	457652	603492	226691	1279107	931645	347462
山 东	1257605	2732954	1007339	3969328	3000395	968933
河 南	852064	1066028	376687	2027831	1338855	688976
湖 北	649428	1438712	684552	1941801	1373337	568463
湖 南	677328	1907166	667246	2504854	1829541	675313
广 东	4314640	4811327	2347699	8642905	7733948	916076
广 西	545972	839311	388182	1267374	1072359	195015
海 南	1320705	1119615	493969	2662234	1732682	929552
重 庆	758666	966995	345633	1743569	1408572	334997
四 川	1318359	1606512	626854	2927754	2543023	384731
贵 州	381068	385322	119921	800716	639296	161419
云 南	877500	1456365	545536	2104226	1380066	724160
西 藏	27568	213219	69517	185931	32867	153065
陕 西	762272	1614106	654644	2036677	1677867	358811
甘 肃	218316	319031	120995	539089	341118	197971
青 海	108445	136276	48041	212581	52073	160508
宁 夏	52036	174078	58387	183128	220698	-37570
新 疆	190890	391227	177052	466694	261229	205466

2-36 各地区大中型住宿业企业年末资产负债

单位：万元

地 区	流动资产合计	固定资产原价	累计折旧	资产总计	负债合计	所有者权益合计
全 国	**32596880**	**57805446**	**24323851**	**87341317**	**63838508**	**23502805**
北 京	4408388	8280000	3681970	12404680	8953638	3451042
天 津	252872	635556	215597	947691	810007	137684
河 北	839563	1170889	459482	2020430	1685750	334681
山 西	182144	463416	195344	550308	498984	51323
内蒙古	191916	622190	250821	682488	427989	254499
辽 宁	484898	1468419	659580	1589055	1080466	508590
吉 林	194431	461470	186307	509634	381432	128202
黑龙江	132507	489855	160922	557585	357814	199771
上 海	2664580	4857600	2513760	7382727	3895067	3487660
江 苏	1711582	4434506	1779556	5981217	4187331	1793885
浙 江	2367693	5104326	2123833	7097704	5431224	1666480
安 徽	545993	955667	328282	1739565	1427320	312244
福 建	1300277	2340559	791709	3810677	2641737	1168939
江 西	465588	562706	208086	1195959	863471	332488
山 东	1324328	2491595	1043394	3440993	2565140	875852
河 南	908235	1055323	381864	2001444	1389855	611588
湖 北	461875	1236111	621894	1579367	1054072	525296
湖 南	1131974	2047670	791346	3118627	2205778	912849
广 东	6044734	8312587	3831421	13726297	11677987	2048309
广 西	544363	1011846	474404	1382222	1065692	316530
海 南	2090234	2108289	691904	4517996	2850811	1667185
重 庆	905963	1038816	382002	2005683	1696917	308766
四 川	1054701	1510524	624990	2364143	1883745	480398
贵 州	361125	431882	139230	797732	634899	162833
云 南	871572	1687341	631160	2451551	1692309	759242
西 藏	27568	213219	69517	185931	32867	153065
陕 西	624414	1880957	684494	2094048	1696496	397552
甘 肃	194726	284614	134531	461721	320763	140958
青 海	96207	107676	38961	169165	36636	132529
宁 夏	32101	163334	51934	149347	175824	-26477
新 疆	180328	376503	175556	425330	216487	208842

2-37 各地区大中型餐饮业企业年末资产负债

单位：万元

地 区	流动资产合计	固定资产原价	累计折旧	资产总计	负债合计	所有者权益合计
全 国	**12333988**	**12656880**	**4946248**	**27540642**	**19880950**	**7666814**
北 京	1794259	796176	441178	2993169	1949984	1043185
天 津	264241	239264	99520	533132	392895	140237
河 北	100332	106281	35839	244794	240070	4724
山 西	133819	404095	166003	475056	486576	-11520
内蒙古	163366	267384	64165	437582	335666	101916
辽 宁	261152	366846	172058	673581	587265	86316
吉 林	36579	133049	38993	155253	42902	112351
黑龙江	19715	21079	8169	46622	15489	31133
上 海	1827453	936314	400556	3143709	2198627	945082
江 苏	1000321	1689072	517391	2983453	2398944	584509
浙 江	917699	1459818	539824	2537635	2053108	484528
安 徽	387601	429833	149095	1010964	775508	235456
福 建	234481	260645	110413	584777	421103	163673
江 西	83160	69285	29609	217508	171955	45553
山 东	540408	1278252	406052	2020741	1363498	657243
河 南	204421	177856	69485	437270	248073	189198
湖 北	459568	497510	206641	1141351	901737	239614
湖 南	191182	253916	82897	489646	365662	123984
广 东	1978240	1646600	800385	3836371	2436065	1407426
广 西	71599	78642	25363	161051	143735	17316
海 南	21659	13046	9096	31011	30259	752
重 庆	294491	286449	117443	626215	354508	271707
四 川	499516	527279	195368	1128439	902636	225802
贵 州	58809	39488	18292	93665	72934	20732
云 南	365301	168566	61777	521958	332827	189131
西 藏						
陕 西	322863	366360	141746	745399	502458	242942
甘 肃	38478	65788	12266	102503	35845	66658
青 海	12238	28601	9080	43416	15437	27979
宁 夏	19935	10744	6453	33781	44875	-11094
新 疆	31102	38642	11091	90590	60309	30281

2-38 各地区大中型住宿和餐饮业企业实收资本及构成

单位：万元

地区	实收资本	国家资本	集体资本	法人资本	个人资本	港澳台资本	外商资本
全国	**32859897**	**8181954**	**368130**	**12275287**	**4549152**	**5085824**	**2399563**
北京	4256519	1420444	18832	1539260	234015	678868	365101
天津	418075	98911	3200	251258	30246	14790	19670
河北	638782	209100	893	242377	97912	88500	
山西	287297	110223	5100	96725	73511		1739
内蒙古	377203	67379	4737	83078	59859	108055	54096
辽宁	689276	142994		159062	78292	258595	50333
吉林	192756	60678		88857	24721	1800	16700
黑龙江	323202	54885		83658	21100	146333	17227
上海	3812753	1280227	73994	1239172	182058	523263	514038
江苏	2969113	794513	52425	1121313	434002	330771	236090
浙江	2495480	410818	50392	1139356	425093	374206	95616
安徽	676586	53156	11356	303871	149257	143947	15000
福建	1369868	190907	3181	550747	248971	247990	128071
江西	283568	112043	1410	83033	62992	8524	15566
山东	1699087	237930	28776	444791	715057	250402	22132
河南	755255	112612	4613	347065	247393	41172	2402
湖北	712006	173374	22081	350834	79787	73353	12578
湖南	918677	279772	14803	441408	160900	14130	7665
广东	4094091	711087	34500	1708602	449723	802276	387902
广西	484556	71654	50	142747	48925	187785	33395
海南	1116239	241709	6604	253532	17836	575488	21069
重庆	574199	84707	2535	285097	110968	16568	74325
四川	849883	208436	4997	325948	177252	5929	127322
贵州	202077	57105	1720	119946	15526	6800	980
云南	882960	267259	4706	386931	85896	119654	18515
西藏	164626	66444		14940			83243
陕西	991256	330606	15287	304020	231657	64625	45061
甘肃	216360	121776	1903	44510	34489	2000	11682
青海	103896	44269		8100	30104		21424
宁夏	37070	23284		8606	5180		
新疆	267181	143652	35	106443	16430		621

2-39 各地区大型住宿和餐饮业企业实收资本及构成

单位：万元

地区	实收资本	国家资本	集体资本	法人资本	个人资本	港澳台资本	外商资本
全国	**11384691**	**3189973**	**38546**	**3756813**	**603297**	**2452098**	**1343977**
北京	2315011	690931	2495	840831	60313	453652	266789
天津	83748	59120		11312	7304		6013
河北	80197	31263		7105	41830		
山西	9784	2985		5060			1739
内蒙古	100189			1000	12125	32968	54096
辽宁	293670	69570		9785		193416	20899
吉林	44953	16653		6600	5000		16700
黑龙江	22770	1097		4447			17227
上海	2578805	1027821	10385	699082	62708	371681	407130
江苏	728682	74839	2942	428859	31603	83006	107434
浙江	785418	148988	7024	310815	84823	231068	2700
安徽	168962	5500		77191	9905	76366	
福建	215068	21987	1050	108247	23100	46063	14622
江西	16559			8350	6100		2109
山东	245784	51289	3447	29930	7195	147293	6630
河南	112295	24572		38349	15650	31986	1738
湖北	99825	15814		31096	16360	36556	
湖南	211952	102870		82867	22821	1390	2003
广东	1748491	415180	4184	732680	130290	204907	261251
广西	124659	34477		12743	3695	71510	2235
海南	595336	53070		74122	200	467944	
重庆	104715	1958	272	45923	5036		51526
四川	171143	66200	1247	41398	807	2292	59199
贵州	10916	6026		3240	1650		
云南	258044	127213		118645	11131		1057
西藏							
陕西	231601	123389	5500	26136	37728		38849
甘肃	3270	861		1000			1410
青海							
宁夏							
新疆	22844	16300			5923		621

2-40 各地区中型住宿和餐饮业企业实收资本及构成

单位：万元

地 区	实收资本	国家资本	集体资本	法人资本	个人资本	港澳台资本	外商资本
全 国	**21475205**	**4991983**	**329586**	**8518473**	**3945859**	**2633725**	**1055587**
北 京	1941508	729513	16337	698429	173702	225216	98312
天 津	334326	39791	3200	239946	22943	14790	13657
河 北	558584	177837	893	235272	56083	88500	
山 西	277514	107238	5100	91665	73511		
内蒙古	277014	67379	4737	82078	47734	75087	
辽 宁	395606	73425		149277	78292	65179	29434
吉 林	147803	44025		82257	19721	1800	
黑龙江	300432	53788		79211	21100	146333	
上 海	1233948	252406	63609	540091	119350	151583	106909
江 苏	2240432	719674	49483	692454	402399	247766	128656
浙 江	1710062	261830	43368	828541	340270	143138	92916
安 徽	507624	47656	11356	226680	139352	67580	15000
福 建	1154800	168920	2131	442500	225872	201927	113450
江 西	267009	112043	1410	74683	56892	8524	13457
山 东	1453303	186641	25329	414860	707862	103108	15502
河 南	642960	88040	4613	308715	231743	9186	663
湖 北	612181	157560	22081	319738	63427	36797	12578
湖 南	706725	176901	14803	358541	138079	12739	5662
广 东	2345599	295907	30317	975922	319434	597369	126651
广 西	359897	37177	50	130004	45230	116276	31160
海 南	520903	188639	6604	179410	17636	107544	21069
重 庆	469484	82749	2264	239173	105931	16568	22799
四 川	678740	142236	3750	284550	176445	3636	68122
贵 州	191162	51080	1720	116706	13876	6800	980
云 南	624916	140046	4706	268286	74766	119654	17459
西 藏	164626	66444		14940			83243
陕 西	759655	207218	9787	277885	193929	64625	6212
甘 肃	213089	120915	1903	43510	34489	2000	10272
青 海	103896	44269		8100	30104		21424
宁 夏	37070	23284		8606	5180		
新 疆	244337	127352	35	106443	10507		

2-41　各地区大中型住宿业企业实收资本及构成

单位：万元

地　区	实收资本						
		国家资本	集体资本	法人资本	个人资本	港澳台资本	外商资本
全　国	**26530582**	**7728467**	**299874**	**9932905**	**2555101**	**4280495**	**1733740**
北　京	3819546	1397685	15624	1419610	146954	580688	258984
天　津	332487	98008	3200	202351	11785	14555	2588
河　北	580316	193515	683	225053	72566	88500	
山　西	191815	94223		77491	20101		
内蒙古	260470	54445	4737	62058	31225	108005	
辽　宁	569633	134383		107137	57874	244022	26216
吉　林	158818	42025		79221	19072	1800	16700
黑龙江	301105	54885		66660	16000	146333	17227
上　海	2864043	1241414	71849	961799	81702	222291	284989
江　苏	2291076	748367	34733	799618	284129	219316	204913
浙　江	1971677	389159	40878	862200	278386	309509	91545
安　徽	503114	34343	10556	234116	65152	143947	15000
福　建	1208756	190107	2592	461678	223961	222281	108137
江　西	248196	109343	1410	72173	43803	8524	12943
山　东	738604	175408	21528	253136	30525	242505	15502
河　南	606380	110880	3113	254364	196852	41172	
湖　北	511145	154207	22074	234909	37937	56651	5366
湖　南	799398	278539	14803	369654	117272	14130	5000
广　东	3430566	673031	29605	1479535	291301	652089	305006
广　西	460164	68154	50	127372	45673	187755	31160
海　南	1112702	241709	6604	251672	17806	573841	21069
重　庆	435314	77628	2100	232771	75708	14500	32607
四　川	668806	179897	1250	245861	130225	3636	107937
贵　州	183153	57105	1300	104542	12426	6800	980
云　南	821081	259930	186	356953	67004	119548	17459
西　藏	164626	66444		14940			83243
陕　西	779654	307383	9342	247061	122297	56097	37473
甘　肃	169931	85674	1657	38971	31357	2000	10272
青　海	82700	44269		500	16508		21424
宁　夏	30313	22725		7088	500		
新　疆	234993	143582		82411	9000		

2-42 各地区大中型餐饮业企业实收资本及构成

单位：万元

地 区	实收资本						
		国家资本	集体资本	法人资本	个人资本	港澳台资本	外商资本
全 国	**6329318**	**453488**	**68255**	**2342381**	**1994051**	**805328**	**665825**
北 京	436974	22760	3208	119650	87060	98180	106117
天 津	85588	903		48907	18461	235	17082
河 北	58465	15585	210	17324	25347		
山 西	95483	16000	5100	19234	53410		1739
内蒙古	116733	12934		21020	28634	50	54096
辽 宁	119644	8611		51925	20418	14573	24117
吉 林	33938	18653		9636	5649		
黑龙江	22097			16997	5100		
上 海	948709	38813	2145	277374	100356	300972	229050
江 苏	678038	46146	17692	321695	149873	111455	31177
浙 江	523803	21659	9514	277156	146707	64697	4070
安 徽	173472	18813	800	69755	84105		
福 建	161112	800	589	89069	25010	25709	19935
江 西	35372	2700		10860	19189		2623
山 东	960483	62522	7247	191655	684532	7897	6630
河 南	148875	1732	1500	92701	50541		2402
湖 北	200861	19167	7	115924	41850	16702	7212
湖 南	119279	1232		71754	43628		2665
广 东	663525	38056	4896	229067	158423	150187	82896
广 西	24392	3500		15375	3252	30	2235
海 南	3537			1860	30	1647	
重 庆	138885	7079	435	52326	35260	2068	41718
四 川	181077	28539	3747	80087	47027	2292	19385
贵 州	18924		420	15404	3100		
云 南	61880	7329	4519	29978	18892	106	1057
西 藏							
陕 西	211602	23223	5945	56959	109359	8528	7588
甘 肃	46428	36102	246	5539	3132		1410
青 海	21196			7600	13596		
宁 夏	6758	560		1518	4680		
新 疆	32188	70	35	24032	7430		621

2-43 各地区大中型住宿和餐饮业企业损益及分配

单位：万元

地区	主营业务收入	主营业务成本	主营业务税金及附加	主营业务利润	其他业务利润	销售费用	管理费用	财务费用	营业利润	利润总额	应交所得税	应付职工薪酬
全国	**52705849**	**21364140**	**582334**	**30759375**	**722635**	**17574155**	**10678781**	**1552164**	**1796968**	**2017570**	**815840**	**12131601**
北京	7703336	2648732	89747	4964857	86534	2908551	1613463	168235	519545	564725	190535	2186376
天津	905863	383879	3686	518298	10421	317790	180386	16804	17500	24408	11081	239300
河北	529338	187008	7670	334660	4640	211789	152745	42825	-71846	-62704	1745	157154
山西	407617	174582	5370	227665	11623	153873	86745	13834	-37544	-37502	3002	95359
内蒙古	457859	217998	4021	235840	6526	126548	107371	9909	-12230	-30753	1223	100879
辽宁	1096059	458233	7975	629851	20677	376486	221869	28712	-15740	6382	14915	139870
吉林	213177	78586	2835	131756	11176	70866	64657	9709	-11224	-7687	298	49980
黑龙江	174143	47046	3186	123911	450	74987	66082	4016	-17089	-15889	1991	37994
上海	7195163	2698024	46668	4450471	161666	2687729	1234385	89065	591512	649012	167591	1477764
江苏	3850854	1593714	39509	2217631	35440	1250609	848457	103665	50686	60091	49681	803542
浙江	4038268	1560189	31234	2446845	72512	1360758	903763	184328	92339	133845	53889	918435
安徽	1009070	442443	11827	554800	12387	323469	194865	46177	6030	15974	11287	212472
福建	2012560	883559	30194	1098807	47628	596185	407091	73432	51673	53817	31354	436269
江西	483931	213372	8673	261886	3898	126803	105150	23295	10272	17268	4240	100457
山东	2142064	890424	23178	1228462	54862	704108	483339	84271	-27111	-13322	19579	530009
河南	913945	408817	16084	489044	11953	238077	204101	36480	19011	46457	10735	197664
湖北	1615397	673700	16389	925308	13756	565369	263671	40393	68889	72136	20431	363873
湖南	1464591	675726	31231	757634	13784	360146	323191	62010	67106	19309	11465	300505
广东	8896295	3744717	77340	5074238	47773	3001293	1483848	246574	412381	455249	127939	2078556
广西	610159	241411	9971	358777	7457	195759	143325	21776	5566	9742	6482	130555
海南	1011521	280917	21039	709565	18848	304244	391862	36655	17664	-8056	9731	270837
重庆	1348798	708139	17370	623289	7090	314322	225403	48000	50982	42571	14163	252277
四川	1486431	640703	18287	827441	24755	458156	277251	64640	54199	58320	24076	288022
贵州	335129	147757	5810	181562	4326	82983	80606	32944	-13644	-9061	3563	79472
云南	807667	388645	20571	398451	12865	192083	209656	30237	-20068	-20796	8597	187821
西藏	37342	9580	143	27619		15736	18704	77	-5852	-5909	60	13116
陕西	1303753	675580	23062	605111	8944	351431	241852	23153	-6046	-3468	9541	278445
甘肃	293984	136815	5560	151609	3126	83456	59829	4327	3648	5058	3468	61985
青海	46852	15025	355	31472	2585	17607	14066	1284	-993	-552	51	17836
宁夏	59711	24813	769	34129	1527	24273	17077	2113	-9274	-9159	194	48252
新疆	254972	114006	2580	138386	3406	78669	53971	3224	6626	8064	2933	76525

2-44 各地区大型住宿和

地　区	主营业务收入	主营业务成本	主营业务税金及附加	主营业务利润	其他业务利润	销售费用
全　国	**26692218**	**10686290**	**242843**	**15763085**	**294381**	**9226124**
北　京	5309488	1872227	60744	3376517	51861	2013722
天　津	496914	210695	781	285438	2871	178649
河　北	65317	21420	705	43192	306	38775
山　西	103812	44104	1187	58521	85	33552
内蒙古	166371	101610	735	64026	343	31227
辽　宁	664147	295833	3388	364926	12339	231482
吉　林	68298	29056	622	38620	3594	20742
黑龙江	46506	11711	495	34300		23040
上　海	5203125	1914538	31166	3257421	108840	1970472
江　苏	1708235	763966	17835	926434	15437	531137
浙　江	1686548	664168	10135	1012245	17900	561201
安　徽	449132	181598	2035	265499	320	180076
福　建	854381	380433	12454	461494	37104	251326
江　西	120214	55164	869	64181		33419
山　东	686904	239417	4321	443166	12989	255488
河　南	169418	62742	1006	105670	2226	58097
湖　北	758900	321681	2672	434547	60	299692
湖　南	422597	172524	6969	243104	3193	138559
广　东	5109678	2163020	42347	2904311	18878	1691588
广　西	207412	81590	1938	123884	941	68664
海　南	524886	152166	12867	359853	948	139041
重　庆	532602	316794	6285	209523	890	95640
四　川	566153	241642	5689	318822	1652	172211
贵　州	59450	30485	1682	27283	720	12014
云　南	234933	128356	8838	97739	785	42550
西　藏						
陕　西	356557	168837	3977	183743		125438
甘　肃	54718	26716	791	27211		11740
青　海						
宁　夏						
新　疆	65522	33797	310	31415	99	16582

餐饮业企业损益及分配

单位：万元

管理费用	财务费用	营业利润	利润总额	应交所得税	应付职工薪酬
4150138	**500284**	**2415598**	**2423443**	**603004**	**5725056**
959129	90660	523159	544239	159464	1485653
57882	4538	46614	45730	8557	101763
9622	5151	-15990	-16081	75	23172
15925	313	8152	7943	1910	20315
21380	2688	6046	-14498	100	18166
82883	6745	40123	42266	12232	55360
18246	2483	-3067	-3032	115	13700
8906	410	1944	2009	1052	4606
765402	54479	579830	627223	145539	1033722
255795	20009	133369	137460	34055	274131
297183	66633	136233	153490	33445	358729
51227	9744	30858	41378	6854	89854
136895	21981	59187	60829	18889	160508
15273	3930	11590	12032	2832	20760
155415	21519	19466	19736	9773	173350
35765	3959	8953	9428	1104	31054
68391	6142	58103	58587	12539	166156
66056	15796	72687	29917	5020	84978
671413	107194	480158	474898	96491	1129594
30239	3051	23121	23142	4926	39608
182677	24635	37545	12677	8504	116013
63691	12276	39426	34861	7264	81090
69839	3177	81671	81779	17103	83612
10800	9689	-4514	-4648	1569	15282
42293	1299	13317	13713	5377	39381
43333	1764	11749	12719	5400	84395
8508	-39	7003	6793	1655	5094
5970	58	8865	8853	1160	15010

2-45 各地区中型住宿和

地区	主营业务收入	主营业务成本	主营业务税金及附加	主营业务利润	其他业务利润	销售费用
全国	**26013630**	**10677850**	**339489**	**14996291**	**428257**	**8348032**
北京	2393848	776505	29003	1588340	34672	894829
天津	408950	173184	2905	232861	7550	139141
河北	464020	165588	6965	291467	4334	173014
山西	303805	130478	4183	169144	11538	120321
内蒙古	291488	116388	3285	171815	6183	95321
辽宁	431912	162400	4587	264925	8338	145004
吉林	144879	49530	2213	93136	7583	50124
黑龙江	127637	35336	2690	89611	450	51947
上海	1992038	783486	15502	1193050	52826	717257
江苏	2142619	829747	21674	1291198	20004	719472
浙江	2351720	896021	21100	1434599	54612	799557
安徽	559938	260844	9792	289302	12068	143393
福建	1158179	503125	17740	637314	10525	344859
江西	363717	158208	7803	197706	3898	93384
山东	1455160	651008	18857	785295	41874	448620
河南	744527	346075	15079	383373	9728	179980
湖北	856496	352019	13717	490760	13695	265676
湖南	1041994	503202	24262	514530	10591	221588
广东	3786618	1581697	34993	2169928	28895	1309705
广西	402747	159822	8032	234893	6516	127095
海南	486634	128751	8172	349711	17900	165203
重庆	816196	391345	11085	413766	6200	218683
四川	920278	399061	12598	508619	23103	285945
贵州	275679	117272	4128	154279	3606	70969
云南	572735	260288	11733	300714	12080	149533
西藏	37342	9580	143	27619		15736
陕西	947195	506744	19085	421366	8944	225992
甘肃	239266	110099	4770	124397	3126	71717
青海	46852	15025	355	31472	2585	17607
宁夏	59711	24813	769	34129	1527	24273
新疆	189450	80209	2269	106972	3306	62087

餐饮业企业损益及分配

单位：万元

管理费用	财务费用	营业利润	利润总额	应交所得税	应付职工薪酬
6528643	**1051876**	**-618633**	**-405875**	**212834**	**6406542**
654334	77575	-3614	20486	31071	700723
122505	12265	-29114	-21321	2524	137537
143123	37674	-55856	-46623	1670	133981
70819	13521	-45696	-45446	1092	75044
85991	7221	-18275	-16256	1124	82713
138986	21967	-55863	-35884	2683	84510
46411	7225	-8157	-4655	183	36279
57176	3606	-19034	-17898	938	33388
468983	34587	11681	21788	22053	444042
592662	83656	-82682	-77370	15626	529411
606581	117695	-43894	-19645	20444	559706
143639	36433	-24829	-25404	4434	122618
270196	51451	-7513	-7012	12465	275761
89877	19364	-1318	5236	1408	79696
327924	62751	-46578	-33058	9806	356659
168336	32521	10057	37030	9630	166610
195280	34251	10786	13549	7891	197717
257135	46213	-5581	-10608	6444	215527
812435	139380	-67778	-19649	31448	948962
113085	18725	-17555	-13400	1555	90947
209184	12020	-19881	-20733	1227	154824
161712	35724	11556	7710	6899	171187
207412	61463	-27472	-23459	6973	204410
69806	23255	-9130	-4413	1994	64190
167363	28938	-33385	-34510	3220	148440
18704	77	-5852	-5909	60	13116
198519	21389	-17795	-16187	4141	194049
51321	4366	-3355	-1735	1813	56891
14066	1284	-993	-552	51	17836
17077	2113	-9274	-9159	194	48252
48001	3166	-2239	-788	1773	61516

2-46 各地区大中型住宿业

地 区	主营业务收入	主营业务成本	主营业务税金及附加	主营业务利润	其他业务利润	销售费用
全 国	**23335472**	**8200609**	**430034**	**14704829**	**447972**	**6839175**
北 京	2849386	751420	80732	2017234	46536	831978
天 津	250235	100601	2199	147435	3574	65396
河 北	389225	127973	6562	254690	3017	156746
山 西	150077	49625	3252	97200	7717	60682
内蒙古	183484	64001	2767	116716	4767	64975
辽 宁	348777	104777	5904	238096	16154	130079
吉 林	138325	49000	2229	87096	5096	46407
黑龙江	135130	34330	2764	98036	450	53603
上 海	2089696	627753	38489	1423454	126441	524039
江 苏	1583048	560291	25474	997283	19018	502673
浙 江	2044723	633580	23491	1387652	53063	701396
安 徽	368292	157274	7299	203719	9915	89777
福 建	1190526	485754	22654	682118	9145	322764
江 西	314774	132826	6836	175112	920	74913
山 东	1099324	387097	14872	697355	41583	383914
河 南	576928	238293	11122	327513	5332	146898
湖 北	484591	163875	8741	311975	2783	153165
湖 南	915718	409332	22418	483968	11000	188389
广 东	3980127	1542789	55096	2382242	24305	1126713
广 西	360269	116822	8611	234836	5132	116171
海 南	961028	260540	20860	679628	13825	284922
重 庆	505911	204739	7955	293217	2437	137608
四 川	650016	247593	10761	391662	14032	191165
贵 州	251650	103275	5111	143264	1145	65815
云 南	496273	201778	15687	278808	10608	129562
西 藏	37342	9580	143	27619		15736
陕 西	562685	250523	10623	301539	5364	151073
甘 肃	185752	83234	4088	98430	1756	49837
青 海	32562	10022	291	22249	2582	13492
宁 夏	36639	15580	655	20404		15002
新 疆	162959	76332	2348	84279	275	44285

企业损益及分配

单位：万元

管理费用	财务费用	营业利润	利润总额	应交所得税	应付职工薪酬
7277489	**1223322**	**780**	**105800**	**307093**	**6129598**
1076135	152348	153885	171975	91136	938474
98807	10949	-27122	-19770	446	89814
126201	35963	-64521	-59004	1018	121872
43422	9074	-15956	-13658	435	45613
59415	523	-10624	-24016	207	57707
135897	18590	-61370	-39326	795	69873
44906	8636	-10659	-7213	92	34367
62463	3223	-17169	-16033	1883	34050
707003	69758	233220	259196	59535	488039
517599	73952	-57829	-55560	10154	399869
640323	138442	-45417	-17938	18606	523892
120687	27531	-28713	-23560	2393	91577
314797	65564	1363	8994	14742	283137
84253	19305	-838	5853	1169	67797
312586	52984	-37513	-28370	7573	288419
160766	30041	-1811	20855	7002	137774
141881	26187	-95	1305	2191	129110
265990	49493	36565	-4906	8449	198961
1009613	218305	85126	98395	44848	1000969
117344	19059	-11556	-7262	1438	86918
383914	36490	15163	-10542	9079	252583
129650	38310	-15427	-21558	5555	115368
186467	40252	-13625	-13373	6311	158001
67157	31223	-18823	-14386	2305	60070
176907	24984	-42180	-42621	3625	129556
18704	77	-5852	-5909	60	13116
162680	15331	-25746	-27059	3252	154501
49055	3286	-4315	-2976	1435	44709
10157	866	-1777	-1335	22	13191
10079	1105	-5644	-5903	13	41873
42631	1471	40	1505	1324	58398

2-47 各地区大中型餐饮业

地 区	主营业务收入	主营业务成本	主营业务税金及附加	主营业务利润	其他业务利润	销售费用
全 国	**29370377**	**13163534**	**152298**	**16054545**	**274662**	**10734980**
北 京	4853950	1897312	9016	2947622	39998	2076573
天 津	655629	283279	1487	370863	6847	252394
河 北	140112	59035	1108	79969	1622	55044
山 西	257541	124957	2119	130465	3906	93190
内蒙古	274375	153997	1254	119124	1758	61573
辽 宁	747282	353456	2071	391755	4522	246407
吉 林	74852	29586	606	44660	6080	24459
黑龙江	39013	12717	421	25875		21384
上 海	5105467	2070271	8179	3027017	35225	2163690
江 苏	2267806	1033423	14035	1220348	16423	747936
浙 江	1993545	926609	7744	1059192	19449	659362
安 徽	640778	285169	4528	351081	2472	233692
福 建	822035	397804	7540	416691	38483	273421
江 西	169157	80546	1836	86775	2978	51890
山 东	1042740	503327	8306	531107	13280	320194
河 南	337018	170524	4962	161532	6622	91179
湖 北	1130806	509825	7648	613333	10973	412204
湖 南	548873	266393	8812	273668	2784	171757
广 东	4916168	2201928	22245	2691995	23468	1874580
广 西	249890	124589	1360	123941	2324	79588
海 南	50492	20377	179	29936	5023	19322
重 庆	842887	503400	9415	330072	4653	176714
四 川	836415	393110	7526	435779	10723	266991
贵 州	83479	44482	699	38298	3181	17168
云 南	311394	186867	4884	119643	2257	62521
西 藏						
陕 西	741067	425058	12438	303571	3580	200357
甘 肃	108232	53581	1472	53179	1370	33620
青 海	14289	5004	63	9222	4	4115
宁 夏	23072	9233	114	13725	1527	9271
新 疆	92013	37675	231	54107	3130	34384

企业损益及分配

单位：万元

管理费用	财务费用	营业利润	利润总额	应交所得税	应付职工薪酬
3401293	**328842**	**1796187**	**1911766**	**508747**	**6002011**
537328	15886	365660	392750	99399	1247903
81580	5854	44622	44179	10636	149486
26544	6862	-7325	-3700	727	35282
43323	4760	-21588	-23844	2567	49746
47956	9386	-1606	-6737	1016	43172
85972	10122	45630	45708	14120	69997
19752	1073	-564	-474	206	15613
3619	792	80	143	107	3943
527382	19308	358292	389816	108057	989725
330859	29713	108515	115651	39528	403674
263440	45886	137756	151783	35283	394543
74178	18646	34743	39534	8894	120895
92294	7868	50310	44823	16612	153133
20897	3990	11110	11415	3071	32660
170753	31286	10401	15047	12005	241591
43334	6439	20822	25603	3733	59891
121790	14207	68984	70831	18240	234763
57201	12517	30541	24214	3016	101545
474235	28269	327255	356854	83091	1077587
25981	2716	17122	17004	5044	43637
7948	165	2501	2485	652	18254
95753	9690	66409	64129	8608	136910
90784	24388	67824	71692	17765	130021
13450	1721	5179	5325	1258	19402
32749	5254	22112	21824	4971	58266
79171	7822	19700	23591	6289	123944
10774	1041	7962	8034	2033	17276
3909	419	784	783	29	4646
6998	1008	-3630	-3256	181	6379
11339	1754	6586	6559	1609	18127

2-48 各地区大中型住宿和餐饮业企业经济效益指标

地　区	负债率 (%)	主营业务毛利率 (%)	人均主营业务收入 (万元)	费用率 (%)
全　国	**72.9**	**59.5**	**23.1**	**56.5**
北　京	70.8	65.6	25.8	60.9
天　津	81.2	57.6	22.8	56.8
河　北	85.0	64.7	14.9	77.0
山　西	96.1	57.2	14.7	62.4
内蒙古	68.2	52.4	22.8	53.3
辽　宁	73.7	58.2	31.3	57.2
吉　林	63.8	63.1	17.7	68.1
黑龙江	61.8	73.0	17.6	83.3
上　海	57.9	62.5	30.0	55.7
江　苏	73.5	58.6	21.7	57.2
浙　江	77.7	61.4	23.6	60.6
安　徽	80.1	56.2	19.0	55.9
福　建	69.7	56.1	22.5	53.5
江　西	73.3	55.9	20.4	52.7
山　东	71.9	58.4	19.4	59.4
河　南	67.2	55.3	18.4	52.4
湖　北	71.9	58.3	23.3	53.8
湖　南	71.3	53.9	21.2	50.9
广　东	80.4	57.9	23.8	53.2
广　西	78.4	60.4	16.9	59.1
海　南	63.3	72.2	24.1	72.4
重　庆	77.9	47.5	21.4	43.6
四　川	79.8	56.9	21.0	53.8
贵　州	79.4	55.9	18.4	58.6
云　南	68.1	51.9	20.1	53.5
西　藏	17.7	74.3	20.2	92.4
陕　西	77.4	48.2	19.7	47.3
甘　肃	63.2	53.5	18.8	50.2
青　海	24.5	67.9	13.3	70.3
宁　夏	120.5	58.4	15.9	72.8
新　疆	53.7	55.3	18.8	53.3

注：费用率等于销售费用、管理费用、财务费用三项之和除以主营业务收入(下表同)。

2-49 各地区大型住宿和餐饮业企业经济效益指标

地 区	负债率 (%)	主营业务毛利率 (%)	人均主营业务收入 (万元)	费用率 (%)
全 国	**64.5**	**60.0**	**26.6**	**52.0**
北 京	63.4	64.7	26.0	57.7
天 津	53.7	57.6	26.7	48.5
河 北	106.3	67.2	13.5	82.0
山 西	72.2	57.5	17.6	48.0
内蒙古	48.6	38.9	45.1	33.2
辽 宁	57.1	55.5	46.8	48.3
吉 林	34.8	57.5	21.7	60.7
黑龙江	39.9	74.8	24.8	69.6
上 海	50.3	63.2	31.3	53.6
江 苏	67.7	55.3	24.0	47.2
浙 江	72.2	60.6	26.0	54.8
安 徽	76.9	59.6	20.3	53.7
福 建	76.3	55.5	24.5	48.0
江 西	77.2	54.1	36.9	43.8
山 东	62.2	65.1	21.5	63.0
河 南	72.8	63.0	18.7	57.7
湖 北	74.8	57.6	28.4	49.3
湖 南	67.2	59.2	23.5	52.2
广 东	71.5	57.7	27.8	48.3
广 西	49.7	60.7	16.4	49.2
海 南	60.9	71.0	30.9	66.0
重 庆	72.4	40.5	24.1	32.2
四 川	43.1	57.3	21.9	43.3
贵 州	75.6	48.7	27.2	54.7
云 南	74.2	45.4	22.8	36.7
西 藏				
陕 西	64.9	52.6	18.0	47.8
甘 肃	61.6	51.2	25.6	36.9
青 海				
宁 夏				
新 疆	31.6	48.4	23.3	34.5

2-50 各地区中型住宿和餐饮业企业经济效益指标

地　区	负债率 (%)	主营业务毛利率 (%)	人均主营业务收入 (万元)	费用率 (%)
全　国	**78.1**	**59.0**	**20.4**	**61.2**
北　京	81.7	67.6	25.4	68.0
天　津	90.7	57.7	19.4	67.0
河　北	82.9	64.3	15.1	76.2
山　西	98.0	57.1	14.0	67.4
内蒙古	73.9	60.1	17.8	64.7
辽　宁	80.3	62.4	20.7	70.8
吉　林	73.9	65.8	16.3	71.6
黑龙江	64.9	72.3	16.0	88.3
上　海	74.4	60.7	26.9	61.3
江　苏	75.6	61.3	20.2	65.1
浙　江	80.4	61.9	22.1	64.8
安　徽	81.1	53.4	18.0	57.8
福　建	66.9	56.6	21.3	57.5
江　西	72.8	56.5	17.8	55.7
山　东	75.6	55.3	18.6	57.7
河　南	66.0	53.5	18.3	51.2
湖　北	70.7	58.9	20.2	57.8
湖　南	73.0	51.7	20.4	50.4
广　东	89.5	58.2	19.9	59.7
广　西	84.6	60.3	17.3	64.3
海　南	65.1	73.5	19.5	79.4
重　庆	80.8	52.1	19.9	51.0
四　川	86.9	56.6	20.5	60.3
贵　州	79.8	57.5	17.2	59.5
云　南	65.6	54.6	19.1	60.4
西　藏	17.7	74.3	20.2	92.4
陕　西	82.4	46.5	20.5	47.1
甘　肃	63.3	54.0	17.8	53.2
青　海	24.5	67.9	13.3	70.3
宁　夏	120.5	58.4	15.9	72.8
新　疆	56.0	57.7	17.6	59.8

2-51 各地区大中型住宿业企业经济效益指标

地 区	负债率(%)	主营业务毛利率(%)	人均主营业务收入(万元)	费用率(%)
全 国	**73.1**	**64.9**	**23.1**	**65.7**
北 京	72.2	73.6	31.2	72.3
天 津	85.5	59.8	20.7	70.0
河 北	83.4	67.1	15.4	81.9
山 西	90.7	66.9	13.7	75.4
内蒙古	62.7	65.1	17.8	68.1
辽 宁	68.0	70.0	18.7	81.6
吉 林	74.8	64.6	17.1	72.3
黑龙江	64.2	74.6	16.9	88.3
上 海	52.8	70.0	38.7	62.2
江 苏	70.0	64.6	23.0	69.1
浙 江	76.5	69.0	23.2	72.4
安 徽	82.1	57.3	18.7	64.6
福 建	69.3	59.2	24.0	59.1
江 西	72.2	57.8	19.4	56.7
山 东	74.5	64.8	18.9	68.2
河 南	69.4	58.7	18.6	58.5
湖 北	66.7	66.2	19.0	66.3
湖 南	70.7	55.3	20.8	55.0
广 东	85.1	61.2	24.5	59.2
广 西	77.1	67.6	18.2	70.1
海 南	63.1	72.9	24.4	73.4
重 庆	84.6	59.5	22.2	60.4
四 川	79.7	61.9	21.3	64.3
贵 州	79.6	59.0	19.7	65.2
云 南	69.0	59.3	18.8	66.8
西 藏	17.7	74.3	20.2	92.4
陕 西	81.0	55.5	17.7	58.5
甘 肃	69.5	55.2	18.9	55.0
青 海	21.7	69.2	13.2	75.3
宁 夏	117.7	57.5	15.7	71.5
新 疆	50.9	53.2	17.0	54.2

2-52 各地区大中型餐饮业企业经济效益指标

地区	负债率 (%)	主营业务毛利率 (%)	人均主营业务收入 (万元)	费用率 (%)
全国	**72.2**	**55.2**	**23.2**	**49.3**
北京	65.1	60.9	23.4	54.2
天津	73.7	56.8	23.7	51.8
河北	98.1	57.9	13.5	63.1
山西	102.4	51.5	15.4	54.9
内蒙古	76.7	43.9	28.1	43.3
辽宁	87.2	52.7	45.6	45.8
吉林	27.6	60.5	19.0	60.5
黑龙江	33.2	67.4	21.1	66.1
上海	69.9	59.4	27.4	53.1
江苏	80.4	54.4	20.9	48.9
浙江	80.9	53.5	24.0	48.6
安徽	76.7	55.5	19.2	51.0
福建	72.0	51.6	20.7	45.4
江西	79.1	52.4	22.7	45.4
山东	67.5	51.7	20.1	50.1
河南	56.7	49.4	18.2	41.8
湖北	79.0	54.9	25.9	48.5
湖南	74.7	51.5	21.8	44.0
广东	63.5	55.2	23.3	48.4
广西	89.2	50.1	15.4	43.3
海南	97.6	59.6	20.1	54.3
重庆	56.6	40.3	20.9	33.5
四川	80.0	53.0	20.9	45.7
贵州	77.9	46.7	15.3	38.7
云南	63.8	40.0	22.5	32.3
西藏				
陕西	67.4	42.6	21.7	38.8
甘肃	35.0	50.5	18.7	42.0
青海	35.6	65.0	13.7	59.1
宁夏	132.8	60.0	16.3	74.9
新疆	66.6	59.1	23.1	51.6

行业篇

简要说明：

一、本篇资料主要内容为分行业分地区大中型批发和零售业、住宿和餐饮业企业单位数和从业人员数情况；分行业分地区大中型批发和零售业企业商品购、销、存情况；分行业分地区大中型住宿和餐饮业企业经营情况；分行业分地区大中型批发和零售业、住宿和餐饮业企业主要财务及经济效益指标等。

二、行业分类按照《国民经济行业分类》（GB/T 4754-2011）列示，包括批发和零售业、住宿和餐饮业两个门类，批发业、零售业、住宿业、餐饮业 4 个大类和 25 个行业中类。

3-1 大中型批发业企业分行业基本情况

地区	批发业		农、林、牧产品批发		食品、饮料及烟草制品批发	
	法人单位数（个）	年末从业人数（人）	法人单位数（个）	年末从业人数（人）	法人单位数（个）	年末从业人数（人）
全国	**31914**	**3958576**	**1564**	**123074**	**4234**	**848140**
北京	2284	367287	37	4571	248	55602
天津	746	76335	20	1140	68	10333
河北	633	83934	32	1973	73	15410
山西	407	55981	8	699	45	12082
内蒙古	219	23834	33	1841	23	6566
辽宁	612	61767	35	1997	81	14394
吉林	244	30087	54	7298	28	6230
黑龙江	223	32091	46	5897	37	7022
上海	2429	442131	28	1890	238	62038
江苏	2776	302487	160	12413	289	47234
浙江	3018	294586	37	2885	273	53285
安徽	689	90397	45	3875	106	25195
福建	1560	132056	53	2479	260	39311
江西	407	76996	22	2435	56	14355
山东	2322	246671	203	10797	335	50379
河南	1374	170403	174	14609	191	44710
湖北	990	153135	88	5887	209	42154
湖南	779	84027	65	5310	126	32222
广东	5844	674318	118	13683	680	139950
广西	445	59158	22	1697	76	17085
海南	95	15210	NA	31	14	2362
重庆	858	78576	26	1508	190	20941
四川	892	116180	30	1678	181	37510
贵州	307	47886	NA	141	70	24945
云南	405	64156	22	1315	88	25355
西藏	18	3204			7	732
陕西	450	75770	16	927	78	17205
甘肃	232	23729	6	268	58	8220
青海	56	9617	NA	60	15	1759
宁夏	69	9084	NA	126	12	2206
新疆	531	57483	175	13644	79	11348

注：NA表示小于或等于3(下表同)。

3-1 续表 1

地区	纺织、服装及家庭用品批发		文化、体育用品及器材批发		医药及医疗器材批发	
	法人单位数（个）	年末从业人数（人）	法人单位数（个）	年末从业人数（人）	法人单位数（个）	年末从业人数（人）
全国	**4410**	**689559**	**1197**	**172842**	**4685**	**616575**
北京	262	76213	132	29083	344	45428
天津	60	19270	28	2123	75	7538
河北	33	3786	12	1338	161	18393
山西	13	4988	9	885	62	9681
内蒙古	5	705	NA	332	45	3900
辽宁	59	6239	20	2057	121	10153
吉林	13	735	7	881	71	7302
黑龙江	11	1056	NA	178	39	2903
上海	440	120746	93	17557	192	59998
江苏	505	85278	96	11544	244	54055
浙江	974	100200	144	10169	260	32493
安徽	78	14904	19	1785	185	18785
福建	385	30479	53	3089	129	10397
江西	26	1854	7	493	136	26704
山东	183	25339	53	12923	251	35500
河南	118	14868	46	5877	205	31717
湖北	59	9995	15	5454	247	40911
湖南	64	7518	35	2679	155	16604
广东	910	130064	329	49844	766	73829
广西	38	4719	12	585	87	9854
海南	6	929	NA	289	39	9305
重庆	35	6329	19	5693	173	15266
四川	56	6405	18	1846	292	28632
贵州	11	1169	NA	379	77	7389
云南	13	1266	13	2806	96	14116
西藏			NA	92	5	1952
陕西	22	10786	15	1099	94	10472
甘肃	12	1314	9	739	53	5575
青海	NA	42	NA	265	11	1109
宁夏	NA	47	NA	119	13	1397
新疆	16	2316	NA	639	57	5217

3-1 续表 2

地区	矿产品、建材及化工产品批发		机械设备、五金产品及电子产品批发	
	法人单位数（个）	年末从业人数（人）	法人单位数（个）	年末从业人数（人）
全国	**8846**	**813733**	**5919**	**606876**
北京	456	53171	721	94717
天津	291	20340	165	11389
河北	237	24072	76	18228
山西	226	24099	38	3230
内蒙古	94	8861	16	1585
辽宁	188	19174	97	5828
吉林	32	5438	32	1877
黑龙江	54	12572	29	2227
上海	575	50830	749	115971
江苏	931	51570	436	34488
浙江	740	52068	544	40081
安徽	123	15129	106	8110
福建	462	29219	174	13753
江西	84	24471	60	6103
山东	899	77273	328	28983
河南	435	40925	169	15350
湖北	223	38560	125	9066
湖南	210	10428	104	8222
广东	1315	106151	1425	137495
广西	146	18604	59	6438
海南	24	1745	10	549
重庆	259	16314	126	10999
四川	189	22533	113	13382
贵州	108	8820	30	4353
云南	131	14677	32	2959
西藏	NA	127	NA	280
陕西	167	30541	52	4250
甘肃	58	5330	34	2228
青海	21	6074	4	308
宁夏	26	4584	10	443
新疆	141	20033	52	3984

3-1 续表 3

地区	贸易经纪与代理		其他批发业	
	法人单位数（个）	年末从业人数（人）	法人单位数（个）	年末从业人数（人）
全国	**331**	**28256**	**728**	**59521**
北京	34	3634	50	4868
天津	12	1562	27	2640
河北	NA	152	6	582
山西			6	317
内蒙古			NA	44
辽宁	NA	1519	8	406
吉林			7	326
黑龙江	NA	52	4	184
上海	49	3454	65	9647
江苏	34	1503	81	4402
浙江	15	583	31	2822
安徽	NA	77	25	2537
福建	11	1630	33	1699
江西	4	121	12	460
山东	14	1831	56	3646
河南			36	2347
湖北	NA	61	22	1047
湖南	NA	22	19	1022
广东	138	11526	163	11776
广西			5	176
海南				
重庆	NA	76	29	1450
四川	NA	103	12	4091
贵州			6	690
云南	NA	175	8	1487
西藏			NA	21
陕西	NA	120	4	370
甘肃			NA	55
青海				
宁夏			NA	162
新疆	NA	55	6	247

3-2 大中型批发业企业分行业商品购、销、存情况

农、林、牧产品批发

单位：万元

地区	商品购进额	进口	商品销售额	出口	期末商品库存额
全国	**58450396**	**7353797**	**62456810**	**738836**	**18904842**
北京	10142528	4235172	9959092	36389	1237639
天津	979467	15610	929339	12163	629393
河北	1014030	2930	1096726	25	116683
山西	183685	211	179991	1366	101783
内蒙古	382093	3561	1032291	42793	2237104
辽宁	2208578	12760	1805790	17951	1199529
吉林	1424945		1904995	15576	2394507
黑龙江	2015428	33	2019286	45	2245770
上海	5659116	1137157	5790549	20377	421651
江苏	3166483	48741	3718786	9597	411985
浙江	949144	30666	1021447	56769	214378
安徽	726848	7475	743794	6500	376979
福建	1118314	48268	1131300	16538	360240
江西	222530		303595	18802	115382
山东	3762279	95259	3928319	172336	411679
河南	3229442	363087	3194512	66515	1694388
湖北	2117836	24874	3671781	28742	612771
湖南	846638	34271	1179855	9249	153642
广东	6511176	1104892	7110222	182202	816987
广西	418140	1376	448065		101447
海南	7083		7307		67
重庆	628573		711884		57742
四川	934442		1013665	40	101903
贵州	33256		35577		2219
云南	183628	16388	230065	13632	43790
西藏					
陕西	309055		329743	10922	21683
甘肃	106294		106737		9318
青海	87655		96107		3637
宁夏	40487		39778		12060
新疆	9041223	171066	8716212	307	2798486

3-2 续表 1

食品、饮料及烟草制品批发　　单位：万元

地区	商品购进额	进口	商品销售额	出口	期末商品库存额
全国	**298182214**	**13905820**	**385777107**	**5855294**	**30740206**
北京	21800971	3755125	24732633	305021	1461431
天津	6731303	101800	8230069	21187	491834
河北	4893316	5537	6763028	12796	459502
山西	3504373		4808102		421443
内蒙古	2290719	46	3090141		366217
辽宁	4309675	47160	5782513	40655	459405
吉林	2151419	2399	3052843		331232
黑龙江	2829045	14370	3741488	14013	541062
上海	35334453	5445908	42343628	1635305	3252943
江苏	16364054	62026	22086360	219316	1017110
浙江	18275334	282529	24009171	201913	1538698
安徽	7694725	722225	10774514	263713	1034050
福建	15663118	985961	18772884	1047665	1181118
江西	3718236	4369	5635329	47211	527051
山东	15699661	220699	19763944	316920	1175348
河南	11129821	15620	15178286	45809	943927
湖北	12228266	12991	16199316	21937	1637021
湖南	8288654	103127	12345718	15488	1775116
广东	38886261	1511706	48262708	900545	4083706
广西	6158521	158910	8285409	19956	539586
海南	2400316	388	2896837	163	151187
重庆	9681579	27934	12990372	92	422818
四川	10664962	20534	14834170	42636	1649892
贵州	12390631	150	16826312	59456	1367571
云南	10144039	392778	15127351	549972	2627239
西藏	514686	84	691408		74757
陕西	5562607		7669140	7572	342305
甘肃	2283724	766	3131874	36180	254682
青海	1026411		1265907		39862
宁夏	1125124		1318424		68912
新疆	4436210	10678	5167228	29773	503181

3-2 续表 2

纺织、服装及家庭用品批发 单位：万元

地 区	商品购进额	进 口	商品销售额	出 口	期末商品库存额
全 国	**278729235**	**16050638**	**307190628**	**47178765**	**44127150**
北 京	49816455	3134207	53063976	486762	6069765
天 津	3917039	76299	4471062	556524	215733
河 北	1356646	4676	1549834	133179	218713
山 西	607973		707903	353385	88442
内蒙古	169516		212744		69046
辽 宁	1399757	87259	1627276	437550	148897
吉 林	134670		160512	6283	16151
黑龙江	235616		288535	52005	13286
上 海	33772951	6423227	49274427	6654779	5690145
江 苏	70457020	1146739	58936025	7914830	22316458
浙 江	34048426	1929636	38333406	14740014	2247666
安 徽	6851020	278620	8158789	815185	439397
福 建	14559686	745726	16853334	3807149	1100457
江 西	911404		954207	79731	66303
山 东	10158058	631090	14759570	3911350	556811
河 南	4751406	59505	5316300	141686	322507
湖 北	2895175	83865	3431272	143825	200715
湖 南	1746276	57036	2023243	34648	274452
广 东	30311372	878953	35652450	6138235	3114451
广 西	1133950	140679	1190172	264936	188834
海 南	204239	66	215487		34870
重 庆	2871734	366570	3145481	140	269459
四 川	1599380	5564	1751551	341026	147572
贵 州	251906		274355		26441
云 南	143675	921	222466	6357	26874
西 藏					
陕 西	3899391		4021662	122822	151637
甘 肃	180260		197430		30023
青 海	26404		30132	29895	2792
宁 夏	12428		12321		4272
新 疆	305402		354706	6469	74981

3-2 续表 3

文化、体育用品及器材批发　　单位：万元

地　区	商品购进额	进　口	商品销售额	出　口	期末商品库存额
全　国	**72924251**	**3658296**	**79098141**	**3404433**	**11894719**
北　京	13737952	473688	14613406	82799	2013483
天　津	1117414	8436	1269951	262365	343348
河　北	632569		835693	24401	58905
山　西	470352		505653	17899	82505
内蒙古	69111		73829		1036
辽　宁	378595		475478	17488	85882
吉　林	97623		85362		20922
黑龙江	57201		70190		72
上　海	11214852	1719446	13327638	226452	1573155
江　苏	4429698	54585	4662621	261927	413165
浙　江	4805285	117881	5192078	1036820	577454
安　徽	2401761	244528	2569101	335762	438857
福　建	1770699	129276	2035279	347580	112458
江　西	202635		210813		3360
山　东	4622961	2569	4745381	82578	401637
河　南	1708399	15227	1760645	906	151972
湖　北	1487893	4860	1823348		141910
湖　南	1074360		1193488	41737	148065
广　东	17889448	652056	19458757	410860	4563016
广　西	349252		394886	11987	33984
海　南	55335		54535		7661
重　庆	652815		792765		151076
四　川	1375316	235744	923318	242872	85038
贵　州	143297		157910		12022
云　南	1039938		838500		331026
西　藏	17135		13179		3957
陕　西	377164		436424		42752
甘　肃	227408		254214		38338
青　海	20031		23812		7942
宁　夏	27445		25968		5557
新　疆	470307		273919		44164

3-2 续表 4

医药及医疗器材批发

单位：万元

地区	商品购进额	进口	商品销售额	出口	期末商品库存额
全国	**219210520**	**16865510**	**253653763**	**2365030**	**24720844**
北京	19807269	3787011	22252048	398417	3139198
天津	4331486	79479	4848203	54682	316167
河北	7183071	24213	7856770	36820	838161
山西	2314960	50	2621083		244093
内蒙古	999037	4251	1355435		121649
辽宁	4875535	192939	5445000	6035	517998
吉林	2030419	9563	2524827		209133
黑龙江	1389468	5361	1561259		89774
上海	23833110	8541131	30540396	612184	4246470
江苏	17530600	1221198	21076411	260852	2135406
浙江	14832703	505435	16577553	514968	1451661
安徽	9263663	27661	10317177	79956	626923
福建	3965190	42807	4305224		377455
江西	4348342	27032	5967863		368530
山东	12865452	41766	14592811	8382	1149990
河南	11347062	52363	12704222		770491
湖北	13850121	52798	15466050	35592	1425690
湖南	4831320	18545	5483735		505646
广东	28285784	1772770	32035147	280219	2709107
广西	1847312	22536	2293834		287392
海南	1004035	108891	1607061		135624
重庆	5851225	68243	6350301	40861	538183
四川	8418216	191968	9612962	16877	863672
贵州	2399478	1729	2835888		208660
云南	4539833	1407	4807272	19185	426896
西藏	191733		330520		6433
陕西	3672863	8477	4513941		352966
甘肃	1361200		1531327		350466
青海	217844	27000	243785		56540
宁夏	443680	27922	480047		40633
新疆	1378509	964	1515611		209837

3-2 续表 5

矿产品、建材及化工产品批发 单位：万元

地 区	商品购进额		商品销售额		期末商品库存额
		进 口		出 口	
全 国	**1684247623**	**129042864**	**1783358915**	**37656513**	**64840210**
北 京	198115755	30031933	202407050	11661674	8357058
天 津	115277144	4977919	118743538	1069476	4843526
河 北	24815737	749972	27570879	97334	710348
山 西	47714837	41807	50926438	10613	1155366
内蒙古	16299971	925492	17442124	374404	1113898
辽 宁	69058485	101634	73158093	395486	2107015
吉 林	5941329	78439	6563483	38584	240321
黑龙江	13996913	4899249	15977053	396694	694384
上 海	269017259	24449882	285021471	4473237	7979093
江 苏	103416918	3802172	115266107	3217981	4470722
浙 江	140829765	14206842	145663434	5113125	5520658
安 徽	15383303	634048	15004091	144706	655837
福 建	75439063	12115826	81244524	1666444	4176883
江 西	5081708	23311	8770010	13101	326755
山 东	85160881	3314781	88373430	1370478	3596054
河 南	24137823	419343	26613445	68219	857336
湖 北	41950190	181309	44395070	150420	2633328
湖 南	10656172	140647	11878716	169261	575451
广 东	194304146	14817467	192710187	5123684	7971490
广 西	18108052	783271	24005954	96829	710440
海 南	10622853	219532	11066399	173400	101934
重 庆	16992844	1619543	18388406	694111	707044
四 川	26597398	267073	28442916	85655	613810
贵 州	7798928	37356	9831802	486676	248606
云 南	26400867	834880	28714424	236273	821187
西 藏	11695		10533		1163
陕 西	52156049	20198	61954713	147419	1275610
甘 肃	22221179	14570	22623392	5727	941896
青 海	3919060		4416477	21591	169725
宁 夏	7331431		7007847	8304	457271
新 疆	35489868	9334368	39166909	145607	806001

3-2 续表 6

机械设备、五金产品及电子产品批发

单位：万元

地区	商品购进额		商品销售额		期末商品库存额
		进口		出口	
全国	**570013566**	**126024184**	**637623229**	**48085639**	**43337677**
北京	111582063	31732171	129647712	5324514	12086059
天津	13987151	5637125	14745653	387884	1640232
河北	10303056	11852	10786702	216610	208734
山西	1672046	680	1849479	17197	83980
内蒙古	379577	56643	422199	7966	67194
辽宁	2716353	131843	3242404	250458	271746
吉林	2043391	32208	2339316	6613	67738
黑龙江	716698		867856		75563
上海	179443375	68902471	206989077	19711371	12919424
江苏	21917484	1218011	24610261	1812349	1540960
浙江	37970898	1160770	39506875	4588283	2721645
安徽	5308816	3336	5766897	93606	1477311
福建	5104724	416124	5867888	326980	693391
江西	3725894	10735	3993595	247844	121108
山东	8891230	1172788	11207119	1932325	671783
河南	9259886	38117	9907610	292403	246414
湖北	11705506	119542	12110619	453870	536300
湖南	7101901	44216	8103312	22887	220045
广东	104679921	13765235	111786980	10781170	5949818
广西	1647197		1846334	264896	196224
海南	268935		325425	9870	14017
重庆	12480043	1064425	13536074	553487	448598
四川	7461046	57905	7931586	142421	548234
贵州	956151	5974	1044377	26808	55924
云南	1232760	30951	1358994	66171	86903
西藏	23039		19904		6827
陕西	3593449	73049	3764775	402023	95940
甘肃	1376977		1411560	30670	60090
青海	38175		60721		9262
宁夏	175672		179539		24747
新疆	2250152	338013	2392386	114963	191466

3-2 续表 7

贸易经纪与代理 单位：万元

地　区	商品购进额	进　口	商品销售额	出　口	期末商品库存额
全　国	**38558871**	**9451945**	**41992801**	**10496303**	**1801009**
北　京	4900513	1626094	5418621	1899820	173570
天　津	1307974	180741	1626873	597240	65825
河　北	114747	52	123521	123276	98
山　西					
内蒙古					
辽　宁	87391		143593		46409
吉　林					
黑龙江	2442		3382		345
上　海	2071079	726305	2486146	577356	317615
江　苏	2015966	70773	2201218	631575	58713
浙　江	245283	1497	397067	382661	6918
安　徽	389489	383234	372191	6448	20123
福　建	939258	5206	1157512	413695	51022
江　西	45146		49695	10178	915
山　东	424330	16298	636242	66114	64038
河　南					
湖　北	10449		12355	12355	1
湖　南	19878		29980		268
广　东	22749509	5998936	23965346	5386477	801678
广　西					
海　南					
重　庆	73097		74468		1
四　川	16025		19171	17133	3075
贵　州					
云　南	3096381	440066	3219048	340233	180719
西　藏					
陕　西	31811	642	36480	25551	5653
甘　肃					
青　海					
宁　夏					
新　疆	18103	2101	19892	6191	4023

3-2 续表 8

其他批发业

单位：万元

地　区	商品购进额	进　口	商品销售额	出　口	期末商品库存额
全　国	**53845839**	**4756523**	**58023747**	**3778947**	**4773457**
北　京	4538374	1013325	4762154	1050093	1759336
天　津	4802886	149100	4994890	276168	321524
河　北	3199856		3261673		5835
山　西	91510	4040	106262		24185
内蒙古	9098		9590		
辽　宁	174866	7137	201890	47	18111
吉　林	169066	147	184051	4816	10418
黑龙江	169605	70164	187045	3969	6690
上　海	6713489	908650	8291793	639947	445925
江　苏	3107294	53800	3373963	97913	210795
浙　江	3997508	18741	4080782	213487	62248
安　徽	1428413		1627040		51165
福　建	10796343	1707577	11030445	465351	727717
江　西	211923		216307		18461
山　东	3223022	57047	3215591		349836
河　南	1273987	20153	1403927	5004	41964
湖　北	230736		287919	6487	20637
湖　南	374594	8837	445073	13724	37486
广　东	5452760	701433	6014566	777338	451498
广　西	270872		307456		11388
海　南					
重　庆	668246	21518	733304		17019
四　川	347940	232	373411		17513
贵　州	138559		149616		13211
云　南	2014119	3336	2265715	224603	137120
西　藏	5920		6150		30
陕　西	83844		86200		216
甘　肃	9458		12829		362
青　海					
宁　夏	222858	11286	271992		5285
新　疆	118693		122113		7482

3-3 大中型批发业企业分行业年末资产负债

农、林、牧产品批发

单位：万元

地 区	流动资产合计	固定资产原价	累计折旧	资产总计	负债合计	所有者权益合计
全 国	**44446988**	**5763722**	**1828303**	**65728105**	**45128277**	**20593842**
北 京	7558969	344058	126026	16807855	9943952	6863903
天 津	784800	42005	9538	830599	660410	170189
河 北	394686	106799	38649	583980	383004	200975
山 西	152200	59281	14493	206715	131602	75113
内蒙古	3051037	210173	51068	3293730	3017186	276544
辽 宁	1328022	145005	44898	1697931	1441711	256221
吉 林	4374273	297093	107733	4692398	4502359	190039
黑龙江	3400906	285118	72027	4241973	3663580	578393
上 海	2091001	252881	84716	3674921	1865890	1809031
江 苏	1255591	489469	145146	1896167	1187089	709078
浙 江	816822	141165	43319	1291413	967945	323468
安 徽	572308	166266	40163	871154	530555	340599
福 建	917514	110142	39006	1087102	834761	252341
江 西	85252	90744	24567	183057	116164	66893
山 东	1869692	555708	157604	2730649	1651450	1079199
河 南	3041394	483372	114773	3880004	2580688	1299316
湖 北	1445516	239968	47334	1777355	1101120	676235
湖 南	438913	164205	44870	711396	338541	372854
广 东	2464755	436153	143400	5141087	1864138	3270962
广 西	357407	54143	17863	569737	436512	133225
海 南	687	128	63	752	314	439
重 庆	160916	67837	18259	287973	165898	122075
四 川	452081	108783	43057	599620	425607	174013
贵 州	16952	1025	490	19376	17064	2312
云 南	102709	39657	8103	158784	85314	73471
西 藏						
陕 西	105370	67386	12788	206873	138867	68006
甘 肃	89784	14479	5222	114330	58001	56329
青 海	43725	5749	749	50616	38335	12281
宁 夏	20630	4415	830	31361	17208	14153
新 疆	7053076	780515	371549	8089197	6963012	1126185

注：大中型批发业企业中，因包含了部分视同法人单位，财务指标数据存在资产总计≠负债合计+所有者权益合计的问题(下表同)。

3-3 续表 1

食品、饮料及烟草制品批发

单位：万元

地　区	流动资产合计	固定资产原价	累计折旧	资产总计	负债合计	所有者权益合计
全　国	**150088432**	**23176366**	**9850465**	**191035180**	**98592256**	**92443487**
北　京	13450977	1016464	447729	17144267	12574012	4570254
天　津	2561665	238632	93951	2889988	1708697	1181292
河　北	1992699	419095	208401	2362419	892558	1469861
山　西	1463057	459508	219926	1832502	747502	1084999
内蒙古	1155677	235019	127536	1312069	564245	747824
辽　宁	3041560	453123	195871	3559369	1359252	2200118
吉　林	1177738	280210	130195	1370242	768786	601456
黑龙江	3055266	310377	153594	3404445	2293720	1111285
上　海	13487801	1348745	646609	19626614	11897145	7729470
江　苏	11559501	1387106	553939	13407838	7065154	6342685
浙　江	10230115	1345820	608350	12979166	6531199	6447967
安　徽	4644764	605864	246055	5885157	2847608	3037549
福　建	6421248	1031848	459746	8895019	3689662	5205357
江　西	1977324	502268	229727	2412533	890334	1522200
山　东	5167885	1629940	563633	7031874	3631681	3400193
河　南	3545679	1263548	412289	4846427	1943314	2903113
湖　北	6021939	1124552	467223	7223966	3904613	3319353
湖　南	4119707	1416891	543334	6208215	3195748	3012467
广　东	14750939	2020345	821526	19789316	11488248	8301069
广　西	3665392	422463	200403	4770238	3225080	1545157
海　南	673990	84170	50438	765504	158987	606517
重　庆	2964823	759726	298375	4293386	1744440	2548946
四　川	7516856	983537	414476	8613765	4609316	4004449
贵　州	12478383	884786	422225	13314827	5385374	7929453
云　南	7813410	1482152	782430	9832394	3012414	6819980
西　藏	298492	99040	39982	385521	89721	295800
陕　西	1796494	428990	183904	2237362	737808	1499553
甘　肃	818168	335026	98230	1378530	402578	975952
青　海	397534	80994	64111	447977	109743	338234
宁　夏	339671	129786	42542	542548	105167	437382
新　疆	1499678	396341	123715	2271702	1018150	1253552

3-3 续表 2

纺织、服装及家庭用品批发

单位：万元

地 区	流动资产合计	固定资产原价	累计折旧	资产总计	负债合计	所有者权益合计
全 国	**145759780**	**7218392**	**3131168**	**174850216**	**134572335**	**40277884**
北 京	35572444	688436	251402	41237304	35468417	5768887
天 津	1324714	111388	35421	1611443	1219930	391513
河 北	863078	26748	11352	896899	731964	164936
山 西	1188067	12211	5119	3190619	721388	2469231
内蒙古	128978	1884	1089	156128	145496	10632
辽 宁	541645	53206	21395	665992	518533	147459
吉 林	32142	3551	1069	35124	31241	3884
黑龙江	38232	48866	18581	71086	70299	787
上 海	22680971	2067906	1050922	28548118	19160384	9387734
江 苏	30634372	1140717	528108	34816435	27602272	7214164
浙 江	13961210	939873	399974	17284928	13257718	4027209
安 徽	2541195	169390	78869	2938792	3012950	-74158
福 建	6436401	497990	158351	7966597	4981239	2985358
江 西	509686	5158	2478	523621	469343	54278
山 东	6379692	185640	78649	6961852	6121205	840647
河 南	1769851	89593	15939	2071730	1501246	570484
湖 北	1063789	65467	22676	1175499	1093672	81827
湖 南	800170	62062	9755	904848	770626	134223
广 东	15853468	831955	352057	19783007	14528572	5254436
广 西	666176	33704	9232	868639	660985	207654
海 南	102294	1170	884	102856	90587	12269
重 庆	1146517	32399	10926	1235828	999808	236020
四 川	490813	51721	19269	628470	440105	188365
贵 州	94886	2030	1489	96598	83183	13415
云 南	84442	5415	2842	92314	92726	-412
西 藏						
陕 西	535219	57788	32034	590537	512822	77714
甘 肃	49668	13222	1730	64966	47617	17349
青 海	10472	396	187	10691	8284	2408
宁 夏	4877	31	27	4881	4413	467
新 疆	254311	18475	9342	314414	225310	89104

3-3 续表 3

文化、体育用品及器材批发

单位：万元

地 区	流动资产合计	固定资产原价	累计折旧	资产总计	负债合计	所有者权益合计
全 国	**40543863**	**2460886**	**984414**	**53045734**	**35712735**	**17333004**
北 京	8549349	497357	229255	12877712	8948832	3928880
天 津	504935	18643	4789	815382	413760	401622
河 北	316242	35532	8937	494798	307666	187132
山 西	300702	30377	11665	400353	256042	144311
内蒙古	191363	1323	108	250460	140930	109530
辽 宁	227491	14252	9558	262303	172251	90051
吉 林	91782	23604	9712	130861	88703	42158
黑龙江	41598	45266	2974	100170	72460	27710
上 海	5154352	189325	92654	5863126	3601632	2261495
江 苏	2310157	238747	66548	3623216	1775959	1847256
浙 江	1935754	130100	58026	2290953	1644865	646088
安 徽	1801591	25086	14396	2436340	1411086	1025254
福 建	708564	54115	27218	1101297	662960	438338
江 西	45622	575	327	46745	25315	21431
山 东	2210715	263722	99680	2556010	2059017	496992
河 南	526423	62841	17793	817930	423160	394771
湖 北	1010644	99561	41597	1157372	808731	348641
湖 南	895048	60491	22254	1516609	1084906	431703
广 东	10056197	449011	165733	11709181	8346615	3362567
广 西	341306	24285	8885	597721	359401	238320
海 南	45826	23071	6358	95286	27383	67903
重 庆	404446	22365	14272	421753	305320	116433
四 川	1482769	19612	5617	1656818	1507410	149409
贵 州	290034	8806	4986	317798	255697	62102
云 南	503517	16023	9882	637869	444394	193474
西 藏	10824	3809	1705	14179	7475	6705
陕 西	171570	20693	9215	242748	148416	94333
甘 肃	196138	34972	16611	279962	176205	103757
青 海	30442	10173	5314	44251	35371	8880
宁 夏	23190	4792	2204	34305	18979	15326
新 疆	165272	32357	16141	252226	181794	70432

3-3 续表 4

医药及医疗器材批发

单位：万元

地　区	流动资产合计	固定资产原价	累计折旧	资产总计	负债合计	所有者权益合计
全　国	**118861788**	**8225282**	**3335983**	**140548270**	**102900134**	**37647638**
北　京	12944123	616083	324047	16977404	11248145	5729259
天　津	2471742	79410	34497	2666707	2033168	633539
河　北	3471793	209710	68868	3779976	3172596	607379
山　西	1254156	80775	24855	1423827	1190457	233370
内蒙古	709850	45175	12051	764473	582268	182205
辽　宁	2700629	151664	38683	3030388	2346569	683819
吉　林	1574439	90576	19202	1776850	1464055	312795
黑龙江	597886	23384	8786	658838	530412	128426
上　海	12683179	1933062	1128839	15636301	10536359	5099943
江　苏	9235583	524185	208826	10251236	8280133	1971103
浙　江	6468970	459018	177936	7956354	5255204	2700650
安　徽	3998498	376091	114675	4663514	3594083	1069431
福　建	1525147	86136	31279	1913635	1352789	560846
江　西	2530150	170864	51038	2935348	2323526	611822
山　东	8636711	574283	161810	10018973	7857649	2161324
河　南	6498264	253609	73965	7123607	6057414	1066193
湖　北	7766410	673940	213010	9115024	6243505	2871519
湖　南	2307863	194607	45773	2644678	2059347	585331
广　东	13343905	631174	248641	15865504	11043501	4822003
广　西	1056710	92899	28416	1206863	972847	234017
海　南	1759213	32299	10025	2537312	1682516	854797
重　庆	2793374	146216	52820	3429943	2313050	1116894
四　川	4174582	262684	93816	4669481	3537784	1131697
贵　州	1496383	107782	30372	1719025	1294767	424258
云　南	2230364	145606	53070	2537394	1786748	750646
西　藏	287574	8718	1340	335012	271665	63347
陕　西	2309447	69416	26866	2427798	2111441	316357
甘　肃	847130	59391	14749	1123914	762392	361522
青　海	153204	5620	1962	173529	133414	40114
宁　夏	233998	22525	5255	264383	209295	55088
新　疆	800511	98380	30511	920979	653035	267944

3-3 续表 5

矿产品、建材及化工产品批发

单位：万元

地　区	流动资产合计	固定资产原价	累计折旧	资产总计	负债合计	所有者权益合计
全　国	**460907275**	**49490096**	**18639235**	**652325712**	**471555512**	**181206629**
北　京	75076300	2645132	1162698	114266495	79115885	35150609
天　津	38618758	1654682	635182	50317512	40013435	10304077
河　北	9031977	1581897	552743	11391126	9158275	2232851
山　西	19986086	3820829	981892	29121535	23357745	5763790
内蒙古	4976065	953344	260183	7873359	5998756	1874603
辽　宁	8395715	1892158	892249	10732664	8695844	1951977
吉　林	1583095	387542	174974	1988781	2095596	-106815
黑龙江	4719007	832355	320844	5665977	4850513	782030
上　海	50685817	2216762	864731	71717895	49745791	21972105
江　苏	26361685	3184729	1111668	34771444	27925430	6846014
浙　江	38708114	2594941	1045781	57840379	42050732	15789647
安　徽	5808387	497016	208358	8185684	5767865	2417818
福　建	23839715	1747497	697563	34204411	21932712	12271699
江　西	3186186	1309677	391661	4917070	3672219	1244851
山　东	19916571	3083620	1141133	25621787	19328025	6293762
河　南	6917023	1347423	425685	9485693	6807437	3151768
湖　北	5410188	3203470	1108507	9662642	6136004	3526638
湖　南	2660365	327146	82373	3817115	2734398	1082717
广　东	50483011	7853273	3383416	67490045	48841527	18648606
广　西	6571558	1010069	380279	9798367	5819589	3978779
海　南	6043339	341798	103290	8146690	4998190	3148501
重　庆	4451045	574762	210681	5768970	4018574	1750395
四　川	6841017	827316	270532	9525984	8058007	1467978
贵　州	5421598	555748	231860	7290876	5489414	1801462
云　南	7939077	699859	253590	11574101	7828438	3745664
西　藏	31900	6838	2928	45387	20010	25376
陕　西	11194063	1118156	411342	16098838	11156695	4951087
甘　肃	2568768	983438	460047	4880025	1934710	2945315
青　海	1908190	383807	155067	2305932	1344630	961303
宁　夏	2363830	405514	153443	3059760	2454743	677177
新　疆	9208825	1449298	564535	14759168	10204323	4554845

3-3 续表 6

机械设备、五金产品及电子产品批发

单位：万元

地 区	流动资产合计	固定资产原价	累计折旧	资产总计	负债合计	所有者权益合计
全 国	**238091662**	**9364675**	**3653006**	**289030323**	**210134439**	**78899109**
北 京	69183139	2448253	1100683	88063950	56286883	31777067
天 津	6820563	450106	86817	8564391	6628770	1935621
河 北	4282109	207016	58900	5629438	4450875	1178563
山 西	985682	48368	21212	1059932	932212	127720
内蒙古	520760	14417	6480	611746	488143	123604
辽 宁	2990505	86886	37515	4311166	3379700	931466
吉 林	462535	34296	15465	506091	385269	120822
黑龙江	320105	42185	14408	383946	285097	98849
上 海	58471994	1522817	719907	68528789	49171633	19360380
江 苏	10204692	534249	210111	13827025	9305864	4521161
浙 江	12282103	492832	197895	14921794	11577670	3344124
安 徽	2220511	95407	40185	2387268	2097291	289977
福 建	2440843	184003	60235	2758834	1879935	878899
江 西	1157063	56707	19281	1239853	1240246	-393
山 东	4575280	664551	204786	5668294	4344355	1323938
河 南	1626004	161874	32599	1919076	1543892	375184
湖 北	3508651	138446	55420	4077279	3684914	392365
湖 南	1325065	82415	19743	1577432	1338573	238859
广 东	41262160	1433393	549936	47959750	38697761	9261988
广 西	1069701	53273	25836	1198875	916228	282646
海 南	54439	1040	762	58877	49648	9230
重 庆	5607771	129155	33448	6132331	4896969	1235362
四 川	2675791	124538	52348	2928560	2727056	201504
贵 州	519266	30820	8005	614848	467048	147800
云 南	579477	28174	12954	675831	512518	163314
西 藏	14936	7590	2032	22211	10071	12141
陕 西	925289	93927	27606	1034844	870193	164651
甘 肃	357271	88675	12371	458667	408551	50116
青 海	29775	5893	2560	49123	39828	9295
宁 夏	89132	5791	2265	96178	92462	3716
新 疆	1529050	97578	21241	1763924	1424784	339140

3-3 续表 7

贸易经纪与代理

单位：万元

地 区	流动资产合计	固定资产原价	累计折旧	资产总计	负债合计	所有者权益合计
全 国	**36800373**	**758034**	**239941**	**41603205**	**35566698**	**6036506**
北 京	15091965	199660	74035	17422154	14281547	3140607
天 津	736202	34940	12722	883028	822495	60532
河 北	17048	172	87	17403	16441	962
山 西						
内蒙古						
辽 宁	130211	7298	3675	134020	69376	64644
吉 林						
黑龙江	3633	54	30	3676	1666	2011
上 海	1266310	64964	35957	1360029	1093490	266539
江 苏	568366	27757	10692	601753	480814	120938
浙 江	132074	8845	2997	152775	136807	15968
安 徽	45693	1231	343	47148	43186	3962
福 建	414840	41312	11843	537881	404197	133685
江 西	28743	2020	950	34119	24311	9808
山 东	368035	26601	4232	413934	339422	74512
河 南						
湖 北	5658	1007	717	6224	3677	2547
湖 南	174	345	104	415	190	225
广 东	17328765	327842	76798	19297950	17223973	2073977
广 西						
海 南						
重 庆	3459	2176	104	6739	5675	1063
四 川	11245	4317	1702	14795	7271	7524
贵 州						
云 南	609846	1026	576	622468	570629	51839
西 藏						
陕 西	17277	406	72	17953	16731	1223
甘 肃						
青 海						
宁 夏						
新 疆	20829	6061	2305	28741	24800	3940

3-3 续表 8

其他批发业 单位：万元

地　区	流动资产合计	固定资产原价	累计折旧	资产总计	负债合计	所有者权益合计
全　国	**24147073**	**1514589**	**450478**	**33363450**	**26097526**	**7265928**
北　京	5392148	152285	58526	10483882	9182299	1301584
天　津	1611212	61908	24590	1767731	1425353	342378
河　北	3057222	59501	11773	3189247	2426403	762844
山　西	48794	10982	5223	57916	39451	18465
内蒙古	5162	1052	426	5788	5964	-176
辽　宁	334524	7486	4118	392153	393803	-1651
吉　林	132819	1939	1441	134129	108626	25503
黑龙江	22369	2545	1502	29852	37220	-7368
上　海	3228366	102612	48698	3765236	2760604	1004632
江　苏	771642	107945	40978	953638	600469	353169
浙　江	914696	59663	19434	1137326	816139	321186
安　徽	623475	58468	24875	718461	564882	153579
福　建	2378115	57402	14454	3373698	2534374	839323
江　西	40092	4140	1812	45539	30003	15537
山　东	1069315	209965	35191	1388161	1008645	379516
河　南	259788	188037	26870	479383	345603	133781
湖　北	87596	23804	4903	123517	79324	44193
湖　南	64131	17780	3907	85896	45648	40248
广　东	2738987	167294	65633	3425501	2725855	699646
广　西	28634	876	370	29399	19864	9535
海　南						
重　庆	130509	79653	8458	213469	139530	73939
四　川	115534	38949	6309	159144	116913	42231
贵　州	48971	2690	925	78249	39566	38683
云　南	755887	68362	29541	883071	309244	573827
西　藏	6146	814	814	10722	7330	3392
陕　西	6612	1495	821	8854	4013	4842
甘　肃	15721	2597	1598	16764	5913	10852
青　海						
宁　夏	202012	5089	1745	311472	241577	69896
新　疆	56594	19256	5543	95252	82911	12342

3-4 大中型批发业企业分行业实收资本及构成

农、林、牧产品批发

单位：万元

地区	实收资本						
		国家资本	集体资本	法人资本	个人资本	港澳台资本	外商资本
全国	**10279799**	**2759819**	**124502**	**5152856**	**1372276**	**408021**	**462328**
北京	2164975	1229816		374110	25060	349665	186324
天津	138459	121836		5590	10970	64	
河北	105380	16087	75	59723	29496		
山西	35767	17502		11865	6400		
内蒙古	145157	41611		26645	76901		
辽宁	118598	29611		57449	31538		
吉林	370245	87327		244195	38723		
黑龙江	394333	88649	4943	273432	27309		
上海	830535	11770	1800	573359	12660	1740	229206
江苏	328655	142708	5515	54200	126218		14
浙江	99990	33856	1600	51044	13490		
安徽	154131	65284	1800	30063	56531	453	
福建	148455	36937	2483	45991	28159	5800	29085
江西	30706	12780	1675	8761	7490		
山东	524804	40980	387	309427	158236		15774
河南	749571	200350	9903	201961	300607	36050	700
湖北	201336	50850	31763	75603	40841	2280	
湖南	205558	96641	773	48390	59754		
广东	2640019	103893	9521	2438943	78008	9653	
广西	73057	58596		7553	6908		
海南	500			245	255		
重庆	38951	11510	1150	17166	9125		
四川	103575	15040	1612	35149	51774		
贵州	1609	500		1109			
云南	29137	2096		11691	14125		1225
西藏							
陕西	39320	4302	18273	330	16416		
甘肃	24028	1484	1332	660	20552		
青海	6960			3000	3960		
宁夏	9127	407		8720			
新疆	566861	237396	29897	176482	120770	2316	

3-4 续表 1

食品、饮料及烟草制品批发 单位：万元

地区	实收资本	国家资本	集体资本	法人资本	个人资本	港澳台资本	外商资本
全国	**16519327**	**4350773**	**272482**	**6377259**	**2527777**	**1283887**	**1707156**
北京	2134319	314961	30000	1190586	173761	259432	165581
天津	233933	55514	1947	123992	17352	15940	19189
河北	121106	31849	13446	51964	23846		
山西	96837	36567	5231	42069	12970		
内蒙古	42932	34526		7994	412		
辽宁	417966	34385	908	147807	73126	20	161720
吉林	41540	34209		5930	1400		
黑龙江	208500	59704	1475	108242	39069	10	
上海	2718705	358325	17164	459712	195369	813292	874844
江苏	591948	159894	7599	194070	169805	17840	42740
浙江	1022282	231827	28397	577185	140382	14926	29566
安徽	407679	199507	3928	160067	44176		
福建	1682500	855007		502707	294867	26220	3700
江西	102109	66198	1077	22494	12341		
山东	652113	69581	9034	360924	186383	506	25686
河南	384425	95632	4788	146843	134741	1700	722
湖北	538413	109700	69639	234231	113196	6646	5000
湖南	318057	142104	4428	110687	59837	1000	
广东	2281861	297385	39636	1114119	362195	109811	358715
广西	406590	187468	945	165626	52551		
海南	36736	11911		16175	8600	50	
重庆	301886	24183	9965	209851	57888		
四川	431782	172347	2206	109386	140615		7229
贵州	237072	191397		33248	12427		
云南	452896	279500	668	97177	59108	16444	
西藏	18584	18114		470			
陕西	130097	26951	1384	57891	43656		214
甘肃	114194	34189	748	29762	49446	50	
青海	22495	16670		1575	4250		
宁夏	29664	5820	7907	5787	10150		
新疆	340106	195348	9962	88688	33858		12250

3-4 续表 2

纺织、服装及家庭用品批发　　　　单位：万元

地　区	实收资本	国家资本	集体资本	法人资本	个人资本	港澳台资本	外商资本
全　国	**16336261**	**1121058**	**241970**	**5998900**	**3260785**	**2925720**	**2787832**
北　京	3474245	281393	1742	578681	169895	1087892	1354643
天　津	137580	11500	879	70246	36740	11626	6589
河　北	34767	4129		18171	12427	40	
山　西	153688			144561	5250	3877	
内蒙古	15650			15500	150		
辽　宁	86625	630		35560	46739		3696
吉　林	3567			1610	1957		
黑龙江	15731			430	15301		
上　海	3962540	194118	106608	1037134	694772	716850	1213059
江　苏	1913637	388741	28925	447642	462214	548419	37696
浙　江	1612724	27448	49569	801170	626206	100464	7867
安　徽	202182	17264	2093	131740	43085		8000
福　建	1423952	60921	1313	927839	350071	65519	18289
江　西	20238	259	499	13495	5985		
山　东	387961	500	6648	280912	91988		7914
河　南	161601	10113	180	61042	90265		
湖　北	84285	350	850	24451	17397	41237	
湖　南	62055	12860	102	20058	29035		
广　东	2218837	77597	39124	1178612	444752	348673	130079
广　西	70207			55464	14743		
海　南	4878		500	1376	3003		
重　庆	81920	18000	2300	49053	12567		
四　川	64368	5306	638	39563	17838	1023	
贵　州	4754			1014	3740		
云　南	6941			3200	3741		
西　藏							
陕　西	47272	4914		25928	16331	100	
甘　肃	11887			4587	7300		
青　海	1600			100	1500		
宁　夏	100			100			
新　疆	70469	5015		29661	35793		

3-4 续表 3

文化、体育用品及器材批发 单位：万元

地　区	实收资本	国家资本	集体资本	法人资本	个人资本	港澳台资本	外商资本
全　国	**8885550**	**2326809**	**222726**	**3332692**	**1098975**	**1096727**	**807625**
北　京	2235883	895619	93163	431062	168470	620801	26769
天　津	316987	7345	138	297342	9000		3163
河　北	18256	6149		8012	4095		
山　西	26964	14864	5000	4060	3040		
内蒙古	30574	30574					
辽　宁	62650	3257		48083	11310		
吉　林	30515	22332		6379	1804		
黑龙江	26167	24167		2000			
上　海	1173249	42652	4093	191214	102038	152728	680524
江　苏	575936	308942	4089	69655	100823	21799	70628
浙　江	288818	126680	6000	64567	85029	333	6209
安　徽	250806	202696		43141	4969		
福　建	244142	49270		63618	114665	15606	983
江　西	3073	1167		1236	670		
山　东	96508	5897		48006	39501		3105
河　南	74127	32900		11278	27876		2072
湖　北	121432	66651		24510	4415	25855	
湖　南	207897	167778		23956	16164		
广　东	1544526	51545	102243	814386	326035	236544	13772
广　西	149995	124115		2861	23019		
海　南	56958	56958					
重　庆	66315	1275	3000	36457	2123	23061	400
四　川	143614	800	4500	118242	20072		
贵　州	5600	5600					
云　南	21831	12549	500	1734	7049		
西　藏	2310	2310					
陕　西	1044600	29000		1005470	10130		
甘　肃	41969	11369		15400	15200		
青　海	3070	3070					
宁　夏	7009	7009					
新　疆	13769	12269		23	1478		

3-4 续表 4

医药及医疗器材批发　　　　单位：万元

地区	实收资本	国家资本	集体资本	法人资本	个人资本	港澳台资本	外商资本
全　国	**23117629**	**3369858**	**168606**	**8837438**	**9318728**	**262736**	**1160271**
北　京	2088048	683563	3363	914793	286190	46433	153706
天　津	362515	171304	1200	138772	35611	6246	9381
河　北	341385	33862	5362	162283	139879		
山　西	170231	8152	31	89205	72843		
内蒙古	100907	2270	505	57298	40835		
辽　宁	369229	116326	1	143508	102941	500	5953
吉　林	112335	5927	6360	71896	28153		
黑龙江	88612	33250		38196	17166		
上　海	1921870	889172	4819	423961	72747	83810	447362
江　苏	1166266	283609	10757	401468	238357	7640	224435
浙　江	1526199	81236	4627	641299	782556	14230	2250
安　徽	705103	100117	19726	362973	217357	1504	3427
福　建	368848	28858	3293	229259	100375	7063	
江　西	338160	22228	10840	168527	136545	10	10
山　东	914542	46188	6226	541996	225538	4594	90000
河　南	789928	154234	9368	413856	212471		
湖　北	755489	25737	7734	522017	193446	6556	
湖　南	391627	22716	5980	202607	160313	11	
广　东	1981795	211646	24463	1050524	537703	67066	90394
广　西	166118	1050	1505	86504	77059		
海　南	330293	5444	5159	161181	22911	5599	130000
重　庆	1398316	157007	1020	1087712	151527	750	300
四　川	512872	61986	5807	271712	162060	8255	3053
贵　州	5229103	18981	971	157851	5051301		
云　南	319883	113578	500	136077	68219	1508	
西　藏	11261			9300	1000	961	
陕　西	253855	53115	5460	131669	63611		
甘　肃	195997	3820	22242	97038	72896		
青　海	23648	4400		14688	4560		
宁　夏	26160	891	877	17745	6647		
新　疆	157034	29191	410	91523	35911		

3-4 续表 5

矿产品、建材及化工产品批发　　单位：万元

地区	实收资本	国家资本	集体资本	法人资本	个人资本	港澳台资本	外商资本
全　国	**105136964**	**36164377**	**1759948**	**43015889**	**15173416**	**4539413**	**4483927**
北　京	19410699	5016534	72591	9927111	1173247	940621	2280595
天　津	5689326	2838370	54512	2423791	338782	27096	6776
河　北	1544858	143813	575	500624	825664	73573	610
山　西	2880942	997554	133773	1394996	354620		
内蒙古	1591109	918700	12965	546949	112495		
辽　宁	1914217	1199549	20060	491414	186995	5462	10737
吉　林	253658	79355		149372	24931		
黑龙江	522103	278290	57516	103868	82430		
上　海	11510732	2952516	317511	3829451	2211538	1042632	1157084
江　苏	4528520	1507385	81710	1075033	1236810	181726	445856
浙　江	7835863	1915279	207484	2659666	2678619	315769	59045
安　徽	1190737	795514	36722	181350	177151		
福　建	6001758	1803509	47741	2803866	1069318	181309	96015
江　西	836750	705689	650	112263	18148		
山　东	5763252	1412055	114999	2156478	1891428	145981	42311
河　南	1839160	533056	7578	950977	314492	33056	
湖　北	2436252	1151725	21273	1104550	122384	31348	4972
湖　南	807167	194692	11039	350617	240679	443	9697
广　东	10993983	3065671	196469	5340296	993990	1042694	354863
广　西	2473450	1879346	4767	514457	74880		
海　南	2438500	27250		2398057	10830		2364
重　庆	881831	431609	8350	278283	163590		
四　川	1431974	937748	63321	333912	96993		
贵　州	916835	250365	10453	498852	73258	83907	
云　南	1462600	884330	53171	418318	103431	3350	
西　藏	4329	4329					
陕　西	3086205	2083952	145507	524195	325565		6986
甘　肃	1613431	1337268	19930	204968	51265		
青　海	209612	155056	518	26908	21861		5270
宁　夏	854251	77818		756467	19966		
新　疆	2212860	586050	58763	958800	178056	430446	746

3-4 续表 6

机械设备、五金产品及电子产品批发　　　　单位：万元

地区	实收资本	国家资本	集体资本	法人资本	个人资本	港澳台资本	外商资本
全　国	**43318518**	**4124813**	**166612**	**22427440**	**5053849**	**3084321**	**8461492**
北　京	10711361	1285367	1760	5235367	758973	524780	2905115
天　津	1359782	556654	11483	346010	180058	82663	182915
河　北	954658	3053	1900	229336	720370		
山　西	91322	12148	401	39925	17740	20932	176
内蒙古	82554	6846	54	68209	7445		
辽　宁	551506	31708	105	231074	57255		231365
吉　林	43125	7500		15860	14765		5000
黑龙江	41154	5007	3000	24768	8379		
上　海	7494992	602599	6200	1174817	362179	1454881	3894315
江　苏	2307626	613310	5185	589466	370153	48852	680661
浙　江	11444166	74310	21312	10727415	380655	197945	42528
安　徽	165332	118	51900	48269	58186	6313	545
福　建	452169	7943	7009	121620	208352	17620	89627
江　西	104128	2159	3600	64163	29118	5088	
山　东	562566	22530	12052	304894	163519	55500	4072
河　南	349249	48052	6066	123858	161271	2	10000
湖　北	417546	82059	16862	105368	60745	144749	7763
湖　南	140016	10324		64566	47127	18000	
广　东	4222943	624789	8924	1974636	836411	435104	343079
广　西	69980	11821	28	29368	27085		1679
海　南	8900		600	4600	3700		
重　庆	962426	13516		614867	244381	46173	43489
四　川	224479	18557		76220	98646	18000	13056
贵　州	92913	22813		50601	19235		266
云　南	47588	5564	6800	20188	13355		1681
西　藏	2637	587		2050			
陕　西	88035	20599	62	25701	37968		3705
甘　肃	41038	10795		13892	15896		455
青　海	6599		509	5090	1000		
宁　夏	10818			2751	8067		
新　疆	266910	24085	800	92491	141815	7719	

3-4 续表 7

贸易经纪与代理 单位：万元

地区	实收资本	国家资本	集体资本	法人资本	个人资本	港澳台资本	外商资本
全国	**3156467**	**907558**	**14265**	**1448270**	**415539**	**93038**	**277797**
北京	1530530	516812	1230	858925	14413	20000	119150
天津	180173	51463	1696	8557	2900		115558
河北	1800			850	950		
山西							
内蒙古							
辽宁	62254	8800		30000		23454	
吉林							
黑龙江	500				500		
上海	108482	48090	200	6391	4680	11767	37353
江苏	79880	19848		26588	13151	20293	
浙江	15081			9999	4974		108
安徽	2000			1510		490	
福建	27066	4518		18141	4407		
江西	4220				3220	1000	
山东	28497	550		12747	15200		
河南							
湖北	2200		2000	160	40		
湖南	225			225			
广东	1087882	250857	9139	456858	349366	16034	5628
广西							
海南							
重庆	1000			1000			
四川	7266	6528			738		
贵州							
云南	13490			12490	1000		
西藏							
陕西	420	92		328			
甘肃							
青海							
宁夏							
新疆	3501			3501			

3-4 续表 8

其他批发业 单位：万元

地 区	实收资本	国家资本	集体资本	法人资本	个人资本	港澳台资本	外商资本
全 国	**3051181**	**901843**	**98748**	**1217658**	**476321**	**265950**	**90662**
北 京	480246	218739	30921	171543	28373	23475	7195
天 津	210223	98309	25260	27681	40761	7074	11138
河 北	199807	189000	2248	6000	2559		
山 西	13008	609		2559	9840		
内蒙古	300				300		
辽 宁	10076			3376	6200		500
吉 林	6000	3000		500	2500		
黑龙江	2000		500		1500		
上 海	459887	41051	16082	192521	5542	162752	41939
江 苏	168459	7086	8105	77391	72785		3092
浙 江	145656	50	1500	123129	20977		
安 徽	49794	9482	42	19890	20380		
福 建	264038	147630		64851	51557		
江 西	10604			8053	2551		
山 东	173251	18707	1336	73769	54169	25270	
河 南	83113	21105	22	39338	22648		
湖 北	25781		77	14629	11075		
湖 南	28581	3180	536	16553	8311		
广 东	366251	97324	7428	121536	74249	38916	26798
广 西	5520			5019	501		
海 南							
重 庆	32620	400	2	14245	9510	8463	
四 川	12798	2750	59	3059	6931		
贵 州	28860	16237		12593	30		
云 南	138323	22843	800	107231	7450		
西 藏	2000			1000	1000		
陕 西	1912	205		5	1702		
甘 肃	10110				10110		
青 海							
宁 夏	107668			107000	668		
新 疆	14295	4136	3830	4187	2142		

3-5 大中型批发业企业

农、林、牧产品批发

地　区	主营业务收入	主营业务成本	主营业务税金及附加	主营业务利润	其他业务利润	销售费用
全　国	**57571810**	**54830021**	**114530**	**2627259**	**143025**	**1197924**
北　京	8875514	8460902	7471	407141	66562	112498
天　津	875860	856539	520	18801	192	37865
河　北	1000267	950689	734	48844	5339	22987
山　西	169107	155259	43	13805	291	8374
内蒙古	851987	981929	897	-130839	9201	51134
辽　宁	1723794	1630145	1127	92522	1175	49300
吉　林	1845195	1986598	1290	-142693	6586	107776
黑龙江	1942226	1845103	2889	94234	1717	87841
上　海	5196731	5124905	7146	64680	1790	40303
江　苏	3619519	3311022	11570	296927	811	95969
浙　江	955311	917937	2722	34652	4769	26084
安　徽	719451	665111	848	53492	113	27389
福　建	1084936	1030722	2091	52123	547	25031
江　西	281364	269431	324	11609	871	5578
山　东	3731686	3430604	15074	286008	4529	74434
河　南	3014193	2606539	30696	376958	5150	73540
湖　北	3341129	3230245	8623	102261	217	31852
湖　南	1075225	971450	6867	96908	13735	41194
广　东	6573194	6178170	3881	391143	5904	112332
广　西	415499	361812	3024	50663	1415	8255
海　南	7307	7083		224		22
重　庆	620632	579917	1464	39251	621	11685
四　川	907923	875763	1166	30994	3110	12008
贵　州	33164	30520	7	2637		719
云　南	218353	194330	165	23858	310	6709
西　藏						
陕　西	326919	309195	226	17498	7	4017
甘　肃	100456	95035	50	5371		2239
青　海	87179	86082	4	1093		129
宁　夏	38341	36934	10	1397	25	537
新　疆	7939348	7650050	3601	285697	8038	120123

分行业损益及分配

单位：万元

管理费用	财务费用	营业利润	利润总额	应交所得税	应付职工薪酬	应交增值税
1047681	**741582**	**1071041**	**1762117**	**168590**	**1151865**	**173774**
207634	173481	363951	399825	44596	141320	30107
11430	22968	-52714	829	633	10578	888
15032	5786	12741	18593	1630	8892	-4226
4332	702	5149	4262	4	2845	15
20676	27704	-42302	26379	1071	10343	-3478
25606	29753	5993	23300	2074	9401	-16817
29782	56437	-135256	22493	3760	31252	-6600
39506	27626	68521	96012	5206	31215	343
53968	42394	50600	67261	10633	36685	-1072
77107	24792	89627	120340	14033	60022	15285
28109	28066	-2687	21548	916	23379	1316
26337	9154	-2713	11447	880	20821	1964
28311	21235	-20559	12603	2666	15421	7585
8788	1968	-3483	2903	286	8506	419
68757	35407	219327	230716	14688	55246	43256
83770	56570	194986	224719	29419	58038	19458
29586	18272	39769	68979	2653	25484	5122
33623	8445	26046	34455	3351	24153	3090
104500	50693	166986	197054	13154	82098	13827
9951	15539	16849	25710	4512	6323	812
117		85	94		66	1
11479	1818	19737	17599	597	28498	1538
17342	11713	-4999	6846	753	19394	1297
1118	486	323	783		532	-262
8476	2217	6757	10486	101	4249	-639
4397	1377	8933	9356	163	3863	-451
1779	1443	-103	1753	10	1254	71
647	191	452	324		128	39
953	166	-170	585	27	545	-897
94568	65179	39195	104863	10774	431314	61783

3-5 续表 1

食品、饮料及烟草制品批发

地区	主营业务收入	主营业务成本	主营业务税金及附加	主营业务利润	其他业务利润	销售费用
全国	**337146154**	**267450033**	**18278665**	**51417456**	**1990140**	**18514505**
北京	20611120	17689443	339345	2582332	306045	1854121
天津	6175481	4887196	202380	1085905	775687	593119
河北	5861200	4356877	658834	845489	12476	214377
山西	4213750	3098435	420644	694671	12885	182821
内蒙古	2627594	1932483	321286	373825	606	87640
辽宁	5120352	3975504	482126	662722	2708	153462
吉林	2859766	2257666	254475	347625	7635	141317
黑龙江	3439973	2665243	314448	460282	11328	109781
上海	37028827	32014688	428988	4585151	449780	2975990
江苏	19160393	14715272	1183273	3261848	31642	1265279
浙江	20934474	16537282	1274500	3122692	58484	1221994
安徽	9550604	7246582	700948	1603074	5979	571690
福建	16099334	13594024	652253	1853057	15133	598980
江西	5179290	3716948	524250	938092	1529	167964
山东	17753050	14349992	1052155	2350903	33092	833317
河南	13995869	10623625	1099601	2272643	13358	492792
湖北	13945694	10422277	734992	2788425	26731	1075616
湖南	11270033	8475626	925558	1868849	13782	485106
广东	42062007	35188922	1640146	5232939	78315	2210130
广西	7200744	5951072	511477	738195	5046	159091
海南	2483741	2085671	180144	217926	1105	26373
重庆	11575342	9357239	822522	1395581	50700	344340
四川	13092500	9823051	990195	2279254	29575	848463
贵州	14489899	9293210	670209	4526480	8968	657141
云南	13308350	9523071	652055	3133224	2643	668086
西藏	597827	433995	78309	85523		17007
陕西	6861672	5404207	499431	958034	1107	271584
甘肃	2844591	2181272	252708	410611	11254	103506
青海	1082386	881250	76498	124638	147	40336
宁夏	1134594	927846	83958	122790	21866	23605
新疆	4585697	3840064	250957	494676	534	119477

单位：万元

管理费用	财务费用	营业利润	利润总额	应交所得税	应付职工薪酬	应交增值税
10263291	**-193842**	**25464601**	**26363179**	**5940002**	**11196577**	**10875137**
438447	56810	922858	934146	183025	781139	444768
126826	-20444	298975	319504	85720	152349	175226
212500	-18058	462394	469954	117493	227656	232557
164230	-23892	376367	378965	96884	144512	171265
102714	-23362	233562	242666	62152	97021	243810
176983	-22473	371044	383732	100160	174111	177400
94056	-8548	142793	142489	37122	127589	92640
148022	3671	203486	206919	53219	185118	124018
1263878	12131	1035077	1125669	229635	876637	421977
424211	-89560	1722855	1748609	422637	507384	820509
543134	-66033	1829152	1893448	406738	729475	702396
270581	-31105	875138	863229	210472	326736	407738
423898	28331	916679	934845	199014	420947	336377
202056	-22198	603631	653351	161333	151437	204118
631191	22519	923526	930371	208878	580807	442456
556596	11370	1214126	1211593	226916	550344	460819
531210	15348	1104290	1106862	260220	561266	388408
424143	30214	959403	996286	246429	382459	486476
1261358	40622	2103398	2209739	411851	1457290	889454
208172	42833	350635	362193	88441	220619	253007
50238	-17535	182418	184401	40710	53765	63524
362752	-3098	724030	786213	146444	369908	390327
413980	-13705	955170	1212296	295011	441540	533130
390928	-65364	3554308	3559381	902442	403651	885016
325763	-26241	2253293	2350679	511228	545199	582322
40973	-4059	32123	33574	3065	42969	270927
179968	6504	486629	470808	109015	214684	227671
104142	4334	200327	205135	44918	289760	95060
31982	-8091	69547	69162	11422	26421	66062
35826	-3509	94217	95784	14484	36470	55081
122533	-1254	263150	281176	52924	117314	230598

3-5 续表 2

纺织、服装及家庭用品批发

地 区	主营业务收入	主营业务成本	主营业务税金及附加	主营业务利润	其他业务利润	销售费用
全 国	**273480137**	**236810403**	**675726**	**35994008**	**795149**	**20828023**
北 京	45340781	40680422	63668	4596691	153555	2854169
天 津	4005128	3586530	7768	410830	2988	256925
河 北	1354394	1267229	1510	85655	4426	40430
山 西	587679	450935	866	135878	-87	100519
内蒙古	183171	144306	264	38601	1404	15755
辽 宁	1466880	1318787	3049	145044	4853	91359
吉 林	143286	125221	314	17751	183	9825
黑龙江	272193	262748	201	9244	1133	11062
上 海	43212279	31086497	158283	11967499	257706	7611661
江 苏	53914436	47539011	97383	6278042	110159	2743789
浙 江	35254612	31904258	43634	3306720	110285	1952704
安 徽	7125234	6153779	17858	953597	8796	797445
福 建	15168623	13733326	24132	1411165	37209	610012
江 西	851759	798151	1477	52131	397	30530
山 东	13386492	12601704	28739	756049	26415	415276
河 南	4738082	4374492	25776	337814	3667	103609
湖 北	3015088	2593592	8753	412743	5355	235806
湖 南	1759593	1566112	5404	188077	2753	120343
广 东	31836921	27400778	89803	4346340	41674	2476729
广 西	1059492	985551	1535	72406	2623	47977
海 南	184962	171626	306	13030	44	10997
重 庆	2825576	2659282	78540	87754	8553	89614
四 川	1563654	1427004	3095	133555	6158	77898
贵 州	236230	213319	563	22348	58	12259
云 南	194024	179113	239	14672		10905
西 藏						
陕 西	3276167	3137181	11438	127548	4123	62139
甘 肃	175945	158219	397	17329	27	11190
青 海	30132	29317		815		117
宁 夏	10531	9032	19	1480	1	679
新 疆	306793	252881	712	53200	691	26300

单位：万元

管理费用	财务费用	营业利润	利润总额	应交所得税	应付职工薪酬	应交增值税
8383055	**669187**	**8319413**	**8883607**	**1822568**	**7086880**	**3723222**
1466255	-44725	887461	929175	184413	1072225	362058
72531	7317	129210	155630	31114	143727	63871
17522	7638	36679	36808	5963	40337	6721
11924	2364	36620	36635	5299	16300	5016
25030	701	-3128	-2959	8	9175	1411
42691	7706	9323	11491	4374	36352	9728
3543	65	4221	3479	551	4142	1102
2686	-118	-2249	-2173	59	3503	1221
2120293	49147	2799636	2978806	630828	1930573	1107987
1818172	158497	1924202	1998053	445285	851451	728781
734324	231903	567115	605375	154228	878498	392688
96935	6151	69831	42275	-4125	163890	92182
348305	52135	478712	416968	85069	265109	86821
8710	-1087	15243	15869	3619	10247	6653
166086	69212	158590	185482	35883	173823	153800
51555	15308	178482	191525	31686	55270	44271
133182	4651	37379	43122	9721	74102	24800
38012	3636	29957	32519	4258	43880	31275
1092145	72106	784833	1024086	168815	1128096	515988
21821	8237	-8608	-7948	1620	22230	10925
1382	141	615	940	365	5175	1996
35883	7515	84411	84445	12651	32690	26356
24707	4172	35300	37972	2661	51532	23812
2452	272	7437	7472	1624	6691	2305
4031	1647	-110	-59	115	7268	1787
25751	1167	42613	42707	5512	44880	11867
3791	557	1923	1949	451	5558	2590
382	257	59	102	18	162	-120
317	-9	494	494	126	238	118
12637	2624	13162	13367	377	9756	5212

3-5 续表 3

文化、体育用品及器材批发

地　区	主营业务收入	主营业务成本	主营业务税金及附加	主营业务利润	其他业务利润	销售费用
全　国	**70532804**	**63806374**	**167877**	**6558553**	**685538**	**3433841**
北　京	13517332	12300118	29492	1187722	176386	704546
天　津	1182735	1063994	1170	117571	1988	26316
河　北	770053	610260	1292	158501		7160
山　西	409843	374228	561	35054	418	13205
内蒙古	52182	45978	42	6162		2785
辽　宁	401050	361128	917	39005	2896	24170
吉　林	80748	68285	339	12124	74	3784
黑龙江	71145	48292	5	22848	45	990
上　海	11643240	10182098	32819	1428323	18012	843817
江　苏	4032378	3586527	11326	434525	88945	203719
浙　江	4758648	4413426	4628	340594	7409	165970
安　徽	2182681	2072734	1256	108691	1685	40750
福　建	1831822	1665505	8722	157595	3509	41321
江　西	192079	179077	92	12910		2485
山　东	4623704	4276990	6242	340472	14155	134517
河　南	1480491	1343411	6536	130544	15594	40898
湖　北	1462410	1308495	4431	149484	9817	54834
湖　南	1088765	981075	2150	105540	88	38783
广　东	17083531	15631148	50427	1401956	336662	905602
广　西	340969	310788	765	29416	912	16753
海　南	41556	36204	4	5348	746	3404
重　庆	691441	576645	2421	112375	1975	64417
四　川	866560	819305	922	46333	758	23889
贵　州	159249	129663	1	29585		6102
云　南	702836	646197	446	56193	415	23634
西　藏	13179	11464		1715		472
陕　西	397194	367706	482	29006	471	14055
甘　肃	200796	176791	198	23807		7572
青　海	23812	14848	15	8949	1627	5501
宁　夏	21645	18612	1	3032	117	861
新　疆	208730	185382	175	23173	834	11529

单位：万元

管理费用	财务费用	营业利润	利润总额	应交所得税	应付职工薪酬	应交增值税
1640911	**228658**	**2238199**	**2319984**	**424993**	**1941524**	**588930**
368215	34801	360295	363817	97780	461692	95057
22421	1991	-3493	-2950	2474	18341	2807
17270	864	69929	70018	1303	12923	6103
13061	-271	14776	14783	4743	4168	652
4673	-673	1904	2054		1800	
12518	1518	8561	9669	1776	18893	1273
9716	-317	4027	4581	1356	8835	98
4841	13	693	956	18	1226	6
251570	24304	433270	461164	129239	400404	137092
104674	22153	193171	207576	23342	106989	58639
86116	22597	120299	120880	14114	85569	29818
18787	24151	151402	154053	642	16870	3145
43185	11808	82560	83554	12795	27965	9090
2941	-124	7608	7856	7	2416	41
111537	81	93579	104327	6939	116997	8878
16326	6455	53532	54888	5826	18186	8227
44155	2286	70538	72898	5637	54572	14496
27005	-14079	62358	62267	3589	31860	9048
398578	78738	367762	377407	94936	439892	178789
9133	1915	972	720	502	7710	136
2153	2	928	1203		3260	7
14615	1099	38966	39842	7535	37322	21475
10457	10092	23740	25500	3370	13064	3076
4438	610	18430	18424		6310	3
6012	-1372	48172	49875	4695	13086	770
658	-21	607	593	81	356	
9597	81	5746	6041	619	8374	1302
14274	344	1342	1609	27	2773	-1762
4592	-60	601	727	182	7728	85
1678	-29	590	663		1268	8
5715	-299	5334	4989	1466	10675	571

3-5 续表 4

医药及医疗器材批发

地 区	主营业务收入	主营业务成本	主营业务税金及附加	主营业务利润	其他业务利润	销售费用
全 国	**222164252**	**195265735**	**573507**	**26325010**	**1337194**	**14507309**
北 京	19243681	16455115	57048	2731518	286394	1476558
天 津	4188633	3744214	9728	434691	16832	224048
河 北	6868085	6382903	11523	473659	8976	189752
山 西	2274009	2022484	5770	245755	8398	145789
内蒙古	1062783	917700	3549	141534	867	50886
辽 宁	4749408	4334849	9333	405226	11806	152760
吉 林	2256894	1821576	8546	426772	861	249337
黑龙江	1392180	1259932	2980	129268	978	51053
上 海	26945173	22020363	58107	4866703	401432	2916025
江 苏	18259321	15587713	55582	2616026	285718	2032994
浙 江	14371765	12954329	28416	1389020	69530	720201
安 徽	8944013	8209139	21264	713610	15786	362227
福 建	3778495	3521891	7743	248861	2815	89147
江 西	5662742	4682329	22211	958202	3377	621831
山 东	12991007	11388709	41796	1560502	11126	804261
河 南	11100988	10157074	29862	914052	46671	337497
湖 北	13386359	12131171	36505	1218683	7967	485130
湖 南	4780978	4310868	20388	449722	11520	180145
广 东	28199199	25203861	61429	2933909	54726	1613717
广 西	2041696	1774755	6305	260636	2586	143976
海 南	1425639	933676	7893	484070	12713	411619
重 庆	5506452	5023827	13668	468957	22532	193363
四 川	8383549	7554239	20515	808795	21561	383694
贵 州	2450436	2179599	5394	265443	1807	92649
云 南	4173064	3731707	9962	431395	18141	248583
西 藏	300755	168782	2650	129323	62	98455
陕 西	4047011	3732112	7479	307420	3583	96334
甘 肃	1406808	1287411	2689	116708	5373	54077
青 海	221716	202436	371	18909	6	6235
宁 夏	414292	374803	832	38657	1924	18451
新 疆	1337121	1196168	3969	136984	1126	56515

单位：万元

管理费用	财务费用	营业利润	利润总额	应交所得税	应付职工薪酬	应交增值税
5671414	**1211471**	**6778388**	**6956983**	**1521062**	**6068509**	**4445638**
651005	97068	959826	941272	241712	836977	375675
96652	40086	90643	93115	26621	83586	58502
121885	47232	115363	103705	31376	143011	114296
93665	21407	31720	30090	8644	110489	40683
26579	6236	59044	59741	9067	18669	11121
97614	36182	129432	127975	26999	56387	55616
45413	15468	119675	137928	29176	38753	43637
29138	6734	47998	42796	5007	14486	14999
1126714	21787	1165213	1212112	306607	1450521	452329
400878	91332	386907	389541	109376	650340	400570
284974	74267	401239	412991	96482	287693	279461
166308	44131	169254	180169	34398	85222	166876
67095	22494	81373	75557	15878	67607	30908
155250	26167	154696	169171	25522	179407	186213
319364	95435	385967	423511	82402	246154	721353
200341	98201	328976	316516	62295	130654	188675
293208	132994	318371	387929	87459	277151	188662
109700	34406	131091	133537	23103	84805	79055
678028	135498	844356	849932	155532	621195	442643
64500	10705	42987	35843	6974	41547	51999
49359	-6935	41351	42648	11939	74450	48275
116914	32061	163026	175078	21673	136883	81717
186145	31650	215876	210026	39758	149946	150887
54802	17302	97043	97628	21982	39050	52539
75259	20156	97504	98618	15262	89835	95813
4427	-52	26534	35722	3213	15514	20775
68511	32493	91693	92287	8812	59824	38483
35390	14529	20301	19284	5036	27849	15724
6365	1598	6788	6710	480	5429	3340
8943	3384	8214	8148	1545	8542	5103
36988	7455	45927	47403	6732	36533	29709

3-5 续表 5

矿产品、建材及化工产品批发

地 区	主营业务收入	主营业务成本	主营业务税金及附加	主营业务利润	其他业务利润	销售费用
全 国	**1565395726**	**1516206230**	**1679898**	**47509598**	**1694780**	**19731078**
北 京	175336991	170382752	130253	4823986	281444	1934994
天 津	103782782	102090540	65159	1627083	99614	596327
河 北	24005891	23054178	22122	929591	40035	418842
山 西	43788062	42414950	69247	1303865	115491	698917
内蒙古	15560395	14586679	40675	933041	74441	472535
辽 宁	63092249	62061200	39712	991337	113262	614513
吉 林	5942973	5727695	9837	205441	2599	147588
黑龙江	14719816	14324449	9978	385389	29846	285201
上 海	246459842	239969566	123184	6367092	199799	2218902
江 苏	102539800	99070435	104226	3365139	38860	1222653
浙 江	127081282	123870692	83547	3127043	183068	1272605
安 徽	13049286	12252050	17785	779451	6881	225554
福 建	70727318	68284835	77491	2364992	85294	1146369
江 西	7841800	7225549	25672	590579	6292	230951
山 东	80222101	77105852	152111	2964138	82408	1123860
河 南	23538439	22102735	69527	1366177	34204	462250
湖 北	38943638	37501972	47815	1393851	20293	658471
湖 南	10360282	9707880	71626	580776	3000	187446
广 东	169097995	163478834	148476	5470685	117722	2167893
广 西	20630066	19882785	28471	718810	23275	346339
海 南	10425659	10026873	2708	396078	5357	56184
重 庆	16498131	15562014	32272	903845	10132	293412
四 川	23682706	22815741	30556	836409	19009	391292
贵 州	8730423	8150651	41096	538676	3764	157362
云 南	25506356	24831289	27381	647686	18705	306189
西 藏	9480	12139	2	-2661		3121
陕 西	55473299	53447763	91335	1934201	39424	1054570
甘 肃	22688474	22187556	11092	489826	3859	228054
青 海	4900627	4486658	79029	334940	95	107796
宁 夏	6172032	6054085	2820	115127	7075	100530
新 疆	34587531	33535833	24693	1027005	29532	600358

单位：万元

管理费用	财务费用	营业利润	利润总额	应交所得税	应付职工薪酬	应交增值税
9134394	**7243602**	**16234069**	**16972819**	**3141568**	**9070157**	**9606278**
1215930	993281	1923712	2094111	285588	1187666	682238
259167	767583	529170	547477	160801	199985	300014
150155	111297	286762	271121	46789	134112	159220
410012	356565	-43912	88819	42116	317830	1393716
104007	86161	-23433	-30879	33057	70785	358733
181802	149715	61132	46969	47138	231284	153344
8008	28215	29587	27992	4132	70184	56823
56723	60071	-8352	-14764	14196	154185	223072
1419418	743747	2623267	2731978	572174	1283785	381945
715995	464589	1381050	1435855	346657	490707	529683
729127	745444	1748229	1946193	270735	628987	621826
88905	48298	206022	242097	12555	111432	59325
345274	326664	982665	1180326	165569	381090	230350
88366	35061	156008	147680	26077	176328	152238
537550	369741	965241	978516	203542	554614	444034
250788	132724	497011	484492	80744	207945	190109
223216	69181	471202	463098	98757	301322	244385
123594	65419	204366	199082	20228	61399	107590
1166461	549790	2146372	2184394	439281	1144432	1149869
172326	88558	156594	172515	26630	150546	199140
23357	182757	151066	167728	40959	21556	15239
122262	102187	461232	438640	35808	121577	138211
105027	141118	-402036	-407646	9047	179071	47512
83885	78043	232854	246909	21757	100773	234169
134634	146289	90963	64724	26303	112913	64744
1081	41	-6441	-6440		71	
182206	185364	840760	746996	62014	255087	523808
85083	46371	144481	148198	7990	134312	511673
30743	1132	209141	162373	1176	37025	19649
13542	54924	-49890	-48130	2596	37416	69809
105750	113272	269246	262395	37152	211738	343810

3-5 续表 6

机械设备、五金产品及电子产品批发

地　区	主营业务收入	主营业务成本	主营业务税金及附加	主营业务利润	其他业务利润	销售费用
全　国	**553438976**	**506770831**	**1163329**	**45504816**	**2095883**	**23853055**
北　京	104939253	94206192	241523	10491538	895957	4943735
天　津	12974598	11989678	255815	729105	15994	382923
河　北	9450125	9093773	10130	346222	1975	241504
山　西	1453518	1347982	1293	104243	4579	36807
内蒙古	371396	329795	1240	40361	6311	18315
辽　宁	2871518	2616794	4743	249981	1136	90445
吉　林	2276416	2038183	5360	232873	919	161709
黑龙江	782129	700975	7503	73651	4155	24646
上　海	182226971	164763273	260374	17203324	383574	9503455
江　苏	22204202	20443578	34608	1726016	37840	697921
浙　江	34675079	32962484	25594	1687001	46973	1005468
安　徽	5190436	4931632	5213	253591	9787	133007
福　建	5221157	4803373	10943	406841	5951	107329
江　西	3560857	3371940	3853	185064	6984	152273
山　东	10315995	9372572	29823	913600	6718	353807
河　南	8628047	8167604	20447	439996	1388	248034
湖　北	9859224	8975804	24942	858478	30661	648784
湖　南	7040648	6354805	22218	663625	3832	473956
广　东	99666836	92206139	154311	7306386	567210	3748146
广　西	1716147	1577224	3405	135518	4178	65047
海　南	250502	230330	192	19980	347	21551
重　庆	11824019	11221905	18187	583927	14628	357681
四　川	6946968	6558115	8671	380182	34466	206711
贵　州	919876	858290	1226	60360	2331	30181
云　南	1192361	1087130	4407	100824	1964	49324
西　藏	19866	16941	88	2837		949
陕　西	3284813	3155094	3268	126451	3886	51114
甘　肃	1268400	1203467	1089	63844	1214	36108
青　海	58662	51954	102	6606	362	2396
宁　夏	160388	151891	211	8286	1158	6413
新　疆	2088569	1981914	2550	104105	-595	53316

单位：万元

管理费用	财务费用	营业利润	利润总额	应交所得税	应付职工薪酬	应交增值税
9147292	**1376299**	**15907997**	**16355559**	**3646884**	**9079697**	**6473726**
2681161	163567	5188414	5237968	1208992	2608820	1589522
208914	113630	167013	179898	49482	182833	576382
47078	714	125634	145797	21110	52149	82295
13062	1893	69071	65213	16906	16318	9148
13220	6376	19553	21427	687	12109	16017
60191	50697	225476	221624	12720	48424	31287
19855	2578	50647	48283	15642	19873	31234
24288	4583	28645	30513	7488	11567	3951
2476947	193212	5783893	6112108	1359490	2981701	1635985
319909	173124	718955	739117	130957	305602	297416
360553	96799	362958	371047	87298	370967	690807
62374	6550	55735	59882	14201	44547	8195
134024	15837	156163	158219	28069	108172	52329
52851	-726	-12761	-2274	4182	44259	15368
187759	93394	285528	293819	56868	208125	68396
68791	20089	113270	112098	27395	87085	43345
234199	19799	15961	43717	30277	91457	148806
96490	3012	91877	90865	15850	67801	100393
1901772	279008	1993961	2000257	480962	1388261	860195
28660	3533	46066	49293	8318	38209	15474
6355	-168	-7372	-7306	371	5145	878
78693	28301	128282	141784	31535	84067	92729
-39657	40129	226553	153017	16830	184002	41804
13628	5166	8737	10905	2916	25901	7476
21931	18333	22702	25094	3612	21948	21544
839	153	1104	1430	85	1231	769
36656	8969	25319	27485	7305	34301	10705
10189	6297	8336	7704	2126	9881	12287
1828	1752	1988	2151	63	1239	167
3900	1298	-2166	-860	57	2847	590
20832	18400	8455	15284	5090	20856	8232

3-5 续表 7

贸易经纪与代理

地　区	主营业务收入	主营业务成本	主营业务税金及附加	主营业务利润	其他业务利润	销售费用
全　国	**38401377**	**36825414**	**38057**	**1537906**	**100364**	**560998**
北　京	5485351	5044074	12070	429207	72537	113923
天　津	1271211	1201351	1458	68402	10825	79770
河　北	123038	119622	8	3408	6	2791
山　西						
内蒙古						
辽　宁	132828	115151	207	17470	1	8470
吉　林						
黑龙江	5069	2125	35	2909		321
上　海	2257350	2064894	7606	184850	7431	102590
江　苏	1878550	1811729	610	66211	803	24072
浙　江	383839	368020	103	15716	3	10528
安　徽	335476	317761	183	17532		1277
福　建	1124355	1090660	1722	31973	2224	13678
江　西	45217	41924	74	3219		1238
山　东	571007	508010	2902	60095	102	26027
河　南						
湖　北	12097	10665	1	1431		801
湖　南	29970	18732	2099	9139		1499
广　东	21527045	20965674	7687	553684	5422	141258
广　西						
海　南						
重　庆	74467	73097	875	495		60
四　川	18158	15874	7	2277		1734
贵　州						
云　南	3070829	3005817	369	64643		28154
西　藏						
陕　西	36480	32408	1	4071		2546
甘　肃						
青　海						
宁　夏						
新　疆	19040	17826	40	1174	1010	261

单位：万元

管理费用	财务费用	营业利润	利润总额	应交所得税	应付职工薪酬	应交增值税
445769	**240933**	**666461**	**689960**	**116343**	**387482**	**172061**
114687	-51629	466233	472644	53809	117632	39137
19580	2581	32933	36295	708	37562	3401
718	668	-762	-595		568	
8932	129	728	1533	588	9032	1462
561	-80	2105	2091	753	432	276
77844	-3558	19230	17938	21232	80432	12633
15844	22628	9342	10122	2326	11626	1038
5680	1261	-1985	-134	328	2975	-391
538	1208	13545	13861	2463	781	87
6752	5045	20042	21370	5331	9151	7414
525	96	1360	1535	362	509	691
5061	9039	18512	18741	5029	5763	11826
603	107	-80	-63	20	513	1
1799	1645	4197	4197	3	85	124
182976	227841	55558	63580	16995	105216	90092
428	3	5	7		338	848
583	-67	433	530	133	1313	3087
1644	23517	23967	25020	6255	2850	149
431	-183	1311	1418	4	515	123
583	682	-213	-130	4	189	63

3-5 续表 8

其他批发业

地　区	主营业务收入	主营业务成本	主营业务税金及附加	主营业务利润	其他业务利润	销售费用
全　国	**51917828**	**48624515**	**181653**	**3111660**	**52402**	**1255350**
北　京	4308876	3759128	5647	544101	11667	130830
天　津	4306816	4246410	26183	34223	3259	27231
河　北	3229497	3174594	2467	52436	367	1772
山　西	96837	86697	225	9915	160	5571
内蒙古	8225	6742	17	1466		936
辽　宁	176227	161321	466	14440		5856
吉　林	179456	165342	404	13710	1	3660
黑龙江	184694	174865	175	9654	211	3603
上　海	7548148	6636216	11424	900508	10801	552568
江　苏	2913223	2708668	19569	184986	1276	52373
浙　江	3585824	3445151	7173	133500	441	31358
安　徽	1411673	1292073	47914	71686	851	25515
福　建	9455265	9292880	7299	155086	6802	77680
江　西	210463	200017	2243	8203	12	3053
山　东	3080283	2971820	8484	99979	2004	27034
河　南	1283682	1079001	11463	193218	137	64844
湖　北	249130	223681	1828	23621		6565
湖　南	399485	342415	7159	49911	336	15128
广　东	5454947	5058885	9720	386342	8731	157729
广　西	266005	258245	325	7435		1394
海　南						
重　庆	668522	605966	4917	57639	443	12005
四　川	347589	328276	1180	18133	101	5642
贵　州	130922	117749	428	12745		4309
云　南	1973788	1864888	2369	106531	2902	32437
西　藏	6150	5210	24	916		686
陕　西	83375	73499	1982	7894		1705
甘　肃	11755	9089	34	2632		1368
青　海						
宁　夏	240488	237672	95	2721	762	1054
新　疆	106483	98015	439	8029	1138	1444

单位：万元

管理费用	财务费用	营业利润	利润总额	应交所得税	应付职工薪酬	应交增值税
861196	**309053**	**1084783**	**1277866**	**246832**	**651900**	**795859**
155287	57044	282871	289535	61213	121503	-37500
37033	9425	-32481	71326	18076	30412	199199
10770	52479	64168	65574	11679	3997	10302
3923	77	502	494	643	2307	1916
448	5	78	76		354	102
4911	10580	-6908	-6895	359	2177	1348
2343	100	7987	7917	1908	1114	3340
1020	163	5063	5048	328	854	1428
271568	-2495	224562	251011	60660	193018	77516
38775	12914	87662	91866	18305	28905	122942
33621	12759	68332	81751	7349	22538	120362
32364	83	19752	38582	9108	22247	73636
26993	67781	8846	15244	-828	27570	15667
2189	595	8040	4358	134	2018	5681
27079	4726	39651	41376	5495	24068	49085
20687	18588	77447	82491	9316	9923	40923
5305	2133	9742	9427	1671	4610	3857
14502	5108	15663	17459	1222	8209	3744
117392	29423	103207	100984	18692	87304	59696
955	315	5146	5157	45	728	1607
9067	2890	34149	40242	2867	7089	15632
4569	1123	6705	6745	1346	5040	9440
5266	1439	4369	4389	984	5474	965
24470	458	65048	67969	14907	34413	11302
3	81	146	146		156	-55
3375	261	3067	3068	276	2228	1805
1037	11	216	207	35	330	10
2178	19840	-20866	-20284	148	1173	31
4066	1147	2619	2603	894	2141	1878

3-6 大中型批发业企业分行业经济效益指标

农、林、牧产品批发

地　区	负债率 (%)	主营业务毛利率 (%)	人均主营业务收入 (万元)	费用率 (%)
全　国	**68.7**	**4.8**	**467.8**	**5.2**
北　京	59.2	4.7	1941.7	5.6
天　津	79.5	2.2	768.3	8.3
河　北	65.6	5.0	507.0	4.4
山　西	63.7	8.2	241.9	7.9
内蒙古	91.6	-15.3	462.8	11.7
辽　宁	84.9	5.4	863.2	6.1
吉　林	96.0	-7.7	252.8	10.5
黑龙江	86.4	5.0	329.4	8.0
上　海	50.8	1.4	2749.6	2.6
江　苏	62.6	8.5	291.6	5.5
浙　江	75.0	3.9	331.1	8.6
安　徽	60.9	7.6	185.7	8.7
福　建	76.8	5.0	437.7	6.9
江　西	63.5	4.2	115.5	5.8
山　东	60.5	8.1	345.6	4.8
河　南	66.5	13.5	206.3	7.1
湖　北	62.0	3.3	567.5	2.4
湖　南	47.6	9.7	202.5	7.7
广　东	36.3	6.0	480.4	4.1
广　西	76.6	12.9	244.8	8.1
海　南	41.8	3.1	235.7	1.9
重　庆	57.6	6.6	411.6	4.0
四　川	71.0	3.5	541.1	4.5
贵　州	88.1	8.0	235.2	7.0
云　南	53.7	11.0	166.0	8.0
西　藏				
陕　西	67.1	5.4	352.7	3.0
甘　肃	50.7	5.4	374.8	5.4
青　海	75.7	1.3	1453.0	1.1
宁　夏	54.9	3.7	304.3	4.3
新　疆	86.1	3.6	581.9	3.5

注：费用率等于销售费用、管理费用、财务费用三项之和除以主营业务收入(下表同)。

3-6 续表 1

食品、饮料及烟草制品批发

地　区	负债率 (%)	主营业务毛利率 (%)	人均主营业务收入 (万元)	费用率 (%)
全　国	**51.6**	**20.7**	**397.5**	**8.5**
北　京	73.3	14.2	370.7	11.4
天　津	59.1	20.9	597.6	11.3
河　北	37.8	25.7	380.4	7.0
山　西	40.8	26.5	348.8	7.7
内蒙古	43.0	26.5	400.2	6.4
辽　宁	38.2	22.4	355.7	6.0
吉　林	56.1	21.1	459.0	7.9
黑龙江	67.4	22.5	489.9	7.6
上　海	60.6	13.5	596.9	11.5
江　苏	52.7	23.2	405.6	8.4
浙　江	50.3	21.0	392.9	8.1
安　徽	48.4	24.1	379.1	8.5
福　建	41.5	15.6	409.5	6.5
江　西	36.9	28.2	360.8	6.7
山　东	51.6	19.2	352.4	8.4
河　南	40.1	24.1	313.0	7.6
湖　北	54.1	25.3	330.8	11.6
湖　南	51.5	24.8	349.8	8.3
广　东	58.1	16.3	300.6	8.3
广　西	67.6	17.4	421.5	5.7
海　南	20.8	16.0	1051.5	2.4
重　庆	40.6	19.2	552.8	6.1
四　川	53.5	25.0	349.0	9.5
贵　州	40.4	35.9	580.9	6.8
云　南	30.6	28.4	524.9	7.3
西　藏	23.3	27.4	816.7	9.0
陕　西	33.0	21.2	398.8	6.7
甘　肃	29.2	23.3	346.1	7.5
青　海	24.5	18.6	615.3	5.9
宁　夏	19.4	18.2	514.3	4.9
新　疆	44.8	16.3	404.1	5.3

3-6 续表 2

纺织、服装及家庭用品批发

地　区	负债率 (%)	主营业务毛利率 (%)	人均主营业务收入 (万元)	费用率 (%)
全　国	**77.0**	**13.4**	**396.6**	**10.9**
北　京	86.0	10.3	594.9	9.4
天　津	75.7	10.5	207.8	8.4
河　北	81.6	6.4	357.7	4.8
山　西	22.6	23.3	117.8	19.5
内蒙古	93.2	21.2	259.8	22.6
辽　宁	77.9	10.1	235.1	9.7
吉　林	88.9	12.6	194.9	9.4
黑龙江	98.9	3.5	257.8	5.0
上　海	67.1	28.1	357.9	22.6
江　苏	79.3	11.8	632.2	8.8
浙　江	76.7	9.5	351.8	8.3
安　徽	102.5	13.6	478.1	12.6
福　建	62.5	9.5	497.7	6.7
江　西	89.6	6.3	459.4	4.5
山　东	87.9	5.9	528.3	4.9
河　南	72.5	7.7	318.7	3.6
湖　北	93.0	14.0	301.7	12.4
湖　南	85.2	11.0	234.1	9.2
广　东	73.4	13.9	244.8	11.4
广　西	76.1	7.0	224.5	7.4
海　南	88.1	7.2	199.1	6.8
重　庆	80.9	5.9	446.4	4.7
四　川	70.0	8.7	244.1	6.8
贵　州	86.1	9.7	202.1	6.3
云　南	100.4	7.7	153.3	8.5
西　藏				
陕　西	86.8	4.2	303.7	2.7
甘　肃	73.3	10.1	133.9	8.8
青　海	77.5	2.7	717.4	2.5
宁　夏	90.4	14.2	224.1	9.4
新　疆	71.7	17.6	132.5	13.5

3-6 续表 3

文化、体育用品及器材批发

地 区	负债率(%)	主营业务毛利率(%)	人均主营业务收入(万元)	费用率(%)
全 国	**67.3**	**9.5**	**408.1**	**7.5**
北 京	69.5	9.0	464.8	8.2
天 津	50.7	10.0	557.1	4.3
河 北	62.2	20.8	575.5	3.3
山 西	64.0	8.7	463.1	6.3
内蒙古	56.3	11.9	157.2	13.0
辽 宁	65.7	10.0	195.0	9.5
吉 林	67.8	15.4	91.7	16.3
黑龙江	72.3	32.1	399.7	8.2
上 海	61.4	12.5	663.2	9.6
江 苏	49.0	11.1	349.3	8.2
浙 江	71.8	7.3	468.0	5.8
安 徽	57.9	5.0	1222.8	3.8
福 建	60.2	9.1	593.0	5.3
江 西	54.2	6.8	389.6	2.8
山 东	80.6	7.5	357.8	5.3
河 南	51.7	9.3	251.9	4.3
湖 北	69.9	10.5	268.1	6.9
湖 南	71.5	9.9	406.4	4.7
广 东	71.3	8.5	342.7	8.1
广 西	60.1	8.9	582.9	8.2
海 南	28.7	12.9	143.8	13.4
重 庆	72.4	16.6	121.5	11.6
四 川	91.0	5.5	469.4	5.1
贵 州	80.5	18.6	420.2	7.0
云 南	69.7	8.1	250.5	4.0
西 藏	52.7	13.0	143.3	8.4
陕 西	61.1	7.4	361.4	6.0
甘 肃	62.9	12.0	271.7	11.1
青 海	79.9	37.6	89.9	42.1
宁 夏	55.3	14.0	181.9	11.6
新 疆	72.1	11.2	326.7	8.1

3-6 续表 4

医药及医疗器材批发

地　区	负债率 (%)	主营业务毛利率 (%)	人均主营业务收入 (万元)	费用率 (%)
全　国	**73.2**	**12.1**	**360.3**	**9.6**
北　京	66.3	14.5	423.6	11.6
天　津	76.2	10.6	555.7	8.6
河　北	83.9	7.1	373.4	5.2
山　西	83.6	11.1	234.9	11.5
内蒙古	76.2	13.7	272.5	7.9
辽　宁	77.4	8.7	467.8	6.0
吉　林	82.4	19.3	309.1	13.7
黑龙江	80.5	9.5	479.6	6.2
上　海	67.4	18.3	449.1	15.1
江　苏	80.8	14.6	337.8	13.8
浙　江	66.1	9.9	442.3	7.5
安　徽	77.1	8.2	476.1	6.4
福　建	70.7	6.8	363.4	4.7
江　西	79.2	17.3	212.1	14.2
山　东	78.4	12.3	365.9	9.4
河　南	85.0	8.5	350.0	5.7
湖　北	68.5	9.4	327.2	6.8
湖　南	77.9	9.8	287.9	6.8
广　东	69.6	10.6	382.0	8.6
广　西	80.6	13.1	207.2	10.7
海　南	66.3	34.5	153.2	31.8
重　庆	67.4	8.8	360.7	6.2
四　川	75.8	9.9	292.8	7.2
贵　州	75.3	11.1	331.6	6.7
云　南	70.4	10.6	295.6	8.2
西　藏	81.1	43.9	154.1	34.2
陕　西	87.0	7.8	386.5	4.9
甘　肃	67.8	8.5	252.3	7.4
青　海	76.9	8.7	199.9	6.4
宁　夏	79.2	9.5	296.6	7.4
新　疆	70.9	10.5	256.3	7.6

3-6 续表 5

矿产品、建材及化工产品批发

地区	负债率(%)	主营业务毛利率(%)	人均主营业务收入(万元)	费用率(%)
全国	**72.3**	**3.1**	**1923.7**	**2.3**
北京	69.2	2.8	3297.6	2.4
天津	79.5	1.6	5102.4	1.6
河北	80.4	4.0	997.3	2.8
山西	80.2	3.1	1817.0	3.3
内蒙古	76.2	6.3	1756.1	4.3
辽宁	81.0	1.6	3290.5	1.5
吉林	105.4	3.6	1092.9	3.1
黑龙江	85.6	2.7	1170.8	2.7
上海	69.4	2.6	4848.7	1.8
江苏	80.3	3.4	1988.4	2.3
浙江	72.7	2.5	2440.7	2.2
安徽	70.5	6.1	862.5	2.8
福建	64.1	3.5	2420.6	2.6
江西	74.7	7.9	320.5	4.5
山东	75.4	3.9	1038.2	2.5
河南	71.8	6.1	575.2	3.6
湖北	63.5	3.7	1009.9	2.4
湖南	71.6	6.3	993.5	3.6
广东	72.4	3.3	1593.0	2.3
广西	59.4	3.6	1108.9	2.9
海南	61.4	3.8	5974.6	2.5
重庆	69.7	5.7	1011.3	3.1
四川	84.6	3.7	1051.0	2.7
贵州	75.3	6.6	989.8	3.7
云南	67.6	2.6	1737.8	2.3
西藏				
陕西	69.3	3.7	1816.4	2.6
甘肃	39.6	2.2	4256.7	1.6
青海	58.3	8.4	806.8	2.9
宁夏	80.2	1.9	1346.4	2.7
新疆	69.1	3.0	1726.5	2.4

3-6 续表 6

机械设备、五金产品及电子产品批发

地　区	负债率(%)	主营业务毛利率(%)	人均主营业务收入(万元)	费用率(%)
全　国	**72.7**	**8.4**	**911.9**	**6.2**
北　京	63.9	10.2	1107.9	7.4
天　津	77.4	7.6	1139.2	5.4
河　北	79.1	3.8	518.4	3.1
山　西	88.0	7.3	450.0	3.6
内蒙古	79.8	11.2	234.3	10.2
辽　宁	78.4	8.9	492.7	7.0
吉　林	76.1	10.5	1212.8	8.1
黑龙江	74.3	10.4	351.2	6.8
上　海	71.8	9.6	1571.3	6.7
江　苏	67.3	7.9	643.8	5.4
浙　江	77.6	4.9	865.1	4.2
安　徽	87.9	5.0	640.0	3.9
福　建	68.1	8.0	379.6	4.9
江　西	100.0	5.3	583.5	5.7
山　东	76.6	9.1	355.9	6.2
河　南	80.4	5.3	562.1	3.9
湖　北	90.4	9.0	1087.5	9.2
湖　南	84.9	9.7	856.3	8.1
广　东	80.7	7.5	724.9	5.9
广　西	76.4	8.1	266.6	5.7
海　南	84.3	8.1	456.3	11.1
重　庆	79.9	5.1	1075.0	3.9
四　川	93.1	5.6	519.1	3.0
贵　州	76.0	6.7	211.3	5.3
云　南	75.8	8.8	403.0	7.5
西　藏	45.3	14.7	71.0	9.8
陕　西	84.1	3.9	772.9	2.9
甘　肃	89.1	5.1	569.3	4.1
青　海	81.1	11.4	190.5	10.2
宁　夏	96.1	5.3	362.0	7.2
新　疆	80.8	5.1	524.2	4.4

3-6 续表 7

贸易经纪与代理

地　区	负债率 (%)	主营业务毛利率 (%)	人均主营业务收入 (万元)	费用率 (%)
全　国	**85.5**	**4.1**	**1359.1**	**3.2**
北　京	82.0	8.0	1509.5	3.2
天　津	93.1	5.5	813.8	8.0
河　北	94.5	2.8	809.5	3.4
山　西				
内蒙古				
辽　宁	51.8	13.3	87.4	13.2
吉　林				
黑龙江	45.3	58.1	97.5	15.8
上　海	80.4	8.5	653.5	7.8
江　苏	79.9	3.6	1249.9	3.3
浙　江	89.5	4.1	658.4	4.6
安　徽	91.6	5.3	4356.8	0.9
福　建	75.1	3.0	689.8	2.3
江　西	71.3	7.3	373.7	4.1
山　东	82.0	11.0	311.9	7.0
河　南				
湖　北	59.1	11.8	198.3	12.5
湖　南	45.8	37.5	1362.3	16.5
广　东	89.3	2.6	1867.7	2.6
广　西				
海　南				
重　庆	84.2	1.8	979.8	0.7
四　川	49.1	12.6	176.3	12.4
贵　州				
云　南	91.7	2.1	17547.6	1.7
西　藏				
陕　西	93.2	11.2	304.0	7.7
甘　肃				
青　海				
宁　夏				
新　疆	86.3	6.4	346.2	8.0

3-6 续表 8

其他批发业

地区	负债率(%)	主营业务毛利率(%)	人均主营业务收入(万元)	费用率(%)
全国	**78.2**	**6.3**	**872.3**	**4.7**
北京	87.6	12.8	885.1	8.0
天津	80.6	1.4	1631.4	1.7
河北	76.1	1.7	5549.0	2.0
山西	68.1	10.5	305.5	9.9
内蒙古	103.0	18.0	186.9	16.9
辽宁	100.4	8.5	434.1	12.1
吉林	81.0	7.9	550.5	3.4
黑龙江	124.7	5.3	1003.8	2.6
上海	73.3	12.1	782.4	10.9
江苏	63.0	7.0	661.8	3.6
浙江	71.8	3.9	1270.7	2.2
安徽	78.6	8.5	556.4	4.1
福建	75.1	1.7	5565.2	1.8
江西	65.9	5.0	457.5	2.8
山东	72.7	3.5	844.8	1.9
河南	72.1	15.9	546.9	8.1
湖北	64.2	10.2	237.9	5.6
湖南	53.1	14.3	390.9	8.7
广东	79.6	7.3	463.2	5.6
广西	67.6	2.9	1511.4	1.0
海南				
重庆	65.4	9.4	461.0	3.6
四川	73.5	5.6	85.0	3.3
贵州	50.6	10.1	189.7	8.4
云南	35.0	5.5	1327.4	2.9
西藏				
陕西	45.3	11.8	225.3	6.4
甘肃	35.3	22.7	213.7	20.6
青海				
宁夏	77.6	1.2	1484.5	9.6
新疆	87.0	8.0	431.1	6.3

3-7　大中型零售业企业分行业基本情况

地　区	零售业		综合零售		食品、饮料及烟草制品专门零售	
	法人单位数（个）	年末从业人数（人）	法人单位数（个）	年末从业人数（人）	法人单位数（个）	年末从业人数（人）
全　国	**27671**	**5418594**	**6691**	**2158695**	**1465**	**235447**
北　京	986	301611	161	106495	40	15373
天　津	354	75979	65	22273	18	4889
河　北	976	222594	299	125903	15	1946
山　西	689	121998	177	42012	34	5205
内蒙古	361	63986	79	22900	13	1354
辽　宁	655	156304	211	84328	14	2004
吉　林	433	71972	110	30290	19	2078
黑龙江	381	76853	128	36488	7	1203
上　海	951	339128	169	104767	54	18703
江　苏	2198	411992	458	169220	166	25180
浙　江	1912	305949	308	98489	62	8779
安　徽	1067	181850	352	86752	63	8684
福　建	1136	188812	236	66791	100	18205
江　西	715	106566	196	45266	63	8162
山　东	2075	425072	556	197083	104	13814
河　南	2146	326623	547	135296	110	14100
湖　北	1125	251600	285	126122	86	14366
湖　南	1143	188823	322	74652	83	12841
广　东	2743	581875	446	174684	95	19941
广　西	728	99694	228	41763	25	2194
海　南	133	25415	49	11160	4	316
重　庆	671	160224	125	69047	62	8291
四　川	1216	242175	324	97574	61	9668
贵　州	489	70845	140	24653	23	1853
云　南	593	105673	161	33616	53	6287
西　藏	34	4956	13	1968	NA	96
陕　西	956	172573	343	78033	56	6548
甘　肃	293	53198	93	19839	21	2226
青　海	99	13215	20	4765	NA	130
宁　夏	132	23780	31	12184	5	428
新　疆	281	47259	59	14282	6	583

注：NA表示小于或等于3(下表同)。

3-7 续表 1

地区	纺织、服装及日用品专门零售		文化、体育用品及器材专门零售		医药及医疗器材专门零售	
	法人单位数（个）	年末从业人数（人）	法人单位数（个）	年末从业人数（人）	法人单位数（个）	年末从业人数（人）
全　国	**1774**	**493317**	**1049**	**180963**	**2166**	**504927**
北　京	109	32889	59	13779	55	9782
天　津	35	7107	17	3265	14	2751
河　北	42	7736	27	7581	72	18699
山　西	58	10167	20	2548	60	14983
内蒙古	22	2534	10	1335	34	6086
辽　宁	41	6046	25	4388	75	23087
吉　林	30	3141	19	1710	46	10825
黑龙江	35	9620	15	2475	45	10401
上　海	204	123227	40	11609	45	11511
江　苏	98	28184	115	13676	154	33659
浙　江	123	30086	79	9542	142	26121
安　徽	42	6186	30	3408	111	19370
福　建	87	19535	25	5915	73	11331
江　西	26	3785	16	6501	53	10716
山　东	98	27703	62	13281	183	45099
河　南	106	11586	149	17389	158	29696
湖　北	68	14243	39	4897	96	17996
湖　南	51	8602	42	7648	80	25936
广　东	231	81916	86	15395	180	55111
广　西	13	1597	22	2728	82	16862
海　南	5	889	NA	315	NA	1591
重　庆	66	15241	19	5186	58	12827
四　川	57	16318	26	10858	97	20282
贵　州	9	2718	14	1384	42	9500
云　南	16	3800	30	4803	52	22870
西　藏					NA	60
陕　西	53	9858	29	5168	78	18108
甘　肃	15	2572	10	1365	36	8890
青　海	6	1157	NA	244	5	1157
宁　夏	8	1682	NA	433	15	2183
新　疆	20	3192	16	2137	21	7437

3-7 续表 2

地 区	汽车、摩托车、燃料及零配件专门零售		家用电器及电子产品专门零售	
	法人单位数(个)	年末从业人数(人)	法人单位数(个)	年末从业人数(人)
全 国	**11166**	**1219064**	**1667**	**310849**
北 京	411	53718	70	47483
天 津	175	24486	13	3800
河 北	430	45118	63	11788
山 西	263	35295	30	3194
内蒙古	169	24427	23	3641
辽 宁	239	27131	33	5518
吉 林	158	19045	34	3612
黑龙江	113	11061	26	3992
上 海	333	37000	26	10572
江 苏	951	92299	144	29371
浙 江	946	90155	96	16829
安 徽	356	37687	48	8080
福 建	425	40695	60	9421
江 西	277	22009	47	6046
山 东	823	84659	138	22092
河 南	706	73091	161	19970
湖 北	408	46825	69	12513
湖 南	421	45038	69	7522
广 东	1350	158098	177	32651
广 西	282	24763	51	6482
海 南	52	8773	10	1897
重 庆	242	32789	59	9330
四 川	523	60064	86	13128
贵 州	230	26276	16	2466
云 南	233	28816	34	3994
西 藏	15	2242	4	590
陕 西	288	32849	44	9250
甘 肃	94	12063	11	1577
青 海	54	4635	6	720
宁 夏	60	4939	8	1653
新 疆	139	13018	11	1667

3-7 续表 3

地　区	五金、家具及室内装饰材料专门零售		货摊、无店铺及其他零售业	
	法人单位数(个)	年末从业人数(人)	法人单位数(个)	年末从业人数(人)
全　国	**616**	**101575**	**1077**	**213757**
北　京	29	8414	52	13678
天　津	8	1074	9	6334
河　北	17	2260	11	1563
山　西	16	1275	31	7319
内蒙古	NA	750	8	959
辽　宁	9	1224	8	2578
吉　林	8	559	9	712
黑龙江	7	962	5	651
上　海	26	5089	54	16650
江　苏	44	5168	68	15235
浙　江	16	2668	140	23280
安　徽	20	3074	45	8609
福　建	37	4815	93	12104
江　西	13	1397	24	2684
山　东	56	11985	55	9356
河　南	82	10658	127	14837
湖　北	36	4557	38	10081
湖　南	30	2494	45	4090
广　东	48	6995	130	37084
广　西	5	389	20	2916
海　南	NA	196	4	278
重　庆	19	4308	21	3205
四　川	15	2770	27	11513
贵　州	NA	50	14	1945
云　南	9	1061	5	426
西　藏				
陕　西	47	8751	18	4008
甘　肃	8	4151	5	515
青　海	NA	108	NA	299
宁　夏	NA	93	NA	185
新　疆	NA	4280	7	663

3-8 大中型零售业企业分行业商品购、销、存情况

综合零售

单位：万元

地区	商品购进额	进口	商品销售额	出口	期末商品库存额
全国	**178161291**	**1605077**	**223529389**	**22350**	**27443195**
北京	12245371	335157	13729058		693624
天津	1512990	25	2233087		195938
河北	6811755	808	8041714		2653800
山西	2061246	984	3010259		304998
内蒙古	1044682	309	1492861	251	150789
辽宁	4764539	4437	7884829	35	407930
吉林	4112579	100	6764127	100	557885
黑龙江	3129080	2587	4998458		195610
上海	11377884	775147	14676765	1486	1945149
江苏	16901209	24889	21599336	9	7806863
浙江	10158543	13803	12244496		1150005
安徽	7550964	7423	8919397		902702
福建	5412956	61694	6311602	35	340992
江西	2414748	784	2941566	3	370755
山东	15947854	24832	18880693	550	1441768
河南	6230100	15238	8443539	801	626395
湖北	13468300	678	16402083		1310581
湖南	8894539	46989	9997395		1552569
广东	15902509	89125	17819232		1937910
广西	2521006	189	3269032		274655
海南	1169961	132934	1565699		294734
重庆	4562040	5524	7024648	20	406362
四川	6867757	10780	8308577		632104
贵州	1641227	36718	2019738		147805
云南	2299284	567	2746897	19060	301791
西藏	56280		101276		44311
陕西	5706177	8472	7453104		480563
甘肃	901425	4824	1297221		118906
青海	283484	20	495938		26841
宁夏	895381		964269		75702
新疆	1315421	40	1892493		93158

3-8 续表 1

食品、饮料及烟草制品专门零售　　单位：万元

地　区	商品购进额		商品销售额		期末商品库存额
		进　口		出　口	
全　国	**14910574**	**165212**	**19334573**	**4135**	**1547541**
北　京	527570		830299		76724
天　津	151973		231816		17698
河　北	42242		64086		7875
山　西	227821		298538	2548	26946
内蒙古	116146		161359		7619
辽　宁	69342	13047	90915		36017
吉　林	122283	1320	161876	1430	24276
黑龙江	39359		44959		6017
上　海	837531	5851	1083534		61794
江　苏	1214854	26	1534372		133615
浙　江	402025	5220	509846		47458
安　徽	849083	504	982809		54610
福　建	1524037	6778	1680776		129682
江　西	304431	443	393204		24682
山　东	726636	345	837061		71469
河　南	722425	3021	910911		64708
湖　北	1810890	713	2198437		112981
湖　南	894709	7633	1084492		60971
广　东	1787319	108558	3146970	157	286093
广　西	120164	200	135953		12437
海　南	18384		20376		3940
重　庆	528078		656998		40019
四　川	652289	2558	809550		127274
贵　州	64566		91785		13738
云　南	591764	4378	696228		50052
西　藏	37487	75	49990		4788
陕　西	422997	4542	497888		24113
甘　肃	65387		90572		14992
青　海	1666		2589		181
宁　夏	21445		21654		2565
新　疆	15671		14730		2207

3-8 续表 2

纺织、服装及日用品专门零售 单位：万元

地 区	商品购进额	进 口	商品销售额	出 口	期末商品库存额
全 国	**30259873**	**2839096**	**46159582**	**28265**	**8639107**
北 京	2300837	134067	3387909	14	815273
天 津	708679		978820		87604
河 北	355481	650	448624	470	53108
山 西	598622	3212	897035		116511
内蒙古	204761		286211		21462
辽 宁	448711	60814	687133		146539
吉 林	280118		299957		40850
黑龙江	676624	21904	848010		34359
上 海	8815544	2326712	15841374	3198	2923534
江 苏	2238480	3445	2853236	1381	452735
浙 江	2281018	90447	3303777	4014	682060
安 徽	452314		574895		94372
福 建	1212318	1193	1889546		152659
江 西	141250		228165		27946
山 东	1497756	19048	1848878	2098	381747
河 南	526639	491	651571		51693
湖 北	804624	18535	1075980		192372
湖 南	583998	1735	772402		259402
广 东	3264723	120767	5279618	16930	1427867
广 西	67835		85740		16437
海 南	27702		37085		11192
重 庆	745866	28547	953703	160	158473
四 川	699576		1033077		210630
贵 州	99470		140131		38678
云 南	235515	7529	331262		67058
西 藏					
陕 西	568402		851654		115070
甘 肃	60337		95639		23441
青 海	51115		67929		7845
宁 夏	30097		38405		13116
新 疆	281461		371816		15074

3-8 续表 3

文化、体育用品及器材专门零售 单位：万元

地 区	商品购进额	进 口	商品销售额	出 口	期末商品库存额
全 国	**17079441**	**973069**	**20814452**	**19077**	**4501477**
北 京	3017378	469691	3771036	12157	819878
天 津	403618		492924		48025
河 北	360279	43984	462276		56994
山 西	207462		232684		105957
内蒙古	48576	149	51744		22109
辽 宁	258135		309336		99937
吉 林	71045		82933		21881
黑龙江	125732		219672		62280
上 海	1228126	451215	1999406	1526	581039
江 苏	1596361	1243	1801162		447586
浙 江	882606	322	964040		336906
安 徽	542157		585297		90438
福 建	809211	869	922402	2666	168342
江 西	877567		863912		121317
山 东	991934		1105095		227932
河 南	792417		1049532	1800	110706
湖 北	387223		482387		79196
湖 南	641241		721665		73778
广 东	757550	328	966799		309322
广 西	130799		189992		22990
海 南	4018		7680		2851
重 庆	514785		656524		55761
四 川	845512		896307		189689
贵 州	139183		148877		15025
云 南	339431		457374	653	87214
西 藏					
陕 西	726351	5268	993111	275	218884
甘 肃	114844		123955		13699
青 海	3778		4655		1161
宁 夏	24029		24789		21808
新 疆	238093		226886		88772

3-8 续表 4

医药及医疗器材专门零售　　单位：万元

地　区	商品购进额	进　口	商品销售额	出　口	期末商品库存额
全　国	**40766614**	**100339**	**46770933**	**564**	**5692519**
北　京	3035000	48423	3162827		264422
天　津	167922		195228		30903
河　北	744697	17066	902565		143292
山　西	1163136		1323024		161975
内蒙古	240798	775	327383		50552
辽　宁	1652416		1864217		277621
吉　林	776447		904169		113078
黑龙江	1190574	111	1370693		174722
上　海	1822461		2054111		182578
江　苏	2533429	303	2935775		329560
浙　江	2130090	52	2423203		317299
安　徽	1431041		1649350		196558
福　建	1249877		1381955		155867
江　西	471622		499279		275995
山　东	5468011	4330	5820299		596617
河　南	1384067	6286	1649544	15	165336
湖　北	1677914	15187	2179626	549	188731
湖　南	1996993	214	2334995		210098
广　东	3034467	60	3693270		656912
广　西	2777859	929	3086266		255231
海　南	37659		56109		13771
重　庆	860761		1055600		109945
四　川	964079	1848	1112877		195251
贵　州	424847	4175	520179		63939
云　南	827399	580	1179178		146113
西　藏	3852		5397		340
陕　西	903545		1005892		111949
甘　肃	399313		522080		79281
青　海	40231		50377		14496
宁　夏	153620		179428		23993
新　疆	1202487		1326037		186094

3-8 续表 5

汽车、摩托车、燃料及零配件专门零售 单位：万元

地区	商品购进额		商品销售额		期末商品库存额
		进口		出口	
全国	**379658820**	**18063565**	**430419463**	**118147**	**35785102**
北京	24106892	869782	24298672	439	2093283
天津	7767163	124339	8283736		733433
河北	12804107	426423	14194418		1707408
山西	8495972	171843	9607333		1671962
内蒙古	6587917	146413	7171493		394838
辽宁	9636467	454295	10474554		783238
吉林	5604373	150910	6267892		476224
黑龙江	3581155	146691	3867716		349295
上海	16285208	750557	17193121		1765310
江苏	32297372	1899823	39547597		2679932
浙江	31539011	2890258	34458444	23057	2593251
安徽	11523225	416810	14104293		888416
福建	12568576	754838	14097032		933517
江西	5235035	197601	5782146		547290
山东	24259844	544063	26512358		2437559
河南	17631847	487557	19143436		1691953
湖北	15320735	498644	16846742		1326609
湖南	14443139	621091	18593334		976801
广东	42779269	3153886	53201147	46782	4715824
广西	6246584	159497	6767010		535976
海南	3340765	139272	3646378		205801
重庆	8895695	508868	9873459		817819
四川	22012842	1367810	23453827	247	1833599
贵州	7924105	226020	10049391		753051
云南	8552404	255401	10903277		880191
西藏	894437	12655	897586		41635
陕西	9358056	466235	10449383	47622	1120832
甘肃	3917310	96915	4367147		247578
青海	960261	1112	1086382		109921
宁夏	1181410	57927	1286387		142904
新疆	3907644	66029	3993772		329652

3-8 续表 6

家用电器及电子产品专门零售

单位：万元

地区	商品购进额	进口	商品销售额	出口	期末商品库存额
全国	**62693683**	**301284**	**70922640**	**12111**	**6224291**
北京	18616713	32656	20025385		1056533
天津	861065		1327561		75259
河北	873094	973	1146206		130948
山西	476127		602631		65387
内蒙古	486122		524184		74121
辽宁	1399631		1395227		213299
吉林	274382		583198		30632
黑龙江	802297		773245		211059
上海	3125727		3868566		200018
江苏	4698343	10247	5530134	6	314697
浙江	2353605	204742	2724482		228774
安徽	1428443		1573048		120815
福建	1374293	8857	1565382	2100	114674
江西	690717		778266		52472
山东	4511745		5001531	10005	434013
河南	2052912		2422517		218958
湖北	2674353		2438613		595700
湖南	1451334		1656267		85162
广东	5732143	37759	6334219		1368784
广西	672422		882520		70066
海南	274460	4257	274824		73665
重庆	1528999		1696943		56999
四川	2391786	1793	2637413		175948
贵州	437360		442055		17074
云南	488341		668851		61094
西藏	41263		45284		6569
陕西	2332579		3116102		100224
甘肃	144740		252301		9229
青海	57358		104322		6153
宁夏	269269		259420		30435
新疆	172060		271943		25530

3-8 续表 7

五金、家具及室内装饰材料专门零售　　单位：万元

地　区	商品购进额	进　口	商品销售额	出　口	期末商品库存额
全　国	**12264047**	**146864**	**15684942**	**3746**	**1043439**
北　京	611343	16382	916827	144	113293
天　津	344481		505584		12553
河　北	111025		147663		16094
山　西	202334		227998		10758
内蒙古	16841		19556		1238
辽　宁	120548		155524		15922
吉　林	13400		44028		4589
黑龙江	98956		115021		9666
上　海	444680	24443	656631	645	64345
江　苏	620240	41995	1238598		43935
浙　江	146094		282034		19162
安　徽	427471		498472		22686
福　建	1255380	12933	1378646	2957	89778
江　西	147184		164041		7347
山　东	472165		552602		86573
河　南	673032		761230		98834
湖　北	660749		932777		21622
湖　南	355467	2018	440653		27036
广　东	853702	14508	1123191		138142
广　西	7734		11327		3209
海　南	7935		10294		5153
重　庆	1849060		1972732		33205
四　川	447669		505165		15540
贵　州	753		522		231
云　南	380195		386888		24292
西　藏					
陕　西	1780692		2077488		49595
甘　肃	24826		114615		3904
青　海	46254		66078		1
宁　夏	3021		3959		706
新　疆	140816	34585	374798		104030

3-8 续表 8

货摊、无店铺及其他零售业　　　　单位：万元

地　区	商品购进额	进　口	商品销售额	出　口	期末商品库存额
全　国	**57102226**	**409895**	**66088449**	**74323**	**2911378**
北　京	3767594	75841	3842579	44	164168
天　津	1889312		3417096		10895
河　北	487736		544918		2912
山　西	458741		519854		19861
内蒙古	54198		87969		5460
辽　宁	1932809		1844317		3097
吉　林	63307		73598		16022
黑龙江	267617		295567		3871
上　海	7679452	13996	8274580		267099
江　苏	3556847	1303	4422779		140716
浙　江	5296316	29156	6060629	1353	798390
安　徽	1165802	28552	1512514	400	69430
福　建	3040871	15642	3418784	10042	248855
江　西	215999	2800	345047	12630	194850
山　东	2450277		3025084		61933
河　南	636543	939	1150766	5550	38095
湖　北	4082915		4228524		153829
湖　南	488728		662481	2674	19259
广　东	11596192	167529	12868574	21223	558674
广　西	89240		123076		3499
海　南	19981		24611		1201
重　庆	1001273	74137	1083947	20407	41793
四　川	4029960		4882549		35963
贵　州	620681		846973		33826
云　南	11620		14282		490
西　藏					
陕　西	2104206		2384547		10396
甘　肃	37800		55284		3384
青　海	16142		28739		1
宁　夏	1786		4163		797
新　疆	38281		44618		2612

3-9 大中型零售业企业分行业年末资产负债

综合零售 单位：万元

地　区	流动资产合计	固定资产原价	累计折旧	资产总计	负债合计	所有者权益合计
全　国	**80200252**	**44027074**	**16311175**	**155390716**	**100247260**	**55143457**
北　京	6002719	2454773	1134527	10341803	7395765	2946038
天　津	682558	624665	275990	2004599	1683183	321417
河　北	2430849	2101967	635973	4885203	3942935	942268
山　西	1426035	557412	203856	2247916	2018850	229065
内蒙古	608288	370730	115551	1026728	841993	184735
辽　宁	3566242	1889192	790701	6205786	5116612	1089174
吉　林	1991978	2242112	549395	4345998	3286263	1059736
黑龙江	1180746	1265701	399334	2864090	2109709	754381
上　海	5471206	3666938	1572674	9236244	6408087	2828156
江　苏	7106163	4617362	1770294	14387422	9732946	4654476
浙　江	5574660	2750986	1065189	9511696	6762813	2748884
安　徽	2328694	1405432	519513	4084349	2887857	1196492
福　建	2677294	788755	336730	4396359	1880994	2515365
江　西	1190172	687631	254378	2022806	1576576	446230
山　东	8804608	3863597	1423883	13394296	10154265	3240031
河　南	2850471	1400158	407117	4466146	3427555	1038591
湖　北	3225325	2763569	892876	6992801	4795046	2197755
湖　南	3516436	2434505	687559	21165059	4505048	16660012
广　东	6395343	2079911	1073012	9535688	6465417	3070271
广　西	859711	545606	235598	1598613	1106140	492473
海　南	997849	317367	104969	1522130	909157	612972
重　庆	2150389	863765	351501	3442121	2576164	865957
四　川	2663057	1326910	509836	4553611	3238960	1314651
贵　州	746644	272421	100070	1135047	882423	252624
云　南	1029830	431176	167883	1551259	980439	570820
西　藏	42185	16207	2683	73281	62716	10565
陕　西	2954770	1248583	377397	5078142	3109418	1968724
甘　肃	615745	263403	113424	1092632	693104	399528
青　海	118624	156640	30938	275398	226623	48775
宁　夏	332251	133044	53957	623254	342742	280512
新　疆	659410	486556	154367	1330239	1127460	202779

注：大中型零售业企业中，因包含了部分视同法人单位，财务指标数据存在资产总计≠负债合计+所有者权益合计的问题(下表同)。

3-9 续表 1

食品、饮料及烟草制品专门零售

单位：万元

地 区	流动资产合计	固定资产原价	累计折旧	资产总计	负债合计	所有者权益合计
全 国	**8574733**	**2434878**	**809370**	**12343562**	**7072717**	**5270845**
北 京	565330	225428	93257	771792	304483	467308
天 津	170964	26304	13170	239148	122501	116647
河 北	32141	12225	4868	48691	35194	13497
山 西	106237	75869	22494	212181	164234	47947
内蒙古	64119	37170	14513	121013	60829	60184
辽 宁	45448	11395	6767	58788	36862	21926
吉 林	143051	43498	15689	179201	168706	10495
黑龙江	19063	11617	4124	35775	22728	13047
上 海	277549	134705	80073	415338	315885	99453
江 苏	1064764	307935	95425	1528475	1050425	478050
浙 江	199089	77375	30508	287402	201814	85588
安 徽	210670	57249	19882	316386	193599	122787
福 建	325445	134455	45394	510677	212360	298317
江 西	231719	75808	19674	367202	112091	255111
山 东	281342	222777	59114	518321	327010	191311
河 南	189418	118574	29558	326313	159762	166552
湖 北	781988	113768	33088	960358	376356	584002
湖 南	177050	107914	20259	379234	252813	126421
广 东	1782510	195156	89354	2366052	1071833	1294218
广 西	52243	15564	5289	70385	39263	31122
海 南	10224	4002	868	14423	11122	3301
重 庆	156450	70120	18177	298750	148329	150421
四 川	1105325	85233	25116	1257927	1016329	241599
贵 州	103055	38194	4567	246051	175398	70653
云 南	245433	92071	28313	367785	231920	135865
西 藏	7503	4765	2353	11532	4190	7342
陕 西	119478	99036	18537	251500	130343	121157
甘 肃	80337	20747	6138	129827	96797	33030
青 海	5823	3220	504	9582	5056	4526
宁 夏	8963	4993	719	19372	12232	7141
新 疆	12002	7711	1578	24081	12253	11827

3-9 续表 2

纺织、服装及日用品专门零售　　　　单位：万元

地　区	流动资产合计	固定资产原价	累计折旧	资产总计	负债合计	所有者权益合计
全　国	**22167877**	**4295037**	**1767787**	**29545519**	**20113971**	**9431546**
北　京	1606422	229554	116704	1900770	1351198	549572
天　津	387237	298239	67350	1288701	852750	435951
河　北	321926	130035	57881	525912	492222	33690
山　西	376481	117050	58319	488916	398555	90360
内蒙古	145148	43962	15706	181101	153930	27171
辽　宁	423908	99609	40970	530603	549084	-18481
吉　林	122224	149326	40891	244999	182671	62328
黑龙江	330480	182860	47639	563997	367410	196587
上　海	7105061	1359872	791759	9089964	5950585	3139379
江　苏	2000217	245245	65521	2988922	2136492	852429
浙　江	1763563	177140	56992	2183157	1479189	703968
安　徽	216004	64829	12797	284590	215536	69054
福　建	482529	56491	18867	555951	350174	205777
江　西	112877	16075	4790	146086	71558	74528
山　东	616511	142103	56271	796934	533661	263272
河　南	136458	61417	14367	207141	123403	83738
湖　北	491952	118398	30851	649837	431375	218462
湖　南	214355	51606	16365	275037	213735	61303
广　东	3516136	261038	120387	4218465	2634054	1584411
广　西	36157	5480	2525	44031	30930	13101
海　南	21557	5748	3175	25045	23827	1218
重　庆	419367	130226	21439	568995	403822	165173
四　川	399072	74389	24978	497444	303266	194178
贵　州	60141	5768	3598	72630	49083	23547
云　南	138052	71356	5783	229363	151692	77671
西　藏						
陕　西	342846	62761	28029	477887	238642	239245
甘　肃	70515	14900	5157	89065	54134	34931
青　海	38417	40154	5759	75823	72394	3429
宁　夏	36515	8676	3447	42349	35661	6688
新　疆	235749	70730	29470	301804	262938	38866

3-9 续表 3

文化、体育用品及器材专门零售

单位：万元

地　区	流动资产合计	固定资产原价	累计折旧	资产总计	负债合计	所有者权益合计
全　国	**12599465**	**3651809**	**1377587**	**18610081**	**10645580**	**7964502**
北　京	2072691	245007	104878	2649972	1612690	1037282
天　津	451527	213776	78417	683042	540850	142192
河　北	351056	96245	35017	504228	255664	248564
山　西	182682	77842	33054	268220	131588	136632
内蒙古	59197	21772	9394	91196	61973	29223
辽　宁	185263	57457	24110	279376	215049	64327
吉　林	37504	23296	7797	67889	52979	14910
黑龙江	230779	61987	10176	296410	179988	116422
上　海	1014224	329204	121024	1326152	919581	406571
江　苏	764608	282113	132875	1105145	700697	404447
浙　江	799643	271044	91130	1139709	740225	399484
安　徽	365734	30319	15234	416579	174469	242109
福　建	682435	145844	67477	995820	484217	511603
江　西	846752	159549	37158	1431594	483908	947686
山　东	516173	154787	50299	721592	502088	219504
河　南	341444	127217	47868	534666	282457	252210
湖　北	290341	104461	29211	444883	272694	172189
湖　南	415676	115161	45597	565838	290977	274862
广　东	667018	230604	112290	1018583	595936	422647
广　西	85997	47052	20238	156410	68073	88337
海　南	37744	8004	4293	47410	71667	-24257
重　庆	320267	141702	53358	815081	407673	407408
四　川	838960	235449	92326	1450182	636341	813841
贵　州	166873	5985	2520	176660	142221	34439
云　南	334392	126011	54487	475675	289196	186479
西　藏						
陕　西	336589	157698	37867	525697	332339	193358
甘　肃	34663	50358	15878	82334	55972	26362
青　海	8802	5852	3910	11597	7600	3998
宁　夏	24160	15821	3394	50914	28002	22912
新　疆	136271	110192	36310	277227	108466	168761

3-9 续表 4

医药及医疗器材专门零售 单位：万元

地 区	流动资产合计	固定资产原价	累计折旧	资产总计	负债合计	所有者权益合计
全 国	**23558568**	**2203555**	**768730**	**29935714**	**21653573**	**8282014**
北 京	2836635	79680	38982	4570163	3269979	1300185
天 津	129437	13308	4333	204205	87965	116240
河 北	368127	27877	12825	498061	276700	221362
山 西	646219	25467	12832	749507	539182	210326
内蒙古	144806	14944	5548	171082	131916	39167
辽 宁	964010	77005	28286	1067792	865392	202400
吉 林	620582	42559	15206	710109	582247	127862
黑龙江	648513	89767	30106	736243	561841	174402
上 海	893475	61680	33482	1057777	849446	208331
江 苏	1112616	191392	70892	1381812	1032544	349269
浙 江	999585	120130	42231	1579654	1212714	366940
安 徽	903630	112728	33226	1049030	802676	246354
福 建	550146	63085	23077	746318	443162	303156
江 西	226084	38161	13221	295876	236230	59645
山 东	3033543	277425	92681	3556120	2804270	751850
河 南	551270	92401	26728	689022	518996	170027
湖 北	1174116	74283	21881	1362880	1096083	266797
湖 南	1338186	115450	34653	1804300	967641	836659
广 东	1681893	144818	56503	1990031	1337690	652211
广 西	1449716	142334	28537	1664649	1122481	542168
海 南	27841	2639	1642	30252	14286	15966
重 庆	341733	49416	21105	435461	351778	83684
四 川	462846	63312	23691	598103	491510	106594
贵 州	278886	24019	8592	326846	256409	70437
云 南	659374	103245	35264	910304	515864	394439
西 藏	2315	3691	196	6005	5176	829
陕 西	429424	48262	18034	498644	394357	104286
甘 肃	261008	23939	6058	309154	235024	74129
青 海	64143	2559	1303	66027	59587	6439
宁 夏	88186	15957	5670	110891	82362	28529
新 疆	670223	62022	21945	759396	508065	251331

3-9 续表 5

汽车、摩托车、燃料及零配件专门零售　　单位：万元

地　区	流动资产合计	固定资产原价	累计折旧	资产总计	负债合计	所有者权益合计
全　国	**127737079**	**32239391**	**12270977**	**175107579**	**125159079**	**49694802**
北　京	6819481	1447648	663783	8773868	6812447	1961422
天　津	2254237	834934	335073	3671307	2185594	1485713
河　北	4690619	1199701	502922	6286790	4372525	1914265
山　西	2903558	1082783	413177	4151921	3182021	969900
内蒙古	1326678	991239	426315	2366370	2064662	301708
辽　宁	2566967	823264	371436	3690922	2870791	782748
吉　林	1801160	656163	243570	2671464	1929195	639357
黑龙江	1212814	265490	107694	1705880	1502906	202974
上　海	4447897	762734	329497	5721515	3967274	1754241
江　苏	11774298	3039590	1134561	16186487	10932148	5254339
浙　江	8353195	2019333	772735	11302980	9517767	1785213
安　徽	4690168	1443174	386135	6859164	4387775	2471389
福　建	3433204	850818	336673	4792967	3159137	1633830
江　西	1967375	386246	122207	2543097	1957266	585831
山　东	7079834	2023371	848120	10239755	8150882	2456381
河　南	5386806	1088773	340270	7035343	5208131	1827212
湖　北	5107707	1889137	747720	7578584	5940625	1637959
湖　南	4434011	1685688	581274	6990399	4805349	2185050
广　东	24015771	2630906	1171564	28066015	17544125	10521889
广　西	1975343	323240	130662	2398453	1682500	715952
海　南	635606	336424	151533	961566	580344	381222
重　庆	2145222	772755	267446	3389223	2870318	521830
四　川	4886306	1759159	610566	7830720	5107131	2723589
贵　州	4924144	1136271	289739	6365538	4786591	1578947
云　南	2926597	937791	330216	4664971	3368603	1296368
西　藏	101713	123293	50854	252057	154950	97107
陕　西	3216554	682344	230090	4486149	3333534	1152615
甘　肃	691573	441513	159130	1345752	921741	399682
青　海	328904	80582	25316	423716	282621	141095
宁　夏	672211	122428	43765	914960	617801	297159
新　疆	967126	402599	146934	1439646	962325	17815

3-9 续表 6

家用电器及电子产品专门零售

单位：万元

地区	流动资产合计	固定资产原价	累计折旧	资产总计	负债合计	所有者权益合计
全国	**29195739**	**2731940**	**887317**	**38258997**	**25669460**	**12589611**
北京	9234260	190297	94148	9960433	7054302	2906131
天津	835372	13660	7053	1169686	1050369	119317
河北	606784	56239	19770	840608	565928	274680
山西	155287	22061	7577	183278	149366	33912
内蒙古	254313	86416	9929	374985	261631	113355
辽宁	378528	97880	31604	501960	374201	127760
吉林	199392	57905	16190	275933	202581	73352
黑龙江	203146	116690	53714	327426	308573	18853
上海	1263411	72661	34763	1503348	874241	629107
江苏	5452365	653480	191699	9944268	5360876	4583392
浙江	885174	106437	41650	1057090	771181	285981
安徽	518002	122551	17228	711797	538397	173400
福建	468821	50122	20078	580400	383904	196496
江西	308188	21837	8474	363854	276150	87704
山东	1266449	221233	59906	1636836	1338842	297994
河南	744753	110532	26860	923759	680720	243039
湖北	905810	223068	44273	1200323	800616	399707
湖南	297884	47018	14764	426543	278784	147758
广东	2393329	152963	75964	2747012	2151500	595512
广西	260655	20785	8074	303089	207751	95338
海南	128238	22106	9373	148436	132200	16237
重庆	360012	45071	16411	413716	270476	143240
四川	869109	80098	29461	1129900	781172	348727
贵州	103446	5970	2143	109358	66489	42869
云南	175919	15404	5828	203117	150365	52752
西藏	17574	3873	844	24132	10599	13533
陕西	580335	93849	31249	830952	389376	441576
甘肃	66602	2099	1188	72613	53694	18920
青海	33665	5161	1255	38773	23831	14942
宁夏	121487	10632	3284	137550	79253	58297
新疆	107429	3842	2563	117822	82092	35730

3-9 续表 7

五金、家具及室内装饰材料专门零售

单位：万元

地　区	流动资产合计	固定资产原价	累计折旧	资产总计	负债合计	所有者权益合计
全　国	**4628018**	**2261379**	**651427**	**7833009**	**5152343**	**2680662**
北　京	393779	126208	53657	573986	445672	128314
天　津	328427	143344	43466	501659	403229	98430
河　北	37479	15592	4050	60813	40356	20456
山　西	57937	23491	5573	107971	80663	27308
内蒙古	28475	14572	1480	41590	36449	5141
辽　宁	42262	98191	35992	124648	139710	-15063
吉　林	11687	3696	563	20312	10562	9751
黑龙江	25122	57037	4238	118716	85054	33662
上　海	229192	356869	101846	646505	506874	139631
江　苏	142342	171666	55612	308786	237091	71694
浙　江	78443	138404	29895	223446	167857	55589
安　徽	101859	92660	31981	199203	141324	57879
福　建	146371	53143	17224	262704	153990	108715
江　西	59395	11635	5794	85495	49961	35534
山　东	416921	104493	19654	598265	276287	321978
河　南	180431	66430	14777	271992	161290	110702
湖　北	320064	106679	24425	546356	435134	111222
湖　南	56982	13892	4031	83645	46660	36985
广　东	620890	125830	33987	815363	577138	238224
广　西	7317	1444	776	9514	6700	2814
海　南	9572	2500	1435	13308	18846	-5538
重　庆	334415	140891	48542	481310	202039	279271
四　川	47268	79562	17350	151937	104244	47692
贵　州				15	5	10
云　南	23720	2290	1239	27823	16327	11496
西　藏						
陕　西	366049	181285	53422	651218	422165	229053
甘　肃	33187	39583	6908	111609	88247	23361
青　海	314	212	127	2033	839	1194
宁　夏	3163	1744	1023	4085	3085	1000
新　疆	524955	88036	32360	788702	294545	494157

3-9 续表 8

货摊、无店铺及其他零售业

单位：万元

地 区	流动资产合计	固定资产原价	累计折旧	资产总计	负债合计	所有者权益合计
全 国	**19796541**	**2924354**	**1021253**	**24139139**	**20500504**	**3638637**
北 京	1391205	93606	49712	1633089	2786825	-1153736
天 津	119702	47648	10739	482810	396479	86331
河 北	158883	70342	13949	238602	176792	61809
山 西	362430	564150	206196	895985	817743	78242
内蒙古	169327	81678	20263	259287	205956	53331
辽 宁	679659	35823	13504	720896	691810	29086
吉 林	26613	4687	1469	31557	17111	14445
黑龙江	96957	19384	2910	133818	120092	13726
上 海	3105230	253063	106073	3422871	2743549	679322
江 苏	1316639	215185	69305	1599242	1229890	369353
浙 江	2145999	224155	56921	2772038	2094919	677119
安 徽	353058	43926	9748	413901	266030	147871
福 建	866536	79070	23754	1011722	731315	280407
江 西	127532	15095	5529	165240	100495	64745
山 东	806686	220462	70672	1067276	782326	284950
河 南	260274	169610	31183	453687	191146	262542
湖 北	1174739	117327	33706	1287129	1174063	113066
湖 南	166235	65455	15968	420578	229421	191157
广 东	3670528	329626	176239	3971994	3155807	816187
广 西	56336	36277	14186	91059	46341	44718
海 南	20676	1565	1198	26865	19125	7740
重 庆	312099	14669	4330	333794	280615	53180
四 川	1189999	47383	24639	1259596	1157257	102339
贵 州	380891	37887	14340	428740	276278	152462
云 南	25636	9520	2874	36242	22173	14069
西 藏						
陕 西	684692	43685	17388	733893	654475	79418
甘 肃	32172	15922	5951	48796	32331	16466
青 海	45356	30798	4944	77385	37088	40297
宁 夏	5976	5155	3857	12728	1156	11572
新 疆	44476	31201	9706	108319	61896	46423

3-10 大中型零售业企业分行业实收资本及构成

综合零售

单位：万元

地区	实收资本	国家资本	集体资本	法人资本	个人资本	港澳台资本	外商资本
全国	**39834016**	**2222171**	**1107370**	**11948006**	**4280877**	**17278301**	**2997296**
北京	1648429	93431	33293	787464	132307	216420	385514
天津	577137	10830	22556	193364	42893	279926	27567
河北	773016	72192	29275	414045	198932	2877	55695
山西	321576	5291	5685	152411	154211	1331	2648
内蒙古	147590	2000	500	109434	31133	1372	3152
辽宁	1071455	22395	51157	470212	257916	130521	139254
吉林	397729	74356	43198	196988	55158	21925	6104
黑龙江	435602	23656	16177	191322	151609	34503	18336
上海	2687724	618368	29841	907928	153555	361415	616617
江苏	4245866	70562	78015	2360174	617436	627994	491685
浙江	1234833	34280	52564	590955	202503	190019	164513
安徽	774557	170977	10694	301413	138758	74602	78114
福建	1529879	21132	414176	689723	62294	227365	115189
江西	305685	10721	4422	206191	52405	14434	17511
山东	1313647	-8445	102623	716048	276729	120927	105766
河南	885066	9823	7928	298370	493087	71140	4718
湖北	829796	126090	47068	280081	168264	109427	98866
湖南	15085551	18740	63131	367046	242229	14324395	70011
广东	1785340	495584	36032	589404	115227	196669	352424
广西	240981	16093	8119	118163	77081	13181	8342
海南	270196	170805	446	25621	30793	6965	35566
重庆	401779	14684	50	321997	30327	20704	14017
四川	949823	57347	10638	420611	242642	133067	85518
贵州	121772	3358	349	48461	43682	15989	9933
云南	278357	2000	6580	171884	65327	9316	23250
西藏	6081		851	4930	300		
陕西	1058884	21339	7172	761097	147447	67652	54177
甘肃	179921	4028	4125	142897	25444	1419	2008
青海	39877	12139	17063	2073	7316	1286	
宁夏	102156	40500	366	52670	7161	1460	
新疆	133711	7895	3276	55029	56711		10801

3-10 续表 1

食品、饮料及烟草制品专门零售

单位：万元

地区	实收资本	国家资本	集体资本	法人资本	个人资本	港澳台资本	外商资本
全国	**2544191**	**392175**	**80789**	**872178**	**982533**	**165178**	**51344**
北京	117699	3296	23034	68886	19300	3183	
天津	33084	3732	1010	12647	8714	3061	3920
河北	6467			4999	1468		
山西	51488	24078	2066	13095	12250		
内蒙古	13909	434		1707	11768		
辽宁	17953	1759	155	12892	3147		
吉林	27947	18889		1418	7640		
黑龙江	4066	734	230	2806	297		
上海	116698	20125	460	31737	14114	42156	8106
江苏	244232	14455	1561	72264	151430	4522	
浙江	67550	3953	225	33275	24545		5553
安徽	76371	496	1194	46167	28514		
福建	130751	5583	500	35627	46528	41917	596
江西	119012	2004		40870	71060	5079	
山东	426503	9370	13187	67567	330046	4337	1997
河南	92515	1681		45615	45219		
湖北	112949	9738	1346	81844	18228	1459	334
湖南	111556	10276	5657	60870	34752		
广东	382206	187797	14426	54206	49841	45563	30373
广西	20700	591		7318	12791		
海南	1367	767		500	100		
重庆	33156	5287	1335	15191	11344		
四川	101467	38000	690	49454	13324		
贵州	32866	15791	7146	6691	3239		
云南	71743	7054	4620	27564	27907	4133	465
西藏	2953	2953					
陕西	92471	684	1640	68329	12050	9768	
甘肃	20874	2648	207	5594	12424		
青海	3300			1000	2300		
宁夏	2748		100	108	2540		
新疆	7590			1937	5653		

3-10 续表 2

纺织、服装及日用品专门零售

单位：万元

地区	实收资本	国家资本	集体资本	法人资本	个人资本	港澳台资本	外商资本
全国	**7165539**	**278714**	**81388**	**2839338**	**845656**	**2103126**	**1017327**
北京	585215	267	2438	80007	35695	277935	188874
天津	516448	31000		52376	12269	418257	2547
河北	69621	257	380	40665	28319		
山西	70422	436	500	38920	24467	6100	
内蒙古	28814	401		18717	7757	1940	
辽宁	68884			20256	22605	25580	443
吉林	85666	280		79648	4905	833	
黑龙江	111065		1000	58115	50750	1200	
上海	1854196	76004	36000	212233	77155	733528	719277
江苏	366923	124890	21201	58969	51555	96946	13364
浙江	1344842	1700		1209937	86926	35514	10766
安徽	50805		29	29536	13124	8116	
福建	119714	50		63008	34831	15595	6230
江西	91011			34550	6461		50000
山东	249009	198	2456	179927	40933	25495	
河南	51086	746	3556	27070	18821	893	
湖北	128092	17637	400	83456	16657	8022	1920
湖南	46764	840	1990	16646	24899	2390	
广东	840825	87	3936	346506	172226	316515	1556
广西	3417	896		1858	450	213	
海南	7581			6981	600		
重庆	99994	20204		49120	26268	4401	
四川	107543		450	39611	14849	52533	100
贵州	12110			1360	2410	7090	1250
云南	64661	1020	1980	3730	9246	27685	21000
西藏							
陕西	136783	201		63574	38464	34545	
甘肃	15257	600		8032	5625	1000	
青海	14242		5000	8742	500		
宁夏	7099		72	2716	4311		
新疆	17450	1000		3072	12578	800	

3-10 续表 3

文化、体育用品及器材专门零售　　单位：万元

地　区	实收资本						
		国家资本	集体资本	法人资本	个人资本	港澳台资本	外商资本
全　国	**3504477**	**1346581**	**26111**	**869079**	**719859**	**174324**	**368529**
北　京	422862	137757	1530	168517	42513	8050	64496
天　津	131964	11675		41099	54643	24547	
河　北	31879	11150		17935	2794		
山　西	70504	2093	1030	41557	24676	1148	
内蒙古	27443	4233		13610	9600		
辽　宁	50673	22745	548	3931	13027		10422
吉　林	16348	5730		6908	3710		
黑龙江	42898	28215	287	242	14154		
上　海	399225	40881	350	53951	23536	60023	220485
江　苏	178210	11972	5486	36907	111374	8542	3929
浙　江	204906	49830	235	110098	36518		8226
安　徽	71882	35514	7	8411	27950		
福　建	200163	112004	375	45415	38581	3788	
江　西	391227	302916		4520	83791		
山　东	107175	2453	9730	50859	43634		500
河　南	86988	40313		31602	15073		
湖　北	109663	60471	150	25799	17074	4169	2000
湖　南	257353	195485		29487	30356		2025
广　东	202192	71372		52568	49427	19616	9209
广　西	82484	68865		7324	5795		500
海　南	7688		3275	4188	225		
重　庆	35274	13600	589	14314	6771		
四　川	161262	67117	1367	27569	21016		44194
贵　州	8493	3981		3102	1410		
云　南	59453	14174	1152	29209	13276		1643
西　藏							
陕　西	84039	4476		25150	9073	44441	900
甘　肃	7721	2807		3810	1103		
青　海	1650			1628	22		
宁　夏	21937	4000			17937		
新　疆	30921	20752		9369	800		

3-10 续表 4

医药及医疗器材专门零售

单位：万元

地区	实收资本	国家资本	集体资本	法人资本	个人资本	港澳台资本	外商资本
全国	**3796248**	**560488**	**134436**	**1938536**	**1084686**	**63091**	**15013**
北京	613610	6132	7153	586458	10137		3730
天津	120349	1100		107618	4970		6660
河北	149848	1558	843	29448	117999		
山西	150152	102897	209	27726	19319		
内蒙古	29045	300	218	12107	16420		
辽宁	119450	38559		43969	16923	20000	
吉林	46802	3500		12191	31111		
黑龙江	56994	3	3305	38452	15234		
上海	73635	36540	499	12265	20489		3841
江苏	143984	11781	5076	70820	54307	2000	
浙江	180776	11958	60318	65824	36004	6672	
安徽	160171	1322	5051	94156	59485	95	62
福建	150663	18735	5000	91289	30064	5574	
江西	51813	1611		33190	17012		
山东	246491	3909	1725	135156	105702		
河南	98770	4280	591	49247	44652		
湖北	190812	70214	3734	79739	36407		720
湖南	235026	57560	12566	90493	67106	7302	
广东	259017	5777	2034	103893	147313		
广西	163373	50630	620	38022	59202	14899	
海南	1880				1880		
重庆	61970	27987	643	22744	10595		
四川	111206	15289	506	55785	38977	649	
贵州	32290	360	11	10365	21554		
云南	105179	400	23706	27139	48035	5900	
西藏	455				455		
陕西	68272	6900	580	31761	29032		
甘肃	54874	1710	48	39265	13851		
青海	7616			4956	2660		
宁夏	16469			13460	3009		
新疆	95256	79476		10998	4782		

3-10 续表 5

汽车、摩托车、燃料及零配件专门零售　　　　单位：万元

地　区	实收资本	国家资本	集体资本	法人资本	个人资本	港澳台资本	外商资本
全　国	**37780257**	**6423035**	**448776**	**18877971**	**9941048**	**1278878**	**810555**
北　京	1553793	82972	7967	1061046	233127	104455	64226
天　津	963436	59853	3413	741366	88681	18646	51477
河　北	1865117	214403	5765	435934	1200748		8267
山　西	1678936	193831	14385	1295708	168511	6000	500
内蒙古	318804	57200	30512	149368	78864	2860	
辽　宁	656925	183644	24551	244646	122089	57354	24641
吉　林	418228	21806	1260	147663	227802	900	18798
黑龙江	232253	32586	3700	118386	66042	11539	
上　海	809618	74248	39478	372993	139491	153507	29902
江　苏	2114593	199981	21910	671791	871824	214080	135008
浙　江	5516062	147685	42997	4547867	428514	211361	137637
安　徽	878576	375382	7290	343363	133645	3000	15896
福　建	1238983	483635	5741	498438	211896	27236	12038
江　西	484167	60725	2975	270742	130179	18553	993
山　东	1391341	201433	52755	658616	385438	54653	38447
河　南	1373088	74632	5424	762718	513867	4477	11970
湖　北	843209	291685	29602	299282	197063	5432	20145
湖　南	5279228	671517	20947	2342061	2229978	14725	
广　东	2894540	788274	78634	1279644	501967	162159	83861
广　西	368529	45448	5473	208050	91143	17414	1000
海　南	241554	186315	1150	30658	21640	1688	104
重　庆	703498	103643	3980	394585	117300	53740	30250
四　川	1792674	880496	12521	586820	252609	36902	23327
贵　州	667234	356701	8000	199601	97923	4500	510
云　南	1820715	427607	4960	217161	1114470	49387	7129
西　藏	78691	63342		3541	11808		
陕　西	813727	27330	7393	461379	212402	18011	87213
甘　肃	160325	8489	3293	106340	30394	11810	
青　海	94724	9235	1200	74296	7894	2100	
宁　夏	207610	300		171610	26063	3889	5748
新　疆	320079	98637	1500	182298	27676	8500	1468

3-10 续表 6

家用电器及电子产品专门零售

单位：万元

地　区	实收资本						
		国家资本	集体资本	法人资本	个人资本	港澳台资本	外商资本
全　国	**6539336**	**47804**	**190592**	**4835299**	**1106770**	**145792**	**213079**
北　京	501309	7000		281536	75821		136951
天　津	62014		31245	19169	11600		
河　北	126737	2972	218	53498	70049		
山　西	35018		309	16689	18020		
内蒙古	79319			31722	47597		
辽　宁	164930	4540	9000	97992	9960		43439
吉　林	28620			9475	19146		
黑龙江	38735			28604	10131		
上　海	157584			130814	9375		17395
江　苏	1414661	4000	10732	1036807	230246	130825	2052
浙　江	2170266		36387	2077407	56471		
安　徽	103458	6930	826	83229	12472		
福　建	152002	3107		126245	21551	799	300
江　西	65727	27	31	44863	15805	5000	
山　东	207356	3208	2080	103592	98062		414
河　南	177823	12237	13498	92342	59746		
湖　北	119222	714	4029	71187	33292		10000
湖　南	99528	2866	46301	34718	14691	952	
广　东	336788	50	1998	239246	90088	4438	968
广　西	51870		1300	39170	11400		
海　南	16582			9922	6660		
重　庆	97312		89	12843	83028	1353	
四　川	123115		100	81481	41534		
贵　州	20010			10478	9532		
云　南	22758			19042	3716		
西　藏	9500			8000	1500		
陕　西	101042	153	31049	38060	27795	2425	1560
甘　肃	10799			9265	1534		
青　海	8910		1400	6460	1050		
宁　夏	10994			7193	3801		
新　疆	25347			14250	11097		

3-10 续表 7

五金、家具及室内装饰材料专门零售　　　　单位：万元

地　区	实收资本	国家资本	集体资本	法人资本	个人资本	港澳台资本	外商资本
全　国	**2161068**	**69001**	**12575**	**719149**	**698003**	**66450**	**595890**
北　京	146079			55763	9810	205	80301
天　津	66838	100		56318	10420		
河　北	11473		2954	5208	3311		
山　西	365529	40	3093	5948	356448		
内蒙古	3215				3215		
辽　宁	59123			2774	1486		54863
吉　林	9017			5320	3697		
黑龙江	41924			4927	3997		33000
上　海	283785	34500		115945	2380	51802	79158
江　苏	89279			5199	21262		62819
浙　江	102850		465	26000	5685	937	69762
安　徽	33955		1386	13847	18722		
福　建	70167	5		29475	35802		4886
江　西	10872	325		2100	8447		
山　东	75739			29685	16054		30000
河　南	75444	20	1150	19132	55140	1	1
湖　北	82188		112	29682	24910		27484
湖　南	32302	153	238	16076	15820	14	
广　东	173166			80852	20099	13248	58967
广　西	1861			761	1100		
海　南	5850			4870	980		
重　庆	61962			13412	18308		30242
四　川	67975	7562		1433	2796		56183
贵　州	10			10			
云　南	7516		350	500	2532		4134
西　藏							
陕　西	78231		2827	53932	21472		
甘　肃	17908			17666		243	
青　海	200			200			
宁　夏	1000			1000			
新　疆	185610	26296		121114	34110		4090

3-10 续表 8

货摊、无店铺及其他零售业 单位：万元

地区	实收资本	国家资本	集体资本	法人资本	个人资本	港澳台资本	外商资本
全国	**3080609**	**411496**	**36201**	**1598929**	**510711**	**436618**	**86659**
北京	347726	1000	800	100081	51178	194599	69
天津	50666	3836		33808	10010	3012	
河北	61100	10198	2450	48452			
山西	129055	66058	2563	27002	26383		7050
内蒙古	27328	1000	65	23700	2563		
辽宁	29804			25704	2570		1530
吉林	2363	3		1860	500		
黑龙江	7500			4500			3000
上海	281510	13598	3692	90430	15259	156209	2322
江苏	214670	65690		78222	46275	5155	19328
浙江	528341	36778	6671	402998	48449	31974	1470
安徽	86846	14852	411	35367	36216		
福建	137501	3658	1276	94467	26557	1544	10000
江西	24156	5204		13922	5030		
山东	190350	23772	6458	80313	58930	7035	13843
河南	128602	8020	200	49358	51968	19056	
湖北	116326	65742	1648	32105	15032	1300	500
湖南	156606	530	1190	127372	24994	2520	
广东	321318	20758	3337	236420	49645	3611	7547
广西	19761	2710	228	5475	6496	4853	
海南	5110			4600	510		
重庆	21771	1784	990	11010	7987		
四川	29841	10035		14961	4845		
贵州	48289	8900	4222	28619	798	5750	
云南	7760				7760		
西藏							
陕西	51571	16675		7670	7226		20000
甘肃	12043			12013	30		
青海	2500			1000	1500		
宁夏	11371	11371					
新疆	28824	19324		7500	2000		

3-11 大中型零售业企业

综合零售

地　区	主营业务收入	主营业务成本	主营业务税金及附加	主营业务利润	其他业务利润	销售费用
全　国	**185982558**	**157241062**	**1201228**	**27540268**	**5322636**	**20951361**
北　京	12187078	10114322	69681	2003075	833211	1963901
天　津	1943987	1724189	13248	206550	57499	267631
河　北	6728874	5743932	46224	938718	164159	680451
山　西	2534913	2246988	11744	276181	46677	217076
内蒙古	1207924	978558	9872	219494	27241	141609
辽　宁	5975869	5149244	49534	777091	116933	578407
吉　林	3470667	2897687	29487	543493	56773	238744
黑龙江	3375481	2807816	21479	546186	119188	255358
上　海	13098416	10655497	75572	2367347	372482	1846988
江　苏	18521338	15989480	104312	2427546	486709	1875733
浙　江	10633000	9106788	59646	1466566	438246	1229818
安　徽	7628299	6625658	37589	965052	82015	662322
福　建	5227293	4442813	25555	758925	70080	681152
江　西	2659447	2282943	21641	354863	74440	297236
山　东	16371713	14290817	106958	1973938	382354	1384700
河　南	7087940	5839967	68845	1179128	276358	634838
湖　北	10175445	8562193	69229	1544023	398847	1090053
湖　南	9138134	7692828	88030	1357276	97860	899421
广　东	15525273	12801800	59748	2663725	567153	2374881
广　西	2692880	2257155	15780	419945	58169	326920
海　南	1415970	1035227	26737	354006	20751	174072
重　庆	6585034	5610596	40013	934425	203807	731001
四　川	7402099	6247151	39243	1115705	130831	904029
贵　州	1753513	1436520	11577	305416	43448	227629
云　南	2405214	2038628	8473	358113	41462	228847
西　藏	68958	58823	521	9614	314	10618
陕　西	6172672	5264641	50896	857135	82680	605500
甘　肃	1180022	996119	8032	175871	25700	119770
青　海	404820	335593	3180	66047	11953	46309
宁　夏	845619	682581	5140	157898	12107	122384
新　疆	1564666	1324508	23242	216916	23189	133963

分行业损益及分配

单位：万元

管理费用	财务费用	营业利润	利润总额	应交所得税	应付职工薪酬	应交增值税
8800848	**1347442**	**5116701**	**5230392**	**1318812**	**11528100**	**2979628**
624689	95265	327266	313406	101972	878312	208365
142273	35376	-88130	-64115	-628	146474	25323
391819	81103	95167	118930	33470	448648	105026
105170	42531	-591	2810	6895	133820	69204
65476	25296	48868	52883	11168	60630	16300
475427	112235	193432	119991	48647	347541	86318
300050	83124	166797	118175	33215	115216	46161
154000	36671	224331	218563	30809	143430	78649
848049	36667	337043	395982	123652	634146	169361
842273	107716	477285	458699	126556	846879	275008
450805	58930	285131	303781	92614	627215	126643
305246	42527	99364	113217	25918	302083	70199
208945	-10239	281329	282376	13707	331494	71591
92976	21026	31013	37948	8487	152614	34054
650321	131280	343449	352973	87211	733208	237397
428922	56721	312157	314665	75301	393931	149165
443939	52028	419983	452959	104083	632518	181522
332345	68001	252850	250128	38786	2054180	122184
497294	56168	538771	562643	149759	1018113	286561
116194	14448	51095	98686	9530	142489	42722
77228	21610	129890	130434	38164	78708	11253
264881	20869	131021	129615	31866	219304	135249
242879	54494	147657	159172	40466	369130	114003
59079	10378	68435	65708	17255	86572	43174
73035	10229	100337	98634	18763	124382	49959
9286	28	96	1070	521	6387	354
354696	27231	158307	157100	28324	300512	105165
43385	7466	45528	48898	11275	58528	76094
16570	5869	10654	12592	4095	20071	6289
28347	5505	-2039	-5951	2663	25279	9094
155249	36889	-69795	-71580	4268	96286	27241

3-11 续表 1

食品、饮料及烟草制品专门零售

地 区	主营业务收入	主营业务成本	主营业务税金及附加	主营业务利润	其他业务利润	销售费用
全 国	**17517160**	**13076013**	**124060**	**4317087**	**99014**	**2374884**
北 京	905945	581124	6702	318119	13579	181623
天 津	199563	134416	1523	63624	760	41979
河 北	56691	45132	316	11243	5	6187
山 西	269683	236806	710	32167	116	15957
内蒙古	160315	141287	406	18622	87	8528
辽 宁	84172	63842	1121	19209	2085	9811
吉 林	148931	128679	446	19806	1583	10400
黑龙江	45592	37521	746	7325		4063
上 海	961160	672762	3753	284645	5741	259795
江 苏	1406088	1074416	9968	321704	7358	125271
浙 江	454936	356459	1411	97066	8307	71940
安 徽	883413	777872	1907	103634	1067	46970
福 建	1470103	1192323	9522	268258	2502	158837
江 西	353474	264314	2332	86828	1792	31787
山 东	726498	591787	6231	128480	3891	59538
河 南	847525	683795	8450	155280	10238	51592
湖 北	1880426	1415305	13962	451159	22249	205879
湖 南	998558	825417	5265	167876	8123	77665
广 东	2833331	1469758	29413	1334160	4556	759217
广 西	111286	92831	467	17988	431	7513
海 南	17842	17177	39	626		811
重 庆	608738	499227	2687	106824	4231	69761
四 川	701314	583696	4744	112874	551	80116
贵 州	84487	65075	770	18642	66	6265
云 南	689946	625519	1792	62635	1080	36612
西 藏	42700	32591	5848	4261	42	1489
陕 西	453830	376114	2772	74944	-1440	29433
甘 肃	82458	61730	616	20112		11123
青 海	2612	2267	17	328		137
宁 夏	21152	16137	45	4970		2738
新 疆	14391	10634	79	3678	14	1847

单位：万元

管理费用	财务费用	营业利润	利润总额	应交所得税	应付职工薪酬	应交增值税
855054	**99318**	**1259856**	**1308548**	**205218**	**1189933**	**516376**
56689	-342	97476	98771	24357	127128	53554
19227	341	4182	4798	3977	31805	10745
2680	682	1899	2652	204	8841	1145
11288	3424	2639	2666	873	17234	4302
11458	1403	-2452	4702	348	3540	2184
5693	344	3495	5126	485	8534	3209
11732	2060	-3219	-688	428	5885	973
1821	232	1307	1257	225	3927	897
61101	2849	12007	21903	6758	138882	27139
75838	15601	113152	108625	14807	111398	41465
27705	4382	3681	5177	1330	41920	18234
25532	4654	33801	34864	2798	33482	4693
68164	5625	46677	49311	9599	86037	24351
26636	6226	25243	24708	1618	29867	4592
37917	6335	47928	56917	8273	54276	15344
31307	9567	63962	64023	10397	36386	10262
71676	12685	177472	175196	31961	75125	57737
49413	7709	36966	35052	4152	52571	10266
139250	-9734	544729	554861	71238	148818	190518
7864	914	2232	3137	678	6587	1062
1218	179	-1571	-197	22	1327	537
22993	3620	14005	19991	2010	36670	6528
29843	10118	-4583	-3473	4467	58945	7831
4839	859	10196	6755	585	5088	1576
17552	5649	4870	9368	1187	18968	4716
2717	-2	97	149	74	2286	1781
25182	2311	19532	18062	1871	30904	7723
4844	1034	3328	3818	312	9366	2581
356	57	-217	23		373	344
899	307	1026	970		1146	45
1620	229	-4	24	184	2617	42

3-11 续表 2

纺织、服装及日用品专门零售

地　区	主营业务收入	主营业务成本	主营业务税金及附加	主营业务利润	其他业务利润	销售费用
全　国	**39899782**	**26680357**	**274967**	**12944458**	**326936**	**8307786**
北　京	2894809	1913952	15511	965346	40370	784454
天　津	913670	714543	9457	189670	14356	158217
河　北	381906	314120	4182	63604	7324	31226
山　西	726834	609136	3567	114131	8447	56354
内蒙古	253030	209755	2423	40852	8948	33091
辽　宁	584178	484786	3493	95899	8288	74804
吉　林	238517	188710	3848	45959	3433	19646
黑龙江	802326	671617	6786	123923	2294	50951
上　海	13585173	7470597	98928	6015648	92802	3809053
江　苏	2464122	1873183	17154	573785	13223	355817
浙　江	2856285	2015631	15299	825355	21172	581747
安　徽	497740	399829	2570	95341	2325	66714
福　建	1655602	1285178	8235	362189	1231	197530
江　西	210154	152957	1494	55703	6325	35840
山　东	1629893	1236094	12236	381563	11480	165262
河　南	589551	471828	5731	111992	3627	41779
湖　北	927318	710179	7012	210127	3641	122672
湖　南	697564	566848	5728	124988	6915	74138
广　东	4507935	2741707	29325	1736903	35245	1134078
广　西	77235	57640	319	19276	538	11340
海　南	31030	22784	120	8126	1545	6547
重　庆	816388	606710	4992	204686	17196	114310
四　川	890350	632470	5227	252653	7024	177759
贵　州	119770	90939	535	28296	785	18573
云　南	286298	224941	1017	60340	800	42072
西　藏						
陕　西	767576	610609	6209	150758	681	90870
甘　肃	79629	55517	738	23374	203	11990
青　海	58668	48066	273	10329	1720	8255
宁　夏	32910	26976	107	5827	1927	3782
新　疆	323321	273055	2451	47815	3071	28915

单位：万元

管理费用	财务费用	营业利润	利润总额	应交所得税	应付职工薪酬	应交增值税
2917196	**246776**	**1989827**	**1999917**	**498281**	**3320345**	**1308675**
170739	11160	42338	47904	16184	279294	64234
45328	18129	-9396	-7249	5269	49470	31836
30867	15247	6412	-1129	377	21701	13766
55064	15605	1151	1171	3160	29884	10974
8376	3042	8706	8778	1634	10621	5952
42904	10897	-23962	-27448	3017	31704	12063
26481	5383	1413	1965	54	10972	3501
21571	3364	72084	70862	735	28569	14805
1425803	42661	937514	971746	263818	1220351	537810
107174	25516	135572	132685	33463	149528	61196
169001	15560	95823	115286	28008	226626	98534
17963	1205	10835	11681	4033	38639	11517
53706	8366	103635	74033	16685	117428	41811
14437	2182	-64	9375	2457	14663	7577
64852	10229	142947	143513	24434	106720	31866
26392	4036	41771	42643	6409	34328	11509
50081	8162	25635	28740	6294	66134	28229
28820	3230	27373	25191	5176	38496	13094
363714	19207	245748	229685	52060	546329	213349
3923	164	93	4928	887	6563	3014
2892	314	-177	-1765	22	4548	936
50770	6769	37710	25899	5207	67052	23153
53505	4527	25403	25800	5903	78792	24492
5628	701	4558	4617	857	11829	3297
17725	1232	11113	11210	1630	59617	7062
26530	2739	37227	36015	7023	39761	13548
2570	1685	7340	7145	1665	6734	9698
7765	1049	-4726	777	23	4101	941
2589	1321	229	284	9	3576	379
20026	3094	5522	5575	1788	16315	8532

3-11 续表 3

文化、体育用品及器材专门零售

地区	主营业务收入	主营业务成本	主营业务税金及附加	主营业务利润	其他业务利润	销售费用
全国	**18808273**	**14584338**	**168371**	**4055564**	**254453**	**2103033**
北京	3464149	2961399	29153	473597	50091	279412
天津	413815	350205	4597	59013	21471	47396
河北	412198	283378	2218	126602	4537	40358
山西	205856	169092	2500	34264	7515	24820
内蒙古	47625	35601	1624	10400	2493	6717
辽宁	280288	225626	3305	51357	2690	23990
吉林	77966	60646	745	16575	250	6455
黑龙江	206938	163452	1221	42265	2221	21995
上海	1740720	1116808	28621	595291	39581	452769
江苏	1566131	1295376	11487	259268	22911	142593
浙江	856110	676940	7730	171440	8102	94305
安徽	520173	431590	4107	84476	5022	34757
福建	803244	650089	6070	147085	928	81864
江西	840402	670280	4196	165926	6548	37296
山东	976545	800773	11496	164276	9430	91235
河南	835143	599912	12375	222856	8434	76845
湖北	418927	337019	4491	77417	9157	26548
湖南	648467	535627	2432	110408	3042	54841
广东	896599	616009	13998	266592	10573	144701
广西	175259	131915	1198	42146	3086	22772
海南	7519	5231	357	1931	3946	2165
重庆	632933	428214	1784	202935	6466	43951
四川	1058605	761661	1368	295576	16567	124048
贵州	140811	115039	730	25042	320	6851
云南	408769	301201	3072	104496	6980	50215
西藏						
陕西	845771	617497	4402	223872	614	129214
甘肃	85632	65001	2459	18172	309	3509
青海	4321	2983	103	1235	22	474
宁夏	20772	15927	39	4806	168	3578
新疆	216585	159847	493	56245	979	27359

单位：万元

管理费用	财务费用	营业利润	利润总额	应交所得税	应付职工薪酬	应交增值税
1261996	**107744**	**850321**	**959328**	**116184**	**1389794**	**237581**
172443	11096	80668	97206	24645	203027	42396
43529	6646	-629	9635	3469	31983	7812
41037	1158	39691	40155	75	35681	1582
9503	2022	7748	8463	1656	16605	2113
5839	986	-706	510		5993	1701
24484	3312	1663	7197	1152	16621	3069
9547	1400	718	916	15	6125	-26
11076	1367	9052	8942	2639	30948	2901
117365	6980	42186	46307	18742	125948	29902
77575	10200	64872	69742	9374	84844	24323
59253	4737	26128	27974	4351	78234	9369
25252	1949	33363	65104	1321	27338	5115
60524	622	18398	20790	1546	70099	8472
65675	-1626	67041	60113	691	54021	18726
36222	14736	33099	34698	5158	67156	14125
58812	3770	83497	83671	10289	69336	7797
30676	5079	20594	25552	4332	26154	7528
44919	8245	5468	11843	513	45879	11102
91614	3595	65339	70921	12657	98649	15089
13261	186	9932	10232	139	19003	2102
1876	3137	-1220	-851		1635	358
32652	-46	49533	64697	1462	33392	6185
117845	3349	94205	92045	751	111370	4346
9414	40	9020	9226	469	8371	607
33095	1846	28086	28049	3765	46345	2671
46283	12027	39477	42315	2181	36022	3191
6398	763	7789	7954	138	5296	2852
447	8	335	357	6	5906	2
2402	329	-654	-388		3734	86
12978	-169	15628	15953	4648	24079	2085

3-11 续表 4

医药及医疗器材专门零售

地区	主营业务收入	主营业务成本	主营业务税金及附加	主营业务利润	其他业务利润	销售费用
全国	**41028534**	**34582471**	**166650**	**6279413**	**205449**	**3824480**
北京	2713387	2463598	6211	243578	22894	145279
天津	169522	136456	646	32420	973	26620
河北	799144	651588	2802	144754	3478	82030
山西	1146817	989014	3476	154327	2656	97513
内蒙古	298467	230315	1529	66623	1491	40408
辽宁	1556136	1280742	5673	269721	4838	183196
吉林	856476	734347	2488	119641	5615	60830
黑龙江	1207170	1054081	4077	149012	3350	57332
上海	1955725	1724046	4828	226851	14162	133513
江苏	2598559	2178852	9109	410598	14198	252324
浙江	2124723	1812767	6088	305868	14734	199088
安徽	1441152	1243985	4796	192371	3311	97606
福建	1191872	1061865	3476	126531	3307	63759
江西	467070	375283	2103	89684	1009	57655
山东	5282342	4576080	17611	688651	10641	391020
河南	1469162	1190932	11695	266535	3805	150159
湖北	1708980	1460275	15737	232968	7568	131104
湖南	2075412	1679237	12602	383573	12862	243393
广东	3238677	2454629	14307	769741	34095	517302
广西	2642245	2387037	6483	248725	3551	118233
海南	48337	31603	362	16372	55	13079
重庆	889324	734540	3371	151413	6468	110553
四川	992818	806566	4906	181346	4488	126817
贵州	447278	332198	2651	112429	515	73848
云南	1011403	695473	6325	309605	13068	224939
西藏	4613	3325	36	1252		1266
陕西	909992	745266	6840	157886	7273	103459
甘肃	441972	355076	2377	84519	364	56626
青海	45689	37523	118	8048		6214
宁夏	155195	133733	479	20983	461	12857
新疆	1138875	1022039	3448	113388	4219	46458

单位：万元

管理费用	财务费用	营业利润	利润总额	应交所得税	应付职工薪酬	应交增值税
1436371	**304810**	**1196862**	**1365651**	**236383**	**2345851**	**962852**
76000	47072	104604	105553	5425	110214	35490
9440	929	-2304	-1849	692	16246	4632
45441	2515	20113	20946	4202	67525	37110
31889	7268	27725	27933	7748	48030	20971
15306	1044	10912	10821	1585	23774	7035
53928	10255	33964	39815	9729	82959	25695
26183	8834	31037	31554	7821	33308	13771
48945	5876	38920	40871	9865	53639	6882
51406	2520	62995	65527	7470	90277	26578
104207	18355	63165	61180	14930	160210	58137
88605	18865	47774	49980	12723	143990	41766
53414	13528	33449	27476	5116	75656	31736
36929	7317	34611	35713	7829	62426	16047
21720	4634	7045	6568	1178	39358	8405
167555	44367	72132	111825	23014	192230	209742
56137	14062	53427	54499	9942	89998	32684
56896	14923	51124	52441	14090	77735	25811
70704	18504	126838	127594	15072	138289	60489
142734	14591	132304	163789	43856	303331	121360
57549	8083	74668	124396	6010	80028	35047
3062	93	3277	3252	903	9399	2336
35042	3034	16959	18468	1286	66697	19585
47745	6361	10101	49896	3301	66723	16287
21144	4497	13195	12903	3149	38468	14187
37267	8478	48335	48214	7290	135481	18836
10	-3	93	93	41	490	298
30201	5411	28397	23923	2178	60489	15070
13006	4273	10360	10520	2892	29332	28579
2482	790	-302	-153	283	4223	1052
5186	1362	2117	2256	513	9279	2478
26238	6972	39827	39647	6250	36047	24756

3-11 续表 5

汽车、摩托车、燃料及零配件专门零售

地区	主营业务收入	主营业务成本	主营业务税金及附加	主营业务利润	其他业务利润	销售费用
全国	**380108725**	**352608605**	**839785**	**26660335**	**2150830**	**13515081**
北京	21319254	19784696	63624	1470934	281064	793875
天津	7252315	6607049	16483	628783	39631	380568
河北	12300412	11573238	19793	707381	80627	418167
山西	8407099	7928991	13156	464952	33349	323586
内蒙古	6362391	5943447	12528	406416	26738	303730
辽宁	9472692	8865516	18486	588690	29065	306101
吉林	5752285	5347868	10741	393676	78634	208424
黑龙江	3537306	3313377	7364	216565	11054	115707
上海	15328998	14264481	36764	1027753	55115	530598
江苏	34644964	32004898	76310	2563756	215241	1237353
浙江	30162006	28291989	65380	1804637	213575	989133
安徽	12423891	11606378	21703	795810	52621	382694
福建	12293203	11488517	27476	777210	80761	436071
江西	5270883	4915400	10758	344725	20928	159794
山东	23894868	21949560	62856	1882452	70160	816117
河南	16880300	15656910	47306	1176084	67406	506046
湖北	15877912	14774712	36103	1067097	27375	510568
湖南	16391045	15359260	26403	1005382	53681	547336
广东	47040517	43129103	99030	3812384	360830	1792481
广西	5994179	5573156	14962	406061	33181	190395
海南	3038298	2754976	5439	277883	21835	121054
重庆	8088408	7495748	19841	572819	52793	297385
四川	20621050	19238140	43849	1339061	130584	750389
贵州	8728858	7963634	15376	749848	24976	323137
云南	9266729	8633232	15366	618131	34103	356260
西藏	843780	802573	1355	39852	860	28893
陕西	9309939	8487466	30109	792364	23080	337412
甘肃	3956330	3624483	7719	324128	8749	134998
青海	1027526	954099	1851	71576	2422	32635
宁夏	1118318	1031829	2976	83513	2538	31119
新疆	3502969	3243879	8678	250412	17854	153055

单位：万元

管理费用	财务费用	营业利润	利润总额	应交所得税	应付职工薪酬	应交增值税
6438902	**2375512**	**6928297**	**7214503**	**1398796**	**9582233**	**6004532**
459278	132075	398870	404866	101105	600727	243519
152937	38979	110067	116887	32809	221546	130327
168097	88510	80351	107379	25952	275053	209376
157313	55729	-71497	-79605	7916	313079	80736
72648	24859	34197	62099	16983	214966	251487
149882	82384	17025	20791	19820	265354	293086
107626	44850	60760	64390	11643	121090	113979
71476	44642	12528	17119	10089	58330	33163
338300	56502	270289	300911	64401	316299	98586
577340	241434	871950	875086	158536	637180	726775
566221	212370	331600	337959	104136	1334437	492041
168033	65831	223834	226269	32292	259524	108592
197451	69166	186588	194140	43539	301985	115588
95229	42047	81852	87116	14530	118785	59925
394422	178919	318481	327387	75992	540029	387226
270986	141351	374000	380259	52430	343061	300255
292290	113327	209601	201742	61177	422463	158280
232531	72181	210066	192110	35210	288685	184350
865603	235557	1568615	1677106	217554	1178221	869460
95245	20674	129523	122024	24296	152936	61723
55950	7484	120837	119060	28631	64559	40880
110575	43185	175090	251201	23125	224645	144642
284807	104065	403157	401747	79936	463901	206925
115118	36983	174819	168511	20754	188066	191567
136035	39751	156020	168070	35496	195232	123065
10730	1888	-4835	-4458	345	22364	8033
169167	60809	271606	253507	69647	201989	113868
36144	20497	111161	110706	11699	89058	162553
20403	67711	15207	19152	2626	28553	12913
24358	12297	24839	27008	5095	31664	18643
42707	19455	61696	63964	11032	108452	62969

3-11 续表 6

家用电器及电子产品专门零售

地区	主营业务收入	主营业务成本	主营业务税金及附加	主营业务利润	其他业务利润	销售费用
全国	**61558102**	**55029720**	**207539**	**6320843**	**383539**	**4349795**
北京	17389001	15976266	33853	1378882	80406	991587
天津	1159595	1106662	1530	51403	2245	135373
河北	991109	874612	2568	113929	10091	78468
山西	522521	464720	1149	56652	2838	41466
内蒙古	530156	453473	1707	74976	2040	32258
辽宁	1241166	1100880	3397	136889	14135	85576
吉林	553822	493262	1373	59187	1804	34983
黑龙江	690265	608582	2796	78887	4883	36882
上海	3267991	2856288	6227	405476	8255	308198
江苏	4798253	4255129	14968	528156	65756	422563
浙江	2419043	2159395	4597	255051	24098	177404
安徽	1253403	1111865	4166	137372	7154	100820
福建	1349956	1168406	3056	178494	7334	98051
江西	703924	644924	1621	57379	3903	41520
山东	4416685	3980184	11620	424881	18938	242239
河南	2103186	1799560	17713	285913	15230	141107
湖北	2134109	1865715	6631	261763	1213	121347
湖南	1439583	1265512	6350	167721	3069	74802
广东	5276053	4661376	11589	603088	36577	469934
广西	734848	640504	2766	91578	22556	63137
海南	230550	201335	394	28821	1718	21872
重庆	1521305	1357220	12461	151624	14708	106093
四川	2309649	2063584	6136	239929	12275	194360
贵州	384677	344152	786	39739	341	28064
云南	604573	526755	1516	76302	6297	61644
西藏	44087	40815	30	3242		2827
陕西	2726573	2352533	43934	330106	2610	159474
甘肃	206975	178611	848	27516		20474
青海	94129	79730	200	14199	3783	7730
宁夏	208525	175186	948	32391	7541	24740
新疆	252390	222484	609	29297	1741	24802

单位：万元

管理费用	财务费用	营业利润	利润总额	应交所得税	应付职工薪酬	应交增值税
1656013	**208631**	**639305**	**656584**	**105364**	**1722062**	**814883**
213367	46596	283285	299791	57316	335687	184006
82385	18611	-426713	-425656	-85889	80391	7849
37136	8462	4483	10239	2814	38523	12912
15899	2616	-527	697	796	14223	5674
37330	3098	24464	25298	1892	18791	15734
28498	9056	12887	-164	223	20563	8168
17946	1898	7998	6721	1138	13310	4926
28289	3184	22580	17211	2769	16698	8563
63061	2406	51837	59874	14379	98219	36987
177631	-8960	82161	87156	10198	148681	92916
69411	12128	24736	28292	5605	87411	36669
29523	4044	14105	11845	2337	46655	16640
30866	3896	22462	25202	2600	48753	33410
18693	790	-1173	-2680	575	22195	8021
97458	15142	102126	95124	13328	79736	37235
73868	11531	70156	68989	9935	83069	27886
80500	9593	57113	60225	13898	61049	29065
32268	7412	58102	45731	1002	30355	19675
285566	26127	55463	65281	12838	213676	83668
22870	2423	7640	6587	1381	25891	8849
7600	446	-6366	-6064	68	9439	4320
32324	4726	27877	32683	3626	39634	26752
39096	8805	23002	24552	3540	60434	21362
7394	1291	4656	5579	1378	13761	4228
17705	2362	3679	174	530	22088	12674
1637	220	-83	-10	42	1795	112
80294	7430	103568	102791	24137	44016	49996
6463	2016	612	1735	577	7273	2380
5683	241	1183	507	353	2227	555
7424	593	7417	7716	1414	9319	8456
7828	448	575	1158	564	28200	5195

3-11 续表 7

五金、家具及室内装饰材料专门零售

地 区	主营业务收入	主营业务成本	主营业务税金及附加	主营业务利润	其他业务利润	销售费用
全 国	**13555725**	**10552374**	**225983**	**2777368**	**27920**	**1112892**
北 京	801062	515200	5999	279863	5117	181740
天 津	403050	301126	3172	98752	1053	32289
河 北	135473	107436	785	27252	36	12918
山 西	144634	118278	394	25962	98	7865
内蒙古	19556	17024	147	2385		934
辽 宁	123909	83724	1683	38502		15664
吉 林	18882	14426	174	4282		1932
黑龙江	54969	39536	1015	14418		8129
上 海	522457	339520	5377	177560	2188	102543
江 苏	1089896	910439	9766	169691	3	69192
浙 江	247096	167863	1955	77278	2002	50971
安 徽	363633	305924	4741	52968	-65	21407
福 建	1203238	1042759	17051	143428	1393	42068
江 西	159716	133219	1760	24737		3974
山 东	506425	397610	19477	89338	885	20347
河 南	706094	540164	14496	151434		41166
湖 北	655199	515756	10513	128930	1436	43719
湖 南	414427	379361	2035	33031	39	11480
广 东	1060644	829247	5988	225409	8241	111434
广 西	9515	7798	152	1565	181	1012
海 南	8799	7243	30	1526	142	1136
重 庆	1888778	1512202	57569	319007	682	111001
四 川	465357	384271	2518	78568		40521
贵 州	513	416	2	95		
云 南	336800	300880	245	35675	283	4513
西 藏						
陕 西	1806885	1365126	53598	388161	20	64618
甘 肃	39453	18102	553	20798	248	11220
青 海	44377	41615	84	2678		693
宁 夏	3384	2384	13	987	987	515
新 疆	321504	153725	4691	163088	2951	97891

单位：万元

管理费用	财务费用	营业利润	利润总额	应交所得税	应付职工薪酬	应交增值税
823060	**143355**	**750631**	**921949**	**131438**	**533842**	**274585**
68816	3599	29987	30384	11074	84727	32717
18878	9957	38756	48754	12452	9405	10684
6528	320	-909	1825	137	4801	1882
7297	519	9216	10708	338	2942	625
682		770	578	167	1954	809
21674	4592	-1787	-1653	507	8336	4027
2947	159	-757	-720	21	2391	267
9865	2178	1110	2727	261	2818	452
89094	12696	-14929	-12108	5112	40639	11162
42646	10214	47591	47930	9283	25715	17168
30714	4478	-7968	-7694	-437	18687	9491
15793	4362	13415	13460	1045	11046	5249
47827	2446	52597	52171	1730	25320	18285
6337	644	13683	13565	288	5259	759
21905	8065	39617	51220	20647	29018	9443
26911	14035	68873	64510	7163	36306	13926
33095	13304	40237	38702	9674	22183	9826
9131	3651	8722	8726	315	9644	1368
67663	4068	47590	186465	10851	52157	18437
622	183	-56	-68	17	884	162
832	1022	-1319	-1316	46	825	259
146744	20203	61378	61820	11928	24143	51841
29341	3605	4964	5333	2477	15207	5082
34		61			128	
1958	58	29900	29902	18	6369	469
75232	12810	235922	241816	20545	25295	36566
8459	1536	-1032	-990	38	13718	218
604	1	1381	1381		432	343
313	131	28	12		472	125
31118	4519	33590	34509	5741	53021	12943

3-11 续表 8

货摊、无店铺及其他零售业

地区	主营业务收入	主营业务成本	主营业务税金及附加	主营业务利润	其他业务利润	销售费用
全国	**57986997**	**49937735**	**140659**	**7908603**	**271168**	**5919990**
北京	3433272	3108338	4445	320489	87319	417448
天津	2975851	2529210	6684	439957	2448	336887
河北	476674	435930	808	39936	2292	34001
山西	507169	440858	1064	65247	1353	39357
内蒙古	86329	70123	626	15580	819	4190
辽宁	1599284	1437201	2734	159349	1917	128852
吉林	66787	57983	120	8684	1616	2707
黑龙江	257580	235985	694	20901		17546
上海	7279060	6519237	12123	747700	34894	719308
江苏	3857632	3208049	8181	641402	19979	437268
浙江	5350310	4267793	12479	1070038	38455	802887
安徽	1261333	958617	1872	300844	1688	180648
福建	2961175	2544200	8529	408446	11755	212556
江西	203280	160961	812	41507	1	32626
山东	2477231	2203575	8950	264706	10053	188156
河南	816907	599771	7817	209319	1216	50851
湖北	3908888	3562211	6649	340028	7483	280863
湖南	621638	494279	17730	109629	1126	31007
广东	11412292	9687250	18587	1706455	14714	1317782
广西	124019	90899	641	32479	2657	16343
海南	20735	16860	54	3821	305	2285
重庆	924234	831680	1586	90968	22	75224
四川	4418538	3927136	8479	482923	1434	353403
贵州	723345	587166	1702	134477	23812	63095
云南	13251	9365	226	3660	536	2102
西藏						
陕西	2077951	1858405	6486	213060	4	161230
甘肃	50975	42263	137	8575	2450	3732
青海	33317	18883	65	14369	71	2202
宁夏	3721	2924	31	766	166	577
新疆	44219	30583	348	13288	583	4857

单位：万元

管理费用	财务费用	营业利润	利润总额	应交所得税	应付职工薪酬	应交增值税
1424752	**104533**	**748541**	**851680**	**217629**	**1889888**	**687006**
180573	7432	-202977	-198453	3798	249617	21414
89685	295	18608	25211	4284	32780	32888
7382	2044	-987	1257	1485	366535	5020
28598	4519	308	3357	3711	37062	2070
4436	849	4560	4664	1770	5118	2515
8422	324	22912	22905	169	19776	19652
4298	138	1452	1494	163	2516	617
2735	-64	1230	1883	74	2253	4945
151091	6680	-48170	-15540	16070	161695	86432
138289	4052	89778	92436	13200	96175	53328
161605	31734	99907	116733	35392	184472	89011
43563	-70	84161	84309	11253	28590	7113
86280	4831	56439	61966	13378	69551	37356
5989	530	9760	9664	306	13693	3662
36991	3397	49866	51652	12758	59204	36254
40363	12506	99272	99208	13003	49320	16865
19471	1265	46959	52375	3213	50388	46838
26916	3273	49091	49689	3203	16317	7412
218765	14394	179501	184777	40179	295328	105393
7233	100	9544	10409	2282	12255	3767
1227	348	779	806	37	1793	131
8972	2472	4819	6161	1637	18454	10785
105895	525	24305	30748	4355	67206	45785
11791	1336	101519	104749	26406	15583	14223
1458	372	816	928	207	2140	402
25324	62	26396	29677	2259	22485	26169
1861	453	3085	3077	474	2086	1549
2521	-318	9886	9965	1953	2977	4172
466	-3	109	133	47	1382	192
2552	1057	5613	5440	563	3137	1046

3-12 大中型零售业企业分行业经济效益指标

综合零售

地区	负债率 (%)	主营业务毛利率 (%)	人均主营业务收入 (万元)	费用率 (%)
全国	**64.5**	**15.5**	**86.2**	**16.7**
北京	71.5	17.0	114.4	22.0
天津	84.0	11.3	87.3	22.9
河北	80.7	14.6	53.4	17.1
山西	89.8	11.4	60.3	14.4
内蒙古	82.0	19.0	52.7	19.2
辽宁	82.4	13.8	70.9	19.5
吉林	75.6	16.5	114.6	17.9
黑龙江	73.7	16.8	92.5	13.2
上海	69.4	18.7	125.0	20.9
江苏	67.6	13.7	109.5	15.3
浙江	71.1	14.4	108.0	16.4
安徽	70.7	13.1	87.9	13.2
福建	42.8	15.0	78.3	16.8
江西	77.9	14.2	58.8	15.5
山东	75.8	12.7	83.1	13.2
河南	76.7	17.6	52.4	15.8
湖北	68.6	15.9	80.7	15.6
湖南	21.3	15.8	122.4	14.2
广东	67.8	17.5	88.9	18.9
广西	69.2	16.2	64.5	17.0
海南	59.7	26.9	126.9	19.3
重庆	74.8	14.8	95.4	15.4
四川	71.1	15.6	75.9	16.2
贵州	77.7	18.1	71.1	16.9
云南	63.2	15.2	71.5	13.0
西藏	85.6	14.7	35.0	28.9
陕西	61.2	14.7	79.1	16.0
甘肃	63.4	15.6	59.5	14.5
青海	82.3	17.1	85.0	17.0
宁夏	55.0	19.3	69.4	18.5
新疆	84.8	15.3	109.6	20.8

注：费用率等于销售费用、管理费用、财务费用三项之和除以主营业务收入(下表同)。

3-12 续表 1

食品、饮料及烟草制品专门零售

地　区	负债率(%)	主营业务毛利率(%)	人均主营业务收入(万元)	费用率(%)
全　国	**57.3**	**25.4**	**74.4**	**19.0**
北　京	39.5	35.9	58.9	26.3
天　津	51.2	32.6	40.8	30.8
河　北	72.3	20.4	29.1	16.8
山　西	77.4	12.2	51.8	11.4
内蒙古	50.3	11.9	118.4	13.3
辽　宁	62.7	24.2	42.0	18.8
吉　林	94.1	13.6	71.7	16.2
黑龙江	63.5	17.7	37.9	13.4
上　海	76.1	30.0	51.4	33.7
江　苏	68.7	23.6	55.8	15.4
浙　江	70.2	21.6	51.8	22.9
安　徽	61.2	11.9	101.7	8.7
福　建	41.6	18.9	80.8	15.8
江　西	30.5	25.2	43.3	18.3
山　东	63.1	18.5	52.6	14.3
河　南	49.0	19.3	60.1	10.9
湖　北	39.2	24.7	130.9	15.4
湖　南	66.7	17.3	77.8	13.5
广　东	45.3	48.1	142.1	31.4
广　西	55.8	16.6	50.7	14.6
海　南	77.1	3.7	56.5	12.4
重　庆	49.6	18.0	73.4	15.8
四　川	80.8	16.8	72.5	17.1
贵　州	71.3	23.0	45.6	14.2
云　南	63.1	9.3	109.7	8.7
西　藏	36.3	23.7	444.8	9.8
陕　西	51.8	17.1	69.3	12.5
甘　肃	74.6	25.1	37.0	20.6
青　海	52.8	13.2	20.1	21.1
宁　夏	63.1	23.7	49.4	18.6
新　疆	50.9	26.1	24.7	25.7

3-12 续表 2

纺织、服装及日用品专门零售

地 区	负债率 (%)	主营业务毛利率 (%)	人均主营业务收入 (万元)	费用率 (%)
全 国	**68.1**	**33.1**	**80.9**	**28.8**
北 京	71.1	33.9	88.0	33.4
天 津	66.2	21.8	128.6	24.3
河 北	93.6	17.7	49.4	20.3
山 西	81.5	16.2	71.5	17.5
内蒙古	85.0	17.1	99.9	17.6
辽 宁	103.5	17.0	96.6	22.0
吉 林	74.6	20.9	75.9	21.6
黑龙江	65.1	16.3	83.4	9.5
上 海	65.5	45.0	110.2	38.8
江 苏	71.5	24.0	87.4	19.8
浙 江	67.8	29.4	94.9	26.8
安 徽	75.7	19.7	80.5	17.3
福 建	63.0	22.4	84.8	15.7
江 西	49.0	27.2	55.5	25.0
山 东	67.0	24.2	58.8	14.7
河 南	59.6	20.0	50.9	12.2
湖 北	66.4	23.4	65.1	19.5
湖 南	77.7	18.7	81.1	15.2
广 东	62.4	39.2	55.0	33.7
广 西	70.2	25.4	48.4	20.0
海 南	95.1	26.6	34.9	31.4
重 庆	71.0	25.7	53.6	21.0
四 川	61.0	29.0	54.6	26.5
贵 州	67.6	24.1	44.1	20.8
云 南	66.1	21.4	75.3	21.3
西 藏				
陕 西	49.9	20.4	77.9	15.7
甘 肃	60.8	30.3	31.0	20.4
青 海	95.5	18.1	50.7	29.1
宁 夏	84.2	18.0	19.6	23.4
新 疆	87.1	15.5	101.3	16.1

3-12　续表 3

文化、体育用品及器材专门零售

地　区	负债率(%)	主营业务毛利率(%)	人均主营业务收入(万元)	费用率(%)
全　国	**57.2**	**22.5**	**103.9**	**18.5**
北　京	60.9	14.5	251.4	13.4
天　津	79.2	15.4	126.7	23.6
河　北	50.7	31.3	54.4	20.0
山　西	49.1	17.9	80.8	17.7
内蒙古	68.0	25.2	35.7	28.4
辽　宁	77.0	19.5	63.9	18.5
吉　林	78.0	22.2	45.6	22.3
黑龙江	60.7	21.0	83.6	16.6
上　海	69.3	35.8	149.9	33.2
江　苏	63.4	17.3	114.5	14.7
浙　江	64.9	20.9	89.7	18.5
安　徽	41.9	17.0	152.6	11.9
福　建	48.6	19.1	135.8	17.8
江　西	33.8	20.2	129.3	12.1
山　东	69.6	18.0	73.5	14.6
河　南	52.8	28.2	48.0	16.7
湖　北	61.3	19.6	85.5	14.9
湖　南	51.4	17.4	84.8	16.7
广　东	58.5	31.3	58.2	26.8
广　西	43.5	24.7	64.2	20.7
海　南	151.2	30.4	23.9	95.5
重　庆	50.0	32.3	122.0	12.1
四　川	43.9	28.1	97.5	23.2
贵　州	80.5	18.3	101.7	11.6
云　南	60.8	26.3	85.1	20.8
西　藏				
陕　西	63.2	27.0	163.7	22.2
甘　肃	68.0	24.1	62.7	12.5
青　海	65.5	31.0	17.7	21.5
宁　夏	55.0	23.3	48.0	30.4
新　疆	39.1	26.2	101.4	18.5

3-12 续表 4

医药及医疗器材专门零售

地　区	负债率 (%)	主营业务毛利率 (%)	人均主营业务收入 (万元)	费用率 (%)
全　国	**72.3**	**15.7**	**81.3**	**13.6**
北　京	71.6	9.2	277.4	9.9
天　津	43.1	19.5	61.6	21.8
河　北	55.6	18.5	42.7	16.3
山　西	71.9	13.8	76.5	11.9
内蒙古	77.1	22.8	49.0	19.0
辽　宁	81.0	17.7	67.4	15.9
吉　林	82.0	14.3	79.1	11.2
黑龙江	76.3	12.7	116.1	9.3
上　海	80.3	11.8	169.9	9.6
江　苏	74.7	16.2	77.2	14.4
浙　江	76.8	14.7	81.3	14.4
安　徽	76.5	13.7	74.4	11.4
福　建	59.4	10.9	105.2	9.1
江　西	79.8	19.7	43.6	18.0
山　东	78.9	13.4	117.1	11.4
河　南	75.3	18.9	49.5	15.0
湖　北	80.4	14.6	95.0	11.9
湖　南	53.6	19.1	80.0	16.0
广　东	67.2	24.2	58.8	20.8
广　西	67.4	9.7	156.7	7.0
海　南	47.2	34.6	30.4	33.6
重　庆	80.8	17.4	69.3	16.7
四　川	82.2	18.8	49.0	18.2
贵　州	78.4	25.7	47.1	22.2
云　南	56.7	31.2	44.2	26.8
西　藏	86.2	27.9	76.9	27.6
陕　西	79.1	18.1	50.3	15.3
甘　肃	76.0	19.7	49.7	16.7
青　海	90.2	17.9	39.5	20.8
宁　夏	74.3	13.8	71.1	12.5
新　疆	66.9	10.3	153.1	7.0

3-12 续表 5

汽车、摩托车、燃料及零配件专门零售

地区	负债率 (%)	主营业务毛利率 (%)	人均主营业务收入 (万元)	费用率 (%)
全国	**71.5**	**7.2**	**311.8**	**5.9**
北京	77.6	7.2	396.9	6.5
天津	59.5	8.9	296.2	7.9
河北	69.6	5.9	272.6	5.5
山西	76.6	5.7	238.2	6.4
内蒙古	87.3	6.6	260.5	6.3
辽宁	77.8	6.4	349.1	5.7
吉林	72.2	7.0	302.0	6.3
黑龙江	88.1	6.3	319.8	6.6
上海	69.3	6.9	414.3	6.0
江苏	67.5	7.6	375.4	5.9
浙江	84.2	6.2	334.6	5.9
安徽	64.0	6.6	329.7	5.0
福建	65.9	6.5	302.1	5.7
江西	77.0	6.7	239.5	5.6
山东	79.6	8.1	282.2	5.8
河南	74.0	7.2	230.9	5.4
湖北	78.4	6.9	339.1	5.8
湖南	68.7	6.3	363.9	5.2
广东	62.5	8.3	297.5	6.2
广西	70.1	7.0	242.1	5.1
海南	60.4	9.3	346.3	6.1
重庆	84.7	7.3	246.7	5.6
四川	65.2	6.7	343.3	5.5
贵州	75.2	8.8	332.2	5.4
云南	72.2	6.8	321.6	5.7
西藏	61.5	4.9	376.4	4.9
陕西	74.3	8.8	283.4	6.1
甘肃	68.5	8.4	328.0	4.8
青海	66.7	7.1	221.7	11.8
宁夏	67.5	7.7	226.4	6.1
新疆	66.8	7.4	269.1	6.1

3-12 续表 6

家用电器及电子产品专门零售

地　区	负债率 (%)	主营业务毛利率 (%)	人均主营业务收入 (万元)	费用率 (%)
全　国	**67.1**	**10.6**	**198.0**	**10.1**
北　京	70.8	8.1	366.2	7.2
天　津	89.8	4.6	305.2	20.4
河　北	67.3	11.8	84.1	12.5
山　西	81.5	11.1	163.6	11.5
内蒙古	69.8	14.5	145.6	13.7
辽　宁	74.5	11.3	224.9	9.9
吉　林	73.4	10.9	153.3	9.9
黑龙江	94.2	11.8	172.9	9.9
上　海	58.2	12.6	309.1	11.4
江　苏	53.9	11.3	163.4	12.3
浙　江	73.0	10.7	143.7	10.7
安　徽	75.6	11.3	155.1	10.7
福　建	66.1	13.4	143.3	9.8
江　西	75.9	8.4	116.4	8.7
山　东	81.8	9.9	199.9	8.0
河　南	73.7	14.4	105.3	10.8
湖　北	66.7	12.6	170.6	9.9
湖　南	65.4	12.1	191.4	8.0
广　东	78.3	11.7	161.6	14.8
广　西	68.5	12.8	113.4	12.0
海　南	89.1	12.7	121.5	13.0
重　庆	65.4	10.8	163.1	9.4
四　川	69.1	10.7	175.9	10.5
贵　州	60.8	10.5	156.0	9.6
云　南	74.0	12.9	151.4	13.5
西　藏	43.9	7.4	74.7	10.6
陕　西	46.9	13.7	294.8	9.1
甘　肃	73.9	13.7	131.2	14.0
青　海	61.5	15.3	130.7	14.5
宁　夏	57.6	16.0	126.1	15.7
新　疆	69.7	11.8	151.4	13.1

3-12 续表 7

五金、家具及室内装饰材料专门零售

地区	负债率(%)	主营业务毛利率(%)	人均主营业务收入(万元)	费用率(%)
全国	**65.8**	**22.2**	**133.5**	**15.3**
北京	77.6	35.7	95.2	31.7
天津	80.4	25.3	375.3	15.2
河北	66.4	20.7	59.9	14.6
山西	74.7	18.2	113.4	10.8
内蒙古	87.6	12.9	26.1	8.3
辽宁	112.1	32.4	101.2	33.8
吉林	52.0	23.6	33.8	26.7
黑龙江	71.6	28.1	57.1	36.7
上海	78.4	35.0	102.7	39.1
江苏	76.8	16.5	210.9	11.2
浙江	75.1	32.1	92.6	34.9
安徽	70.9	15.9	118.3	11.4
福建	58.6	13.3	249.9	7.7
江西	58.4	16.6	114.3	6.9
山东	46.2	21.5	42.3	9.9
河南	59.3	23.5	66.3	11.6
湖北	79.6	21.3	143.8	13.8
湖南	55.8	8.5	166.2	5.9
广东	70.8	21.8	151.6	17.3
广西	70.4	18.0	24.5	19.1
海南	141.6	17.7	44.9	34.0
重庆	42.0	19.9	438.4	14.7
四川	68.6	17.4	168.0	15.8
贵州	33.3	18.9	10.3	6.6
云南	58.7	10.7	317.4	1.9
西藏				
陕西	64.8	24.4	206.5	8.4
甘肃	79.1	54.1	9.5	53.8
青海	41.3	6.2	410.9	2.9
宁夏	75.5	29.6	36.4	28.3
新疆	37.3	52.2	75.1	41.5

3-12 续表 8

货摊、无店铺及其他零售业

地　区	负债率 (%)	主营业务毛利率 (%)	人均主营业务收入 (万元)	费用率 (%)
全　国	**84.9**	**13.9**	**271.3**	**12.8**
北　京	170.6	9.5	251.0	17.6
天　津	82.1	15.0	469.8	14.3
河　北	74.1	8.5	305.0	9.1
山　西	91.3	13.1	69.3	14.3
内蒙古	79.4	18.8	90.0	11.0
辽　宁	96.0	10.1	620.4	8.6
吉　林	54.2	13.2	93.8	10.7
黑龙江	89.7	8.4	395.7	7.8
上　海	80.2	10.4	437.2	12.0
江　苏	76.9	16.8	253.2	15.0
浙　江	75.6	20.2	229.8	18.6
安　徽	64.3	24.0	146.5	17.8
福　建	72.3	14.1	244.6	10.3
江　西	60.8	20.8	75.7	19.3
山　东	73.3	11.0	264.8	9.2
河　南	42.1	26.6	55.1	12.7
湖　北	91.2	8.9	387.7	7.7
湖　南	54.5	20.5	152.0	9.8
广　东	79.5	15.1	307.7	13.6
广　西	50.9	26.7	42.5	19.1
海　南	71.2	18.7	74.6	18.6
重　庆	84.1	10.0	288.4	9.4
四　川	91.9	11.1	383.8	10.4
贵　州	64.4	18.8	371.9	10.5
云　南	61.2	29.3	31.1	29.7
西　藏				
陕　西	89.2	10.6	518.5	9.0
甘　肃	66.3	17.1	99.0	11.9
青　海	47.9	43.3	111.4	13.2
宁　夏	9.1	21.4	20.1	27.9
新　疆	57.1	30.8	66.7	19.1

3-13 大中型住宿业企业分行业基本情况

地　区	住宿业		旅游饭店	
	法人单位数(个)	年末从业人数(人)	法人单位数(个)	年末从业人数(人)
全　国	**3800**	**1012064**	**3284**	**893244**
北　京	314	91211	271	80083
天　津	50	12081	39	9380
河　北	93	25266	72	18454
山　西	35	10927	30	9467
内蒙古	41	10333	31	8132
辽　宁	69	18617	62	17276
吉　林	33	8089	29	7300
黑龙江	27	8018	24	7095
上　海	184	53970	151	45196
江　苏	280	68722	256	64646
浙　江	351	88133	319	81843
安　徽	90	19715	74	16887
福　建	189	49554	170	45320
江　西	73	16241	61	13609
山　东	205	58265	182	51202
河　南	136	31101	100	24235
湖　北	104	25557	95	23366
湖　南	176	44011	144	37687
广　东	534	162632	459	144366
广　西	72	19796	60	16814
海　南	118	39439	114	38621
重　庆	98	22793	82	19716
四　川	137	30553	116	26936
贵　州	57	12747	53	12063
云　南	100	26423	87	23224
西　藏	9	1848	9	1848
陕　西	124	31814	101	26715
甘　肃	43	9803	39	9056
青　海	9	2471	9	2471
宁　夏	10	2337	10	2337
新　疆	39	9597	35	7899

3-13 续表

地　区	一般旅馆		其他住宿业	
	法人单位数(个)	年末从业人数（人）	法人单位数(个)	年末从业人数(人)
全　国	**450**	**103970**	**66**	**14850**
北　京	35	9059	8	2069
天　津	9	2304	NA	397
河　北	15	4747	6	2065
山　西	4	1300	NA	160
内蒙古	9	1953	NA	248
辽　宁	6	1234	NA	107
吉　林	NA	359	NA	430
黑龙江	NA	923		
上　海	30	8364	NA	410
江　苏	20	3333	4	743
浙　江	31	6186	NA	104
安　徽	14	2464	NA	364
福　建	17	3918	NA	316
江　西	11	2456	NA	176
山　东	23	7063		
河　南	33	6112	NA	754
湖　北	8	2006	NA	185
湖　南	28	5291	4	1033
广　东	63	15343	12	2923
广　西	12	2982		
海　南	NA	442	NA	376
重　庆	13	2527	NA	550
四　川	21	3617		
贵　州	4	684		
云　南	11	2762	NA	437
西　藏				
陕　西	18	4096	5	1003
甘　肃	4	747		
青　海				
宁　夏				
新　疆	4	1698		

注：NA表示小于或等于3。

3-14 大中型住宿业企业分行业经营情况

旅游饭店

单位：万元

地区	营业额				
		客房收入	餐费收入	商品销售额	其他收入
全　国	**21882849**	**9775011**	**8680893**	**621534**	**2805410**
北　京	2632309	1234814	744487	31422	621585
天　津	217716	106891	83140	1146	26539
河　北	304487	122293	142158	2684	37352
山　西	134941	49868	67936	1462	15675
内蒙古	149762	61203	73666	191	14701
辽　宁	335530	135581	142484	8935	48531
吉　林	124027	62731	49725	1887	9684
黑龙江	125262	55302	47917	8532	13511
上　海	1892734	936089	562980	66720	326945
江　苏	1596009	610136	779102	66356	140414
浙　江	2024930	836182	991965	19006	177776
安　徽	322829	136388	146894	7656	31891
福　建	1169255	436577	543904	103347	85429
江　西	276868	116817	124604	6681	28766
山　东	1000923	401543	483265	28528	87587
河　南	474672	212012	207053	10852	44755
湖　北	466211	228577	185528	6708	45399
湖　南	818071	342093	376076	34028	65874
广　东	3775111	1636225	1411652	109726	617508
广　西	326590	154911	128012	14958	28708
海　南	974747	615380	290821	4912	63635
重　庆	478488	216003	196161	15702	50621
四　川	606737	265131	252609	27082	61915
贵　州	256683	129008	99092	8200	20383
云　南	475330	252453	156797	16049	50031
西　藏	39461	22462	10519	432	6048
陕　西	495101	210278	231430	11098	42295
甘　肃	177626	90838	69270	2359	15158
青　海	33597	16685	11828	572	4512
宁　夏	38369	17972	16597	818	2982
新　疆	138473	62568	53221	3485	19200

3-14 续表 1

一般旅馆 单位：万元

地 区	营业额	客房收入	餐费收入	商品销售额	其他收入
全 国	**2346508**	**1277249**	**813872**	**34088**	**221294**
北 京	282362	220341	36610	1925	23485
天 津	32067	11525	10468	1752	8321
河 北	66545	21815	37302	872	6555
山 西	21515	9171	10804	117	1423
内蒙古	32171	13536	17492	59	1084
辽 宁	23432	9787	11610	176	1858
吉 林	13980	8164	5474		341
黑龙江	14235	11886	2051	112	186
上 海	290327	133804	77777	1378	77369
江 苏	73420	36915	26537	1877	8092
浙 江	138879	70786	57352	315	10425
安 徽	55588	21141	31313	1450	1684
福 建	82296	35252	41312	954	4777
江 西	39491	24568	13467	1088	368
山 东	144975	73277	59116	2696	9887
河 南	125489	56738	56384	6003	6364
湖 北	43352	27185	15009		1157
湖 南	114770	55097	50235	1775	7663
广 东	347365	213289	97708	4343	32024
广 西	63527	40369	20618	809	1731
海 南	8302	4515	3122	5	659
重 庆	53193	28453	23587	333	820
四 川	88222	42586	38333	1451	5852
贵 州	12878	6549	5256	49	1025
云 南	55548	37558	12153	1802	4035
西 藏					
陕 西	72789	27864	42108	1550	1267
甘 肃	17641	15171	2009	334	127
青 海					
宁 夏					
新 疆	32149	19907	8665	863	2715

3-14 续表 2

其他住宿业　　单位：万元

地　区	营业额	客房收入	餐费收入	商品销售额	其他收入
全　国	**354642**	**166520**	**122569**	**13262**	**52289**
北　京	89765	40867	23053	248	25597
天　津	7631	3071	1962		2598
河　北	35051	12437	12562	3180	6871
山　西	2094	820	1230		44
内蒙古	2262	763	653	198	649
辽　宁	2249	1363	872		13
吉　林	7331	2982	4343		6
黑龙江					
上　海	13917	12123	1497		297
江　苏	13440	6807	5915	473	245
浙　江	2950	2303	474		172
安　徽	11211	2552	7413	86	1160
福　建	14813	2733	4201	7787	91
江　西	3159	1573	1576		11
山　东					
河　南	14933	8163	6244	527	
湖　北	4290	3050	722		518
湖　南	23823	12435	7167		4221
广　东	59861	34548	20351	463	4499
广　西					
海　南	5509	1763	1808		1937
重　庆	10130	4002	5622	33	473
四　川					
贵　州					
云　南	5408	2767	1716	34	892
西　藏					
陕　西	24815	9398	13188	233	1995
甘　肃					
青　海					
宁　夏					
新　疆					

3-15 大中型住宿业企业分行业年末资产负债

旅游饭店

单位：万元

地 区	流动资产合计	固定资产原价	累计折旧	资产总计	负债合计	所有者权益合计
全 国	**28907576**	**53970668**	**23032079**	**78806946**	**57615621**	**21191327**
北 京	3665688	7834947	3516014	10750891	7903423	2847469
天 津	200375	523129	164858	828706	666302	162404
河 北	626267	985979	367498	1546622	1340326	206296
山 西	154360	420275	186155	459100	442312	16788
内蒙古	154668	559293	221733	584589	342562	242027
辽 宁	452256	1412094	639135	1502846	1004446	498400
吉 林	191153	460604	185834	505800	378822	126979
黑龙江	127820	478818	159445	542112	346921	195191
上 海	2318917	4602522	2441762	6717864	3408510	3309354
江 苏	1635762	4353540	1761579	5814277	4060793	1753483
浙 江	2249007	4791548	2053733	6593097	5056609	1536489
安 徽	468137	859661	300147	1541204	1282806	258398
福 建	1219723	2241991	755308	3565380	2463224	1102156
江 西	422465	499268	194564	1088206	820152	268054
山 东	1199501	2292183	992035	2997423	2135448	861974
河 南	800914	885872	347279	1637638	1148332	489306
湖 北	443303	1168472	605407	1492248	975380	516868
湖 南	605407	1787234	692508	2216460	1632320	584140
广 东	5401500	7681928	3519105	12509441	10743759	1765682
广 西	361842	963441	456550	1136695	839942	296753
海 南	2084470	1952530	661037	4386890	2774897	1611993
重 庆	882885	943363	359183	1884841	1582237	302604
四 川	985398	1426453	593260	2195198	1723759	471438
贵 州	346152	414683	137332	766986	610942	156044
云 南	842506	1638984	611125	2384716	1661734	722982
西 藏	27568	213219	69517	185931	32867	153065
陕 西	570019	1681331	648865	1834528	1528063	306466
甘 肃	182884	264171	131000	428973	294577	134396
青 海	96207	107676	38961	169165	36636	132529
宁 夏	32101	163334	51934	149347	175824	-26477
新 疆	158321	362125	169216	389772	201696	188076

注：大中型住宿业企业中，因包含了部分视同法人单位，财务指标数据存在资产总计≠负债合计+所有者权益合计的问题(下表同)。

3-15 续表 1

一般旅馆 单位：万元

地区	流动资产合计	固定资产原价	累计折旧	资产总计	负债合计	所有者权益合计
全国	**2798155**	**3090934**	**1007775**	**6765924**	**4909821**	**1856107**
北京	507677	293350	104945	1189800	620214	569586
天津	48514	31401	13988	70704	62991	7713
河北	170132	86974	39321	362691	230501	132190
山西	27238	37988	8850	85505	50610	34896
内蒙古	35111	62779	29007	95573	84968	10605
辽宁	31198	48383	20445	75837	75744	94
吉林	2241	82	37	2381	1902	479
黑龙江	4688	11037	1477	15474	10893	4580
上海	339456	253643	70997	654542	481931	172611
江苏	73296	79173	16642	162828	122446	40383
浙江	118282	312197	69599	504122	374137	129985
安徽	72039	64244	23436	155431	97812	57619
福建	65404	82036	28169	214373	144378	69995
江西	39113	57667	9976	94918	40031	54887
山东	124827	199411	51359	443570	429692	13878
河南	85939	166216	34369	338954	218861	120094
湖北	15858	52678	13220	66671	62049	4622
湖南	40825	190775	57156	209543	170222	39321
广东	607355	557323	286033	1124255	877586	246669
广西	182521	48405	17855	245526	225750	19776
海南	2365	48850	11390	40115	47759	-7644
重庆	17856	88374	18485	112110	93055	19055
四川	69303	84071	31730	168945	159986	8959
贵州	14973	17199	1898	30746	23957	6790
云南	23521	35020	13111	52691	25759	26932
西藏						
陕西	44574	146837	24408	180312	135610	44702
甘肃	11842	20443	3532	32749	26186	6563
青海						
宁夏						
新疆	22007	14378	6340	35558	14791	20767

3-15 续表 2

其他住宿业　　单位：万元

地　区	流动资产合计	固定资产原价	累计折旧	资产总计	负债合计	所有者权益合计
全　国	**891155**	**743843**	**284003**	**1768449**	**1313071**	**455380**
北　京	235023	151703	61011	463989	430002	33988
天　津	3983	81027	36751	48282	80715	-32433
河　北	43164	97937	52662	111118	114923	-3805
山　西	546	5153	339	5703	6062	-360
内蒙古	2136	118	81	2326	459	1867
辽　宁	1445	7941		10372	276	10097
吉　林	1037	784	436	1453	708	745
黑龙江						
上　海	6207	1435	1002	10321	4626	5695
江　苏	2525	1793	1336	4112	4092	19
浙　江	404	581	500	484	478	6
安　徽	5818	31762	4699	42930	46703	-3772
福　建	15150	16532	8233	30923	34136	-3212
江　西	4011	5771	3546	12835	3288	9547
山　东						
河　南	21383	3235	217	24851	22662	2189
湖　北	2714	14961	3267	20449	16643	3806
湖　南	485742	69660	41682	692624	403235	289388
广　东	35880	73337	26283	92601	56642	35959
广　西						
海　南	3400	106909	19477	90992	28155	62837
重　庆	5221	7078	4335	8732	21626	-12894
四　川						
贵　州						
云　南	5545	13337	6925	14145	4816	9329
西　藏						
陕　西	9821	52789	11221	79207	32824	46384
甘　肃						
青　海						
宁　夏						
新　疆						

3-16 大中型住宿业企业分行业实收资本及构成

旅游饭店　　　　单位：万元

地区	实收资本						
		国家资本	集体资本	法人资本	个人资本	港澳台资本	外商资本
全　国	**24319690**	**6969803**	**290962**	**9174165**	**2214813**	**4143079**	**1526868**
北　京	3353997	1098856	14624	1341437	122551	517544	258984
天　津	309331	95305	3200	182218	11465	14555	2588
河　北	477315	172235		155053	62027	88000	
山　西	149045	54753		74191	20101		
内蒙古	229506	53415	4737	37474	25875	108005	
辽　宁	566033	132783		107137	55874	244022	26216
吉　林	157339	42025		77743	19072	1800	16700
黑龙江	287930	51760		66610	6000	146333	17227
上　海	2630611	1241414	71849	806333	32210	222291	256513
江　苏	2225228	734602	34683	773221	268922	213888	199913
浙　江	1903414	381619	40878	823642	256221	309509	91545
安　徽	452350	29604	5556	212254	45988	143947	15000
福　建	1129344	183031	2592	454258	200454	222281	66729
江　西	198454	86046	1410	59367	30164	8524	12943
山　东	711887	171225	21028	237871	23756	242505	15502
河　南	527034	102047	2113	202435	181284	39155	
湖　北	468008	151648	22074	199952	37317	56651	366
湖　南	649865	175507	14174	341739	99316	14129	5000
广　东	3094653	641944	29605	1395181	264143	585763	178018
广　西	447585	68154		120587	39929	187755	31160
海　南	996016	125509	6604	251672	17320	573841	21069
重　庆	388059	77548	2100	209476	51828	14500	32607
四　川	631361	161117	1250	235401	122020	3636	107937
贵　州	181553	57105	1300	103342	12026	6800	980
云　南	797827	259433	186	340491	60710	119548	17459
西　藏	164626	66444		14940			83243
陕　西	697002	280424	9342	221860	91806	56097	37473
甘　肃	163201	79974	1657	38871	30426	2000	10272
青　海	82700	44269		500	16508		21424
宁　夏	30313	22725		7088	500		
新　疆	218103	127282		81821	9000		

3-16 续表 1

一般旅馆 单位：万元

地区	实收资本						
		国家资本	集体资本	法人资本	个人资本	港澳台资本	外商资本
全国	**1858863**	**559480**	**7862**	**645496**	**314460**	**124693**	**206872**
北京	404181	298649		32310	22300	50922	
天津	12836	2703		10133			
河北	90502	19280	683	63500	7039		
山西	42270	39470		2800			
内蒙古	29914	1030		24584	4300		
辽宁	3600	1600			2000		
吉林	479			479			
黑龙江	13175	3125		50	10000		
上海	230245			153278	48491		28476
江苏	63496	11663		26398	15007	5428	5000
浙江	68263	7540		38558	22165		
安徽	44264	4739	5000	15861	18664		
福建	75229	3743		6571	23508		41408
江西	40195	23298		3258	13639		
山东	26717	4182	500	15266	6769		
河南	78177	8832	1000	51279	15048	2017	
湖北	39331	2559		31152	620		5000
湖南	46352	1052	629	26915	17756		
广东	315817	30277		68711	23516	66326	126988
广西	12579		50	6785	5744		
海南	28486	28000			486		
重庆	46895			23195	23700		
四川	37445	18780		10460	8205		
贵州	1600			1200	400		
云南	19156			12862	6294		
西藏							
陕西	64038	26959		19201	17878		
甘肃	6731	5699		100	931		
青海							
宁夏							
新疆	16890	16300		590			

3-16 续表 2

其他住宿业　　　　单位：万元

地　区	实收资本	国家资本	集体资本	法人资本	个人资本	港澳台资本	外商资本
全　国	**352030**	**199184**	**1050**	**113247**	**25828**	**12721**	
北　京	61368	180	1000	45864	2103	12221	
天　津	10320			10000	320		
河　北	12500	2000		6500	3500	500	
山　西	500			500			
内蒙古	1050				1050		
辽　宁							
吉　林	1000			1000			
黑龙江							
上　海	3188			2188	1000		
江　苏	2352	2102	50		200		
浙　江							
安　徽	6500			6000	500		
福　建	4183	3333		850			
江　西	9547			9547			
山　东							
河　南	1169			649	520		
湖　北	3806			3806			
湖　南	103181	101981		1000	200		
广　东	20095	810		15643	3642		
广　西							
海　南	88200	88200					
重　庆	360	80		100	180		
四　川							
贵　州							
云　南	4098	498		3600			
西　藏							
陕　西	18613			6000	12613		
甘　肃							
青　海							
宁　夏							
新　疆							

3-17 大中型住宿业企业

旅游饭店

地 区	主营业务收入	主营业务成本	主营业务税金及附加	主营业务利润	其他业务利润
全 国	**20751276**	**7207478**	**394658**	**13149140**	**413003**
北 京	2486295	653393	74498	1758404	33757
天 津	212372	81543	1804	129025	3574
河 北	291564	94460	5643	191461	1727
山 西	126928	42748	2967	81213	7717
内蒙古	149806	54686	2276	92844	4766
辽 宁	323967	98210	5855	219902	16140
吉 林	117740	41681	2205	73854	5093
黑龙江	121382	32477	2715	86190	448
上 海	1799326	552711	36427	1210188	125799
江 苏	1501906	526544	25074	950288	19009
浙 江	1910694	595845	21788	1293061	50232
安 徽	303881	123877	5593	174411	9915
福 建	1100340	446028	21545	632767	8057
江 西	272972	111355	5619	155998	920
山 东	956656	329370	13354	613932	34931
河 南	444015	170303	8167	265545	5330
湖 北	441138	149678	7930	283530	3896
湖 南	778490	342345	18692	417453	6000
广 东	3593524	1362152	51982	2179390	22196
广 西	302336	97642	8026	196668	3362
海 南	947838	257202	19969	670667	13825
重 庆	444813	181485	7359	255969	2049
四 川	565528	215211	9877	340440	12843
贵 州	239406	97979	4863	136564	1145
云 南	440550	177609	14347	248594	10608
西 藏	37342	9580	143	27619	
陕 西	469384	204773	9056	255555	5364
甘 肃	168999	77803	3923	87273	1643
青 海	32562	10022	291	22249	2582
宁 夏	36639	15580	655	20404	
新 疆	132883	53186	2015	77682	75

分行业损益及分配

单位：万元

销售费用	管理费用	财务费用	营业利润	利润总额	应交所得税	应付职工薪酬
6110447	**6519935**	**1115614**	**-50332**	**72818**	**269295**	**5502172**
729487	947090	122494	145379	152842	81690	842772
57449	80879	10691	-19440	-15357	154	75221
117075	95021	30659	-47847	-44135	804	87448
53753	34664	8176	-14858	-12565	84	40197
48007	48940	-1578	-4961	-18818	109	49026
119628	127169	18703	-59713	-37662	785	64303
40929	38267	8584	-12268	-8824	90	31361
48150	55417	3080	-16374	-15293	1846	31008
460937	583030	62735	181980	215177	49853	430893
477850	491576	73056	-53077	-43932	9840	375119
645266	599375	124448	-30790	-323	17820	489622
77545	108303	24958	-31304	-26093	1687	81279
294802	293024	63494	2426	8604	13521	260887
64468	79406	19135	-4587	1936	1099	58229
327966	290609	49879	-38775	-29962	6392	249983
126017	128626	24780	-7029	13263	3571	113158
141236	128289	23596	-1388	-76	1611	117566
161943	227577	44568	-6951	-10416	5406	169281
1015207	919879	205313	96413	101170	40704	901124
94576	102853	15654	-10882	-10540	1424	74093
279798	374998	36468	20261	-5526	9072	248364
122603	110524	35959	-16111	-23174	5132	101337
166219	164168	35864	-12552	-12485	6035	144679
61535	65716	30437	-18881	-15084	2099	57318
114296	165262	23414	-44374	-45112	3138	116378
15736	18704	77	-5852	-5909	60	13116
131127	135434	14707	-22458	-23469	3140	134331
44159	45401	2873	-5458	-6161	1007	41341
13492	10157	866	-1777	-1335	22	13191
15002	10079	1105	-5644	-5903	13	41873
44189	39498	1419	-3440	-2020	1087	47674

3-17 续表 1

一般旅馆

地　区	主营业务收入	主营业务成本	主营业务税金及附加	主营业务利润	其他业务利润	销售费用
全　国	**2246653**	**869918**	**27406**	**1349329**	**32222**	**648545**
北　京	274693	78789	2941	192963	12235	80559
天　津	30650	17961	333	12356		5344
河　北	66283	24131	367	41785	3	32128
山　西	21100	5902	244	14954		5867
内蒙古	31544	8795	482	22267	1	15591
辽　宁	22574	4846	49	17679	15	10451
吉　林	13599	5045	9	8545		3334
黑龙江	13748	1853	49	11846	1	5453
上　海	277442	69390	2025	206027	446	62478
江　苏	68860	27120	344	41396	9	22024
浙　江	131312	37455	1698	92159	2831	53869
安　徽	53420	27785	888	24747		11305
福　建	75673	26301	961	48411	1088	27553
江　西	38794	19142	1165	18487		10385
山　东	142668	57727	1518	83423	6652	55948
河　南	118799	59132	2681	56986	1	19283
湖　北	39722	12114	633	26975	-1113	11636
湖　南	114810	58210	3167	53433	5000	22232
广　东	328574	161284	2560	164730	1676	92688
广　西	57933	19180	585	38168	1770	21596
海　南	7996	2329	254	5413		3372
重　庆	51506	18099	565	32842	105	13751
四　川	84488	32382	884	51222	1189	24946
贵　州	12244	5296	248	6700		4280
云　南	50548	21624	1274	27650		14353
西　藏						
陕　西	70844	39449	984	30411		12346
甘　肃	16753	5431	165	11157	113	5678
青　海						
宁　夏						
新　疆	30076	23146	333	6597	200	95

单位：万元

管理费用	财务费用	营业利润	利润总额	应交所得税	应付职工薪酬
639474	**80781**	**21909**	**26088**	**32121**	**537338**
100316	9499	14188	17187	8766	73104
8616	59	-1655	-1653	278	11507
17974	2583	-16457	-15099	56	25499
8755	894	-1062	-1057	351	4964
10101	2098	-5514	-4765	98	7689
8728	-113	-1657	-1664	10	4246
3682	38	1490	1490		738
7046	143	-795	-739	38	3043
118134	6977	50274	43057	9433	54313
22845	887	-4366	-11242	252	21898
40728	13985	-14628	-17626	739	33626
9792	2061	1583	1334	282	8435
20662	1789	-534	101	1091	20312
4339	163	3698	3841	71	8872
21976	3105	1262	1592	1181	38436
30415	4660	4050	6428	2963	21849
12681	2580	1039	1114	562	10457
26231	4003	2666	883	533	22179
73857	12043	-13849	-6020	3564	82047
14491	3406	-674	3278	14	12826
3502	11	-1472	-1396		2395
16711	2419	-185	753	125	10678
22299	4388	-1073	-888	276	13322
1440	786	58	698	206	2753
10411	1426	1847	1898	417	11258
16955	426	-949	-2126	149	16800
3654	413	1143	3184	429	3368
3133	52	3481	3525	237	10724

3-17 续表 2

其他住宿业

地　区	主营业务收入	主营业务成本	主营业务税金及附加	主营业务利润	其他业务利润	销售费用
全　国	**337541**	**123212**	**7970**	**206359**	**2748**	**80184**
北　京	88397	19238	3293	65866	544	21931
天　津	7213	1096	62	6055		2603
河　北	31378	9382	552	21444	1287	7543
山　西	2049	975	41	1033		1062
内蒙古	2134	520	9	1605		1377
辽　宁	2235	1721		514		
吉　林	6986	2273	16	4697	3	2145
黑龙江						
上　海	12928	5652	37	7239	197	624
江　苏	12282	6627	56	5599		2799
浙　江	2718	280	4	2434		2261
安　徽	10990	5612	817	4561		927
福　建	14513	13425	148	940		408
江　西	3008	2329	52	627		61
山　东						
河　南	14114	8858	274	4982		1598
湖　北	3730	2084	178	1468		293
湖　南	22418	8777	559	13082		4214
广　东	58028	19353	554	38121	433	18818
广　西						
海　南	5195	1009	636	3550		1752
重　庆	9592	5155	31	4406	284	1254
四　川						
贵　州						
云　南	5175	2545	67	2563		913
西　藏						
陕　西	22458	6301	584	15573		7601
甘　肃						
青　海						
宁　夏						
新　疆						

单位：万元

管理费用	财务费用	营业利润	利润总额	应交所得税	应付职工薪酬
118078	**26933**	**29204**	**6895**	**5679**	**90093**
28729	20355	-5682	1946	680	22598
9311	199	-6026	-2760	13	3086
13207	2722	-217	230	158	8926
3	4	-36	-36		452
374	4	-150	-433		992
					1324
2957	13	119	121	2	2268
5839	47	966	962	248	2833
3178	9	-386	-386	62	2852
220	9		11	47	645
2593	512	1008	1199	425	1864
1111	282	-529	288	129	1937
508	7	52	76		696
1725	601	1167	1164	468	2767
911	11	254	268	18	1088
12182	922	40850	4627	2510	7501
15876	950	2562	3245	581	17798
5414	11	-3626	-3620	7	1823
2415	-67	869	863	297	3353
1234	144	348	594	71	1920
10291	198	-2339	-1464	-37	3370

3-18　大中型住宿业企业分行业经济效益指标

旅游饭店

地　区	负债率(%)	主营业务毛利率(%)	人均主营业务收入(万元)	费用率(%)
全　国	**73.1**	**65.3**	**23.2**	**66.2**
北　京	73.5	73.7	31.0	72.4
天　津	80.4	61.6	22.6	70.2
河　北	86.7	67.6	15.8	83.3
山　西	96.3	66.3	13.4	76.1
内蒙古	58.6	63.5	18.4	63.7
辽　宁	66.8	69.7	18.8	82.0
吉　林	74.9	64.6	16.1	74.6
黑龙江	64.0	73.2	17.1	87.9
上　海	50.7	69.3	39.8	61.5
江　苏	69.8	64.9	23.2	69.4
浙　江	76.7	68.8	23.3	71.7
安　徽	83.2	59.2	18.0	69.4
福　建	69.1	59.5	24.3	59.2
江　西	75.4	59.2	20.1	59.7
山　东	71.2	65.6	18.7	69.9
河　南	70.1	61.6	18.3	62.9
湖　北	65.4	66.1	18.9	66.4
湖　南	73.6	56.0	20.7	55.8
广　东	85.9	62.1	24.9	59.6
广　西	73.9	67.7	18.0	70.5
海　南	63.3	72.9	24.5	72.9
重　庆	83.9	59.2	22.6	60.5
四　川	78.5	61.9	21.0	64.8
贵　州	79.7	59.1	19.8	65.9
云　南	69.7	59.7	19.0	68.8
西　藏	17.7	74.3	20.2	92.4
陕　西	83.3	56.4	17.6	59.9
甘　肃	68.7	54.0	18.7	54.7
青　海	21.7	69.2	13.2	75.3
宁　夏	117.7	57.5	15.7	71.5
新　疆	51.7	60.0	16.8	64.0

注：费用率等于销售费用、管理费用、财务费用三项之和除以主营业务收入(下表同)。

3-18 续表 1

一般旅馆

地区	负债率 (%)	主营业务毛利率 (%)	人均主营业务收入 (万元)	费用率 (%)
全国	**72.6**	**61.3**	**21.6**	**60.9**
北京	52.1	71.3	30.3	69.3
天津	89.1	41.4	13.3	45.7
河北	63.6	63.6	14.0	79.5
山西	59.2	72.0	16.2	73.5
内蒙古	88.9	72.1	16.2	88.1
辽宁	99.9	78.5	18.3	84.5
吉林	79.9	62.9	37.9	51.9
黑龙江	70.4	86.5	14.9	92.0
上海	73.6	75.0	33.2	67.6
江苏	75.2	60.6	20.7	66.4
浙江	74.2	71.5	21.2	82.7
安徽	62.9	48.0	21.7	43.4
福建	67.3	65.2	19.3	66.1
江西	42.2	50.7	15.8	38.4
山东	96.9	59.5	20.2	56.8
河南	64.6	50.2	19.4	45.8
湖北	93.1	69.5	19.8	67.7
湖南	81.2	49.3	21.7	45.7
广东	78.1	50.9	21.4	54.4
广西	91.9	66.9	19.4	68.2
海南	119.1	70.9	18.1	86.1
重庆	83.0	64.9	20.4	63.8
四川	94.7	61.7	23.4	61.1
贵州	77.9	56.7	17.9	53.1
云南	48.9	57.2	18.3	51.8
西藏				
陕西	75.2	44.3	17.3	42.0
甘肃	80.0	67.6	22.4	58.2
青海				
宁夏				
新疆	41.6	23.0	17.7	10.9

3-18 续表 2

其他住宿业

地　区	负债率 (%)	主营业务毛利率 (%)	人均主营业务收入 (万元)	费用率 (%)
全　国	**74.2**	**63.5**	**22.7**	**66.7**
北　京	92.7	78.2	42.7	80.3
天　津	167.2	84.8	18.2	167.9
河　北	103.4	70.1	15.2	74.8
山　西	106.3	52.4	12.8	52.2
内蒙古	19.7	75.6	8.6	82.2
辽　宁	2.7	23.0	20.9	
吉　林	48.7	67.5	16.2	73.2
黑龙江				
上　海	44.8	56.3	31.5	50.4
江　苏	99.5	46.0	16.5	48.7
浙　江	98.8	89.7	26.1	91.6
安　徽	108.8	48.9	30.2	36.7
福　建	110.4	7.5	45.9	12.4
江　西	25.6	22.6	17.1	19.1
山　东				
河　南	91.2	37.2	18.7	27.8
湖　北	81.4	44.1	20.2	32.6
湖　南	58.2	60.8	21.7	77.3
广　东	61.2	66.6	19.9	61.4
广　西				
海　南	30.9	80.6	13.8	138.2
重　庆	247.7	46.3	17.4	37.6
四　川				
贵　州				
云　南	34.0	50.8	11.8	44.3
西　藏				
陕　西	41.4	71.9	22.4	80.6
甘　肃				
青　海				
宁　夏				
新　疆				

3-19 大中型餐饮业企业分行业基本情况

地区	餐饮业			
			正餐服务	
	法人单位数(个)	年末从业人数(人)	法人单位数(个)	年末从业人数(人)
全国	**2760**	**1268159**	**2315**	**690293**
北京	302	207375	240	113295
天津	50	27610	37	9446
河北	36	10371	35	8066
山西	43	16730	39	11526
内蒙古	37	9763	35	9464
辽宁	41	16398	25	4396
吉林	10	3949	8	2599
黑龙江	4	1851	NA	951
上海	313	186231	245	85315
江苏	250	108599	207	51987
浙江	223	83194	200	49111
安徽	72	33447	64	18144
福建	89	39747	68	16757
江西	24	7458	23	5873
山东	152	51975	136	40630
河南	58	18568	47	10561
湖北	98	43651	89	25148
湖南	75	25131	70	16267
广东	455	211216	367	99345
广西	38	16213	32	6880
海南	8	2518	7	2365
重庆	83	40339	71	35004
四川	106	40064	97	19724
贵州	21	5453	19	5057
云南	36	13855	29	8070
西藏				
陕西	92	34211	86	26573
甘肃	19	5801	16	3623
青海	5	1042	5	1042
宁夏	6	1416	6	1416
新疆	14	3983	9	1658

注：NA表示小于或等于3(下表同)。

3-19 续表

地区	快餐服务		饮料及冷饮服务		其他餐饮业	
	法人单位数（个）	年末从业人数（人）	法人单位数（个）	年末从业人数（人）	法人单位数（个）	年末从业人数（人）
全　国	**270**	**445693**	**33**	**58641**	**142**	**73532**
北　京	39	73223	4	6390	19	14467
天　津	8	16730			5	1434
河　北					NA	2305
山　西	4	5204				
内蒙古	NA	299				
辽　宁	10	10496	NA	685	4	821
吉　林	NA	1350				
黑龙江	NA	900				
上　海	31	52569	8	33901	29	14446
江　苏	26	47699	NA	1084	14	7829
浙　江	12	30460	NA	510	9	3113
安　徽	7	15153			NA	150
福　建	19	21170			NA	1820
江　西	NA	1585				
山　东	11	8416	NA	376	4	2553
河　南	5	6317			6	1690
湖　北	5	12363	NA	1930	NA	4210
湖　南	4	8740			NA	124
广　东	49	87780	10	11311	29	12780
广　西	6	9333				
海　南	NA	153				
重　庆	6	4038			6	1297
四　川	5	15226	NA	2349	NA	2765
贵　州					NA	396
云　南	NA	4473	NA	105	NA	1207
西　藏						
陕　西	6	7638				
甘　肃	NA	2178				
青　海						
宁　夏						
新　疆	4	2200			NA	125

3-20 大中型餐饮业企业分行业经营情况

正餐服务

单位：万元

地区	营业额	客房收入	餐费收入	商品销售额	其他收入
全国	**16365122**	**1380370**	**13997501**	**474820**	**512432**
北京	2836173	17764	2721747	27912	68749
天津	199559	26783	142060	13084	17633
河北	130753	23478	97957	2480	6839
山西	177904	29878	134959	7398	5668
内蒙古	274635	31998	236306	403	5929
辽宁	98003	16820	68083	4253	8847
吉林	49926	19487	26019	5	4415
黑龙江	19988	3126	16072	609	181
上海	2593717	36557	2449064	61813	46283
江苏	1180242	190676	924489	20087	44989
浙江	1242651	217608	961332	10226	53484
安徽	405055	74531	294793	28297	7434
福建	419124	42994	362189	7016	6926
江西	103720	19006	79435	4768	512
山东	711576	169883	485226	25031	31436
河南	223306	39002	164645	12111	7549
湖北	601567	84761	465654	12762	38389
湖南	352829	46078	289035	9628	8088
广东	2262143	141703	1973777	67356	79308
广西	127502	12335	102230	10661	2275
海南	43726	33	40840	600	2253
重庆	765421	20394	692293	45498	7236
四川	472730	44026	378529	25009	25166
贵州	82490	7275	70143	885	4188
云南	218516	8273	184094	18624	7525
西藏					
陕西	630301	38041	515990	57180	19091
甘肃	72204	5954	64253	666	1331
青海	14746	4064	10453		228
宁夏	23742	4102	19351	160	128
新疆	30873	3740	26483	298	352

3-20 续表 1

快餐服务　　单位：万元

地　区	营业额	客房收入	餐费收入	商品销售额	其他收入
全　国	**11243964**	**5495**	**10992095**	**156753**	**89622**
北　京	1786994		1753997	12040	20957
天　津	454952		449058	536	5358
河　北					
山　西	93242		93242		
内蒙古	7662		7662		
辽　宁	614317		614317		
吉　林	28373		28373		
黑龙江	19817		19817		
上　海	1602155		1585906	1272	14977
江　苏	1018726		987097	30780	849
浙　江	774480	1607	725880	42659	4334
安　徽	268999	160	232011	32262	4566
福　建	400024		385412	10788	3824
江　西	68890		68890		
山　东	315333		314762		571
河　南	113199		100645	2263	10292
湖　北	428707		428399	166	142
湖　南	219031		218910	121	
广　东	2177689		2151918	16550	9221
广　西	139647		131689	6935	1023
海　南	9604		9604		
重　庆	130879		130625		253
四　川	240025		236980		3045
贵　州					
云　南	83599		80332	381	2885
西　藏					
陕　西	150459		144269		6190
甘　肃	40506	3062	36637		808
青　海					
宁　夏					
新　疆	56655	666	55663		327

3-20 续表 2

饮料及冷饮服务

单位：万元

地区	营业额	客房收入	餐费收入	商品销售额	其他收入
全国	**2023713**		**1927383**	**91904**	**4427**
北京	301353		269336	29712	2305
天津					
河北					
山西					
内蒙古					
辽宁	27829		24973	2855	
吉林					
黑龙江					
上海	1033680		1032071	1609	
江苏	19223		15764	1734	1726
浙江	10273		9743	530	
安徽					
福建					
江西					
山东	15485		13920	1566	
河南					
湖北	95443		95443		
湖南					
广东	405298		351004	53898	396
广西					
海南					
重庆					
四川	112121		112121		
贵州					
云南	3008		3008		
西藏					
陕西					
甘肃					
青海					
宁夏					
新疆					

3-20 续表 3

其他餐饮业　　　　单位：万元

地　区	营业额	客房收入	餐费收入	商品销售额	其他收入
全　国	**1559931**	**7805**	**1371128**	**135877**	**45120**
北　京	241459	164	216249	5679	19367
天　津	44015	4484	32502		7028
河　北	13894		12715	1178	
山　西					
内蒙古					
辽　宁	35072		35072		
吉　林					
黑龙江					
上　海	297600		283964	12585	1051
江　苏	143989	1415	138567	4007	
浙　江	97708		94600	548	2560
安　徽	2184		2184		
福　建	36469		31177	5284	7
江　西					
山　东	44219		43084	1121	15
河　南	26449	591	24222	151	1485
湖　北	73512		27321	45965	226
湖　南	2929		2929		
广　东	354770		286544	58328	9898
广　西					
海　南					
重　庆	42582	1151	39946	1031	454
四　川	63623		63623		
贵　州	5961		5961		
云　南	24085		21057		3029
西　藏					
陕　西					
甘　肃					
青　海					
宁　夏					
新　疆	9411		9411		

3-21 大中型餐饮业企业分行业年末资产负债

正餐服务

单位：万元

地 区	流动资产合计	固定资产原价	累计折旧	资产总计	负债合计	所有者权益合计
全 国	**9267295**	**9946812**	**3625110**	**20669097**	**15975692**	**4700527**
北 京	1146672	481286	266915	1888237	1431187	457050
天 津	210829	125811	42181	348617	281212	67405
河 北	93736	105741	35528	229000	228415	585
山 西	120138	386787	158277	429430	459891	-30461
内蒙古	158623	266253	63469	431878	333547	98331
辽 宁	174058	231296	98124	405265	396348	8917
吉 林	32770	121467	35437	137745	38092	99653
黑龙江	15101	13832	5761	31498	4812	26686
上 海	1198234	565246	243646	1892967	1315343	577624
江 苏	817976	1503453	418390	2538763	2164180	374583
浙 江	789894	1272502	450563	2129038	1742602	386436
安 徽	288315	365128	126868	836786	659176	177610
福 建	172077	168990	64691	401924	311092	90833
江 西	82611	55475	22507	196278	161295	34983
山 东	485919	1191792	356324	1865950	1265616	600334
河 南	172505	118630	36230	353489	175043	178446
湖 北	353944	389207	151868	879402	742340	137062
湖 南	178236	205954	69359	407218	315771	91447
广 东	1273869	1072189	497966	2292804	1737291	562633
广 西	59419	59254	18977	114375	120332	-5956
海 南	16315	10001	6334	25314	28249	-2936
重 庆	241850	218037	88528	510627	281151	229476
四 川	408268	439798	150359	918246	801690	116556
贵 州	57783	37804	18061	91113	71017	20096
云 南	338703	142584	47634	470672	309230	161442
西 藏						
陕 西	295730	325389	123735	669440	461081	208359
甘 肃	32091	25586	8254	54052	28850	25203
青 海	12238	28601	9080	43416	15437	27979
宁 夏	19935	10744	6453	33781	44875	-11094
新 疆	19456	7975	3591	41772	50527	-8755

注：大中型餐饮业企业中，因包含了部分视同法人单位，财务指标数据存在资产总计≠负债合计+所有者权益合计的问题(下表同)。

3-21 续表 1

快餐服务

单位：万元

地 区	流动资产合计	固定资产原价	累计折旧	资产总计	负债合计	所有者权益合计
全 国	**1835069**	**2256626**	**1116633**	**4876617**	**2746404**	**2130213**
北 京	421265	262980	145053	798910	356282	442628
天 津	35821	110524	55540	163752	99294	64458
河 北						
山 西	13681	17307	7726	45626	26685	18941
内蒙古	4743	1131	696	5704	2119	3584
辽 宁	60158	126962	69051	229890	181802	48089
吉 林	3809	11581	3556	17508	4810	12698
黑龙江	4614	7246	2408	15124	10677	4447
上 海	274659	220210	97768	623116	384116	239001
江 苏	121574	156394	83637	348341	193912	154429
浙 江	100904	168731	81757	364425	292633	71791
安 徽	99277	64703	22226	173878	116284	57594
福 建	47577	88555	44333	162892	105514	57379
江 西	549	13809	7102	21229	10659	10570
山 东	36036	79429	45491	126538	87458	39079
河 南	15562	41109	25162	56620	48941	7679
湖 北	18948	89794	43760	127291	88625	38666
湖 南	11584	47891	13524	80580	49023	31557
广 东	430143	491533	260341	1094334	504825	589509
广 西	12180	19388	6386	46676	23403	23273
海 南	5344	3045	2762	5697	2010	3687
重 庆	25294	39507	23649	58529	25507	33022
四 川	37036	66053	34908	109333	59861	49472
贵 州						
云 南	9626	19991	10851	31045	13897	17148
西 藏						
陕 西	27133	40971	18011	75959	41377	34582
甘 肃	6387	40201	4013	48451	6996	41455
青 海						
宁 夏						
新 疆	11165	27581	6922	45169	9694	35475

3-21 续表 2

饮料及冷饮服务

单位：万元

地 区	流动资产合计	固定资产原价	累计折旧	资产总计	负债合计	所有者权益合计
全 国	**706485**	**256123**	**111883**	**1223005**	**686078**	**536927**
北 京	144316	39382	20720	212436	97693	114743
天 津						
河 北						
山 西						
内蒙古						
辽 宁	11629	3654	2102	18462	4740	13722
吉 林						
黑龙江						
上 海	278076	121458	45971	525788	434975	90812
江 苏	17443	10053	4709	36812	18387	18425
浙 江	3454	1506	794	6255	777	5478
安 徽						
福 建						
江 西						
山 东	7162	2108	1081	11978	3291	8687
河 南						
湖 北	32375	13639	6620	62585	21612	40973
湖 南						
广 东	162893	47232	22034	262398	76927	185471
广 西						
海 南						
重 庆						
四 川	46836	16766	7744	83740	26837	56904
贵 州						
云 南	2301	325	108	2551	839	1712
西 藏						
陕 西						
甘 肃						
青 海						
宁 夏						
新 疆						

3-21 续表 3

其他餐饮业　　　　单位：万元

地　区	流动资产合计	固定资产原价	累计折旧	资产总计	负债合计	所有者权益合计
全　国	**525140**	**197314**	**92625**	**771924**	**472780**	**299145**
北　京	82006	12528	8489	93585	64822	28764
天　津	17591	2928	1799	20763	12389	8374
河　北	6596	540	311	15794	11655	4139
山　西						
内蒙古						
辽　宁	15307	4935	2781	19963	4375	15588
吉　林						
黑龙江						
上　海	76485	29400	13171	101838	64193	37645
江　苏	43328	19172	10656	59536	22464	37072
浙　江	23447	17079	6711	37918	17096	20822
安　徽	9	2	1	301	49	253
福　建	14827	3100	1390	19961	4498	15462
江　西						
山　东	11291	4922	3155	16275	7133	9142
河　南	16353	18117	8093	27162	24089	3072
湖　北	54300	4870	4393	72073	49160	22913
湖　南	1362	71	14	1848	868	980
广　东	111336	35647	20044	186835	117023	69812
广　西						
海　南						
重　庆	27347	28905	5266	57060	47851	9209
四　川	7376	4662	2357	17120	14248	2872
贵　州	1026	1684	231	2552	1917	636
云　南	14672	5666	3184	17690	8861	8829
西　藏						
陕　西						
甘　肃						
青　海						
宁　夏						
新　疆	481	3086	579	3650	89	3561

3-22 大中型餐饮业企业分行业实收资本及构成

正餐服务

单位：万元

地区	实收资本						
		国家资本	集体资本	法人资本	个人资本	港澳台资本	外商资本
全国	**4891042**	**360440**	**62589**	**1882821**	**1879471**	**421355**	**284376**
北京	278165	21975	2128	91457	72869	39749	49988
天津	61361	903		36686	16013		7759
河北	57465	15585	210	17324	24347		
山西	85444	16000	5100	10934	53410		
内蒙古	115883	12934		20220	28634		54096
辽宁	75310			51825	20268		3217
吉林	24938	18653		5636	649		
黑龙江	17650			12550	5100		
上海	534414	23427	1140	185430	92598	124200	107620
江苏	576397	46116	15200	308294	142961	62364	1463
浙江	449618	21157	9227	219491	135702	63372	670
安徽	154168	13813	800	56152	83404		
福建	106141		589	60223	21949	22880	500
江西	33263	2700		10860	19189		514
山东	926826	58478	7247	170942	683770	6389	
河南	120939	1732	1500	72255	45452		
湖北	145453	4387	7	92673	41850	6536	
湖南	101296	1232		56774	42628		662
广东	430350	34544	4144	165681	115035	91892	19055
广西	16984	3500		10235	3219	30	
海南	3199			1860	30	1309	
重庆	121582	5121	385	42845	34910		38322
四川	146032	28339	3747	67410	46027		510
贵州	18714		420	15294	3000		
云南	51676	5889	4519	26479	14683	106	
西藏							
陕西	195476	23223	5945	54921	108859	2528	
甘肃	8019	102	246	4539	3132		
青海	21196			7600	13596		
宁夏	6758	560		1518	4680		
新疆	6325	70	35	4713	1507		

3-22 续表 1

快餐服务　　　　单位：万元

地　区	实收资本	国家资本	集体资本	法人资本	个人资本	港澳台资本	外商资本
全　国	**1128483**	**61571**	**3572**	**386009**	**82153**	**315163**	**280020**
北　京	109414	735	1080	18596	6051	49274	33678
天　津	19441			8566	1317	235	9323
河　北							
山　西	10039			8300			1739
内蒙古	850			800		50	
辽　宁	36288	4885			150	10353	20899
吉　林	9000			4000	5000		
黑龙江	4447			4447			
上　海	302122	10785		75539	1441	162352	52005
江　苏	74520	30	2492	10776	3539	33287	24397
浙　江	66377	100		53677	9200		3400
安　徽	19301	5000		13601	700		
福　建	53533			28846	3061	2192	19435
江　西	2109						2109
山　东	30530	3536		18913	762	690	6630
河　南	17738			14237	1100		2402
湖　北	36888			21251		8425	7212
湖　南	17003			14000	1000		2003
广　东	188198	500		47789	37267	39900	62742
广　西	7408			5140	33		2235
海　南	337					337	
重　庆	10864			5400		2068	3397
四　川	28893			11678	1000		16216
贵　州							
云　南	6345			1657	4109		579
西　藏							
陕　西	16126			2038	500	6000	7588
甘　肃	38410	36000		1000			1410
青　海							
宁　夏							
新　疆	22302			15758	5923		621

3-22 续表 2

饮料及冷饮服务

单位：万元

地区	实收资本	国家资本	集体资本	法人资本	个人资本	港澳台资本	外商资本
全国	**149606**	**3651**		**14975**	**244**	**54002**	**76735**
北京	24709			500		9157	15052
天津							
河北							
山西							
内蒙古							
辽宁	3570					3570	
吉林							
黑龙江							
上海	74980	3406		8089		8095	55390
江苏	19632					14439	5193
浙江	916	245		671			
安徽							
福建							
江西							
山东	818					818	
河南							
湖北	1740					1740	
湖南							
广东	19237			4003	244	13891	1100
广西							
海南							
重庆							
四川	2292					2292	
贵州							
云南	1712			1712			
西藏							
陕西							
甘肃							
青海							
宁夏							
新疆							

3-22 续表 3

其他餐饮业

单位：万元

地　区	实收资本	国家资本	集体资本	法人资本	个人资本	港澳台资本	外商资本
全　国	**160185**	**27828**	**2095**	**58580**	**32185**	**14807**	**24693**
北　京	24686	50		9097	8141		7399
天　津	4785			3655	1130		
河　北	1000				1000		
山　西							
内蒙古							
辽　宁	4476	3726		100		650	
吉　林							
黑龙江							
上　海	37193	1195	1005	8317	6318	6325	14034
江　苏	7488			2625	3374	1365	124
浙　江	6893	158	288	3318	1805	1325	
安　徽	3			2	1		
福　建	1438	800				638	
江　西							
山　东	2309	509		1800			
河　南	10198			6209	3989		
湖　北	16780	14780		2000			
湖　南	980			980			
广　东	25740	3012	752	11595	5877	4504	
广　西							
海　南							
重　庆	6439	1958	50	4081	350		
四　川	3859	200		1000			2659
贵　州	210			110	100		
云　南	2147	1440		130	100		477
西　藏							
陕　西							
甘　肃							
青　海							
宁　夏							
新　疆	3561			3561			

3-23 大中型餐饮业企业分行业损益及分配

正餐服务

单位：万元

地区	主营业务收入	主营业务成本	主营业务税金及附加	主营业务利润
全国	**15449719**	**7121987**	**119272**	**8208460**
北京	2687626	1068847	7053	1611726
天津	180709	71707	778	108224
河北	127397	53707	1080	72610
山西	169619	84862	2086	82671
内蒙古	266713	150077	1205	115431
辽宁	102037	44320	1138	56579
吉林	47252	15000	527	31725
黑龙江	19196	6380	412	12404
上海	2398492	978663	5915	1413914
江苏	1111510	480904	7922	622684
浙江	1165941	530691	6851	628399
安徽	390439	178782	3840	207817
福建	416378	210642	6979	198757
江西	100267	47032	1799	51436
山东	679028	322581	7478	348969
河南	208502	105948	4141	98413
湖北	567664	273092	6834	287738
湖南	335085	172734	5359	156992
广东	2148096	986820	11954	1149322
广西	119995	65642	1167	53186
海南	41035	17679	177	23179
重庆	702307	440614	8757	252936
四川	436782	214101	6824	215857
贵州	78125	39630	697	37798
云南	208399	138587	4573	65239
西藏				
陕西	604556	359070	12221	233265
甘肃	70018	38221	1217	30580
青海	14289	5004	63	9222
宁夏	23072	9233	114	13725
新疆	29190	11417	111	17662

3-23 续表 1

正餐服务

地　区	其他业务利润	销售费用	管理费用	财务费用
全　国	**176439**	**5358731**	**2195916**	**302943**
北　京	21369	1113261	353119	17318
天　津	3741	75898	32391	5079
河　北	1567	49014	25339	6817
山　西	3906	63154	37535	4285
内蒙古	1758	59669	46794	9398
辽　宁	4522	33820	23525	7395
吉　林	2487	14624	17882	832
黑龙江		9330	2825	103
上　海	27823	1036282	292409	16349
江　苏	13908	377500	220019	26842
浙　江	15964	384043	192707	41553
安　徽	2345	113331	59547	18157
福　建	2647	118768	53046	6248
江　西	2978	31640	15001	3960
山　东	13183	204538	139161	30189
河　南	6396	45440	26727	5464
湖　北	10904	181867	77196	12004
湖　南	2784	96464	40883	10814
广　东	11081	796404	255230	25754
广　西	1384	35370	16042	2257
海　南	5023	17031	4294	139
重　庆	713	125813	80613	9108
四　川	5863	126552	62919	24234
贵　州	3181	17131	13281	1718
云　南	2257	31937	21094	5433
西　藏				
陕　西	2624	154507	62241	7436
甘　肃	1370	20122	7642	994
青　海	4	4115	3909	419
宁　夏	1527	9271	6998	1008
新　疆	3130	11835	5547	1636

单位：万元

营业利润	利润总额	应交所得税	应付职工薪酬
499768	**598969**	**194181**	**3363222**
159377	176051	45901	707303
6613	7656	2927	51119
-7405	-3846	691	29585
-32503	-32533	487	35803
-2244	-7378	853	42441
-8046	-6944	424	17978
-1396	-1328	164	11267
146	203	107	1715
83257	108605	39425	473143
-9241	-2396	10492	251253
54439	68019	14082	243760
18108	19296	6490	72821
21525	21126	8182	72182
2224	2235	777	18987
-22927	-17553	4074	187424
21025	21530	2955	38708
23728	25367	6992	116981
7731	918	2491	64968
96175	127284	28091	508127
-117	-335	496	21357
1715	1690	453	17433
52056	49794	5634	118251
14171	15477	4019	73629
4889	5035	1252	18405
9603	9405	2060	39011
8812	13072	3817	99916
2040	2149	430	10981
784	783	29	4646
-3630	-3256	181	6379
-1141	-1157	205	7649

3-23 续表 2

快餐服务

地　区	主营业务收入	主营业务成本	主营业务税金及附加	主营业务利润	其他业务利润	销售费用
全　国	**10567873**	**4675642**	**24967**	**5867264**	**89463**	**4021147**
北　京	1659329	631938	1018	1026373	17986	745594
天　津	431643	188991	343	242309	3106	167098
河　北						
山　西	87921	40094	33	47794		30036
内蒙古	7662	3921	49	3692		1904
辽　宁	585991	281845	751	303395		199426
吉　林	27600	14586	78	12936	3594	9834
黑龙江	19817	6336	9	13472		12054
上　海	1475939	665473	813	809653	893	547474
江　苏	999772	468655	5744	525373	1715	315015
浙　江	727295	337001	496	389798	3098	251112
安　徽	248279	104618	621	143040	127	120215
福　建	371756	173108	505	198143	35811	141789
江　西	68890	33514	38	35338		20250
山　东	308774	146526	397	161851	82	106154
河　南	104300	47049	559	56692		42557
湖　北	404239	190688	186	213365	42	146526
湖　南	210876	92657	3453	114766		73821
广　东	2054725	889263	8402	1157060	12359	831507
广　西	129895	58947	192	70756	941	44218
海　南	9457	2698	2	6757		2291
重　庆	100031	38593	421	61017	3940	42390
四　川	227275	123430	253	103592	4813	63191
贵　州						
云　南	78247	32618	34	45595		29037
西　藏						
陕　西	136512	65988	217	70307	956	45850
甘　肃	38214	15359	255	22600		13497
青　海						
宁　夏						
新　疆	53434	21746	98	31590		18307

单位：万元

管理费用	财务费用	营业利润	利润总额	应交所得税	应付职工薪酬
963568	**24589**	**909134**	**911520**	**208916**	**1855751**
145083	-398	153221	153485	38640	353513
41474	804	34897	33478	6939	89670
5788	475	10916	8689	2080	13943
1162	-11	638	641	163	731
52691	2781	44805	43964	11502	37246
1870	241	832	854	43	4346
794	690	-66	-60		2229
155980	2085	128775	130629	25497	201790
102238	2526	108588	108817	26553	128111
60056	4060	77301	77385	19483	131106
14564	486	16626	20107	2392	47619
38907	1531	21806	16717	6704	75777
5896	30	8885	9181	2294	13673
26421	1084	27714	27116	6541	44355
12708	579	708	4985	639	13531
38581	2134	22927	23337	5559	97102
16029	1696	22671	23124	507	35728
166552	2913	141749	140952	32416	433464
9939	459	17239	17339	4548	22280
3654	26	787	795	199	821
9018	-195	13415	13308	2425	11221
21980	168	20406	22899	5802	45348
6538	-127	10157	10055	2535	12021
16931	386	10889	10519	2473	24028
3132	48	5922	5885	1603	6294
5582	118	7326	7319	1379	9804

3-23 续表 3

饮料及冷饮服务

地区	主营业务收入	主营业务成本	主营业务税金及附加	主营业务利润	其他业务利润	销售费用
全国	**1889198**	**506090**	**2496**	**1380612**	**4546**	**956491**
北京	281748	66876	330	214542	694	149097
天津						
河北						
山西						
内蒙古						
辽宁	26093	5823	26	20244		13162
吉林						
黑龙江						
上海	950733	256525	1005	693203	3065	504994
江苏	17939	7422	131	10386	787	8582
浙江	9665	2726	23	6916		2987
安徽						
福建						
江西						
山东	14538	3288	4	11246		7443
河南						
湖北	90562	21002	79	69481		44590
湖南						
广东	383479	116137	455	266887		171435
广西						
海南						
重庆						
四川	112121	24895	342	86884		53561
贵州						
云南	2320	1396	101	823		640
西藏						
陕西						
甘肃						
青海						
宁夏						
新疆						

单位：万元

管理费用	财务费用	营业利润	利润总额	应交所得税	应付职工薪酬
101411	**-2268**	**324629**	**338837**	**89326**	**467418**
18635	-1328	47093	57303	13509	122591
1228		5854	5823	1471	10840
45977	316	142882	147162	41536	242214
2681	233	-586	124	114	2731
3243	8	694	730	204	2723
406	-20	3418	3285	847	1721
3377	66	21449	21076	5282	11098
20697	-1437	75381	75087	19277	72849
4880	-96	28539	28342	7086	624
287	-10	-95	-95		27

3-23 续表 4

其他餐饮业

地区	主营业务收入	主营业务成本	主营业务税金及附加	主营业务利润	其他业务利润	销售费用
全国	**1463595**	**859818**	**5561**	**598216**	**4217**	**398613**
北京	225248	129651	614	94983	-50	68622
天津	43277	22581	366	20330		9398
河北	12715	5328	28	7359	56	6030
山西						
内蒙古						
辽宁	33161	21468	156	11537		
吉林						
黑龙江						
上海	280304	169611	446	110247	3443	74940
江苏	138586	76442	238	61906	13	46839
浙江	90645	56192	374	34079	387	21220
安徽	2060	1769	68	223		146
福建	33901	14055	56	19790	25	12865
江西						
山东	40401	30932	427	9042	14	2058
河南	24216	17527	262	6427	226	3182
湖北	68342	25043	549	42750	27	39222
湖南	2911	1003		1908		1472
广东	329870	209708	1435	118727	28	75234
广西						
海南						
重庆	40549	24193	236	16120		8511
四川	60238	30684	106	29448	48	23687
贵州	5354	4852	2	500		37
云南	22428	14266	176	7986		907
西藏						
陕西						
甘肃						
青海						
宁夏						
新疆	9389	4513	22	4854		4243

单位：万元

管理费用	财务费用	营业利润	利润总额	应交所得税	应付职工薪酬
140403	**3579**	**62657**	**62444**	**16328**	**315616**
20491	293	5969	5912	1349	64495
7715	-29	3111	3045	769	8697
1205	45	80	146	37	5697
8529	-54	3018	2865	723	3933
33016	557	3379	3418	1598	72578
5921	112	9753	9106	2369	21580
7434	265	5322	5649	1513	16953
67	3	8	132	12	455
340	90	6979	6980	1726	5175
4766	34	2196	2200	543	8091
3900	396	-911	-912	140	7651
2636	2	880	1051	406	9582
290	7	139	172	19	848
31755	1039	13950	13531	3308	63146
6123	777	939	1027	549	7438
1005	82	4707	4975	859	10420
169	4	290	290	7	997
4830	-44	2448	2460	376	7206
211		400	397	25	674

3-24 大中型餐饮业企业分行业经济效益指标

正餐服务

地区	负债率 (%)	主营业务毛利率 (%)	人均主营业务收入 (万元)	费用率 (%)
全国	**77.3**	**53.9**	**22.4**	**50.9**
北京	75.8	60.2	23.7	55.2
天津	80.7	60.3	19.1	62.7
河北	99.7	57.8	15.8	63.7
山西	107.1	50.0	14.7	61.9
内蒙古	77.2	43.7	28.2	43.4
辽宁	97.8	56.6	23.2	63.4
吉林	27.7	68.3	18.2	70.6
黑龙江	15.3	66.8	20.2	63.9
上海	69.5	59.2	28.1	56.1
江苏	85.2	56.7	21.4	56.2
浙江	81.8	54.5	23.7	53.0
安徽	78.8	54.2	21.5	48.9
福建	77.4	49.4	24.8	42.8
江西	82.2	53.1	17.1	50.5
山东	67.8	52.5	16.7	55.1
河南	49.5	49.2	19.7	37.2
湖北	84.4	51.9	22.6	47.8
湖南	77.5	48.5	20.6	44.2
广东	75.8	54.1	21.6	50.2
广西	105.2	45.3	17.4	44.7
海南	111.6	56.9	17.4	52.3
重庆	55.1	37.3	20.1	30.7
四川	87.3	51.0	22.1	48.9
贵州	77.9	49.3	15.4	41.1
云南	65.7	33.5	25.8	28.1
西藏				
陕西	68.9	40.6	22.8	37.1
甘肃	53.4	45.4	19.3	41.1
青海	35.6	65.0	13.7	59.1
宁夏	132.8	60.0	16.3	74.9
新疆	121.0	60.9	17.6	65.2

注：费用率等于销售费用、管理费用、财务费用三项之和除以主营业务收入(下表同)。

3-24 续表 1

快餐服务

地　区	负债率(%)	主营业务毛利率(%)	人均主营业务收入(万元)	费用率(%)
全　国	**56.3**	**55.8**	**23.7**	**47.4**
北　京	44.6	61.9	22.7	53.7
天　津	60.6	56.2	25.8	48.5
河　北				
山　西	58.5	54.4	16.9	41.3
内蒙古	37.1	48.8	25.6	39.9
辽　宁	79.1	51.9	55.8	43.5
吉　林	27.5	47.2	20.4	43.3
黑龙江	70.6	68.0	22.0	68.3
上　海	61.6	54.9	28.1	47.8
江　苏	55.7	53.1	21.0	42.0
浙　江	80.3	53.7	23.9	43.3
安　徽	66.9	57.9	16.4	54.5
福　建	64.8	53.4	17.6	49.0
江　西	50.2	51.4	43.5	38.0
山　东	69.1	52.5	36.7	43.3
河　南	86.4	54.9	16.5	53.5
湖　北	69.6	52.8	32.7	46.3
湖　南	60.8	56.1	24.1	43.4
广　东	46.1	56.7	23.4	48.7
广　西	50.1	54.6	13.9	42.0
海　南	35.3	71.5	61.8	63.1
重　庆	43.6	61.4	24.8	51.2
四　川	54.8	45.7	14.9	37.5
贵　州				
云　南	44.8	58.3	17.5	45.3
西　藏				
陕　西	54.5	51.7	17.9	46.3
甘　肃	14.4	59.8	17.5	43.6
青　海				
宁　夏				
新　疆	21.5	59.3	24.3	44.9

3-24 续表 2

饮料及冷饮服务

地　区	负债率 (%)	主营业务毛利率 (%)	人均主营业务收入 (万元)	费用率 (%)
全　国	**56.1**	**73.2**	**32.2**	**55.9**
北　京	46.0	76.3	44.1	59.1
天　津				
河　北				
山　西				
内蒙古				
辽　宁	25.7	77.7	38.1	55.1
吉　林				
黑龙江				
上　海	82.7	73.0	28.0	58.0
江　苏	49.9	58.6	16.5	64.1
浙　江	12.4	71.8	19.0	64.5
安　徽				
福　建				
江　西				
山　东	27.5	77.4	38.7	53.9
河　南				
湖　北	34.5	76.8	46.9	53.0
湖　南				
广　东	29.3	69.7	33.9	49.7
广　西				
海　南				
重　庆				
四　川	32.0	77.8	47.7	52.0
贵　州				
云　南	32.9	39.8	22.1	39.5
西　藏				
陕　西				
甘　肃				
青　海				
宁　夏				
新　疆				

3-24 续表 3

其他餐饮业

地　区	负债率 (%)	主营业务毛利率 (%)	人均主营业务收入 (万元)	费用率 (%)
全　国	**61.2**	**41.3**	**19.9**	**37.1**
北　京	69.3	42.4	15.6	39.7
天　津	59.7	47.8	30.2	39.5
河　北	73.8	58.1	5.5	57.3
山　西				
内蒙古				
辽　宁	21.9	35.3	40.4	25.6
吉　林				
黑龙江				
上　海	63.0	39.5	19.4	38.7
江　苏	37.7	44.8	17.7	38.2
浙　江	45.1	38.0	29.1	31.9
安　徽	16.3	14.1	13.7	10.5
福　建	22.5	58.5	18.6	39.2
江　西				
山　东	43.8	23.4	15.8	17.0
河　南	88.7	27.6	14.3	30.9
湖　北	68.2	63.4	16.2	61.3
湖　南	47.0	65.5	23.5	60.8
广　东	62.6	36.4	25.8	32.7
广　西				
海　南				
重　庆	83.9	40.3	31.3	38.0
四　川	83.2	49.1	21.8	41.1
贵　州	75.1	9.4	13.5	3.9
云　南	50.1	36.4	18.6	25.4
西　藏				
陕　西				
甘　肃				
青　海				
宁　夏				
新　疆	2.4	51.9	75.1	47.4

企业篇

简要说明:

一、本篇资料主要内容为分地区大型批发业、零售业、住宿业和餐饮业企业名称、所属行业和所在地等。

二、本篇资料来源于批发和零售业、住宿和餐饮业企业上报的2017年统计年报。

4-1 分地区大型批发业企业名单

企业名称	所属行业	企业所在地
北京市		
北京京东世纪贸易有限公司	家用电器批发	北京市大兴区
中国石化化工销售有限公司	其他化工产品批发	北京市朝阳区
宝马(中国)汽车贸易有限公司	汽车批发	北京市朝阳区
一汽丰田汽车销售有限公司	汽车批发	北京市海淀区
中国航空油料有限责任公司	石油及制品批发	北京市顺义区
神华销售集团有限公司	煤炭及制品批发	北京市海淀区
北京普天太力通信科技有限公司	通讯及广播电视设备批发	北京市海淀区
丰田汽车(中国)投资有限公司	汽车批发	北京市朝阳区
中国中煤能源股份有限公司	煤炭及制品批发	北京市朝阳区
三星(中国)投资有限公司	通讯及广播电视设备批发	北京市朝阳区
五矿有色金属股份有限公司	金属及金属矿批发	北京市海淀区
中国矿产有限责任公司	金属及金属矿批发	北京市海淀区
天翼电信终端有限公司	通讯及广播电视设备批发	北京市西城区
联通华盛通信有限公司	通讯及广播电视设备批发	北京市东城区
奥迪(中国)企业管理有限公司	汽车批发	北京市朝阳区
中石油昆仑燃气有限公司	石油及制品批发	北京市顺义区
华润雪花啤酒(中国)有限公司	酒、饮料及茶叶批发	北京市东城区
中农集团控股股份有限公司	化肥批发	北京市西城区
西门子(中国)有限公司	电气设备批发	北京市朝阳区
佳能(中国)有限公司	家用电器批发	北京市东城区
北京科园信海医药经营有限公司	中药批发	北京市丰台区
中国黄金集团黄金珠宝(北京)有限公司	首饰、工艺品及收藏品批发	北京市东城区
施耐德电气(中国)有限公司	电气设备批发	北京市朝阳区
中化化肥有限公司	化肥批发	北京市西城区
中国烟草总公司北京市公司	烟草制品批发	北京市通州区
日产(中国)投资有限公司	汽车批发	北京市朝阳区
索尼(中国)有限公司	家用电器批发	北京市朝阳区
路易达孚(中国)贸易有限责任公司	谷物、豆及薯类批发	北京市朝阳区
松下电器(中国)有限公司	家用电器批发	北京市朝阳区
大金(中国)投资有限公司	家用电器批发	北京市东城区
中国首钢国际贸易工程公司	金属及金属矿批发	北京市海淀区
中粮贸易有限公司	谷物、豆及薯类批发	北京市朝阳区
卡特彼勒(中国)投资有限公司	电气设备批发	北京市朝阳区
国药集团药业股份有限公司	西药批发	北京市东城区
诺基亚通信系统技术(北京)有限公司	通讯及广播电视设备批发	北京市东城区
拓速乐汽车销售(北京)有限公司	汽车批发	北京市朝阳区
翰林汇信息产业股份有限公司	计算机、软件及辅助设备批发	北京市海淀区
北京红牛饮料销售有限公司	酒、饮料及茶叶批发	北京市朝阳区
中化塑料有限公司	其他化工产品批发	北京市西城区
中建材信息技术股份有限公司	计算机、软件及辅助设备批发	北京市海淀区
中国有色金属建设股份有限公司	金属及金属矿批发	北京市丰台区
北京物美商业集团股份有限公司	其他食品批发	北京市石景山区
中国联合石油有限责任公司	石油及制品批发	北京市西城区
中国石油天然气股份有限公司北京销售分公司	石油及制品批发	北京市朝阳区
北京汽车销售有限公司	汽车批发	北京市大兴区
北京乐语世纪科技集团有限公司	通讯及广播电视设备批发	北京市海淀区
国药控股北京有限公司	西药批发	北京市东城区
中粮国际(北京)有限公司	米、面制品及食用油批发	北京市朝阳区
北京中铁建工物资有限公司	金属及金属矿批发	北京市石景山区
北京松联科技有限公司	通讯及广播电视设备批发	北京市大兴区
中国石化燃料油销售有限公司	石油及制品批发	北京市朝阳区

4-1 续表 1

企业名称	所属行业	企业所在地
北京金隅水泥经贸有限公司	建材批发	北京市房山区
新时代健康产业(集团)有限公司	营养和保健品批发	北京市昌平区
北京糖业烟酒集团有限公司	酒、饮料及茶叶批发	北京市东城区
中国石油技术开发公司	其他机械设备及电子产品批发	北京市西城区
中国石油物资公司	金属及金属矿批发	北京市西城区
保利科技有限公司	其他机械设备及电子产品批发	北京市东城区
中航技进出口有限责任公司	其他未列明批发业	北京市大兴区
戴姆勒东北亚零部件贸易服务有限公司	汽车零配件批发	北京市朝阳区
中粮集团有限公司	谷物、豆及薯类批发	北京市东城区
斯巴鲁汽车(中国)有限公司	汽车零配件批发	北京市朝阳区
中国邮电器材集团公司	通讯及广播电视设备批发	北京市西城区
紫光电子商务有限公司	计算机、软件及辅助设备批发	北京市海淀区
中钢设备有限公司	其他机械设备及电子产品批发	北京市海淀区
中国机械进出口(集团)有限公司	贸易代理	北京市西城区
李宁(中国)体育用品有限公司	体育用品及器材批发	北京市通州区
中建材国际贸易有限公司	建材批发	北京市海淀区
北京九州通医药有限公司	西药批发	北京市大兴区
宝沃汽车(中国)有限公司	汽车批发	北京市朝阳区
北京三聚环保新材料股份有限公司	其他化工产品批发	北京市海淀区
国药控股北京天星普信生物医药有限公司	西药批发	北京市丰台区
国药控股北京华鸿有限公司	西药批发	北京市东城区
默克雪兰诺有限公司	西药批发	北京市顺义区
亚马逊(中国)投资有限公司	图书批发	北京市朝阳区
国金黄金集团有限公司	首饰、工艺品及收藏品批发	北京市平谷区
北京金隅商贸有限公司	建材批发	北京市朝阳区
紫光华山科技有限公司	计算机、软件及辅助设备批发	北京市海淀区
中国电子进出口总公司	其他机械设备及电子产品批发	北京市海淀区
北京龙禹石油化工有限公司	石油及制品批发	北京市平谷区
中国交通物资有限公司	石油及制品批发	北京市东城区
东陶(中国)有限公司	厨房、卫生间用具及日用杂货批发	北京市朝阳区
中国科学器材有限公司	其他机械设备及电子产品批发	北京市朝阳区
北京福田国际贸易有限公司	汽车批发	北京市昌平区
北京美康永正医药有限公司	西药批发	北京市朝阳区
奥林巴斯(北京)销售服务有限公司	医疗用品及器材批发	北京市朝阳区
中国石化国际事业有限公司	其他机械设备及电子产品批发	北京市朝阳区
中铁物贸有限责任公司	建材批发	北京市门头沟区
中广核铀业发展有限公司	金属及金属矿批发	北京市海淀区
北京当当科文电子商务有限公司	音像制品及电子出版物批发	北京市东城区
北京同仁堂健康药品经营有限公司	中药批发	北京市朝阳区
威斯特(北京)机械设备有限公司	其他机械设备及电子产品批发	北京市大兴区
中国医药对外贸易公司	西药批发	北京市朝阳区
北京现代摩比斯汽车配件有限公司	汽车零配件批发	北京市顺义区
乐金电子(中国)有限公司	家用电器批发	北京市朝阳区
北京物美超市有限公司	其他食品批发	北京市石景山区
中国嘉德国际拍卖有限公司	拍卖	北京市东城区
康明斯排放处理系统(中国)有限公司	汽车零配件批发	北京市大兴区
三星电子(北京)技术服务有限公司	其他机械设备及电子产品批发	北京市朝阳区
中农立华生物科技股份有限公司	农药批发	北京市西城区
富通时代科技有限公司	计算机、软件及辅助设备批发	北京市平谷区
中国石化润滑油有限公司	石油及制品批发	北京市海淀区
北京盛世欣兴格力贸易有限公司	家用电器批发	北京市延庆区
中国免税品(集团)有限责任公司	烟草制品批发	北京市东城区

4-1 续表 2

企业名称	所属行业	企业所在地
北京永辉商业有限公司	米、面制品及食用油批发	北京市石景山区
中国航空技术北京有限公司	其他机械设备及电子产品批发	北京市大兴区
中国精密机械进出口有限公司	贸易代理	北京市海淀区
北京中青旅创格科技有限公司	其他机械设备及电子产品批发	北京市海淀区
北京惠买在线网络科技有限公司	厨房、卫生间用具及日用杂货批发	北京市大兴区
北京胜多商贸有限责任公司	其他机械设备及电子产品批发	北京市石景山区
科园信海(北京)医疗用品贸易有限公司	医疗用品及器材批发	北京市顺义区
北京汇源食品饮料有限公司	酒、饮料及茶叶批发	北京市顺义区
北京鑫方盛五金交电有限公司	五金产品批发	北京市大兴区
北京市石油化工产品开发供应有限公司	石油及制品批发	北京市顺义区
亚马逊卓越有限公司	图书批发	北京市朝阳区
神华物资集团有限公司	其他机械设备及电子产品批发	北京市昌平区
北京同仁堂商业投资集团有限公司	中药批发	北京市西城区
北京中铁工业有限公司	金属及金属矿批发	北京市石景山区
北京市西南郊食品冷冻厂	肉、禽、蛋、奶及水产品批发	北京市丰台区
中国航空技术国际控股有限公司	其他机械设备及电子产品批发	北京市朝阳区
中国仪器进出口(集团)公司	贸易代理	北京市西城区
百丽鞋业(北京)有限公司	鞋帽批发	北京市通州区
爱尔康(中国)眼科产品有限公司	医疗用品及器材批发	北京市朝阳区
国科恒泰(北京)医疗科技有限公司	医疗用品及器材批发	北京市大兴区
中国集邮总公司	首饰、工艺品及收藏品批发	北京市东城区
北方爆破科技有限公司	其他化工产品批发	北京市海淀区
北京庆长风商贸有限公司	汽车批发	北京市朝阳区
北京朝批商贸股份有限公司	米、面制品及食用油批发	北京市朝阳区
中粮肉食(北京)有限公司	肉、禽、蛋、奶及水产品批发	北京市朝阳区
乐友国际商业集团有限公司	其他家庭用品批发	北京市通州区
华润新龙(北京)医药有限公司	西药批发	北京市大兴区
北京双鹤药业经营有限责任公司	西药批发	北京市海淀区
中国医药保健品有限公司	中药批发	北京市东城区
新兴际华(北京)应急救援科技有限公司	金属及金属矿批发	北京市丰台区
北京吉瑞阳光首饰有限公司	首饰、工艺品及收藏品批发	北京市朝阳区
北京二商集团有限责任公司	糕点、糖果及糖批发	北京市西城区
北京周大福珠宝金行有限公司	首饰、工艺品及收藏品批发	北京市东城区
历峰(北京)商贸有限公司	首饰、工艺品及收藏品批发	北京市朝阳区
北京中科三环高技术股份有限公司	金属及金属矿批发	北京市海淀区
史赛克(北京)医疗器械有限公司	医疗用品及器材批发	北京市东城区
北京建贸新科建材有限公司	建材批发	北京市朝阳区
纷美(北京)贸易有限公司	其他未列明批发业	北京市朝阳区
中视购物有限公司	其他家庭用品批发	北京市海淀区
中建材国际装备有限公司	建材批发	北京市海淀区
北京法雅商贸有限责任公司	服装批发	北京市西城区
东方雨虹民用建材有限责任公司	其他化工产品批发	北京市大兴区
中国大恒(集团)有限公司	计算机、软件及辅助设备批发	北京市海淀区
东旭科技集团有限公司	其他机械设备及电子产品批发	北京市丰台区
北京百维博锐贸易有限公司	通讯及广播电视设备批发	北京市朝阳区
北京润美康医药有限公司	西药批发	北京市顺义区
北京威联德骨科技术有限公司	医疗用品及器材批发	北京市海淀区
北京光华时代纺织服装有限公司	纺织品、针织品及原料批发	北京市朝阳区
中航国际航空发展有限公司	其他机械设备及电子产品批发	北京市朝阳区
北京蒙牛宏达乳制品有限责任公司	肉、禽、蛋、奶及水产品批发	北京市通州区
北京汉能户用薄膜发电科技有限公司	其他机械设备及电子产品批发	北京市怀柔区
北京美的制冷产品销售有限公司	家用电器批发	北京市门头沟区

4-1 续表 3

企业名称	所属行业	企业所在地
北京中润长江食品有限公司	肉、禽、蛋、奶及水产品批发	北京市昌平区
北京恒城实业发展公司	化妆品及卫生用品批发	北京市大兴区
沃芬医疗器械商贸(北京)有限公司	医疗用品及器材批发	北京市朝阳区
博世热力技术(北京)有限公司	其他机械设备及电子产品批发	北京市大兴区
统杰法宝(北京)超市有限公司	其他食品批发	北京市朝阳区
现代汽车(中国)投资有限公司	汽车批发	北京市朝阳区
央广幸福购物(北京)有限公司	首饰、工艺品及收藏品批发	北京市大兴区
北京一商美洁商业有限公司	化妆品及卫生用品批发	北京市丰台区
超威半导体产品(中国)有限公司	计算机、软件及辅助设备批发	北京市海淀区
北京中油公交石油销售有限公司	石油及制品批发	北京市通州区
北京酒仙网络科技有限公司	酒、饮料及茶叶批发	北京市大兴区
北京赛科昌盛医药有限责任公司	西药批发	北京市朝阳区
索尼移动通信产品(中国)有限公司	通讯及广播电视设备批发	北京市朝阳区
北京纳威德医疗器械有限公司	医疗用品及器材批发	北京市海淀区
朗姿股份有限公司	服装批发	北京市顺义区
北京汉能光伏投资有限公司	其他机械设备及电子产品批发	北京市怀柔区
北京世龙经略供应链管理有限公司	医疗用品及器材批发	北京市海淀区
北京汽车国际发展有限公司	汽车批发	北京市朝阳区
北京华恩投资有限公司	首饰、工艺品及收藏品批发	北京市东城区
新经典发行有限公司	图书批发	北京市西城区
北京市千叶珠宝股份有限公司	首饰、工艺品及收藏品批发	北京市东城区
北京华润北贸医药经营有限公司	中药批发	北京市朝阳区
康乐保(中国)医疗用品有限公司	医疗用品及器材批发	北京市朝阳区
北京元隆雅图文化传播股份有限公司	首饰、工艺品及收藏品批发	北京市西城区
北京双鹤药业销售有限责任公司	西药批发	北京市东城区
北京青岛啤酒北方销售有限公司	酒、饮料及茶叶批发	北京市密云区
北京远程心界医院管理有限公司	医疗用品及器材批发	北京市海淀区
北京创意堂商贸有限公司	酒、饮料及茶叶批发	北京市海淀区
北京市汽车贸易有限公司	汽车零配件批发	北京市朝阳区
北京台湖出版物会展贸易中心有限责任公司	图书批发	北京市通州区
华歌尔(中国)时装有限公司	服装批发	北京市大兴区
中商惠民(北京)电子商务有限公司	其他食品批发	北京市朝阳区
北京五洲东方科技发展有限公司	其他机械设备及电子产品批发	北京市海淀区
东芝医疗系统(中国)有限公司	医疗用品及器材批发	北京市朝阳区
北京金象复星医药股份有限公司	西药批发	北京市西城区
北京高视远望科技有限责任公司	医疗用品及器材批发	北京市西城区
北京吉元盛宝国际贸易有限公司	服装批发	北京市西城区
北京燃气用户服务有限公司	厨房、卫生间用具及日用杂货批发	北京市朝阳区
北京融和创科技有限公司	家用电器批发	北京市海淀区
蜀海(北京)供应链管理有限责任公司	其他食品批发	北京市大兴区
北京晶澳太阳能光伏科技有限公司	其他未列明批发业	北京市丰台区
北京全聚德仿膳食品有限责任公司	肉、禽、蛋、奶及水产品批发	北京市大兴区
北京红太阳药业有限公司	西药批发	北京市朝阳区
泰戈特(北京)工程技术有限公司	其他机械设备及电子产品批发	北京市朝阳区
北京明弘科贸有限责任公司	化妆品及卫生用品批发	北京市西城区
诺托弗朗克建筑五金(北京)有限公司	五金产品批发	北京市海淀区
北京金色农华种业科技股份有限公司	种子批发	北京市海淀区
霍曼(北京)贸易有限公司	五金产品批发	北京市大兴区
北京骏马东方机械设备有限公司	其他机械设备及电子产品批发	北京市大兴区
北京利仁科技有限责任公司	家用电器批发	北京市西城区
北京磨铁图书有限公司	图书批发	北京市朝阳区
北京千秋智业图书发行有限公司	图书批发	北京市海淀区

4-1 续表 4

企业名称	所属行业	企业所在地
北京紫竹医药经营有限公司	西药批发	北京市朝阳区
北京月盛斋清真食品有限公司	肉、禽、蛋、奶及水产品批发	北京市丰台区
北京庆东纳碧安热能设备有限公司	其他机械设备及电子产品批发	北京市顺义区
北京燃气绿源达清洁燃料有限公司	石油及制品批发	北京市海淀区
北京中油潞安石油销售有限公司	石油及制品批发	北京市东城区
北京金风新能贸易有限公司	其他未列明批发业	北京市大兴区
北京联创种业股份有限公司	种子批发	北京市海淀区
天津市		
中国石化销售有限公司华北分公司	石油及制品批发	天津市西青区
大众汽车(中国)销售有限公司	汽车批发	天津市滨海新区
天津市化轻贸易有限公司	其他化工产品批发	天津市河西区
中铁油料有限公司	石油及制品批发	天津市河东区
中国烟草总公司天津市公司	烟草制品批发	天津市和平区
中粮福临门食品营销有限公司	米、面制品及食用油批发	天津市滨海新区
爱玛科技股份有限公司	其他家庭用品批发	天津市静海区
天津尚赫保健用品有限公司	营养和保健品批发	天津市西青区
天津天士力医药商业有限公司	西药批发	天津市滨海新区
国药控股天津有限公司	西药批发	天津市和平区
丰田通商(天津)有限公司	汽车零配件批发	天津市东丽区
华润天津医药有限公司	西药批发	天津市河北区
天津医药集团太平医药有限公司	西药批发	天津市和平区
天津市东方江天型钢销售有限公司	金属及金属矿批发	天津市北辰区
天津天物国际贸易发展有限公司	汽车批发	天津市滨海新区
三星爱商(天津)国际物流有限公司	其他未列明批发业	天津市滨海新区
海龙国际物流(天津)有限公司	再生物资回收与批发	天津市宁河区
中海油能源物流有限公司	石油及制品批发	天津市滨海新区
京瓷(中国)商贸有限公司	其他机械设备及电子产品批发	天津市河西区
华润雪花啤酒(中国)有限公司天津分公司	酒、饮料及茶叶批发	天津市南开区
天津市正威燃气有限公司	石油及制品批发	天津市武清区
中粮食品营销有限公司	贸易代理	天津市滨海新区
天津红日康仁堂药品销售有限公司	中药批发	天津市武清区
天津裕华经济贸易总公司	其他化工产品批发	天津市和平区
天津市盛世博鸿国际贸易有限公司	金属及金属矿批发	天津市西青区
天津市万达轮胎集团有限公司	汽车零配件批发	天津市北辰区
威莱(天津)贸易有限公司	化妆品及卫生用品批发	天津市武清区
天津飞鸽车业发展有限公司	其他家庭用品批发	天津市静海区
天津都市风尚服装销售有限公司	服装批发	天津市武清区
拉夏贝尔服饰(天津)有限公司	服装批发	天津市西青区
天津一汽汽车销售有限公司	汽车批发	天津市河西区
一田(天津)贸易有限公司	化妆品及卫生用品批发	天津市东丽区
天津九州通达医药有限公司	其他未列明批发业	天津市北辰区
永立建机(中国)有限公司	电气设备批发	天津市滨海新区
赫璟(中国)服饰有限公司	服装批发	天津市武清区
天津冶金轧一钢铁集团有限公司	金属及金属矿批发	天津市河西区
中粮名庄荟国际酒业有限公司	酒、饮料及茶叶批发	天津市滨海新区
天津禧云千链企业管理有限公司	果品、蔬菜批发	天津市滨海新区
天津三快科技有限公司	计算机、软件及辅助设备批发	天津市滨海新区
天津百事可乐饮料有限公司	酒、饮料及茶叶批发	天津市滨海新区
必迪艾(天津)轴承有限公司	其他机械设备及电子产品批发	天津市东丽区
天津罗升企业有限公司	电气设备批发	天津市东丽区
福建恒安集团厦门商贸有限公司天津分公司	化妆品及卫生用品批发	天津市西青区
天津通达诚顺电子产品贸易有限公司	通讯及广播电视设备批发	天津市武清区

4-1 续表 5

企业名称	所属行业	企业所在地
河北省		
保定哈弗汽车销售有限公司	汽车批发	河北省保定市
河北物流集团金属材料有限公司	金属及金属矿批发	河北省石家庄市
冀中能源国际物流集团有限公司	其他未列明批发业	河北省邯郸市
国药乐仁堂医药有限公司	西药批发	河北省石家庄市
中国煤炭工业秦皇岛进出口有限公司	煤炭及制品批发	河北省秦皇岛市
迁安市九江煤炭储运有限公司	煤炭及制品批发	河北省唐山市
庞大汽贸集团股份有限公司	汽车批发	河北省唐山市
河北省烟草公司石家庄市公司	烟草制品批发	河北省石家庄市
河北省烟草公司保定市公司	烟草制品批发	河北省保定市
中国石化销售有限公司河北唐山石油分公司	石油及制品批发	河北省唐山市
河北省烟草公司唐山市公司	烟草制品批发	河北省唐山市
河北省烟草公司邯郸市公司	烟草制品批发	河北省邯郸市
河北省农业生产资料有限公司	化肥批发	河北省石家庄市
河北省烟草公司沧州市公司	烟草制品批发	河北省沧州市
河北省新华书店有限责任公司	图书批发	河北省石家庄市
河北新兴格力电器销售有限公司	家用电器批发	河北省石家庄市
河北省烟草公司邢台市公司	烟草制品批发	河北省邢台市
河北省烟草公司廊坊市公司	烟草制品批发	河北省廊坊市
中国石化销售有限公司河北承德石油分公司	石油及制品批发	河北省承德市
中国石化销售有限公司河北邢台石油分公司	石油及制品批发	河北省邢台市
中国石油化工股份有限公司河北邯郸石油分公司	石油及制品批发	河北省邯郸市
华润河北医药有限公司	中药批发	河北省廊坊市
中国石化销售有限公司河北廊坊石油分公司	石油及制品批发	河北省廊坊市
中国石化销售有限公司河北衡水石油分公司	石油及制品批发	河北省衡水市
河北省烟草公司衡水市公司	烟草制品批发	河北省衡水市
河北省烟草公司承德市公司	烟草制品批发	河北省承德市
衡水老白干营销有限公司	酒、饮料及茶叶批发	河北省衡水市
国药乐仁堂唐山医药有限公司	西药批发	河北省唐山市
河北金仑医药有限公司	西药批发	河北省石家庄市
保定市久展医药销售有限公司	中药批发	河北省保定市
河北冀北医药物流有限公司	西药批发	河北省保定市
河北顺泽医药有限公司	中药批发	河北省保定市
中国石油天然气股份有限公司河北廊坊销售分公司	石油及制品批发	河北省廊坊市
中国石油天然气股份有限公司河北邯郸销售分公司	石油及制品批发	河北省邯郸市
秦皇岛中油华奥销售有限公司	石油及制品批发	河北省秦皇岛市
河北劲草商贸有限公司	服装批发	河北省沧州市
沧州天元医药有限公司	西药批发	河北省沧州市
唐山森信纸制品有限公司	文具用品批发	河北省唐山市
宁晋县金玉粮食物流有限公司	谷物、豆及薯类批发	河北省邢台市
中国石油天然气股份有限公司河北衡水销售分公司	石油及制品批发	河北省衡水市
中国石油天然气股份有限公司河北承德销售分公司	石油及制品批发	河北省承德市
唐山冀东机电设备有限公司	其他机械设备及电子产品批发	河北省唐山市
河北悦康志德医药贸易有限公司	中药批发	河北省保定市
河北省盐业专营集团公司	盐及调味品批发	河北省石家庄市
河北省永年县高新建材有限公司	建材批发	河北省邯郸市
衡水龙马医药贸易有限公司	西药批发	河北省衡水市
河北康恒医药有限公司	西药批发	河北省邯郸市
承德聚鑫贸易有限责任公司	酒、饮料及茶叶批发	河北省承德市
河北山庄老酒冀门商贸有限公司	酒、饮料及茶叶批发	河北省承德市

4-1 续表 6

企业名称	所属行业	企业所在地
廊坊市铭顺石油天然气销售有限公司	石油及制品批发	河北省廊坊市
乾坤福商贸有限公司	酒、饮料及茶叶批发	河北省保定市
廊坊睿道医药有限公司	中药批发	河北省廊坊市
河北省唐山医药采购供应站	西药批发	河北省唐山市
河北步步高电子产品销售有限公司	通讯及广播电视设备批发	河北省石家庄市
张家口市天和医药有限公司	西药批发	河北省张家口市
唐山曹妃甸木业股份有限公司	建材批发	河北省唐山市
山西省		
山西潞安煤炭经销有限责任公司	金属及金属矿批发	山西省长治市
山西焦煤集团国际贸易有限责任公司	煤炭及制品批发	山西省太原市
山西省国新能源发展集团有限公司	煤炭及制品批发	山西省太原市
山西杏花村国贸投资有限责任公司	金属及金属矿批发	山西省太原市
大同煤矿集团朔州煤电有限公司	煤炭及制品批发	山西省朔州市
山西大运汽车销售有限公司	汽车批发	山西省运城市
山西杏花村汾酒销售有限责任公司	酒、饮料及茶叶批发	山西省吕梁市
山西省烟草公司太原市公司	烟草制品批发	山西省太原市
大同煤矿集团煤炭运销朔州矿业公司	煤炭及制品批发	山西省朔州市
山西煤炭运销集团阳泉有限公司	煤炭及制品批发	山西省阳泉市
国药控股山西有限公司	西药批发	山西省太原市
山西省烟草公司运城市公司	烟草制品批发	山西省运城市
山西省烟草公司临汾市公司	烟草制品批发	山西省临汾市
跨境通宝电子商务股份有限公司	服装批发	山西省太原市
五寨县国新能源煤炭运销公司	煤炭及制品批发	山西省忻州市
山西省烟草公司吕梁市公司	烟草制品批发	山西省吕梁市
山西省烟草公司大同市公司	烟草制品批发	山西省大同市
山西省烟草公司晋中市公司	烟草制品批发	山西省晋中市
阳泉天成煤炭铁路集运有限公司	煤炭及制品批发	山西省阳泉市
山西省烟草公司长治市公司	烟草制品批发	山西省长治市
山西省烟草公司忻州市公司	烟草制品批发	山西省忻州市
山西煤炭运销集团临汾有限公司	煤炭及制品批发	山西省临汾市
山西宏盛能源开发投资集团有限公司	煤炭及制品批发	山西省太原市
山西九州通医药有限公司	西药批发	山西省太原市
山西亚宝医药经销有限公司	中药批发	山西省运城市
清徐县美特好农产品配送物流有限公司	果品、蔬菜批发	山西省太原市
山西省烟草公司晋城市公司	烟草制品批发	山西省晋城市
阳城县皇城相府(集团)实业有限公司	煤炭及制品批发	山西省晋城市
山西康美徕医药有限公司	西药批发	山西省太原市
山西汇丰兴业焦煤集团有限公司	煤炭及制品批发	山西省吕梁市
山西省烟草公司朔州市公司	烟草制品批发	山西省朔州市
山西省烟草公司阳泉市公司	烟草制品批发	山西省阳泉市
山西煤炭运销集团吕梁有限公司	煤炭及制品批发	山西省吕梁市
朔州中芦煤炭销售有限公司	煤炭及制品批发	山西省朔州市
山西金度生活便利服务有限公司	其他食品批发	山西省太原市
华润新龙(山西)医药有限公司	西药批发	山西省太原市
山西煤炭运销集团阳泉盂县有限公司	煤炭及制品批发	山西省阳泉市
山西滔搏商贸有限公司	服装批发	山西省太原市
晋城市铁路煤炭销售有限公司	煤炭及制品批发	山西省晋城市
柳林县凌志物资有限公司	其他机械设备及电子产品批发	山西省吕梁市
山西国邦药业有限公司	西药批发	山西省太原市
山西碧锦纳川贸易有限公司	西药批发	山西省太原市
大同煤矿集团煤炭运销忻州宁武有限公司	煤炭及制品批发	山西省忻州市

4-1 续表 7

企业名称	所属行业	企业所在地
内蒙古自治区		
内蒙古蒙泰煤电集团有限公司	煤炭及制品批发	内蒙古自治区鄂尔多斯市
内蒙古自治区烟草公司呼和浩特市公司	烟草制品批发	内蒙古自治区呼和浩特市
内蒙古自治区烟草公司包头市公司	烟草制品批发	内蒙古自治区包头市
内蒙古自治区烟草公司鄂尔多斯市公司	烟草制品批发	内蒙古自治区鄂尔多斯市
中国石油天然气股份有限公司内蒙古呼和浩特市分公司	石油及制品批发	内蒙古自治区呼和浩特市
内蒙古自治区烟草公司赤峰市公司	烟草制品批发	内蒙古自治区赤峰市
内蒙古自治区烟草公司乌兰察布市公司	烟草制品批发	内蒙古自治区乌兰察布市
内蒙古自治区烟草公司呼伦贝尔市公司	烟草制品批发	内蒙古自治区呼伦贝尔市
中国石化销售有限公司内蒙古呼和浩特石油分公司	石油及制品批发	内蒙古自治区呼和浩特市
内蒙古自治区烟草公司巴彦淖尔市公司	烟草制品批发	内蒙古自治区巴彦淖尔市
中国石油天然气股份有限公司内蒙古巴彦淖尔销售分公司	石油及制品批发	内蒙古自治区巴彦淖尔市
内蒙古鄂尔多斯服装有限公司	服装批发	内蒙古自治区鄂尔多斯市
内蒙古自治区烟草公司通辽分公司	烟草制品批发	内蒙古自治区通辽市
内蒙古自治区烟草公司兴安盟公司	烟草制品批发	内蒙古自治区兴安盟
内蒙古九州通医药有限公司	西药批发	内蒙古自治区呼和浩特市
内蒙古河套酒业集团销售有限责任公司	酒、饮料及茶叶批发	内蒙古自治区巴彦淖尔市
中煤西北能源有限公司	煤炭及制品批发	内蒙古自治区鄂尔多斯市
神华杭锦能源有限责任公司	煤炭及制品批发	内蒙古自治区鄂尔多斯市
内蒙古新华发行集团股份有限公司	图书批发	内蒙古自治区呼和浩特市
内蒙古西蒙煤炭有限责任公司	煤炭及制品批发	内蒙古自治区呼和浩特市
辽宁省		
鞍钢集团国际经济贸易公司	金属及金属矿批发	辽宁省鞍山市
凌源钢铁国际贸易有限公司	金属及金属矿批发	辽宁省朝阳市
中国石化销售有限公司辽宁石油分公司	石油及制品批发	辽宁省沈阳市
国药控股沈阳有限公司	西药批发	辽宁省沈阳市
辽宁省烟草公司沈阳市公司	烟草制品批发	辽宁省沈阳市
中国烟草总公司大连市公司	烟草制品批发	辽宁省大连市
葛洲坝环嘉(大连)再生资源有限公司	金属及金属矿批发	辽宁省大连市
中铁物资集团东北有限公司	金属及金属矿批发	辽宁省沈阳市
华润辽宁医药有限公司	西药批发	辽宁省沈阳市
中国石油天然气股份有限公司辽宁鞍山销售分公司	石油及制品批发	辽宁省鞍山市
辽宁省烟草公司鞍山市公司	烟草制品批发	辽宁省鞍山市
中国石油天然气股份有限公司辽宁营口销售分公司	石油及制品批发	辽宁省营口市
蒂业技凯中国投资有限公司	其他机械设备及电子产品批发	辽宁省大连市
中国石油天然气股份有限公司辽宁盘锦销售分公司	石油及制品批发	辽宁省盘锦市
辽宁省烟草公司铁岭市公司	烟草制品批发	辽宁省铁岭市
辽宁省烟草公司丹东市公司	酒、饮料及茶叶批发	辽宁省丹东市
辽宁省烟草公司锦州市公司	烟草制品批发	辽宁省锦州市
中国石油天然气股份有限公司辽宁抚顺销售分公司	石油及制品批发	辽宁省抚顺市
辽宁九州通医药有限公司	医疗用品及器材批发	辽宁省沈阳市
辽宁省烟草公司营口市分公司	烟草制品批发	辽宁省营口市
中国石油天然气股份有限公司辽宁葫芦岛销售分公司	石油及制品批发	辽宁省葫芦岛市
中国石油天然气股份有限公司辽宁朝阳销售分公司	石油及制品批发	辽宁省朝阳市
辽宁省烟草公司朝阳市公司	烟草制品批发	辽宁省朝阳市
辽宁省烟草公司葫芦岛市公司	烟草制品批发	辽宁省葫芦岛市
东北制药集团公司供销公司	西药批发	辽宁省沈阳市
中油辽宁铁岭销售分公司	石油及制品批发	辽宁省铁岭市
辽宁省烟草公司抚顺市公司	烟草制品批发	辽宁省抚顺市
辽宁省烟草公司辽阳市公司	烟草制品批发	辽宁省辽阳市
中国石油天然气股份有限公司辽宁阜新销售分公司	石油及制品批发	辽宁省阜新市

4-1 续表 8

企业名称	所属行业	企业所在地
辽宁省烟草公司阜新市公司	烟草制品批发	辽宁省阜新市
中国石油天然气股份有限公司辽宁本溪分公司	石油及制品批发	辽宁省本溪市
辽宁省烟草公司盘锦市公司(专卖局)	烟草制品批发	辽宁省盘锦市
辉山乳业(沈阳)销售有限公司	酒、饮料及茶叶批发	辽宁省沈阳市
辽宁成大国际贸易有限公司	服装批发	辽宁省大连市
辽宁省烟草公司本溪市公司	烟草制品批发	辽宁省本溪市
中国船舶燃料大连有限公司	石油及制品批发	辽宁省大连市
周大福珠宝金行(沈阳)有限公司	首饰、工艺品及收藏品批发	辽宁省沈阳市
亚洲渔港股份有限公司	肉、禽、蛋、奶及水产品批发	辽宁省大连市
辽宁石油实业发展公司	石油及制品批发	辽宁省沈阳市
中国石油天然气股份有限公司河北销售瑞州分公司	石油及制品批发	辽宁省葫芦岛市
丽珂贸易(沈阳)有限公司	贸易代理	辽宁省沈阳市
大连铭川食品有限公司	肉、禽、蛋、奶及水产品批发	辽宁省大连市
华润雪花啤酒(中国)有限公司沈阳分公司	酒、饮料及茶叶批发	辽宁省沈阳市
时代万恒(辽宁)民族贸易有限公司	服装批发	辽宁省大连市
大连五佳国际贸易有限公司	酒、饮料及茶叶批发	辽宁省大连市
大连爱丽思欧雅玛发展有限公司	其他家庭用品批发	辽宁省大连市
辽宁北方出版物配送有限公司	图书批发	辽宁省沈阳市
吉林省		
一汽马自达汽车销售有限公司	汽车零配件批发	吉林省长春市
中国石油天然气股份有限公司吉林长春分公司	石油及制品批发	吉林省长春市
吉林省烟草公司长春市公司	烟草制品批发	吉林省长春市
吉林省浩丰生猪交易市场有限公司	牲畜批发	吉林省四平市
中国石油天然气股份有限公司吉林省吉林市销售分公司	石油及制品批发	吉林省吉林市
中国石油天然气股份有限公司吉林松原销售分公司	石油及制品批发	吉林省松原市
吉林省烟草公司吉林市公司	烟草制品批发	吉林省吉林市
修正药业集团营销有限公司	中药批发	吉林省通化市
吉林万通药业集团药品营销有限公司	西药批发	吉林省通化市
吉林省烟草公司四平市公司	烟草制品批发	吉林省四平市
吉林省烟草公司延边州公司	烟草制品批发	吉林省延边朝鲜族自治州
吉林省烟草公司通化市公司	烟草制品批发	吉林省通化市
吉林省烟草公司白城市公司	烟草制品批发	吉林省白城市
吉林省烟草公司松原市公司	烟草制品批发	吉林省松原市
华润吉林康乃尔医药有限公司	医疗用品及器材批发	吉林省长春市
长春九州通医疗有限公司	西药批发	吉林省长春市
吉林扶余中储粮直属库	谷物、豆及薯类批发	吉林省松原市
吉林省烟草公司白山市公司	烟草制品批发	吉林省白山市
中国石油天然气股份公司吉林辽源销售分公司	石油及制品批发	吉林省辽源市
中央储备粮舒兰直属库	谷物、豆及薯类批发	吉林省吉林市
吉粮集团公主岭金玉收储有限责任公司	谷物、豆及薯类批发	吉林省四平市
吉林省北方医药有限责任公司	西药批发	吉林省长春市
黑龙江省		
中国石油销售东北公司大庆分公司	石油及制品批发	黑龙江省大庆市
黑龙江倍丰农业生产资料集团有限公司	化肥批发	黑龙江省哈尔滨市
中国石油天然气股份有限公司黑龙江哈尔滨销售分公司	石油及制品批发	黑龙江省哈尔滨市
黑龙江省烟草公司哈尔滨市公司	烟草制品批发	黑龙江省哈尔滨市
中油黑龙江农垦石油有限公司	石油及制品批发	黑龙江省哈尔滨市
中国石油天然气股份有限公司黑龙江大庆销售分公司	石油及制品批发	黑龙江省大庆市
葵花药业集团医药有限公司	中药批发	黑龙江省哈尔滨市
中国石油天燃汽股份有限公司黑龙江齐齐哈尔销售分公司	石油及制品批发	黑龙江省齐齐哈尔市
黑龙江象屿农业物产有限公司	谷物、豆及薯类批发	黑龙江省齐齐哈尔市

4-1 续表 9

企业名称	所属行业	企业所在地
黑龙江省烟草公司齐齐哈尔市公司	烟草制品批发	黑龙江省齐齐哈尔市
黑龙江省烟草公司绥化市公司	烟草制品批发	黑龙江省绥化市
黑龙江省烟草公司大庆市公司	烟草制品批发	黑龙江省大庆市
中国石油天然气股份有限公司黑龙江鸡西销售分公司	石油及制品批发	黑龙江省鸡西市
中国石油天然气股份有限公司黑龙江尚志销售分公司	石油及制品批发	黑龙江省哈尔滨市
黑龙江省烟草公司佳木斯市公司	烟草制品批发	黑龙江省佳木斯市
中国石油天然气股份有限公司黑龙江佳木斯销售分公司	石油及制品批发	黑龙江省佳木斯市
北大荒垦丰种业股份有限公司	种子批发	黑龙江省哈尔滨市
中国石油天然气股份有限公司绥化分公司	石油及制品批发	黑龙江省绥化市
中国石油天然气股份有限公司黑龙江牡丹江销售分公司	石油及制品批发	黑龙江省牡丹江市
华润黑龙江医药有限公司	西药批发	黑龙江省哈尔滨市
中国石油天然气股份有限公司黑龙江双鸭山销售分公司	石油及制品批发	黑龙江省双鸭山市
黑龙江省烟草公司鸡西市公司	烟草制品批发	黑龙江省鸡西市
黑龙江省烟草公司牡丹江烟叶公司	烟草制品批发	黑龙江省牡丹江市
中国石油天然气股分有限公司黑龙江七台河销售分公司	石油及制品批发	黑龙江省七台河市
中国石油天燃气股份有限公司黑龙江销售肇东分公司	石油及制品批发	黑龙江省绥化市
中石油天然气股份有限公司黑龙江鹤岗分公司	石油及制品批发	黑龙江省鹤岗市
黑龙江烟草公司鹤岗市公司	烟草制品批发	黑龙江省鹤岗市
中国石油天然气股份有限公司黑龙江伊春销售分公司	石油及制品批发	黑龙江省伊春市
黑龙江完达山林海液奶有限公司	肉、禽、蛋、奶及水产品批发	黑龙江省牡丹江市
哈尔滨步步高通信有限公司	通讯及广播电视设备批发	黑龙江省哈尔滨市
哈尔滨泰诚富电子有限公司	其他机械设备及电子产品批发	黑龙江省哈尔滨市
上海市		
上海上汽大众汽车销售有限公司	汽车批发	上海市嘉定区
上汽通用汽车销售有限公司	汽车批发	上海市浦东新区
苹果电脑贸易(上海)有限公司	通讯及广播电视设备批发	上海市浦东新区
中国石化销售有限公司华东分公司	石油及制品批发	上海市长宁区
上海三星半导体有限公司	其他机械设备及电子产品批发	上海市浦东新区
中国石油天然气股份有限公司天然气销售东部分公司	石油及制品批发	上海市浦东新区
上海钢银电子商务股份有限公司	金属及金属矿批发	上海市宝山区
中国石化炼油销售有限公司	石油及制品批发	上海市长宁区
益海嘉里食品营销有限公司	米、面制品及食用油批发	上海市浦东新区
上海找钢网信息科技股份有限公司	金属及金属矿批发	上海市嘉定区
保时捷(中国)汽车销售有限公司	汽车批发	上海市浦东新区
捷豹路虎汽车贸易(上海)有限公司	汽车批发	上海市浦东新区
康成投资(中国)有限公司	酒、饮料及茶叶批发	上海市静安区
中国石油化工股份有限公司上海石油分公司	石油及制品批发	上海市黄浦区
宝洁(中国)营销有限公司	厨房、卫生间用具及日用杂货批发	上海市浦东新区
福特汽车(中国)有限公司	汽车批发	上海市浦东新区
上药控股有限公司	西药批发	上海市浦东新区
佳电(上海)管理有限公司	计算机、软件及辅助设备批发	上海市浦东新区
沃尔沃汽车(亚太)投资控股有限公司	汽车批发	上海市嘉定区
中船工业成套物流有限公司	金属及金属矿批发	上海市杨浦区
上海老凤祥银楼有限公司	首饰、工艺品及收藏品批发	上海市黄浦区
松下电器机电(中国)有限公司	其他机械设备及电子产品批发	上海市浦东新区
联强国际贸易(中国)有限公司	计算机、软件及辅助设备批发	上海市长宁区
上海浦东国际机场航空油料有限责任公司	石油及制品批发	上海市浦东新区
欧莱雅(中国)有限公司	化妆品及卫生用品批发	上海市静安区
国药控股分销中心有限公司	西药批发	上海市浦东新区
建发(上海)有限公司	金属及金属矿批发	上海市浦东新区
舍弗勒贸易(上海)有限公司	汽车零配件批发	上海市嘉定区

4-1 续表 10

企业名称	所属行业	企业所在地
巴斯夫(中国)有限公司	其他化工产品批发	上海市浦东新区
村田电子贸易(上海)有限公司	五金产品批发	上海市浦东新区
上海汽车进出口有限公司	汽车批发	上海市静安区
华硕电脑(上海)有限公司	计算机、软件及辅助设备批发	上海市闵行区
通用电气医疗系统贸易发展(上海)有限公司	医疗用品及器材批发	上海市浦东新区
康德乐(上海)医药有限公司	西药批发	上海市松江区
欧尚(中国)投资有限公司	其他食品批发	上海市杨浦区
罗氏诊断产品(上海)有限公司	医疗用品及器材批发	上海市浦东新区
英迈电子商贸(上海)有限公司	其他机械设备及电子产品批发	上海市浦东新区
沃尔沃汽车销售(上海)有限公司	汽车批发	上海市嘉定区
丰田通商(上海)有限公司	其他机械设备及电子产品批发	上海市浦东新区
强生(上海)医疗器材有限公司	医疗用品及器材批发	上海市浦东新区
泰科电子(上海)有限公司	其他机械设备及电子产品批发	上海市浦东新区
佳通轮胎(中国)投资有限公司	汽车零配件批发	上海市浦东新区
宝钢资源控股(上海)有限公司	金属及金属矿批发	上海市虹口区
瑞表企业管理(上海)有限公司	其他家庭用品批发	上海市浦东新区
三井物产(上海)贸易有限公司	其他化工产品批发	上海市浦东新区
上海豫园黄金珠宝集团有限公司	首饰、工艺品及收藏品批发	上海市黄浦区
滔搏投资(上海)有限公司	鞋帽批发	上海市徐汇区
雅培贸易(上海)有限公司	其他食品批发	上海市浦东新区
米其林(中国)投资有限公司	汽车零配件批发	上海市长宁区
佳杰科技(上海)有限公司	计算机、软件及辅助设备批发	上海市长宁区
捷太格特(中国)投资有限公司	汽车零配件批发	上海市长宁区
历峰商业有限公司	首饰、工艺品及收藏品批发	上海市浦东新区
上海华能进出口有限公司	金属及金属矿批发	上海市浦东新区
百丽鞋业(上海)有限公司	鞋帽批发	上海市虹口区
上海伊藤忠商事有限公司	其他化工产品批发	上海市浦东新区
爱思开海力士半导体(上海)有限公司	其他机械设备及电子产品批发	上海市浦东新区
普利司通(中国)投资有限公司	汽车零配件批发	上海市黄浦区
小松(中国)投资有限公司	其他机械设备及电子产品批发	上海市浦东新区
立邦投资有限公司	其他化工产品批发	上海市浦东新区
上海大陆汽车制动系统销售有限公司	汽车零配件批发	上海市嘉定区
亿滋食品企业管理(上海)有限公司	米、面制品及食用油批发	上海市徐汇区
埃克森美孚(中国)投资有限公司	石油及制品批发	上海市徐汇区
雅诗兰黛(上海)商贸有限公司	化妆品及卫生用品批发	上海市闵行区
三菱电机自动化(中国)有限公司	其他机械设备及电子产品批发	上海市浦东新区
欧普照明股份有限公司	灯具、装饰物品批发	上海市浦东新区
上海海烟物流发展有限公司	烟草制品批发	上海市长宁区
迪脉(上海)企业管理有限公司	体育用品及器材批发	上海市浦东新区
爱茉莉太平洋贸易有限公司	化妆品及卫生用品批发	上海市嘉定区
赛默飞世尔科技(中国)有限公司	其他机械设备及电子产品批发	上海市浦东新区
斯凯孚(中国)销售有限公司	其他机械设备及电子产品批发	上海市黄浦区
中化国际(控股)股份有限公司	其他化工产品批发	上海市浦东新区
约克(中国)商贸有限公司	其他机械设备及电子产品批发	上海市普陀区
上海诺华贸易有限公司	医疗用品及器材批发	上海市浦东新区
金佰利(中国)有限公司	厨房、卫生间用具及日用杂货批发	上海市黄浦区
科勒(中国)投资有限公司	厨房、卫生间用具及日用杂货批发	上海市静安区
科世达(上海)管理有限公司	汽车零配件批发	上海市嘉定区
保乐力加(中国)贸易有限公司	酒、饮料及茶叶批发	上海市黄浦区
上海韩泰轮胎销售有限公司	汽车零配件批发	上海市徐汇区
古驰(中国)贸易有限公司	服装批发	上海市静安区

4-1 续表 11

企业名称	所属行业	企业所在地
英迈(中国)投资有限公司	其他机械设备及电子产品批发	上海市浦东新区
美敦力(上海)管理有限公司	医疗用品及器材批发	上海市浦东新区
上海神州数码有限公司	计算机、软件及辅助设备批发	上海市长宁区
上海市机械设备成套(集团)有限公司	其他机械设备及电子产品批发	上海市浦东新区
阿特拉斯·科普柯(上海)贸易有限公司	其他机械设备及电子产品批发	上海市浦东新区
日立建机(上海)有限公司	其他机械设备及电子产品批发	上海市浦东新区
上海住友商事有限公司	金属及金属矿批发	上海市浦东新区
资生堂(中国)投资有限公司	化妆品及卫生用品批发	上海市浦东新区
上海电力燃料有限公司	煤炭及制品批发	上海市黄浦区
上海福然德供应链股份有限公司	金属及金属矿批发	上海市宝山区
明尼苏达矿业制造(上海)国际贸易有限公司	其他化工产品批发	上海市浦东新区
三菱商事(上海)有限公司	其他化工产品批发	上海市浦东新区
上海新联纺进出口有限公司	服装批发	上海市长宁区
上海宝尊电子商务有限公司	其他未列明批发业	上海市静安区
路威酩轩香水化妆品(上海)有限公司	化妆品及卫生用品批发	上海市浦东新区
飞利浦照明(中国)投资有限公司	灯具、装饰物品批发	上海市闵行区
富士胶片(中国)投资有限公司	医疗用品及器材批发	上海市浦东新区
丸红(上海)有限公司	其他化工产品批发	上海市浦东新区
菲仕兰食品贸易(上海)有限公司	肉、禽、蛋、奶及水产品批发	上海市黄浦区
东丽国际贸易(中国)有限公司	纺织品、针织品及原料批发	上海市浦东新区
碧迪医疗器械(上海)有限公司	医疗用品及器材批发	上海市浦东新区
贝克曼库尔特商贸(中国)有限公司	医疗用品及器材批发	上海市浦东新区
汉高(中国)投资有限公司	其他化工产品批发	上海市杨浦区
上海江森自控国际蓄电池有限公司	汽车零配件批发	上海市浦东新区
上海良友(集团)有限公司	谷物、豆及薯类批发	上海市浦东新区
安川电机(中国)有限公司	电气设备批发	上海市浦东新区
上海博世力士乐液压及自动化有限公司	其他未列明批发业	上海市浦东新区
大昌洋行(上海)有限公司	肉、禽、蛋、奶及水产品批发	上海市浦东新区
哈曼(中国)投资有限公司	家用电器批发	上海市黄浦区
富士施乐实业发展(中国)有限公司	其他机械设备及电子产品批发	上海市浦东新区
东芝电子(中国)有限公司	其他机械设备及电子产品批发	上海市浦东新区
卡博特(中国)投资有限公司	其他化工产品批发	上海市闵行区
戴森贸易(上海)有限公司	家用电器批发	上海市黄浦区
康宝莱(上海)管理有限公司	营养和保健品批发	上海市长宁区
希森美康医用电子(上海)有限公司	医疗用品及器材批发	上海市浦东新区
花王(上海)产品服务有限公司	化妆品及卫生用品批发	上海市闵行区
上海飞科电器股份有限公司	家用电器批发	上海市松江区
通用磨坊贸易(上海)有限公司	其他食品批发	上海市浦东新区
上海申达进出口有限公司	服装批发	上海市浦东新区
上海烟草集团浦东烟草糖酒有限公司	烟草制品批发	上海市浦东新区
麦克维尔中央空调有限公司	其他机械设备及电子产品批发	上海市静安区
欧姆龙自动化(中国)有限公司	其他机械设备及电子产品批发	上海市浦东新区
上海百雀羚日用化学有限公司	化妆品及卫生用品批发	上海市静安区
丹佛斯自动控制管理(上海)有限公司	其他机械设备及电子产品批发	上海市浦东新区
上海新宇钟表集团有限公司	其他家庭用品批发	上海市黄浦区
博柏利(上海)贸易有限公司	服装批发	上海市静安区
基恩士(中国)有限公司	其他机械设备及电子产品批发	上海市浦东新区
米思米(中国)精密机械贸易有限公司	五金产品批发	上海市奉贤区
卡尔蔡司(上海)管理有限公司	医疗用品及器材批发	上海市浦东新区
上海老庙黄金有限公司	首饰、工艺品及收藏品批发	上海市黄浦区
新百伦贸易(中国)有限公司	其他未列明批发业	上海市黄浦区

4-1 续表 12

企业名称	所属行业	企业所在地
费列罗贸易(上海)有限公司	糕点、糖果及糖批发	上海市浦东新区
上海罗莱家用纺织品有限公司	纺织品、针织品及原料批发	上海市闵行区
西门子医学诊断产品(上海)有限公司	医疗用品及器材批发	上海市浦东新区
尼康映像仪器销售(中国)有限公司	其他文化用品批发	上海市黄浦区
蔻驰贸易(上海)有限公司	其他家庭用品批发	上海市静安区
日东(中国)新材料有限公司	其他化工产品批发	上海市浦东新区
夏普商贸(中国)有限公司	家用电器批发	上海市浦东新区
上海曼伦商贸有限公司	医疗用品及器材批发	上海市徐汇区
上海顶实仓储有限公司	其他食品批发	上海市嘉定区
衣念(上海)时装贸易有限公司	服装批发	上海市闵行区
派克汉尼汾流体传动产品(上海)有限公司	电气设备批发	上海市浦东新区
艾睿(中国)电子贸易有限公司	其他机械设备及电子产品批发	上海市浦东新区
梅特勒－托利多国际贸易(上海)有限公司	其他未列明批发业	上海市浦东新区
东电化(上海)国际贸易有限公司	五金产品批发	上海市浦东新区
开利空调销售服务(上海)有限公司	其他机械设备及电子产品批发	上海市黄浦区
柯惠医疗器材国际贸易(上海)有限公司	医疗用品及器材批发	上海市浦东新区
费森尤斯医药用品(上海)有限公司	医疗用品及器材批发	上海市浦东新区
雅马哈乐器音响(中国)投资有限公司	其他文化用品批发	上海市静安区
库卡机器人(上海)有限公司	其他机械设备及电子产品批发	上海市浦东新区
史泰博(上海)有限公司	文具用品批发	上海市长宁区
霍尼韦尔自动化控制(中国)有限公司	其他机械设备及电子产品批发	上海市浦东新区
罗克韦尔自动化(中国)有限公司	电气设备批发	上海市浦东新区
锐珂亚太投资管理(上海)有限公司	医疗用品及器材批发	上海市浦东新区
国药集团上海医疗器械有限公司	医疗用品及器材批发	上海市宝山区
衣恋时装(上海)有限公司	服装批发	上海市闵行区
上海来伊份股份有限公司	其他食品批发	上海市松江区
上海九州通医药有限公司	中药批发	上海市普陀区
上海优壹电子商务有限公司	肉、禽、蛋、奶及水产品批发	上海市普陀区
格兰富水泵(上海)有限公司	其他机械设备及电子产品批发	上海市浦东新区
上海悦亿网络信息技术有限公司	通讯及广播电视设备批发	上海市宝山区
国药控股菱商医院管理服务(上海)有限公司	医疗用品及器材批发	上海市黄浦区
百家好(上海)时装有限公司	服装批发	上海市浦东新区
东芝开利空调销售(上海)有限公司	家用电器批发	上海市黄浦区
上海宝原体育用品商贸有限公司	体育用品及器材批发	上海市虹口区
波科国际医疗贸易(上海)有限公司	医疗用品及器材批发	上海市浦东新区
富士电机(中国)有限公司	其他机械设备及电子产品批发	上海市浦东新区
乐金生活健康贸易(上海)有限公司	化妆品及卫生用品批发	上海市浦东新区
彪马(上海)商贸有限公司	服装批发	上海市黄浦区
大昌华嘉商业(中国)有限公司	西药批发	上海市浦东新区
上海丝绸集团股份有限公司	服装批发	上海市浦东新区
卡西欧(中国)贸易有限公司	体育用品及器材批发	上海市浦东新区
上海三凯进出口有限公司	其他未列明批发业	上海市浦东新区
上海鲲驰贸易发展有限公司	厨房、卫生间用具及日用杂货批发	上海市浦东新区
巴德医疗科技(上海)有限公司	医疗用品及器材批发	上海市浦东新区
辉门(中国)有限公司	汽车零配件批发	上海市浦东新区
广派商业(上海)有限公司	服装批发	上海市长宁区
上海东纺日化销售有限公司	化妆品及卫生用品批发	上海市普陀区
上海家化销售有限公司	化妆品及卫生用品批发	上海市虹口区
英潍捷基(上海)贸易有限公司	医疗用品及器材批发	上海市浦东新区
如新(中国)日用保健品有限公司	化妆品及卫生用品批发	上海市奉贤区
上海西郊国际农产品交易有限公司	肉、禽、蛋、奶及水产品批发	上海市青浦区

4-1 续表 13

企业名称	所属行业	企业所在地
贝亲管理(上海)有限公司	其他家庭用品批发	上海市浦东新区
罗姆半导体(上海)有限公司	其他机械设备及电子产品批发	上海市浦东新区
柯尼卡美能达办公系统(中国)有限公司	其他机械设备及电子产品批发	上海市黄浦区
理光(中国)投资有限公司	其他机械设备及电子产品批发	上海市黄浦区
上海胜华电缆(集团)有限公司	电气设备批发	上海市浦东新区
正大食品企业(上海)有限公司	肉、禽、蛋、奶及水产品批发	上海市宝山区
礼来(上海)管理有限公司	西药批发	上海市浦东新区
匡威体育用品(中国)有限公司	服装批发	上海市静安区
贝朗医疗(上海)国际贸易有限公司	医疗用品及器材批发	上海市浦东新区
迪思科科技(中国)有限公司	其他机械设备及电子产品批发	上海市浦东新区
杰尼亚(中国)企业管理有限公司	服装批发	上海市浦东新区
圣犹达医疗用品(上海)有限公司	医疗用品及器材批发	上海市浦东新区
宝钢金属有限公司	金属及金属矿批发	上海市宝山区
伊藤忠纤维贸易(中国)有限公司	纺织品、针织品及原料批发	上海市浦东新区
上海汽车工业销售有限公司	汽车批发	上海市普陀区
德莎胶带(上海)有限公司	其他化工产品批发	上海市浦东新区
雅培医疗器械贸易(上海)有限公司	医疗用品及器材批发	上海市浦东新区
亚瑟士(中国)商贸有限公司	鞋帽批发	上海市长宁区
鹏卫齐商业(上海)有限公司	服装批发	上海市静安区
上海欧珀实业有限公司	通讯及广播电视设备批发	上海市静安区
华润医药(上海)有限公司	西药批发	上海市虹口区
山特维克可乐满切削刀具(上海)有限公司	五金产品批发	上海市闵行区
上海恩德斯豪斯自动化设备有限公司	其他机械设备及电子产品批发	上海市闵行区
上海润达医疗科技股份有限公司	医疗用品及器材批发	上海市金山区
喜力贸易(上海)有限公司	酒、饮料及茶叶批发	上海市浦东新区
岛津企业管理(中国)有限公司	医疗用品及器材批发	上海市浦东新区
博士视听系统(上海)有限公司	其他机械设备及电子产品批发	上海市浦东新区
上海克瑞特服饰有限公司	服装批发	上海市浦东新区
国药集团化学试剂有限公司	其他化工产品批发	上海市静安区
国药控股国大复美药业(上海)有限公司	中药批发	上海市普陀区
捷迈(上海)医疗国际贸易有限公司	医疗用品及器材批发	上海市浦东新区
威士达医疗设备(上海)有限公司	医疗用品及器材批发	上海市浦东新区
先进装配系统有限公司	其他机械设备及电子产品批发	上海市浦东新区
西诺迪斯食品(上海)有限公司	米、面制品及食用油批发	上海市浦东新区
地素时尚股份有限公司	服装批发	上海市长宁区
劲霸男装(上海)有限公司	服装批发	上海市普陀区
施乐辉医用产品国际贸易(上海)有限公司	医疗用品及器材批发	上海市浦东新区
百特医疗用品贸易(上海)有限公司	医疗用品及器材批发	上海市浦东新区
上海烟草集团闵行烟草糖酒有限公司	烟草制品批发	上海市闵行区
东方国际创业股份有限公司	服装批发	上海市浦东新区
美太芭比(上海)贸易有限公司	其他文化用品批发	上海市徐汇区
兄弟(中国)商业有限公司	通讯及广播电视设备批发	上海市长宁区
上海烟草集团嘉定烟草糖酒有限公司	烟草制品批发	上海市嘉定区
摩恩(上海)厨卫有限公司	厨房、卫生间用具及日用杂货批发	上海市浦东新区
倍乐生商贸(中国)有限公司	报刊批发	上海市徐汇区
阿法拉伐(上海)技术有限公司	电气设备批发	上海市浦东新区
上海雪榕生物科技股份有限公司	果品、蔬菜批发	上海市奉贤区
默克化工技术(上海)有限公司	其他化工产品批发	上海市浦东新区
上海苏食肉品销售有限公司	肉、禽、蛋、奶及水产品批发	上海市宝山区
博马努瓦服饰商贸(上海)有限公司	服装批发	上海市普陀区
乐高玩具(上海)有限公司	其他未列明批发业	上海市徐汇区

4-1 续表 14

企业名称	所属行业	企业所在地
迈克尔高司商贸(上海)有限公司	服装批发	上海市静安区
固铂轮胎(中国)投资有限公司	汽车零配件批发	上海市长宁区
上海南浦食品公司浦东分公司	其他食品批发	上海市浦东新区
珊华电子科技(上海)有限公司	其他未列明批发业	上海市浦东新区
富昌电子(上海)有限公司	其他机械设备及电子产品批发	上海市浦东新区
上海信谊联合医药药材有限公司	中药批发	上海市静安区
卡尔史托斯内窥镜(上海)有限公司	医疗用品及器材批发	上海市浦东新区
珀金埃尔默仪器(上海)有限公司	其他机械设备及电子产品批发	上海市浦东新区
三菱重工空调系统(上海)有限公司	其他机械设备及电子产品批发	上海市长宁区
上海罗森便利有限公司	其他家庭用品批发	上海市闵行区
上海三枪(集团)有限公司	纺织品、针织品及原料批发	上海市黄浦区
施耐德电气信息技术(中国)有限公司	其他机械设备及电子产品批发	上海市浦东新区
上海烟草集团松江烟草糖酒有限公司	烟草制品批发	上海市松江区
亚什兰(中国)投资有限公司	其他化工产品批发	上海市闵行区
上海森马服饰有限公司	服装批发	上海市闵行区
上海烟草集团虹口烟草糖酒有限公司	烟草制品批发	上海市虹口区
梅里埃诊断产品(上海)有限公司	医疗用品及器材批发	上海市浦东新区
利乐贸易(上海)有限公司	其他机械设备及电子产品批发	上海市浦东新区
美标(中国)有限公司	厨房、卫生间用具及日用杂货批发	上海市徐汇区
日铁住金物产(上海)有限公司	金属及金属矿批发	上海市长宁区
上海烟草集团奉贤烟草糖酒有限公司	烟草制品批发	上海市奉贤区
上海万虎光大通信设备有限公司	通讯及广播电视设备批发	上海市普陀区
魏德米勒电联接(上海)有限公司	其他机械设备及电子产品批发	上海市浦东新区
上海烟草集团宝山烟草糖酒有限公司	烟草制品批发	上海市宝山区
上海中燃船舶燃料有限公司	石油及制品批发	上海市虹口区
上海烟草集团青浦烟草糖酒有限公司	烟草制品批发	上海市青浦区
宇旭时装(上海)有限公司	服装批发	上海市闵行区
利惠商业(上海)有限公司	服装批发	上海市静安区
恒天然商贸(上海)有限公司	其他食品批发	上海市静安区
上海晨光科力普办公用品有限公司	文具用品批发	上海市徐汇区
通用电气实业(上海)有限公司	其他未列明批发业	上海市浦东新区
尤益嘉(上海)食品商贸有限公司	糕点、糖果及糖批发	上海市浦东新区
庞贝捷漆油贸易(上海)有限公司	其他化工产品批发	上海市浦东新区
德尔格医疗设备(上海)有限公司	医疗用品及器材批发	上海市浦东新区
安富利电子(上海)有限公司	其他机械设备及电子产品批发	上海市浦东新区
上海三问投资控股集团有限公司	纺织品、针织品及原料批发	上海市闵行区
津味实业(上海)有限公司	其他食品批发	上海市徐汇区
琳玛(上海)贸易有限公司	服装批发	上海市黄浦区
哥伦比亚运动服装商贸(上海)有限公司	服装批发	上海市徐汇区
上海第一食品连锁发展有限公司	其他食品批发	上海市黄浦区
上海魁春实业有限公司	其他食品批发	上海市普陀区
上海六和勤强食品有限公司	肉、禽、蛋、奶及水产品批发	上海市松江区
文晔领科商贸(上海)有限公司	其他机械设备及电子产品批发	上海市闵行区
派丽(上海)管理有限公司	建材批发	上海市静安区
好时食品国际贸易(上海)有限公司	糕点、糖果及糖批发	上海市浦东新区
贝朗爱敦(上海)贸易有限公司	医疗用品及器材批发	上海市浦东新区
乐金华奥斯贸易(上海)有限公司	建材批发	上海市浦东新区
上海上药新亚医药有限公司	西药批发	上海市浦东新区
哈希水质分析仪器(上海)有限公司	其他机械设备及电子产品批发	上海市浦东新区
世达工具(上海)有限公司	五金产品批发	上海市浦东新区
上海华氏大药房配送中心有限公司	西药批发	上海市长宁区

4-1 续表 15

企业名称	所属行业	企业所在地
赛莱默(中国)有限公司	其他机械设备及电子产品批发	上海市长宁区
丰田纺织(中国)有限公司	汽车零配件批发	上海市浦东新区
海格曼商贸有限公司	通讯及广播电视设备批发	上海市浦东新区
硕腾(上海)企业管理有限公司	西药批发	上海市浦东新区
科莱恩化工(中国)有限公司	其他化工产品批发	上海市长宁区
航信德利信息系统(上海)有限公司	计算机、软件及辅助设备批发	上海市浦东新区
国药控股国大药房有限公司	西药批发	上海市静安区
毕孚自动化设备贸易(上海)有限公司	其他机械设备及电子产品批发	上海市静安区
上海丝绸集团品牌发展有限公司	服装批发	上海市虹口区
亚玛芬体育用品贸易(上海)有限公司	体育用品及器材批发	上海市浦东新区
易格斯拖链轴承仓储贸易(上海)有限公司	其他机械设备及电子产品批发	上海市浦东新区
菲拉格慕时装贸易(上海)有限公司	鞋帽批发	上海市浦东新区
上海巴克斯酒业营销有限公司	酒、饮料及茶叶批发	上海市浦东新区
上海康恒环境股份有限公司	其他机械设备及电子产品批发	上海市青浦区
上海太阳能科技有限公司	电气设备批发	上海市闵行区
福禄克测试仪器(上海)有限公司	其他机械设备及电子产品批发	上海市浦东新区
上海百红商业贸易有限公司	化妆品及卫生用品批发	上海市静安区
上海佰草集化妆品有限公司	化妆品及卫生用品批发	上海市虹口区
盟可睐(上海)商贸有限公司	服装批发	上海市静安区
上海信谊天一药业有限公司	西药批发	上海市静安区
上海现代制药营销有限公司	西药批发	上海市浦东新区
山特维克矿山工程机械贸易(上海)有限公司	其他机械设备及电子产品批发	上海市嘉定区
上海龙净环保科技工程有限公司	其他未列明批发业	上海市浦东新区
震坤行工业超市(上海)有限公司	其他化工产品批发	上海市青浦区
上海维格娜丝时装有限公司	纺织品、针织品及原料批发	上海市闵行区
克履仕国际贸易(上海)有限公司	鞋帽批发	上海市浦东新区
上海信谊医药有限公司	中药批发	上海市静安区
上海金枫酒业股份有限公司	酒、饮料及茶叶批发	上海市浦东新区
上海东冠健康用品股份有限公司	化妆品及卫生用品批发	上海市金山区
波士胶(上海)管理有限公司	其他化工产品批发	上海市闵行区
上海农夫山泉饮用水有限公司	酒、饮料及茶叶批发	上海市浦东新区
康耐视视觉检测系统(上海)有限公司	其他机械设备及电子产品批发	上海市浦东新区
横河电机(中国)有限公司	其他机械设备及电子产品批发	上海市长宁区
上海本钢济福金属制品加工有限公司	金属及金属矿批发	上海市宝山区
迈柯唯(上海)医疗设备有限公司	医疗用品及器材批发	上海市浦东新区
上海玛帕贸易有限公司	五金产品批发	上海市浦东新区
马克华菲(上海)商业有限公司	服装批发	上海市徐汇区
上海蒙牛乳业有限公司	肉、禽、蛋、奶及水产品批发	上海市静安区
路博润管理(上海)有限公司	其他化工产品批发	上海市浦东新区
上海雷允上药业西区有限公司	西药批发	上海市静安区
威健国际贸易(上海)有限公司	其他机械设备及电子产品批发	上海市浦东新区
娇韵诗化妆品(上海)有限公司	化妆品及卫生用品批发	上海市静安区
慧桥电气技术(上海)有限公司	其他机械设备及电子产品批发	上海市青浦区
上海张铁军翡翠股份有限公司	首饰、工艺品及收藏品批发	上海市青浦区
喜开理(上海)机器有限公司	其他机械设备及电子产品批发	上海市浦东新区
上海文峰千家惠超市发展有限公司	其他家庭用品批发	上海市浦东新区
林肯电气管理(上海)有限公司	金属及金属矿批发	上海市宝山区
上海合力叉车有限公司	电气设备批发	上海市虹口区
菱重家用空调系统(上海)有限公司	家用电器批发	上海市长宁区
云汉芯城(上海)互联网科技股份有限公司	其他机械设备及电子产品批发	上海市松江区
上海乐扣乐扣贸易有限公司	厨房、卫生间用具及日用杂货批发	上海市闵行区

4-1　续表 16

企业名称	所属行业	企业所在地
欣都(上海)商贸有限公司	盐及调味品批发	上海市长宁区
上海青岛啤酒销售有限公司	酒、饮料及茶叶批发	上海市宝山区
伯乐生命医学产品(上海)有限公司	医疗用品及器材批发	上海市浦东新区
润通航运服务有限公司	其他机械设备及电子产品批发	上海市浦东新区
上海艾莱依实业发展有限公司	服装批发	上海市普陀区
日播时尚集团股份有限公司	服装批发	上海市松江区
伊斯卡刀具国际贸易(上海)有限公司	其他机械设备及电子产品批发	上海市浦东新区
德马吉森精机机床贸易有限公司	其他机械设备及电子产品批发	上海市浦东新区
雷度米特医疗设备(上海)有限公司	医疗用品及器材批发	上海市浦东新区
世健国际贸易(上海)有限公司	其他机械设备及电子产品批发	上海市黄浦区
上海雷允上北区药业股份有限公司	中药批发	上海市虹口区
上海童涵春堂药业股份有限公司	中药批发	上海市黄浦区
爱齐(上海)商贸有限公司	医疗用品及器材批发	上海市徐汇区
佳丽宝化妆品(中国)有限公司	化妆品及卫生用品批发	上海市静安区
上海烟草集团卢湾烟草糖酒有限公司	烟草制品批发	上海市黄浦区
上海医药集团药品销售有限公司	西药批发	上海市普陀区
上海浦东新区医药药材有限公司	西药批发	上海市浦东新区
上海宝钢气体有限公司	其他未列明批发业	上海市宝山区
无添加贸易(上海)有限公司	化妆品及卫生用品批发	上海市浦东新区
圣罗兰(上海)贸易有限公司	服装批发	上海市静安区
东方表行(中国)贸易有限公司	其他家庭用品批发	上海市黄浦区
上海浩泽贸易有限公司	烟草制品批发	上海市浦东新区
禧玛诺(上海)贸易有限公司	五金产品批发	上海市浦东新区
埃地沃兹贸易(上海)有限公司	其他机械设备及电子产品批发	上海市浦东新区
克丽缇娜(上海)贸易有限公司	化妆品及卫生用品批发	上海市徐汇区
上海亿力电器有限公司	其他机械设备及电子产品批发	上海市闵行区
上海欧蓝国际贸易有限公司	服装批发	上海市静安区
永恒力叉车(上海)有限公司	其他机械设备及电子产品批发	上海市浦东新区
鑫车投资(上海)有限公司	汽车批发	上海市浦东新区
上海仁达药品经营有限公司	中药批发	上海市徐汇区
史丹利五金工具(上海)有限公司	五金产品批发	上海市浦东新区
乔治阿玛尼(上海)商贸有限公司	服装批发	上海市静安区
电计贸易(上海)有限公司	其他机械设备及电子产品批发	上海市浦东新区
沃特世科技(上海)有限公司	贸易代理	上海市浦东新区
中化作物保护品有限公司	农药批发	上海市浦东新区
上海益忠天惠实业有限公司	汽车零配件批发	上海市松江区
上海凯淳实业有限公司	计算机、软件及辅助设备批发	上海市青浦区
博世(上海)安保系统有限公司	其他机械设备及电子产品批发	上海市浦东新区
上海杏花楼食品营销有限公司	其他食品批发	上海市黄浦区
上海孩思乐商贸有限公司	其他文化用品批发	上海市黄浦区
上海泰禾国际贸易有限公司	其他化工产品批发	上海市长宁区
美商鹏卫齐商贸(上海)有限公司	服装批发	上海市浦东新区
艾本德(上海)国际贸易有限公司	其他未列明批发业	上海市浦东新区
马瑞利(中国)有限公司	汽车零配件批发	上海市浦东新区
上海斯米克建材有限公司	建材批发	上海市闵行区
希思黎(上海)化妆品商贸有限公司	化妆品及卫生用品批发	上海市静安区
上海余天成医药有限公司	西药批发	上海市松江区
上田商工(上海)服饰商贸有限公司	纺织品、针织品及原料批发	上海市徐汇区
上海新高姿化妆品有限公司	化妆品及卫生用品批发	上海市徐汇区
上海健久生物科技有限公司	营养和保健品批发	上海市松江区
上海市江桥批发市场经营管理有限公司	果品、蔬菜批发	上海市嘉定区

4-1 续表 17

企业名称	所属行业	企业所在地
上海沙驰服饰有限公司	服装批发	上海市普陀区
傲胜(中国)商业有限公司	家用电器批发	上海市浦东新区
爱德华(上海)医疗用品有限公司	医疗用品及器材批发	上海市浦东新区
狮迈(上海)贸易有限公司	体育用品及器材批发	上海市浦东新区
路威酩轩钟表珠宝商贸(上海)有限公司	其他家庭用品批发	上海市静安区
百互润贸易(上海)有限公司	化妆品及卫生用品批发	上海市浦东新区
宏达通讯有限公司	通讯及广播电视设备批发	上海市浦东新区
上海优宁维生物科技股份有限公司	西药批发	上海市杨浦区
多米诺标识科技有限公司	其他机械设备及电子产品批发	上海市浦东新区
范德兰德物流自动化系统(上海)有限公司	其他机械设备及电子产品批发	上海市浦东新区
上海申铁信息工程有限公司	计算机、软件及辅助设备批发	上海市静安区
医科达(上海)医疗器械有限公司	医疗用品及器材批发	上海市浦东新区
高丝化妆品销售(中国)有限公司	化妆品及卫生用品批发	上海市虹口区
上海宝龙实业发展有限公司	建材批发	上海市闵行区
上海红牛维他命饮料有限公司	酒、饮料及茶叶批发	上海市虹口区
松下电器机电贸易(上海)有限公司	其他机械设备及电子产品批发	上海市浦东新区
西诺德牙科设备商贸(上海)有限公司	医疗用品及器材批发	上海市静安区
江苏省		
苏宁云商集团股份有限公司苏宁采购中心	家用电器批发	江苏省南京市
江苏苏美达集团有限公司	金属及金属矿批发	江苏省南京市
阿迪达斯体育(中国)有限公司	服装批发	江苏省苏州市
耐克体育(中国)有限公司	鞋帽批发	江苏省苏州市
扬子江药业集团江苏扬子江医药经营有限公司	中药批发	江苏省泰州市
博西家用电器(中国)有限公司	家用电器批发	江苏省南京市
苏酒集团贸易股份有限公司	酒、饮料及茶叶批发	江苏省宿迁市
阿斯利康(无锡)贸易有限公司	西药批发	江苏省无锡市
中国石化销售有限公司江苏石油分公司	石油及制品批发	江苏省南京市
南京华能南方实业开发股份有限公司	金属及金属矿批发	江苏省南京市
江苏大明协好贸易有限公司	金属及金属矿批发	江苏省无锡市
紫光数码(苏州)集团有限公司	家用电器批发	江苏省苏州市
江苏大明金属制品有限公司	金属及金属矿批发	江苏省无锡市
江苏省烟草公司苏州市公司	烟草制品批发	江苏省苏州市
江苏省烟草公司南京市公司	烟草制品批发	江苏省南京市
江阴海澜之家供应链管理有限公司	纺织品、针织品及原料批发	江苏省无锡市
恩斯克投资有限公司	汽车零配件批发	江苏省苏州市
江阴海澜之家新桥销售有限公司	纺织品、针织品及原料批发	江苏省无锡市
宏图三胞高科技术有限公司	计算机、软件及辅助设备批发	江苏省南京市
中海油销售江苏有限公司	石油及制品批发	江苏省南京市
江苏盛世欣兴格力贸易有限公司	家用电器批发	江苏省南京市
江苏省烟草公司南通市公司	烟草制品批发	江苏省南通市
徐州淮海药业有限公司	西药批发	江苏省徐州市
江苏省烟草公司无锡市公司	烟草制品批发	江苏省无锡市
如皋港务集团有限公司	煤炭及制品批发	江苏省南通市
江苏苏美达轻纺国际贸易有限公司	服装批发	江苏省南京市
华润江苏医药有限公司	西药批发	江苏省苏州市
远东买卖宝网络科技有限公司	五金产品批发	江苏省无锡市
江苏国泰华盛实业有限公司	服装批发	江苏省苏州市
江苏省烟草公司徐州市公司	烟草制品批发	江苏省徐州市
江苏洋河酒类运营管理有限公司	酒、饮料及茶叶批发	江苏省宿迁市
江苏省烟草公司盐城市公司	烟草制品批发	江苏省盐城市
中化石油江苏有限公司	石油及制品批发	江苏省南京市

4-1 续表 18

企业名称	所属行业	企业所在地
江苏省医药有限公司	西药批发	江苏省南京市
江苏省烟草公司常州市公司	烟草制品批发	江苏省常州市
江苏先声药业有限公司	西药批发	江苏省南京市
江苏省烟草公司泰州市公司	烟草制品批发	江苏省泰州市
江苏国泰国华实业有限公司	服装批发	江苏省苏州市
江苏金坛众泰汽车销售有限公司	汽车批发	江苏省常州市
江苏省烟草公司扬州市公司	烟草制品批发	江苏省扬州市
江苏汇鸿国际集团中天控股有限公司	纺织品、针织品及原料批发	江苏省南京市
中国石油天然气股份有限公司江苏苏州销售分公司	石油及制品批发	江苏省苏州市
江苏汇鸿国际集团中锦控股有限公司	服装批发	江苏省南京市
江苏百胜电子有限公司	家用电器批发	江苏省南京市
常熟市交电家电有限责任公司	家用电器批发	江苏省苏州市
江苏国泰汉帛贸易有限公司	纺织品、针织品及原料批发	江苏省苏州市
徐州东方运销实业集团有限公司	煤炭及制品批发	江苏省徐州市
涟水今世缘酒业销售有限公司	酒、饮料及茶叶批发	江苏省淮安市
徐州工程机械集团进出口有限公司	其他机械设备及电子产品批发	江苏省徐州市
江苏汇鸿国际集团中鼎控股股份有限公司	纺织品、针织品及原料批发	江苏省南京市
统一商贸(昆山)有限公司	酒、饮料及茶叶批发	江苏省苏州市
威富服饰(中国)有限公司	服装批发	江苏省苏州市
江苏省烟草公司镇江市公司	烟草制品批发	江苏省镇江市
中国石油天然气股份有限公司江苏销售分公司	石油及制品批发	江苏省南京市
江苏省烟草公司淮安市公司	烟草制品批发	江苏省淮安市
江阴市长江钢管有限公司	金属及金属矿批发	江苏省无锡市
无锡安井食品营销有限公司	米、面制品及食用油批发	江苏省无锡市
国药控股扬州有限公司	西药批发	江苏省扬州市
江苏国泰力天实业有限公司	服装批发	江苏省苏州市
江苏省烟草公司连云港市公司	烟草制品批发	江苏省连云港市
江苏康缘医药商业有限公司	西药批发	江苏省连云港市
江苏金一文化发展有限公司	首饰、工艺品及收藏品批发	江苏省无锡市
佳格投资(中国)有限公司	米、面制品及食用油批发	江苏省苏州市
南京空港油料有限公司	石油及制品批发	江苏省南京市
江苏金一黄金珠宝有限公司	首饰、工艺品及收藏品批发	江苏省无锡市
江苏万邦医药营销有限公司	中药批发	江苏省徐州市
江苏国泰亿达实业有限公司	服装批发	江苏省苏州市
南京药业股份有限公司	西药批发	江苏省南京市
江苏国泰国盛实业有限公司	服装批发	江苏省苏州市
国药控股江苏有限公司	西药批发	江苏省南京市
江苏苏美达五金工具有限公司	其他机械设备及电子产品批发	江苏省南京市
江苏省润天生化医药有限公司	西药批发	江苏省南京市
阿特斯阳光电力集团有限公司	非金属矿及制品批发	江苏省苏州市
江苏省农垦米业集团有限公司	谷物、豆及薯类批发	江苏省南京市
江苏省苏食肉品有限公司	肉、禽、蛋、奶及水产品批发	江苏省南京市
热风投资有限公司	服装批发	江苏省苏州市
华润南通医药有限公司	西药批发	江苏省南通市
江苏国泰国贸实业有限公司	服装批发	江苏省苏州市
江苏苏农农资连锁集团股份有限公司	化肥批发	江苏省南京市
好孩子(中国)商贸有限公司	其他家庭用品批发	江苏省苏州市
江苏华晓医药物流有限公司	西药批发	江苏省盐城市
江苏苏豪国际集团股份有限公司	纺织品、针织品及原料批发	江苏省南京市
江苏新晨医药有限公司	西药批发	江苏省连云港市
国药控股徐州有限公司	中药批发	江苏省徐州市

4-1 续表 19

企业名称	所属行业	企业所在地
科沃斯机器人科技有限公司	家用电器批发	江苏省苏州市
周大福珠宝金行(苏州)有限公司	首饰、工艺品及收藏品批发	江苏省苏州市
海门叠石桥叠龙纺织品贸易有限公司	纺织品、针织品及原料批发	江苏省南通市
江苏济源医药有限公司	西药批发	江苏省泰州市
江苏国泰亿盛实业有限公司	服装批发	江苏省苏州市
江苏省苏盐连锁有限公司	盐及调味品批发	江苏省南京市
南京中电熊猫家电有限公司	家用电器批发	江苏省南京市
苏州绿派生物科技有限公司	其他家庭用品批发	江苏省苏州市
南京天加贸易有限公司	电气设备批发	江苏省南京市
江苏亚邦医药物流中心有限公司	西药批发	江苏省常州市
江苏恩华和润医药有限公司	中药批发	江苏省徐州市
中天世贸有限公司	五金产品批发	江苏省南通市
通灵珠宝股份有限公司	首饰、工艺品及收藏品批发	江苏省南京市
南京商络电子股份有限公司	其他机械设备及电子产品批发	江苏省南京市
中国石油天然气股份有限公司江苏徐州销售分公司	石油及制品批发	江苏省徐州市
国药控股盐城有限公司	西药批发	江苏省盐城市
南京华东医药有限责任公司	西药批发	江苏省南京市
泰州医药集团有限公司	西药批发	江苏省泰州市
中国石油天然气股份有限公司江苏南通销售分公司	石油及制品批发	江苏省南通市
无锡市金茂对外贸易有限公司	服装批发	江苏省无锡市
江苏华东生猪交易市场有限公司	牲畜批发	江苏省泰州市
苏州德高进出口有限公司	服装批发	江苏省苏州市
丹阳市沃得农业机械销售有限公司	农业机械批发	江苏省镇江市
苏州欧珀电子有限公司	其他文化用品批发	江苏省苏州市
江苏省大华种业集团有限公司	种子批发	江苏省南京市
江苏大众医药连锁有限公司	西药批发	江苏省无锡市
江苏澳洋医药物流有限公司	中药批发	江苏省苏州市
常州常发农业机械营销有限公司	农业机械批发	江苏省常州市
布勒(无锡)商业有限公司	农业机械批发	江苏省无锡市
中国石油天然气股份有限公司江苏扬州销售分公司	石油及制品批发	江苏省扬州市
周大福珠宝金行张家港保税区有限公司	首饰、工艺品及收藏品批发	江苏省苏州市
淮安九州通医药有限公司	西药批发	江苏省淮安市
安百拓贸易有限公司	其他机械设备及电子产品批发	江苏省南京市
哈森商贸(中国)股份有限公司	鞋帽批发	江苏省苏州市
江苏金太阳纺织科技有限公司	纺织品、针织品及原料批发	江苏省南通市
深圳创维RGB电子有限公司江苏分公司	家用电器批发	江苏省南京市
上药江苏宏康医药有限公司	西药批发	江苏省镇江市
南京优思艾国际贸易有限公司	贸易代理	江苏省南京市
南京扬子化工实业有限责任公司	其他化工产品批发	江苏省南京市
纬腾技术服务(昆山)有限公司	计算机、软件及辅助设备批发	江苏省苏州市
南京江宁粮食投资发展集团有限公司	米、面制品及食用油批发	江苏省南京市
南京百胜欧珀通讯设备有限公司	家用电器批发	江苏省南京市
江阴爱居兔服装有限公司	服装批发	江苏省无锡市
常熟市波司登进出口有限公司	服装批发	江苏省苏州市
江苏天合家用光伏科技有限公司	其他未列明批发业	江苏省常州市
苏州工业园区金月金属制品有限公司	金属及金属矿批发	江苏省苏州市
江苏金舜源商贸实业有限公司	其他机械设备及电子产品批发	江苏省南京市
无锡汇全物流有限公司	厨房、卫生间用具及日用杂货批发	江苏省无锡市
南京爱婴岛供应链管理有限公司	服装批发	江苏省南京市
江苏波司登营销有限公司	服装批发	江苏省苏州市
江苏四季沐歌有限公司	电气设备批发	江苏省连云港市

4-1 续表 20

企业名称	所属行业	企业所在地
南京文德医药有限公司	西药批发	江苏省南京市
江苏吴中医药销售有限公司	中药批发	江苏省苏州市
江苏三润服装集团股份有限公司	服装批发	江苏省南通市
亚德客(江苏)自动化有限公司	其他机械设备及电子产品批发	江苏省苏州市
江苏文峰电器有限公司	家用电器批发	江苏省南通市
苏州鲁特轻纺有限公司	服装批发	江苏省苏州市
常州中大投资发展有限公司	建材批发	江苏省常州市
宿迁市立华牧业有限公司	牲畜批发	江苏省宿迁市
江苏明珠家用设备集成有限公司	家用电器批发	江苏省苏州市
上药控股盐城有限公司	医疗用品及器材批发	江苏省盐城市
江苏三翼工程机械有限公司	其他机械设备及电子产品批发	江苏省南京市
宿迁温氏畜牧有限公司	牲畜批发	江苏省宿迁市
张家港保税区德辉珠宝金行有限公司	首饰、工艺品及收藏品批发	江苏省苏州市
江苏三德利牧业发展有限公司	肉、禽、蛋、奶及水产品批发	江苏省常州市
常州市天牧家禽有限公司	肉、禽、蛋、奶及水产品批发	江苏省常州市
南京红牛维他命饮料有限责任公司	其他食品批发	江苏省南京市
青岛啤酒(徐州)淮海营销有限公司	酒、饮料及茶叶批发	江苏省徐州市
苏州新宇世家钟表有限公司	其他家庭用品批发	江苏省苏州市
江苏民星茧丝绸股份有限公司	其他农牧产品批发	江苏省盐城市
江苏科信医药销售有限公司	西药批发	江苏省连云港市
常州老三集团进出口有限公司	服装批发	江苏省常州市
苏州林华医疗器械销售有限公司	医疗用品及器材批发	江苏省苏州市
金红叶纸业集团有限公司南京分公司	文具用品批发	江苏省南京市
南通百纳电子有限公司	通讯及广播电视设备批发	江苏省南通市
南京栖霞化工有限公司	其他化工产品批发	江苏省南京市
江苏泰诺医药有限公司	西药批发	江苏省泰州市
江苏亚邦医药营销有限公司	西药批发	江苏省常州市
扬州顶津食品有限公司南京分公司	酒、饮料及茶叶批发	江苏省南京市
浙江省		
中国石化销售有限公司浙江石油分公司	石油及制品批发	浙江省杭州市
浙江吉利控股集团汽车销售有限公司	汽车批发	浙江省杭州市
浙江物产金属集团有限公司	金属及金属矿批发	浙江省杭州市
浙江吉利汽车销售有限公司	汽车批发	浙江省宁波市
杭州热联集团股份有限公司	金属及金属矿批发	浙江省杭州市
远大石化有限公司	其他化工产品批发	浙江省宁波市
浙江物产环保能源股份有限公司	煤炭及制品批发	浙江省杭州市
浙江物产国际贸易有限公司	金属及金属矿批发	浙江省杭州市
浙江超威动力能源有限公司	其他未列明批发业	浙江省湖州市
中基宁波集团股份有限公司	金属及金属矿批发	浙江省宁波市
农夫山泉股份有限公司	酒、饮料及茶叶批发	浙江省杭州市
华东医药股份有限公司	西药批发	浙江省杭州市
浙江省烟草公司杭州市公司	烟草制品批发	浙江省杭州市
浙江省烟草公司宁波市公司	烟草制品批发	浙江省宁波市
浙江英特药业有限责任公司	西药批发	浙江省杭州市
浙江省烟草公司温州市公司	烟草制品批发	浙江省温州市
纳爱斯丽水销售有限公司	化妆品及卫生用品批发	浙江省丽水市
浙江众泰汽车销售有限公司	汽车批发	浙江省金华市
宁波方太营销有限公司	家用电器批发	浙江省宁波市
浙江省烟草公司台州市公司	烟草制品批发	浙江省台州市
浙江省烟草公司金华市公司	烟草制品批发	浙江省金华市
浙江娃哈哈食品饮料营销有限公司	酒、饮料及茶叶批发	浙江省丽水市

4-1 续表 21

企业名称	所属行业	企业所在地
浙江中拓供应链管理有限公司	金属及金属矿批发	浙江省杭州市
杭州娃哈哈宏盛食品饮料营销有限公司	酒、饮料及茶叶批发	浙江省杭州市
浙江省烟草公司绍兴市公司	烟草制品批发	浙江省绍兴市
浙江省烟草公司嘉兴市公司	烟草制品批发	浙江省嘉兴市
浙江高速石油发展有限公司	石油及制品批发	浙江省杭州市
宁波瓜瓜农业科技有限公司	果品、蔬菜批发	浙江省宁波市
杭州娃哈哈启力食品集团有限公司	酒、饮料及茶叶批发	浙江省杭州市
中国石化销售有限公司浙江绍兴石油分公司	石油及制品批发	浙江省绍兴市
浙江省烟草公司湖州市公司	烟草制品批发	浙江省湖州市
宁波医药股份有限公司	西药批发	浙江省宁波市
浙江省医药工业有限公司	西药批发	浙江省杭州市
宁波奥克斯进出口有限公司	家用电器批发	浙江省宁波市
浙江省新华书店集团有限公司	图书批发	浙江省杭州市
中化石油浙江有限公司	石油及制品批发	浙江省杭州市
农夫山泉(淳安坪山)有限公司	酒、饮料及茶叶批发	浙江省杭州市
浙江台州元通汽车有限公司	汽车批发	浙江省台州市
杭州九阳生活电器有限公司	家用电器批发	浙江省杭州市
国药控股温州有限公司	西药批发	浙江省温州市
杭州巨星科技股份有限公司	五金产品批发	浙江省杭州市
宁波奥克斯家电销售有限公司	家用电器批发	浙江省宁波市
露笑集团有限公司	金属及金属矿批发	浙江省绍兴市
浙江省烟草公司衢州市公司	烟草制品批发	浙江省衢州市
浙江省烟草公司丽水市公司	烟草制品批发	浙江省丽水市
德华兔宝宝装饰材料销售有限公司	建材批发	浙江省湖州市
宁波中嘉科贸有限公司	其他机械设备及电子产品批发	浙江省宁波市
宁波雅戈尔国际贸易运输有限公司	金属及金属矿批发	浙江省宁波市
宁波狮丹务进出口有限公司	服装批发	浙江省宁波市
宁波中哲慕尚控股有限公司	服装批发	浙江省宁波市
中粮包装投资有限公司	金属及金属矿批发	浙江省杭州市
浙江凯喜雅国际股份有限公司	纺织品、针织品及原料批发	浙江省杭州市
贝因美婴童食品股份有限公司	其他食品批发	浙江省杭州市
杭州市轻工工艺纺织品进出口有限公司	服装批发	浙江省杭州市
九州通集团杭州医药有限公司	西药批发	浙江省杭州市
温州木材集团有限公司	建材批发	浙江省温州市
快鱼服饰有限公司	服装批发	浙江省杭州市
亚德客(中国)有限公司	电气设备批发	浙江省宁波市
杭州杭丝时装进出口有限公司	服装批发	浙江省杭州市
浙江五菱汽车销售服务有限公司	汽车批发	浙江省杭州市
浙江长兴南都电源有限公司	其他未列明批发业	浙江省湖州市
晓星国际贸易(嘉兴)有限公司	纺织品、针织品及原料批发	浙江省嘉兴市
嘉兴良友进出口集团股份有限公司	服装批发	浙江省嘉兴市
浙江来益医药有限公司	西药批发	浙江省杭州市
宁波亚虎进出口有限公司	厨房、卫生间用具及日用杂货批发	浙江省宁波市
新秀丽(中国)有限公司	其他家庭用品批发	浙江省宁波市
浙江中通通信有限公司	通讯及广播电视设备批发	浙江省杭州市
宁波鲜丰水果贸易有限公司	果品、蔬菜批发	浙江省宁波市
绍兴华联国际商贸城有限公司	米、面制品及食用油批发	浙江省绍兴市
湖州上美全通供应链管理有限公司	化妆品及卫生用品批发	浙江省湖州市
浙江仙居制药销售有限公司	西药批发	浙江省台州市
宁波凯越国际贸易有限公司	厨房、卫生间用具及日用杂货批发	浙江省宁波市
浙江天虹物资贸易有限公司	金属及金属矿批发	浙江省杭州市
华东医药宁波有限公司	中药批发	浙江省宁波市
浙江启酷通信有限公司	通讯及广播电视设备批发	浙江省杭州市

4-1　续表 22

企业名称	所属行业	企业所在地
杭州富阳海陆医药有限公司	中药批发	浙江省杭州市
中国石油天然气股份有限公司浙江湖州销售分公司	石油及制品批发	浙江省湖州市
浙江盾安供应链管理有限公司	五金产品批发	浙江省杭州市
汇信进出口集团股份有限公司	其他家庭用品批发	浙江省嘉兴市
浙江珍诚医药在线股份有限公司	西药批发	浙江省杭州市
浙江农华优质农副产品配送中心有限公司	肉、禽、蛋、奶及水产品批发	浙江省杭州市
浙江华通医药股份有限公司	西药批发	浙江省绍兴市
杭州珀莱雅贸易有限公司	化妆品及卫生用品批发	浙江省杭州市
华润衢州医药有限公司	西药批发	浙江省衢州市
人本集团有限公司	其他机械设备及电子产品批发	浙江省温州市
宁波萌恒工贸有限公司	纺织品、针织品及原料批发	浙江省宁波市
台州上药医药有限公司	西药批发	浙江省台州市
浙江大洋世家股份有限公司	肉、禽、蛋、奶及水产品批发	浙江省舟山市
浙江省医药保健品进出口有限责任公司	西药批发	浙江省杭州市
杭州中艺实业有限公司	其他家庭用品批发	浙江省杭州市
杭州大搜车汽车服务有限公司	汽车批发	浙江省杭州市
十足集团股份有限公司	其他食品批发	浙江省杭州市
浙江英诺珐医药有限公司	中药批发	浙江省金华市
荷美尔(中国)投资有限公司	肉、禽、蛋、奶及水产品批发	浙江省嘉兴市
德清德欣时装贸易有限公司	服装批发	浙江省湖州市
宁波华孚进出口有限公司	化妆品及卫生用品批发	浙江省宁波市
浙江欧诗漫美容科技有限公司	化妆品及卫生用品批发	浙江省湖州市
上药凯仑(杭州)医药股份有限公司	西药批发	浙江省杭州市
浙江卓诗尼控股有限公司	鞋帽批发	浙江省温州市
浙江华海医药销售有限公司	西药批发	浙江省台州市
宁波萌恒进出口有限公司	化妆品及卫生用品批发	浙江省宁波市
众泰新能源汽车有限公司	汽车批发	浙江省杭州市
浙江业洲供应链管理有限公司	金属及金属矿批发	浙江省台州市
杭州大王椰智环装饰新材料有限公司	建材批发	浙江省杭州市
浙江不老神食品有限公司	肉、禽、蛋、奶及水产品批发	浙江省衢州市
宁波得力电子商务有限公司	文具用品批发	浙江省宁波市
杭州红牛饮料有限公司	酒、饮料及茶叶批发	浙江省杭州市
镇海石化海达发展有限责任公司	石油及制品批发	浙江省宁波市
浙江康盛科工贸有限公司	五金产品批发	浙江省杭州市
领克汽车销售有限公司	汽车批发	浙江省宁波市
慈溪市公牛电器有限公司	家用电器批发	浙江省宁波市
浙江康恩贝医药销售有限公司	中药批发	浙江省杭州市
宁波美博进出口有限公司	文具用品批发	浙江省宁波市
宁波乐町时尚服饰有限公司	服装批发	浙江省宁波市
杭州悦萱堂化妆品有限公司	化妆品及卫生用品批发	浙江省杭州市
温州誉达电子有限公司	通讯及广播电视设备批发	浙江省温州市
曼卡龙珠宝股份有限公司	首饰、工艺品及收藏品批发	浙江省杭州市
宁波渠成进出口有限公司	通讯及广播电视设备批发	浙江省宁波市
杭州五丰联合食品有限公司	米、面制品及食用油批发	浙江省杭州市
浙江帅康营销有限公司	家用电器批发	浙江省宁波市
宁波市宝敏瑞贸易有限公司	化妆品及卫生用品批发	浙江省宁波市
浙江东经科技股份有限公司	其他未列明批发业	浙江省温州市
浙江新安物流有限公司	煤炭及制品批发	浙江省杭州市
杭州施强药业有限公司	中药批发	浙江省杭州市
道明光学股份有限公司	其他未列明批发业	浙江省金华市

4-1 续表 23

企业名称	所属行业	企业所在地
浙江养生堂保健品销售有限公司	营养和保健品批发	浙江省杭州市
杭州密巢食品贸易有限公司	其他食品批发	浙江省杭州市
宁波优耐特进出口有限公司	灯具、装饰物品批发	浙江省宁波市
浙江博圣生物技术股份有限公司	医疗用品及器材批发	浙江省杭州市
杭州富港供应链有限公司	金属及金属矿批发	浙江省杭州市
宁波木宜芳草健康管理咨询有限公司	营养和保健品批发	浙江省宁波市
桐君堂药业有限公司	西药批发	浙江省杭州市
湖州上美化妆品有限公司	化妆品及卫生用品批发	浙江省湖州市
浙江艾莱依商贸有限公司	纺织品、针织品及原料批发	浙江省丽水市
浙江大雅家时尚生活有限公司	服装批发	浙江省嘉兴市
浙江云峰莫干山营销有限公司	建材批发	浙江省湖州市
杭州如涵供应链管理有限公司	服装批发	浙江省杭州市
浙江海明实业有限公司	服装批发	浙江省杭州市
浙江国商实业股份有限公司	家用电器批发	浙江省台州市
宁波长隆进出口有限公司	服装批发	浙江省宁波市
宁波兆生文具有限公司	文具用品批发	浙江省宁波市
山臣家居(浙江)有限公司	纺织品、针织品及原料批发	浙江省杭州市
浙江华章自动化设备有限公司	电气设备批发	浙江省杭州市
嘉兴立华畜禽有限公司	牲畜批发	浙江省嘉兴市
宁波朗生医药有限公司	中药批发	浙江省宁波市
浙江宏伟供应链集团股份有限公司	五金产品批发	浙江省金华市
杭州市粮食收储有限公司	米、面制品及食用油批发	浙江省杭州市
宁波广博文具商贸有限公司	文具用品批发	浙江省宁波市
安徽省		
安徽华源医药股份有限公司	西药批发	安徽省阜阳市
联合利华服务(合肥)有限公司	化妆品及卫生用品批发	安徽省合肥市
安徽省烟草公司合肥市公司	烟草制品批发	安徽省合肥市
合肥美的电冰箱有限公司	家用电器批发	安徽省合肥市
中国石油化工股份有限公司安徽合肥石油分公司	石油及制品批发	安徽省合肥市
安徽省技术进出口股份有限公司	其他文化用品批发	安徽省合肥市
亳州古井销售有限公司	酒、饮料及茶叶批发	安徽省亳州市
安徽盛世欣兴格力贸易有限公司	家用电器批发	安徽省合肥市
安徽天星医药集团有限公司	西药批发	安徽省合肥市
安徽省烟草公司阜阳市公司	烟草制品批发	安徽省阜阳市
中国石化销售有限公司安徽蚌埠石油分公司	石油及制品批发	安徽省蚌埠市
中国石油天然气股份有限公司安徽滁州销售分公司	石油及制品批发	安徽省滁州市
中国石化销售有限公司安徽滁州石油分公司	石油及制品批发	安徽省滁州市
安徽省烟草公司六安市公司	烟草制品批发	安徽省六安市
安徽省烟草公司安庆市公司	烟草制品批发	安徽省安庆市
安徽省烟草公司芜湖市公司	烟草制品批发	安徽省芜湖市
安徽省烟草公司滁州市公司	烟草制品批发	安徽省滁州市
合肥圆融供应链管理有限公司	其他化工产品批发	安徽省合肥市
中国石油天然气股份有限公司安徽合肥销售分公司	石油及制品批发	安徽省合肥市
安徽省烟草公司宿州市公司	烟草制品批发	安徽省宿州市
安徽新华教育图书发行有限公司	图书批发	安徽省合肥市
合肥美菱集团控股有限公司	家用电器批发	安徽省合肥市
安徽省烟草公司亳州市公司	其他未列明批发业	安徽省亳州市
安徽省烟草公司宣城市公司	烟草制品批发	安徽省宣城市
安徽省烟草公司淮南市公司	烟草制品批发	安徽省淮南市
合肥百欧通讯设备有限公司	通讯及广播电视设备批发	安徽省合肥市

4-1 续表 24

企业名称	所属行业	企业所在地
安徽迎驾酒业销售有限公司	酒、饮料及茶叶批发	安徽省六安市
安徽省烟草公司蚌埠市公司	烟草制品批发	安徽省蚌埠市
安徽轻工国际贸易股份有限公司	灯具、装饰物品批发	安徽省合肥市
集瑞联合卡车营销服务有限公司	汽车批发	安徽省芜湖市
安徽省烟草公司马鞍山市公司	烟草制品批发	安徽省马鞍山市
安徽明珠格力电器销售有限公司	家用电器批发	安徽省芜湖市
国药控股安徽有限公司	西药批发	安徽省合肥市
洽洽食品股份有限公司	其他食品批发	安徽省合肥市
安徽辉隆集团农资连锁有限责任公司	化肥批发	安徽省合肥市
安徽省服装进出口股份有限公司	服装批发	安徽省合肥市
中国石油天然气股份有限公司安徽销售分公司	石油及制品批发	安徽省合肥市
雅士利乳业(马鞍山)销售有限公司	其他食品批发	安徽省马鞍山市
合肥亿帆生物医药有限公司	西药批发	安徽省合肥市
安徽省烟草公司池州市公司	烟草制品批发	安徽省池州市
中化石油安徽六安有限公司	石油及制品批发	安徽省六安市
安徽省烟草公司黄山市公司	烟草制品批发	安徽省黄山市
安徽省烟草公司铜陵市公司	烟草制品批发	安徽省铜陵市
芜湖雷士照明电子商务有限公司	电气设备批发	安徽省芜湖市
合肥曼迪新药业有限责任公司	西药批发	安徽省合肥市
安徽省烟草公司淮北市公司	烟草制品批发	安徽省淮北市
马鞍山钢晨实业有限公司	金属及金属矿批发	安徽省马鞍山市
安徽乐嘉医药科技有限公司	医疗用品及器材批发	安徽省合肥市
中国石油天然气股份有限公司安徽蚌埠销售分公司	石油及制品批发	安徽省蚌埠市
滁州市金达石油有限公司	石油及制品批发	安徽省滁州市
安徽九州通医药有限公司	西药批发	安徽省合肥市
安徽皖南烟叶有限责任公司	烟草制品批发	安徽省宣城市
合肥湘元工程机械有限公司	其他机械设备及电子产品批发	安徽省合肥市
中铁四局集团物资工贸有限公司	建材批发	安徽省合肥市
合肥腾进电子有限公司	其他机械设备及电子产品批发	安徽省合肥市
安徽省宣城市医药有限公司	西药批发	安徽省宣城市
百川名品供应链股份有限公司	酒、饮料及茶叶批发	安徽省合肥市
东至县粮食购销有限责任公司	米、面制品及食用油批发	安徽省池州市
安徽鑫九源酒业有限公司	酒、饮料及茶叶批发	安徽省合肥市
安徽宣酒销售有限公司	酒、饮料及茶叶批发	安徽省宣城市
安徽阜阳医药集团有限公司	西药批发	安徽省阜阳市
阜阳金种子酒业销售有限公司	酒、饮料及茶叶批发	安徽省阜阳市
合肥市竟成医药有限公司	西药批发	安徽省合肥市
安徽省徽商金属股份有限公司	金属及金属矿批发	安徽省合肥市
芜湖双鹤医药有限责任公司	西药批发	安徽省芜湖市
安徽省临泉县文王酒类有限公司	酒、饮料及茶叶批发	安徽省阜阳市
马鞍山凯马汽车零部件服务有限公司	汽车零配件批发	安徽省马鞍山市
福建省		
厦门建发股份有限公司	金属及金属矿批发	福建省厦门市
厦门国贸集团股份有限公司	金属及金属矿批发	福建省厦门市
中石化森美(福建)石油有限公司	石油及制品批发	福建省福州市
福建省福化工贸股份有限公司	建材批发	福建省福州市
厦门信达股份有限公司	其他未列明批发业	福建省厦门市
福建中烟工业有限责任公司	烟草制品批发	福建省厦门市
中国石油天然气股份有限公司福建销售分公司	石油及制品批发	福建省福州市
福建省烟草公司泉州市公司	烟草制品批发	福建省泉州市

4-1 续表 25

企业名称	所属行业	企业所在地
中国石化销售有限公司福建石油分公司	石油及制品批发	福建省福州市
福建省烟草公司福州市公司	烟草制品批发	福建省福州市
福建达利发展有限公司	糕点、糖果及糖批发	福建省泉州市
福建省烟草公司厦门市公司	烟草制品批发	福建省厦门市
福建闽侯永辉商业有限公司	其他贸易经纪与代理	福建省福州市
福建省烟草公司三明市公司	烟草制品批发	福建省三明市
福建省烟草公司南平市公司	烟草制品批发	福建省南平市
厦门信和达电子有限公司	其他机械设备及电子产品批发	福建省厦门市
厦门安踏有限公司	服装批发	福建省厦门市
福建盛世欣兴格力贸易有限公司	家用电器批发	福建省福州市
厦门特步投资有限公司	服装批发	福建省厦门市
厦门乔丹发展有限公司	鞋帽批发	福建省厦门市
福建省烟草公司莆田市公司	烟草制品批发	福建省莆田市
福州民天实业有限公司	果品、蔬菜批发	福建省福州市
福建省烟草公司宁德市公司	烟草制品批发	福建省宁德市
泉州经济技术开发区网商虚拟产业园电子商务有限公司	服装批发	福建省泉州市
福建汇丰物流有限公司	其他化工产品批发	福建省福州市
中国厦门国际经济技术合作公司	其他化工产品批发	福建省厦门市
斐乐体育有限公司	服装批发	福建省厦门市
国药控股福州有限公司	西药批发	福建省福州市
中海石油福建新能源有限公司	石油及制品批发	福建省厦门市
厦门新五菱汽车销售有限公司	汽车批发	福建省厦门市
国药控股福建有限公司	西药批发	福建省厦门市
福建九州通医药有限公司	西药批发	福建省福州市
福建七匹狼实业股份有限公司	服装批发	福建省泉州市
尧山国际控股股份有限公司	酒、饮料及茶叶批发	福建省福州市
福建省莆田富力进出口有限公司	鞋帽批发	福建省莆田市
厦门信和达供应链有限公司	其他机械设备及电子产品批发	福建省厦门市
厦门片仔癀宏仁医药有限公司	中药批发	福建省厦门市
福建华闽进出口有限公司	贸易代理	福建省福州市
华润东大(福建)医药有限公司	西药批发	福建省泉州市
厦门市东万晟贸易有限公司	其他食品批发	福建省厦门市
厦门天邻缘电子商务有限公司	鞋帽批发	福建省厦门市
厦门夏商配送有限公司	肉、禽、蛋、奶及水产品批发	福建省厦门市
福建盼盼饮料有限公司	其他食品批发	福建省泉州市
龙岩百雀羚南方日用化学有限公司	化妆品及卫生用品批发	福建省龙岩市
厦门青岛啤酒东南营销有限公司	酒、饮料及茶叶批发	福建省厦门市
福建美的制冷产品销售有限公司	家用电器批发	福建省福州市
厦门七匹狼服装营销有限公司	服装批发	福建省厦门市
福建华峰实业有限公司	纺织品、针织品及原料批发	福建省莆田市
柒牌有限公司	服装批发	福建省厦门市
福建新微科技有限公司	其他机械设备及电子产品批发	福建省泉州市
厦门三峡国际贸易有限公司	家用电器批发	福建省厦门市
厦门雅瑞光学有限公司	其他家庭用品批发	福建省厦门市
福建明一宏业电子商务有限公司	营养和保健品批发	福建省三明市
鸿星尔克(厦门)实业有限公司	服装批发	福建省厦门市
福州福光水务科技有限公司	其他机械设备及电子产品批发	福建省福州市
福建省建福南方水泥有限公司	建材批发	福建省福州市
福建吉马经贸有限公司	酒、饮料及茶叶批发	福建省漳州市
福建意尔康体育用品有限公司	鞋帽批发	福建省泉州市

4-1 续表 26

企业名称	所属行业	企业所在地
江西省		
南昌陆风汽车营销有限公司	汽车批发	江西省南昌市
中国石化销售有限公司江西赣州石油分公司	石油及制品批发	江西省赣州市
江西省烟草公司赣州市公司	烟草制品批发	江西省赣州市
江西南华医药有限公司	中药批发	江西省南昌市
江西省烟草公司南昌市公司	烟草制品批发	江西省南昌市
江西省烟草公司上饶市公司	烟草制品批发	江西省上饶市
中国石化销售有限公司江西南昌石油分公司	石油及制品批发	江西省南昌市
江西汇仁集团医药科研营销有限公司	西药批发	江西省南昌市
江西省烟草公司宜春市公司	烟草制品批发	江西省宜春市
江西仁和药业有限公司	中药批发	江西省宜春市
江西省烟草公司九江市公司	烟草制品批发	江西省九江市
中国石化销售有限公司江西吉安石油分公司	石油及制品批发	江西省吉安市
中国石化销售有限公司江西宜春石油分公司	石油及制品批发	江西省宜春市
江西省烟草公司吉安市公司	烟草制品批发	江西省吉安市
江西盛世欣兴格力贸易有限公司	家用电器批发	江西省南昌市
江西汉腾汽车销售有限公司	汽车批发	江西省上饶市
江西省烟草公司抚州市公司	烟草制品批发	江西省抚州市
中国石化销售有限公司江西上饶石油分公司	石油及制品批发	江西省上饶市
中国石化销售有限公司江西九江石油分公司	石油及制品批发	江西省九江市
中国石化销售有限公司江西抚州石油分公司	石油及制品批发	江西省抚州市
江西四特酒营销有限责任公司	酒、饮料及茶叶批发	江西省宜春市
江西煤业集团有限责任公司	煤炭及制品批发	江西省南昌市
江西江铃进出口有限责任公司	汽车批发	江西省南昌市
中国石化销售有限公司江西景德镇石油分公司	石油及制品批发	江西省景德镇市
江西省烟草公司萍乡市公司	烟草制品批发	江西省萍乡市
景德镇市烟草公司	烟草制品批发	江西省景德镇市
江西江中医药贸易有限责任公司	中药批发	江西省南昌市
江西济民可信医药贸易有限公司	中药批发	江西省南昌市
宜春市袁州区湘赣蔬菜有限公司	果品、蔬菜批发	江西省宜春市
中国石化销售有限公司江西新余石油分公司	石油及制品批发	江西省新余市
江西省粮油集团有限公司	其他食品批发	江西省南昌市
国药控股江西有限公司	西药批发	江西省南昌市
中国石油天然气股份有限公司江西南昌销售分公司	石油及制品批发	江西省南昌市
中国石化销售有限公司江西萍乡石油分公司	石油及制品批发	江西省萍乡市
江西省烟草公司新余市公司	烟草制品批发	江西省新余市
江西汇仁药品销售有限公司	中药批发	江西省南昌市
中石化江西鹰潭石油分公司	石油及制品批发	江西省鹰潭市
江西五洲医药营销有限公司	西药批发	江西省宜春市
江西省烟草公司鹰潭市公司	烟草制品批发	江西省鹰潭市
江西九州医药有限公司	西药批发	江西省宜春市
江西九州通药业有限公司	西药批发	江西省南昌市
江西仁翔药业有限公司	西药批发	江西省宜春市
南昌利泽电子有限公司	通讯及广播电视设备批发	江西省南昌市
南昌赣昌砂石有限公司	建材批发	江西省南昌市
南昌汇信电子有限公司	通讯及广播电视设备批发	江西省南昌市
江西上饶医药股份有限公司	西药批发	江西省上饶市
中国石油天然气股份有限公司江西宜春销售分公司	石油及制品批发	江西省宜春市
江西讯联电子有限公司	通讯及广播电视设备批发	江西省南昌市
江西信德医药有限公司	西药批发	江西省宜春市
江西广力药业有限公司	西药批发	江西省宜春市
深圳创维—RGB电子有限公司江西分公司	家用电器批发	江西省宜春市
江西康力药品物流有限公司	西药批发	江西省宜春市

4-1 续表 27

企业名称	所属行业	企业所在地
山东省		
中国石化销售有限公司山东石油分公司	石油及制品批发	山东省济南市
山东晨鸣纸业销售有限公司	文具用品批发	山东省潍坊市
山东瑞康医药股份有限公司	西药批发	山东省烟台市
青岛海信国际营销股份有限公司	家用电器批发	山东省青岛市
山东科瑞石油装备有限公司	其他机械设备及电子产品批发	山东省东营市
山东鲁花集团商贸有限公司	米、面制品及食用油批发	山东省烟台市
道恩集团有限公司	其他化工产品批发	山东省烟台市
山东新华书店集团有限公司	图书批发	山东省济南市
青岛海尔多媒体有限公司	家用电器批发	山东省青岛市
青岛烟草有限公司	烟草制品批发	山东省青岛市
青岛海信空调营销股份有限公司	家用电器批发	山东省青岛市
中国重汽集团国际有限公司	汽车批发	山东省济南市
华润山东医药有限公司	西药批发	山东省济南市
济南历下大润发商贸有限公司	米、面制品及食用油批发	山东省济南市
东营市宝隆石油化工有限公司	石油及制品批发	山东省东营市
阜丰营销有限公司	盐及调味品批发	山东省临沂市
山东鲁花营销有限公司	米、面制品及食用油批发	山东省烟台市
山东潍坊烟草有限公司	烟草制品批发	山东省潍坊市
山东济南烟草有限公司	烟草制品批发	山东省济南市
山东烟台烟草有限公司	烟草制品批发	山东省烟台市
山东盛世欣兴格力贸易有限公司	家用电器批发	山东省济南市
中国石油化工股份有限公司山东烟台石油分公司	石油及制品批发	山东省烟台市
中国石化销售有限公司山东济南石油分公司	石油及制品批发	山东省济南市
山东济宁烟草有限公司	烟草制品批发	山东省济宁市
山东菏泽烟草有限公司	烟草制品批发	山东省菏泽市
史丹利化肥销售有限公司	化肥批发	山东省临沂市
浩宇集团有限公司	煤炭及制品批发	山东省日照市
烟台市农业生产资料总公司	化肥批发	山东省烟台市
济南中油华铁石油产品销售有限公司	石油及制品批发	山东省济南市
山东九州通医药有限公司	西药批发	山东省济南市
中国石化销售有限公司山东济宁石油分公司	石油及制品批发	山东省济宁市
烟台张裕葡萄酿酒销售有限公司	酒、饮料及茶叶批发	山东省烟台市
威海纺织集团进出口有限责任公司	服装批发	山东省威海市
利津森化化工有限公司	石油及制品批发	山东省东营市
中国石化销售有限公司山东淄博石油分公司	石油及制品批发	山东省淄博市
国药控股山东有限公司	中药批发	山东省济南市
山东淄博烟草有限公司	烟草制品批发	山东省淄博市
青岛中车四方车辆物流有限公司	石油及制品批发	山东省青岛市
山东泰安烟草有限公司	烟草制品批发	山东省泰安市
瑞康医药(山东)有限公司	中药批发	山东省济南市
山东聊城烟草有限公司	烟草制品批发	山东省聊城市
山东齐鲁万和医药营销有限公司	医疗用品及器材批发	山东省济南市
中国石化销售有限公司山东菏泽石油分公司	石油及制品批发	山东省菏泽市
青岛海尔国际贸易有限公司	电气设备批发	山东省青岛市
中国医疗器械山东有限公司	医疗用品及器材批发	山东省济南市
青岛百洋医药科技有限公司	医疗用品及器材批发	山东省青岛市
上药控股山东有限公司	中药批发	山东省济南市
国井酒业有限公司	酒、饮料及茶叶批发	山东省淄博市
山东德州烟草有限公司	烟草制品批发	山东省德州市
枣庄市烟草专卖局(公司)	烟草制品批发	山东省枣庄市

4-1 续表 28

企业名称	所属行业	企业所在地
山东银座配送有限公司	米、面制品及食用油批发	山东省济南市
中国石油天然气股份有限公司山东济南销售分公司	石油及制品批发	山东省济南市
山东百胜维沃电子有限公司	其他机械设备及电子产品批发	山东省济南市
山东日照烟草有限公司	烟草制品批发	山东省日照市
山东威海烟草有限公司	烟草制品批发	山东省威海市
山东万向物流有限公司	煤炭及制品批发	山东省滨州市
山东滨州烟草有限公司	烟草制品批发	山东省滨州市
中国石化销售有限公司山东枣庄石油分公司	石油及制品批发	山东省枣庄市
中国石化销售有限公司山东聊城石油分公司	石油及制品批发	山东省聊城市
山东聊城鲁西化工销售有限公司	化肥批发	山东省聊城市
中国石油天然气股份有限公司山东烟台销售分公司	石油及制品批发	山东省烟台市
青岛福兴祥物流有限公司	米、面制品及食用油批发	山东省青岛市
中国石油天然气股份有限公司山东菏泽销售分公司	石油及制品批发	山东省菏泽市
山东康诺盛世医药有限公司	西药批发	山东省烟台市
山东东营烟草有限公司	烟草制品批发	山东省东营市
山东祥泰洁净煤有限公司	煤炭及制品批发	山东省泰安市
山东康惠医药有限公司	中药批发	山东省潍坊市
枣庄银海医药有限公司	西药批发	山东省枣庄市
临沂立晨经贸有限公司	建材批发	山东省临沂市
日照市华大投资发展有限公司	建材批发	山东省日照市
山东漱玉平民药业有限公司	中药批发	山东省济南市
绮丽集团有限责任公司	服装批发	山东省青岛市
中国石油天然气股份有限公司山东济宁销售分公司	石油及制品批发	山东省济宁市
山东新华医药贸易有限公司	西药批发	山东省淄博市
中国石油天然气股份有限公司山东淄博销售分公司	石油及制品批发	山东省淄博市
潍坊鲁东美的制冷产品销售有限公司	家用电器批发	山东省潍坊市
华润泰安医药有限公司	西药批发	山东省泰安市
潍坊佳乐家农产品加工配送中心有限公司	米、面制品及食用油批发	山东省潍坊市
中国供销石油烟台有限公司	石油及制品批发	山东省烟台市
华润潍坊远东医药有限公司	西药批发	山东省潍坊市
山东龙大商贸有限公司	米、面制品及食用油批发	山东省烟台市
济南同科医药物流有限公司	西药批发	山东省济南市
青岛康普顿科技股份有限公司	石油及制品批发	山东省青岛市
青岛海尔施特劳斯水设备有限公司	家用电器批发	山东省青岛市
青岛福兴祥商品配送有限公司	米、面制品及食用油批发	山东省青岛市
山东红日肥料销售有限公司	化肥批发	山东省临沂市
山东莱芜烟草有限公司	烟草制品批发	山东省莱芜市
青岛天合医药集团股份有限公司	西药批发	山东省青岛市
山东银座电器有限责任公司	家用电器批发	山东省济南市
中国石油天然气股份有限公司山东聊城销售分公司	石油及制品批发	山东省聊城市
山东威高医药有限公司	医疗用品及器材批发	山东省威海市
山东景芝酒业销售有限公司	酒、饮料及茶叶批发	山东省潍坊市
青岛九州通医药有限公司	西药批发	山东省青岛市
肥城曹庄煤矿有限公司	煤炭及制品批发	山东省泰安市
山东西王玉米购销有限公司	谷物、豆及薯类批发	山东省滨州市
青岛沛高服装有限公司	服装批发	山东省青岛市
山东福胶药业有限公司	贸易代理	山东省济南市
迪沙药业集团山东迪沙医药营销有限公司	中药批发	山东省威海市
山东华潍医药有限公司	中药批发	山东省潍坊市
山东东虹云内汽车销售有限公司	汽车批发	山东省潍坊市
龙口市海源经贸有限公司	酒、饮料及茶叶批发	山东省烟台市
青岛善达医学实业公司	医疗用品及器材批发	山东省青岛市

4-1 续表 29

企业名称	所属行业	企业所在地
泰安新业经贸有限公司	煤炭及制品批发	山东省泰安市
山东科赛基农控股有限公司	农药批发	山东省济南市
华润济宁医药有限公司	西药批发	山东省济宁市
威海金蚂蚁集团有限公司	五金产品批发	山东省威海市
中化石油山东有限公司	石油及制品批发	山东省烟台市
德州金大路摩托车生活馆有限公司	摩托车及零配件批发	山东省德州市
山东聊城利民药业集团有限公司	西药批发	山东省聊城市
济南TCL电器销售有限公司	家用电器批发	山东省济南市
山东省东明县三农农资有限公司	化肥批发	山东省菏泽市
现代牧业(商河)有限公司	肉、禽、蛋、奶及水产品批发	山东省济南市
金乡县宏宇农业生产资料有限公司	化肥批发	山东省济宁市
烟台绮丽集团有限公司	服装批发	山东省烟台市
济南天业工程机械有限公司	其他机械设备及电子产品批发	山东省济南市
山东登海种业股份有限公司	种子批发	山东省烟台市
济宁矿业集团物流有限公司	煤炭及制品批发	山东省济宁市
枣庄新中兴实业有限责任公司	煤炭及制品批发	山东省枣庄市
山东鲁滨首饰有限公司	首饰、工艺品及收藏品批发	山东省滨州市
山东济铁旅行服务有限公司	其他食品批发	山东省济南市
河南省		
河南省烟草公司郑州市公司	烟草制品批发	河南省郑州市
信阳裕农农产品销售有限公司	果品、蔬菜批发	河南省信阳市
中国石油化工股份有限公司河南郑州石油分公司	石油及制品批发	河南省郑州市
国药控股河南股份有限公司	中药批发	河南省郑州市
华润河南医药有限公司	医疗用品及器材批发	河南省郑州市
河南省烟草公司南阳市公司	烟草制品批发	河南省南阳市
河南弘力环保科技有限公司	家用电器批发	河南省郑州市
河南九州通医药有限公司	西药批发	河南省郑州市
河南省烟草公司洛阳市公司	烟草制品批发	河南省洛阳市
河南省烟草公司商丘市公司	烟草制品批发	河南省商丘市
中国石油天然气股份有限公司河南销售分公司	石油及制品批发	河南省郑州市
河南省烟草公司周口市公司	烟草制品批发	河南省周口市
驻马店市众信农副产品综合批发市场有限公司	果品、蔬菜批发	河南省驻马店市
海马汽车销售有限公司	汽车批发	河南省郑州市
河南省烟草公司驻马店市公司	烟草制品批发	河南省驻马店市
河南省烟草公司信阳市公司	烟草制品批发	河南省信阳市
郑州日产汽车销售有限公司	汽车批发	河南省郑州市
河南省烟草公司平顶山分公司	烟草制品批发	河南省平顶山市
河南维沃通商贸有限公司	家用电器批发	河南省郑州市
河南智盛通讯器材有限公司	其他机械设备及电子产品批发	河南省郑州市
洛阳长兴农业机械有限公司	农业机械批发	河南省洛阳市
中国石化销售有限公司河南南阳石油分公司	石油及制品批发	河南省南阳市
河南省烟草公司安阳市公司	烟草制品批发	河南省安阳市
民生集团河南医药有限公司	中药批发	河南省郑州市
河南省烟草公司新乡市公司	烟草制品批发	河南省新乡市
河南省烟草公司开封市公司	烟草制品批发	河南省开封市
河南省新华书店发行集团有限公司	图书批发	河南省郑州市
天地民生医药有限公司	西药批发	河南省郑州市
河南省烟草公司三门峡市公司	烟草制品批发	河南省三门峡市
中国石油天然气股份有限公司河南郑州销售分公司	石油及制品批发	河南省郑州市
河南省医药有限公司	中药批发	河南省郑州市
河南骏化化肥有限公司	化肥批发	河南省驻马店市
河南康信医药有限公司	西药批发	河南省郑州市

4-1 续表 30

企业名称	所属行业	企业所在地
河南省烟草公司焦作市公司	烟草制品批发	河南省焦作市
河南省烟草公司濮阳市公司	烟草制品批发	河南省濮阳市
中国石化销售有限公司河南驻马店石油分公司	石油及制品批发	河南省驻马店市
中国石油化工股份有限公司河南周口石油分公司	石油及制品批发	河南省周口市
驻马店市中亿商城商业管理有限公司	建材批发	河南省驻马店市
中国石化销售有限公司河南三门峡石油分公司	石油及制品批发	河南省三门峡市
安徽奇瑞汽车销售有限公司河南分公司	汽车批发	河南省开封市
河南省宋河酒实业有限公司	酒、饮料及茶叶批发	河南省周口市
中国石油化工股份有限公司河南安阳石油分公司	石油及制品批发	河南省安阳市
中国石油化工股份有限公司河南焦作石油分公司	石油及制品批发	河南省焦作市
哈药集团世一堂百川医药商贸有限公司	西药批发	河南省商丘市
民生药业集团河南德尔康药业有限公司	西药批发	河南省洛阳市
河南省顺康医药有限责任公司	中药批发	河南省郑州市
商丘市松林食品有限公司	酒、饮料及茶叶批发	河南省商丘市
中国石油化工股份有限公司河南开封石油分公司	石油及制品批发	河南省开封市
河南东森医药有限公司	西药批发	河南省南阳市
中铁十五局集团物资有限公司	石油及制品批发	河南省洛阳市
中国石油化工股份有限公司河南漯河石油分公司	石油及制品批发	河南省漯河市
河南张仲景医药物流有限公司	中药批发	河南省郑州市
国药控股平顶山有限公司	西药批发	河南省平顶山市
河南海华医药物流有限公司	西药批发	河南省新乡市
河南中储粮商水直属库	谷物、豆及薯类批发	河南省周口市
中国平煤神马集团平顶山天昊实业公司	煤炭及制品批发	河南省平顶山市
商丘华杰医药有限公司	西药批发	河南省商丘市
太康县龙兴废纸收购有限责任公司	再生物资回收与批发	河南省周口市
中国石油天然气股份有限公司河南许昌销售分公司	石油及制品批发	河南省许昌市
河南省烟草公司鹤壁市公司	烟草制品批发	河南省鹤壁市
河南中油高速公路油品股份有限公司	石油及制品批发	河南省郑州市
河南亿星实业集团有限公司	酒、饮料及茶叶批发	河南省周口市
商丘嘉信医药商贸有限公司	中药批发	河南省商丘市
方城县鸿发商贸集团有限公司	煤炭及制品批发	河南省南阳市
河南恩济药业有限公司	中药批发	河南省洛阳市
河南永安医药有限公司	中药批发	河南省郑州市
河南省康宝医药有限公司	中药批发	河南省洛阳市
河南省世通医药有限公司	西药批发	河南省郑州市
中国石油天然气股份有限公司河南平顶山销售分公司	石油及制品批发	河南省平顶山市
维维粮油(正阳)购销有限公司	其他农牧产品批发	河南省驻马店市
中国石油化工股份有限公司河南中原分公司	石油及制品批发	河南省濮阳市
中国石油天然气股份有限公司河南周口销售分公司	石油及制品批发	河南省周口市
安阳县恒峰医药有限公司	西药批发	河南省安阳市
商丘市鑫伟商贸有限公司	建材批发	河南省商丘市
郑州煤电物资供销有限公司	建材批发	河南省郑州市
郑州步沃商贸有限公司	通讯及广播电视设备批发	河南省郑州市
中国石油天然气股份有限公司河南南阳销售分公司	石油及制品批发	河南省南阳市
中国石油天然气股份有限公司河南开封销售分公司	石油及制品批发	河南省开封市
河南圣光医药物流有限公司	西药批发	河南省平顶山市
郑州欧康龙商贸有限公司	其他机械设备及电子产品批发	河南省郑州市
河南爱森医药有限公司	中药批发	河南省新乡市
河南冠宝云统药业有限公司	中药批发	河南省南阳市
河南省烟草公司济源市公司	烟草制品批发	河南省济源市
河南白象食品销售有限公司	米、面制品及食用油批发	河南省郑州市

4-1 续表 31

企业名称	所属行业	企业所在地
信阳市医药集团总公司	西药批发	河南省信阳市
河南中鑫通信有限公司	通讯及广播电视设备批发	河南省郑州市
汝州市永鑫实业有限公司	建材批发	河南省平顶山市
郑州湘元三一工程机械有限公司	其他机械设备及电子产品批发	河南省郑州市
河南佐今明医药有限公司	中药批发	河南省新乡市
郸城陆鼎贸易有限公司	建材批发	河南省周口市
中央储备粮周口直属库	谷物、豆及薯类批发	河南省周口市
中国石化销售有限公司河南济源石油分公司	石油及制品批发	河南省济源市
河南省越人医药有限公司	中药批发	河南省郑州市
河南省裕华惠宝商贸有限公司	化妆品及卫生用品批发	河南省郑州市
驻马店市苏豫保温建材有限公司	建材批发	河南省驻马店市
罗山县超顺物产有限责任公司	建材批发	河南省信阳市
河南仰韶营销有限公司	酒、饮料及茶叶批发	河南省三门峡市
信阳豫立矿业有限公司	金属及金属矿批发	河南省信阳市
河南春天商贸有限公司	医疗用品及器材批发	河南省新乡市
湖北省		
中国石化销售有限公司华中分公司	石油及制品批发	湖北省武汉市
九州通医药集团股份有限公司	西药批发	湖北省武汉市
中国石化销售有限公司湖北石油分公司	石油及制品批发	湖北省武汉市
东风标致雪铁龙汽车销售有限责任公司	汽车批发	湖北省武汉市
百威英博(中国)销售有限公司	酒、饮料及茶叶批发	湖北省武汉市
中国石油天然气股份有限公司湖北销售分公司	石油及制品批发	湖北省武汉市
中石化长江燃料有限公司	石油及制品批发	湖北省武汉市
湖北省烟草公司武汉市公司	烟草制品批发	湖北省武汉市
湖北银丰实业集团有限责任公司	棉、麻批发	湖北省武汉市
唯品会(湖北)电子商务有限公司	服装批发	湖北省鄂州市
湖北同济堂投资控股有限公司	西药批发	湖北省武汉市
武汉艾德蒙科技股份有限公司	计算机、软件及辅助设备批发	湖北省武汉市
东风英菲尼迪汽车有限公司	汽车批发	湖北省武汉市
湖北盛世欣兴格力电器销售有限公司	家用电器批发	湖北省武汉市
湖北省新华书店(集团)有限公司	图书批发	湖北省武汉市
湖北省烟草公司恩施州公司	烟草制品批发	湖北省恩施土家族苗族自治州
湖北省烟草公司荆州市公司	烟草制品批发	湖北省荆州市
东风轻型商用车营销有限公司	汽车批发	湖北省武汉市
武汉大润发江汉超市发展有限公司	其他食品批发	湖北省武汉市
湖北省烟草公司黄冈市公司	烟草制品批发	湖北省黄冈市
湖北省烟草公司襄阳市公司	烟草制品批发	湖北省襄阳市
湖北省农业生产资料控股集团有限公司	化肥批发	湖北省武汉市
中石化销售有限公司湖北宜昌石油分公司	石油及制品批发	湖北省宜昌市
湖北劲牌保健酒业有限公司	酒、饮料及茶叶批发	湖北省黄石市
枝江吉星商贸有限公司	其他食品批发	湖北省宜昌市
湖北省烟草公司宜昌市公司	烟草制品批发	湖北省宜昌市
中国石油化工股份有限公司湖北襄樊石油分公司	石油及制品批发	湖北省襄阳市
湖北三宁农资贸易有限公司	化肥批发	湖北省宜昌市
中国石油化工股份有限公司湖北荆州石油分公司	石油及制品批发	湖北省荆州市
湖北省烟草公司十堰市公司	烟草制品批发	湖北省十堰市
中铁大桥局集团物资有限公司	金属及金属矿批发	湖北省武汉市
益海嘉里食品营销有限公司武汉分公司	米、面制品及食用油批发	湖北省武汉市
中海油销售湖北有限公司	其他化工产品批发	湖北省武汉市
中国石油化工股份有限公司湖北恩施石油分公司	石油及制品批发	湖北省恩施土家族苗族自治州
中国石化销售有限公司湖北黄冈石油分公司	石油及制品批发	湖北省黄冈市

4-1 续表 32

企业名称	所属行业	企业所在地
两湖绿谷物流股份有限公司	米、面制品及食用油批发	湖北省荆州市
中国石化销售有限公司湖北荆门石油分公司	石油及制品批发	湖北省荆门市
中国石油天然气股份有限公司湖北襄阳销售分公司	石油及制品批发	湖北省襄阳市
华润湖北医药有限公司	西药批发	湖北省武汉市
南京医药湖北有限公司	西药批发	湖北省武汉市
黄石市烟草专卖局	烟草制品批发	湖北省黄石市
中国石化销售有限公司湖北十堰石油分公司	石油及制品批发	湖北省十堰市
中国石化销售有限公司湖北咸宁石油分公司	石油及制品批发	湖北省咸宁市
湖北省烟草公司随州市公司	烟草制品批发	湖北省随州市
仙桃市仙湖水产养殖有限责任公司	肉、禽、蛋、奶及水产品批发	湖北省仙桃市
周大福珠宝金行(武汉)有限公司	首饰、工艺品及收藏品批发	湖北省武汉市
中国石油天然气股份有限公司湖北荆门销售分公司	石油及制品批发	湖北省荆门市
中国石油天然气股份有限公司湖北荆州销售分公司	石油及制品批发	湖北省荆州市
湖北人福医药集团有限公司	西药批发	湖北省武汉市
中国石油化工股份有限公司湖北随州石油分公司	石油及制品批发	湖北省随州市
湖北省金属材料总公司	金属及金属矿批发	湖北省武汉市
武汉维沃信达商贸有限公司	通讯及广播电视设备批发	湖北省武汉市
湖北通用药业有限公司	西药批发	湖北省武汉市
中国石油天然气股份有限公司湖北恩施销售分公司	石油及制品批发	湖北省恩施土家族苗族自治州
湖北立旺食品有限公司武汉分公司	其他食品批发	湖北省武汉市
武汉市南浦食品有限责任公司	其他食品批发	湖北省武汉市
宜昌宏信商贸有限责任公司	酒、饮料及茶叶批发	湖北省宜昌市
武汉光明乳业销售有限公司	肉、禽、蛋、奶及水产品批发	湖北省武汉市
武汉远大制药集团销售有限公司	西药批发	湖北省武汉市
九州通医疗器械集团有限公司	医疗用品及器材批发	湖北省武汉市
湖北人人大经贸有限公司	酒、饮料及茶叶批发	湖北省武汉市
中国石油天然气股份有限公司湖北十堰销售分公司	石油及制品批发	湖北省十堰市
武汉塞力斯医疗科技股份有限公司	医疗用品及器材批发	湖北省武汉市
湖北格林药业有限公司	西药批发	湖北省武汉市
中国石油天然气股份有限公司湖北咸宁销售分公司	石油及制品批发	湖北省咸宁市
中绿(湖北)实业发展有限公司	肉、禽、蛋、奶及水产品批发	湖北省天门市
宜昌九盛商贸有限公司	酒、饮料及茶叶批发	湖北省宜昌市
武汉天龙金地科技开发有限公司	酒、饮料及茶叶批发	湖北省武汉市
湖北盐业集团有限公司	盐及调味品批发	湖北省武汉市
湖南省		
广汽菲亚特克莱斯勒汽车销售有限公司	汽车批发	湖南省长沙市
广汽三菱汽车销售有限公司	汽车批发	湖南省长沙市
湖南省烟草公司长沙市公司	烟草制品批发	湖南省长沙市
湖南粮食集团有限责任公司	米、面制品及食用油批发	湖南省长沙市
湖南省烟草公司郴州市公司	烟草制品批发	湖南省郴州市
湖南省烟草公司衡阳市公司	烟草制品批发	湖南省衡阳市
湖南省烟草公司常德市公司	烟草制品批发	湖南省常德市
湖南省烟草公司永州市公司	烟草制品批发	湖南省永州市
湖南省茶业集团股份有限公司	酒、饮料及茶叶批发	湖南省长沙市
湖南省烟草公司岳阳市公司	烟草制品批发	湖南省岳阳市
湖南盛世欣兴格力贸易有限公司	家用电器批发	湖南省长沙市
湖南省烟草公司株洲市公司	烟草制品批发	湖南省株洲市
湖南省烟草公司益阳市公司	烟草制品批发	湖南省益阳市
华润湖南瑞格医药有限公司	西药批发	湖南省长沙市
湖南省新华书店有限责任公司	图书批发	湖南省长沙市
湖南省烟草公司怀化市公司	烟草制品批发	湖南省怀化市

4-1 续表 33

企业名称	所属行业	企业所在地
长沙欧盛电子科技有限公司	其他机械设备及电子产品批发	湖南省长沙市
湖南省烟草公司湘西自治州公司	烟草制品批发	湖南省湘西土家族苗族自治州
湖南省烟草公司娄底市公司	烟草制品批发	湖南省娄底市
湖南省烟草公司湘潭市公司	烟草制品批发	湖南省湘潭市
华润湖南医药有限公司	中药批发	湖南省长沙市
丰沃达医药物流(湖南)有限公司	西药批发	湖南省长沙市
湖南省烟草公司张家界市公司	烟草制品批发	湖南省张家界市
国药控股长沙有限公司	西药批发	湖南省长沙市
湖南和顺石油股份有限公司	石油及制品批发	湖南省长沙市
华润湖南双舟医药有限公司	西药批发	湖南省长沙市
长沙加加食品销售有限公司	盐及调味品批发	湖南省长沙市
湖南达嘉维康医药有限公司	西药批发	湖南省长沙市
湖南津湘药业有限公司	中药批发	湖南省益阳市
海普诺凯营养品有限公司	营养和保健品批发	湖南省长沙市
湖南御泥坊化妆品有限公司	化妆品及卫生用品批发	湖南省长沙市
湖南金健米业营销有限公司	米、面制品及食用油批发	湖南省常德市
酒鬼酒供销有限责任公司	酒、饮料及茶叶批发	湖南省湘西土家族苗族自治州
湖南天士力民生药业有限公司	中药批发	湖南省湘潭市
湖南同安医药有限公司	西药批发	湖南省长沙市
湖南千金医药股份有限公司	中药批发	湖南省株洲市
迅达集团湖南销售有限公司	厨房、卫生间用具及日用杂货批发	湖南省湘潭市
湖南好护士医疗器械连锁经营有限公司	医疗用品及器材批发	湖南省长沙市
邵阳市江北农产品批发有限责任公司	果品、蔬菜批发	湖南省邵阳市
湖南科源医疗器材销售有限公司	医疗用品及器材批发	湖南省长沙市
郴州凯程医药有限公司	中药批发	湖南省郴州市
湖南上药九旺医药有限公司	西药批发	湖南省长沙市
湖南新金浩销售有限公司	米、面制品及食用油批发	湖南省长沙市
长沙市维沃电子产品有限公司	通讯及广播电视设备批发	湖南省长沙市
临湘市鑫辉燃气有限公司	石油及制品批发	湖南省岳阳市
郴州市青岛啤酒销售有限公司	酒、饮料及茶叶批发	湖南省郴州市
广东省		
中国石化销售有限公司华南分公司	石油及制品批发	广东省广州市
东风日产汽车销售有限公司	汽车批发	广东省广州市
广汽丰田汽车销售有限公司	汽车批发	广东省广州市
中国石化化工销售有限公司华南分公司	其他化工产品批发	广东省广州市
深圳市爱施德股份有限公司	通讯及广播电视设备批发	广东省深圳市
沃尔玛(中国)投资有限公司	其他食品批发	广东省深圳市
广汽传祺汽车销售有限公司	汽车批发	广东省广州市
唯品会(中国)有限公司	体育用品及器材批发	广东省广州市
东莞市天宸通信科技有限公司	通讯及广播电视设备批发	广东省东莞市
天音通信有限公司	通讯及广播电视设备批发	广东省深圳市
中国石油天然气股份有限公司广东销售分公司	石油及制品批发	广东省广州市
中海油广东销售有限公司	石油及制品批发	广东省广州市
深圳市富森供应链管理有限公司	其他机械设备及电子产品批发	广东省深圳市
比亚迪汽车销售有限公司	汽车批发	广东省深圳市
深圳光汇石油集团股份有限公司	石油及制品批发	广东省深圳市
广州医药有限公司	西药批发	广东省广州市
华南蓝天航空油料有限公司	石油及制品批发	广东省广州市
深圳市信利康供应链管理有限公司	贸易代理	广东省深圳市
华润广东医药有限公司	西药批发	广东省广州市
深圳市华富洋供应链有限公司	其他机械设备及电子产品批发	广东省深圳市

4-1 续表 34

企业名称	所属行业	企业所在地
深圳正威(集团)有限公司	金属及金属矿批发	广东省深圳市
中国石油天然气股份有限公司华南化工销售分公司	其他化工产品批发	广东省广州市
中油碧辟石油有限公司	石油及制品批发	广东省广州市
华润水泥投资有限公司	建材批发	广东省深圳市
中国石油化工股份有限公司广东石油分公司	石油及制品批发	广东省广州市
深圳市旗丰供应链服务有限公司	其他机械设备及电子产品批发	广东省深圳市
国药控股广州有限公司	西药批发	广东省广州市
广州恒大材料设备有限公司	建材批发	广东省广州市
深圳中电投资股份有限公司	其他机械设备及电子产品批发	广东省深圳市
深圳市朗华供应链服务有限公司	贸易代理	广东省深圳市
中国烟草总公司深圳市公司	烟草制品批发	广东省深圳市
深圳市怡亚通供应链股份有限公司	贸易代理	广东省深圳市
广东烟草广州市有限公司	烟草制品批发	广东省广州市
中国石化销售有限公司广东深圳石油分公司	石油及制品批发	广东省深圳市
深圳市年富供应链有限公司	其他机械设备及电子产品批发	广东省深圳市
深圳市金立通信设备有限公司	通讯及广播电视设备批发	广东省深圳市
深圳市粮食集团有限公司	米、面制品及食用油批发	广东省深圳市
中国石化销售有限公司广东佛山石油分公司	石油及制品批发	广东省佛山市
广州立白企业集团有限公司	厨房、卫生间用具及日用杂货批发	广东省广州市
广东华农温氏畜牧股份有限公司	肉、禽、蛋、奶及水产品批发	广东省云浮市
广州神州数码信息科技有限公司	计算机、软件及辅助设备批发	广东省广州市
东风启辰汽车销售有限公司	汽车批发	广东省广州市
深圳市东方嘉盛供应链股份有限公司	贸易代理	广东省深圳市
广东烟草东莞市有限公司	烟草制品批发	广东省东莞市
广东烟草佛山市有限责任公司	烟草制品批发	广东省佛山市
创美药业股份有限公司	中药批发	广东省汕头市
珠海红牛饮料销售有限公司	酒、饮料及茶叶批发	广东省珠海市
中化石油广东有限公司	石油及制品批发	广东省广州市
深圳华润三九医药贸易有限公司	中药批发	广东省深圳市
广东烟草揭阳市有限公司	烟草制品批发	广东省揭阳市
深圳市创捷供应链有限公司	贸易代理	广东省深圳市
广州王老吉大健康企业发展有限公司	酒、饮料及茶叶批发	广东省广州市
周生生中国商业有限公司	首饰、工艺品及收藏品批发	广东省广州市
广州市虎头电池集团有限公司	其他家庭用品批发	广东省广州市
广州国盈医药有限公司	西药批发	广东省广州市
江门市蓬江区豪爵商务有限公司	摩托车及零配件批发	广东省江门市
众业达电气股份有限公司	其他机械设备及电子产品批发	广东省汕头市
东莞市糖酒集团美宜佳便利店有限公司	糕点、糖果及糖批发	广东省东莞市
联想(深圳)电子有限公司	计算机、软件及辅助设备批发	广东省深圳市
深圳市中金岭南有色金属股份有限公司	金属及金属矿批发	广东省深圳市
广州金博物流贸易集团有限公司	贸易代理	广东省广州市
深圳市普路通供应链管理股份有限公司	贸易代理	广东省深圳市
深圳中电国际信息科技有限公司	其他机械设备及电子产品批发	广东省深圳市
广东烟草惠州市有限责任公司	烟草制品批发	广东省惠州市
广东通用医药有限公司	中药批发	广东省广州市
东莞市海昌实业有限公司	煤炭及制品批发	广东省东莞市
蓝月亮(中国)有限公司	厨房、卫生间用具及日用杂货批发	广东省广州市
广东烟草梅州市有限公司	烟草制品批发	广东省梅州市
广东烟草汕头市有限责任公司	烟草制品批发	广东省汕头市
深圳承远航空油料有限公司	石油及制品批发	广东省深圳市
广东九州通医药有限公司	西药批发	广东省中山市

4-1 续表 35

企业名称	所属行业	企业所在地
广东烟草江门市有限公司	烟草制品批发	广东省江门市
广州中邮普泰移动通信设备有限责任公司	通讯及广播电视设备批发	广东省广州市
中国石油化工股份有限公司广东清远石油分公司	石油及制品批发	广东省清远市
中国石化销售有限公司广东韶关石油分公司	石油及制品批发	广东省韶关市
中石化中海船舶燃料供应有限公司	石油及制品批发	广东省广州市
深圳市鑫荣懋农产品股份有限公司	果品、蔬菜批发	广东省深圳市
联洲技术有限公司	计算机、软件及辅助设备批发	广东省深圳市
广东烟草韶关市有限公司	烟草制品批发	广东省韶关市
广州采芝林药业有限公司	中药批发	广东省广州市
深圳金一文化发展有限公司	首饰、工艺品及收藏品批发	广东省深圳市
李锦记(中国)销售有限公司	盐及调味品批发	广东省广州市
广东烟草湛江市有限公司	烟草制品批发	广东省湛江市
上药控股广东有限公司	西药批发	广东省广州市
深圳盛世欣兴格力贸易有限公司	家用电器批发	广东省深圳市
汇由能源(深圳)有限公司	石油及制品批发	广东省深圳市
广东烟草肇庆市有限责任公司	烟草制品批发	广东省肇庆市
广东天禾农资股份有限公司	化肥批发	广东省广州市
广东烟草清远市有限公司	烟草制品批发	广东省清远市
维达商贸有限公司	化妆品及卫生用品批发	广东省江门市
广东烟草中山市有限责任公司	烟草制品批发	广东省中山市
深圳市康哲药业有限公司	西药批发	广东省深圳市
深圳市华孚进出口有限公司	纺织品、针织品及原料批发	广东省深圳市
日丰企业集团有限公司	其他化工产品批发	广东省佛山市
国药集团一致药业股份有限公司	西药批发	广东省深圳市
广州汽车集团商贸有限公司	汽车零配件批发	广东省广州市
广东烟草河源市有限责任公司	烟草制品批发	广东省河源市
广东雄峰特殊钢有限公司	金属及金属矿批发	广东省佛山市
广州日产通商贸易有限公司	汽车零配件批发	广东省广州市
和记黄埔(中国)商贸有限公司	化妆品及卫生用品批发	广东省广州市
广东烟草汕尾市有限公司	烟草制品批发	广东省汕尾市
广州盛世欣兴格力贸易有限公司	家用电器批发	广东省广州市
广东烟草茂名市有限责任公司	烟草制品批发	广东省茂名市
广州白云山医药销售有限公司	西药批发	广东省广州市
广东周大福珠宝金行有限公司	首饰、工艺品及收藏品批发	广东省广州市
广东泰恩康医药股份有限公司	西药批发	广东省汕头市
广东烟草潮州市有限责任公司	烟草制品批发	广东省潮州市
中域电讯连锁集团股份有限公司	通讯及广播电视设备批发	广东省东莞市
名创优品股份有限公司	首饰、工艺品及收藏品批发	广东省广州市
深圳国银通宝有限公司	首饰、工艺品及收藏品批发	广东省深圳市
广东骏和通信设备连锁销售有限公司	通讯及广播电视设备批发	广东省广州市
深圳市东鹏饮料实业有限公司	酒、饮料及茶叶批发	广东省深圳市
广州市粮食集团有限责任公司	米、面制品及食用油批发	广东省广州市
广东美味鲜营销有限公司	盐及调味品批发	广东省中山市
广东创美药业有限公司	中药批发	广东省佛山市
深圳前海周大福珠宝金行有限公司	首饰、工艺品及收藏品批发	广东省深圳市
深圳市怡亚通深度供应链管理有限公司	酒、饮料及茶叶批发	广东省深圳市
维沃移动通信有限公司	通讯及广播电视设备批发	广东省东莞市
广东新明珠陶瓷集团有限公司	建材批发	广东省佛山市
广东烟草珠海市有限公司	烟草制品批发	广东省珠海市
广东大地通讯连锁服务有限公司	通讯及广播电视设备批发	广东省东莞市
广东烟草汕头市有限责任公司潮阳分公司	烟草制品批发	广东省汕头市

4-1 续表 36

企业名称	所属行业	企业所在地
广东省中山食品水产进出口集团有限公司	肉、禽、蛋、奶及水产品批发	广东省中山市
珠海盛世欣兴格力贸易有限公司	家用电器批发	广东省珠海市
深圳市齐普生信息科技有限公司	计算机、软件及辅助设备批发	广东省深圳市
深圳市有棵树科技股份有限公司	其他机械设备及电子产品批发	广东省深圳市
汤臣倍健药业有限公司	营养和保健品批发	广东省珠海市
东莞市海昌船务有限公司	煤炭及制品批发	广东省东莞市
惠州雷士贸易发展有限公司	灯具、装饰物品批发	广东省惠州市
广东烟草云浮市有限责任公司	烟草制品批发	广东省云浮市
广州尚品宅配家居股份有限公司	其他家庭用品批发	广东省广州市
广东省东莞国药集团有限公司	西药批发	广东省东莞市
宇龙计算机通信科技(深圳)有限公司	计算机、软件及辅助设备批发	广东省深圳市
深圳市青岛啤酒华南营销有限公司	酒、饮料及茶叶批发	广东省深圳市
广东烟草阳江市有限责任公司	烟草制品批发	广东省阳江市
深圳市赛维电商股份有限公司	服装批发	广东省深圳市
佛山盛世欣兴格力贸易有限公司	家用电器批发	广东省佛山市
深圳市天河星供应链有限公司	其他机械设备及电子产品批发	广东省深圳市
广州市新力实业有限公司	其他机械设备及电子产品批发	广东省广州市
珠海市盛世欣兴粤东格力贸易有限公司	家用电器批发	广东省珠海市
大联大商贸(深圳)有限公司	其他机械设备及电子产品批发	广东省深圳市
广东省纺织品进出口股份有限公司	纺织品、针织品及原料批发	广东省广州市
深圳市金华威数码科技有限公司	计算机、软件及辅助设备批发	广东省深圳市
深圳市翠绿首饰股份有限公司	首饰、工艺品及收藏品批发	广东省深圳市
中国石油天然气股份有限公司广东湛江销售分公司	石油及制品批发	广东省湛江市
广州尚岑服饰有限公司	服装批发	广东省广州市
深圳市华商龙商务互联科技有限公司	其他机械设备及电子产品批发	广东省深圳市
潮宏基珠宝有限公司	首饰、工艺品及收藏品批发	广东省汕头市
广州环亚化妆品有限公司	化妆品及卫生用品批发	广东省广州市
广州粤西美的制冷产品销售有限公司	家用电器批发	广东省广州市
广州珠江啤酒股份有限公司	酒、饮料及茶叶批发	广东省广州市
广东粤宏石油化工有限公司	石油及制品批发	广东省中山市
卡西欧电子(深圳)有限公司	其他机械设备及电子产品批发	广东省深圳市
奇酷互联网络科技(深圳)有限公司	通讯及广播电视设备批发	广东省深圳市
广州市森大贸易有限公司	其他未列明批发业	广东省广州市
珠海方正印刷电路板发展有限公司	电气设备批发	广东省珠海市
惠东县大时兴鞋业有限公司	鞋帽批发	广东省惠州市
深圳理士奥电源科技有限公司	其他机械设备及电子产品批发	广东省深圳市
深圳市爱迪尔珠宝股份有限公司	首饰、工艺品及收藏品批发	广东省深圳市
广东新华发行集团股份有限公司	图书批发	广东省广州市
肇庆市盛林再生资源有限公司	再生物资回收与批发	广东省肇庆市
深圳市空港油料有限公司	石油及制品批发	广东省深圳市
广州华新商贸有限公司	酒、饮料及茶叶批发	广东省广州市
深圳市江波龙电子有限公司	计算机、软件及辅助设备批发	广东省深圳市
中山市中顺商贸有限公司	化妆品及卫生用品批发	广东省中山市
广州启润纸业有限公司	文具用品批发	广东省广州市
微鹏商贸(深圳)有限公司	计算机、软件及辅助设备批发	广东省深圳市
东莞华港国际贸易有限公司	其他未列明批发业	广东省东莞市
TCL商用信息科技(惠州)股份有限公司	计算机、软件及辅助设备批发	广东省惠州市
广东德豪润达电气股份有限公司	家用电器批发	广东省珠海市
深圳暴风统帅科技有限公司	通讯及广播电视设备批发	广东省深圳市
广州市万荣商贸有限公司	其他家庭用品批发	广东省广州市
深圳齐心集团股份有限公司	文具用品批发	广东省深圳市

4-1 续表 37

企业名称	所属行业	企业所在地
中捷通信有限公司	通讯及广播电视设备批发	广东省广州市
东莞市东糖集团有限公司	糕点、糖果及糖批发	广东省东莞市
深圳市诺普信农资销售有限公司	农药批发	广东省深圳市
广东大翔药业有限公司	西药批发	广东省广州市
广东东鹏控股股份有限公司	建材批发	广东省清远市
广州皇上皇集团股份有限公司	肉、禽、蛋、奶及水产品批发	广东省广州市
佛山盈天医药销售有限公司	中药批发	广东省佛山市
中国石油天然气股份有限公司广东韶关销售分公司	石油及制品批发	广东省韶关市
阳春市温氏畜牧有限公司	牲畜批发	广东省阳江市
达能益力贸易(深圳)有限公司	酒、饮料及茶叶批发	广东省深圳市
健康元药业集团股份有限公司	西药批发	广东省深圳市
银基贸易发展(深圳)有限公司	酒、饮料及茶叶批发	广东省深圳市
广州市盛世长运商贸连锁有限公司	服装批发	广东省广州市
深圳市傲基电子商务股份有限公司	计算机、软件及辅助设备批发	广东省深圳市
大自然家居(中国)有限公司	建材批发	广东省佛山市
深圳海红天远微电子有限公司	其他机械设备及电子产品批发	广东省深圳市
佳禾智能科技股份有限公司	家用电器批发	广东省东莞市
深圳市众兴利华供应链有限公司	糕点、糖果及糖批发	广东省深圳市
广州九州通医药有限公司	中药批发	广东省广州市
广州爱帛服饰有限公司	服装批发	广东省广州市
广东聚源药业有限公司	中药批发	广东省广州市
广州市喜燃能源有限公司	石油及制品批发	广东省广州市
深圳市中恒国信通信科技有限公司	通讯及广播电视设备批发	广东省深圳市
亨氏(中国)投资有限公司	其他食品批发	广东省广州市
新兴县稔村温氏家禽有限公司	肉、禽、蛋、奶及水产品批发	广东省云浮市
国营雷州林业局	林业产品批发	广东省湛江市
佛山市三水燃气有限公司	石油及制品批发	广东省佛山市
广州红牛维他命饮料有限公司	酒、饮料及茶叶批发	广东省广州市
广东燕塘乳业股份有限公司	酒、饮料及茶叶批发	广东省广州市
华润惠州医药有限公司	西药批发	广东省惠州市
广州九丰燃气有限公司	石油及制品批发	广东省广州市
深圳市香雅食品有限公司	其他食品批发	广东省深圳市
高州市食品企业集团公司	肉、禽、蛋、奶及水产品批发	广东省茂名市
飞亚达销售有限公司	其他家庭用品批发	广东省深圳市
比音勒芬服饰股份有限公司	纺织品、针织品及原料批发	广东省广州市
东莞市荣兴纸业有限公司	其他未列明批发业	广东省东莞市
中国石化销售有限公司广东汕头石油分公司	石油及制品批发	广东省汕头市
深圳市休明盛世商贸有限责任公司	其他农牧产品批发	广东省深圳市
佛山石湾鹰牌陶瓷有限公司	建材批发	广东省佛山市
深圳市民富沃能新能源汽车有限公司	汽车批发	广东省深圳市
深圳腾势新能源汽车有限公司	汽车批发	广东省深圳市
广州市百库电子科技有限公司	化妆品及卫生用品批发	广东省广州市
康泽药业连锁有限公司	西药批发	广东省汕头市
广州市西克传感器有限公司	其他机械设备及电子产品批发	广东省广州市
珠海赫基服饰有限公司	服装批发	广东省珠海市
信宜市粤信肉类食品有限公司	肉、禽、蛋、奶及水产品批发	广东省茂名市
深圳糖果通讯科技有限公司	通讯及广播电视设备批发	广东省深圳市
震雄营销(深圳)有限公司	电气设备批发	广东省深圳市
阳西温氏禽畜有限公司	肉、禽、蛋、奶及水产品批发	广东省阳江市
韶关市曲江区温氏畜牧有限公司	牲畜批发	广东省韶关市
中山榄菊销售有限公司	其他家庭用品批发	广东省中山市

4-1 续表 38

企业名称	所属行业	企业所在地
广东天地壹号饮料销售有限公司	酒、饮料及茶叶批发	广东省江门市
广州酒家集团利口福营销有限公司	米、面制品及食用油批发	广东省广州市
广东望家欢农产品集团有限公司	肉、禽、蛋、奶及水产品批发	广东省深圳市
广东省外贸开发有限公司	金属及金属矿批发	广东省广州市
安富利电子科技(深圳)有限公司	其他机械设备及电子产品批发	广东省深圳市
深圳市星银医药有限公司	西药批发	广东省深圳市
舒达家居用品(深圳)有限公司	其他家庭用品批发	广东省深圳市
联新能源发展有限公司	石油及制品批发	广东省广州市
艾睿电子(深圳)有限公司	电气设备批发	广东省深圳市
广州周立功单片机科技有限公司	电气设备批发	广东省广州市
广东合力叉车销售有限公司	其他机械设备及电子产品批发	广东省广州市
佛山市法恩安华卫浴有限公司	贸易代理	广东省佛山市
深圳市中利科技有限公司	五金产品批发	广东省深圳市
广东省广弘食品集团有限公司	肉、禽、蛋、奶及水产品批发	广东省广州市
中国石化销售有限公司广东潮州石油分公司	石油及制品批发	广东省潮州市
深圳市和宏实业股份有限公司	电气设备批发	广东省深圳市
广东马可波罗陶瓷有限公司	建材批发	广东省东莞市
东芝视频产品(中国)有限公司	家用电器批发	广东省惠州市
佛山欧神诺云商科技有限公司	建材批发	广东省佛山市
广东一力医药有限公司	中药批发	广东省肇庆市
三星电机(深圳)有限公司	其他机械设备及电子产品批发	广东省深圳市
深圳市宇阳科技发展有限公司	其他机械设备及电子产品批发	广东省深圳市
深圳市瑞霖医药有限公司	西药批发	广东省深圳市
深圳市恒大粮油销售有限公司	米、面制品及食用油批发	广东省深圳市
广州兆科联发医药有限公司	西药批发	广东省广州市
深圳市源兴果品有限公司	果品、蔬菜批发	广东省深圳市
新兴县温氏食品联营有限公司	肉、禽、蛋、奶及水产品批发	广东省云浮市
广州市番禺粮食储备有限公司	谷物、豆及薯类批发	广东省广州市
广州佛朗斯机械有限公司	其他机械设备及电子产品批发	广东省广州市
东莞杰光灯饰有限公司	灯具、装饰物品批发	广东省东莞市
深圳市红牛实业有限公司	酒、饮料及茶叶批发	广东省深圳市
日立医疗(广州)有限公司	医疗用品及器材批发	广东省广州市
一品红药业股份有限公司	中药批发	广东省广州市
深圳深岩燃气有限公司	石油及制品批发	广东省深圳市
广东糊涂酒业有限公司	酒、饮料及茶叶批发	广东省佛山市
深圳价之链跨境电商有限公司	其他未列明批发业	广东省深圳市
广东省轻工进出口股份有限公司	其他未列明批发业	广东省广州市
嘉顿食品贸易(中国)有限公司	糕点、糖果及糖批发	广东省东莞市
深圳市邻友通科技发展有限公司	其他机械设备及电子产品批发	广东省深圳市
佛山市简一陶瓷有限公司	建材批发	广东省佛山市
雷州市食品总公司	肉、禽、蛋、奶及水产品批发	广东省湛江市
深圳市金活医药有限公司	中药批发	广东省深圳市
广东万方建设有限公司	建材批发	广东省佛山市
广东省东莞国药集团仁济堂药业有限公司	中药批发	广东省东莞市
深圳市燕加隆实业发展有限公司	建材批发	广东省深圳市
广东钻石世家国际珠宝有限公司	首饰、工艺品及收藏品批发	广东省东莞市
广州市广生林贸易有限公司	米、面制品及食用油批发	广东省广州市
深圳市华成峰科技有限公司	计算机、软件及辅助设备批发	广东省深圳市
汕头市润泽实业有限公司	其他食品批发	广东省汕头市
中国电子器材深圳有限公司	其他机械设备及电子产品批发	广东省深圳市
广东省南方传媒发行物流有限公司	报刊批发	广东省广州市

4-1 续表 39

企业名称	所属行业	企业所在地
东莞市彩华商贸有限公司	其他未列明批发业	广东省东莞市
广州赫基服饰有限公司	服装批发	广东省广州市
纬联电子科技(中山)有限公司	其他机械设备及电子产品批发	广东省中山市
深圳市恒大饮品有限公司	酒、饮料及茶叶批发	广东省深圳市
珠海市民彤医药有限公司	西药批发	广东省珠海市
深圳市北高智电子有限公司	计算机、软件及辅助设备批发	广东省深圳市
马天奴时尚(深圳)有限公司	服装批发	广东省深圳市
广州市钱大妈农产品有限公司	其他农牧产品批发	广东省广州市
广东名臣销售有限公司	化妆品及卫生用品批发	广东省汕头市
中国石油天然气股份有限公司广东清远销售分公司	石油及制品批发	广东省清远市
广东海华投资集团有限公司	鞋帽批发	广东省广州市
深圳市万生堂实业有限公司	其他家庭用品批发	广东省深圳市
中山市中智药业集团有限公司	西药批发	广东省中山市
广州市平实通讯器材有限公司	通讯及广播电视设备批发	广东省广州市
深圳市联众食品有限公司	肉、禽、蛋、奶及水产品批发	广东省深圳市
深圳市世宗自动化设备有限公司	其他机械设备及电子产品批发	广东省深圳市
深圳雅兰家居用品有限公司	其他家庭用品批发	广东省深圳市
东莞市东孚商贸有限公司	化妆品及卫生用品批发	广东省东莞市
茂名市实业发展集团公司	其他化工产品批发	广东省茂名市
深圳市世强先进科技有限公司	其他机械设备及电子产品批发	广东省深圳市
汕头市东江畜牧有限公司	饲料批发	广东省汕头市
丹尼尔惠灵顿贸易(深圳)有限公司	其他家庭用品批发	广东省深圳市
新兴县车岗温氏家禽有限公司	肉、禽、蛋、奶及水产品批发	广东省云浮市
妍丽化妆品(中国)有限公司	化妆品及卫生用品批发	广东省深圳市
广州红谷皮具有限公司	其他家庭用品批发	广东省广州市
东莞市盛腾进出口有限公司	纺织品、针织品及原料批发	广东省东莞市
阳春市食品(集团)有限公司	牲畜批发	广东省阳江市
佛山市东鹏陶瓷有限公司	建材批发	广东省佛山市
中山市万荣营销有限公司	化妆品及卫生用品批发	广东省中山市
深圳市家美乐装饰材料有限公司	建材批发	广东省深圳市
广东省罗定市食品企业集团公司	肉、禽、蛋、奶及水产品批发	广东省云浮市
韶关霞兴温氏畜牧有限公司	肉、禽、蛋、奶及水产品批发	广东省韶关市
新晔电子(深圳)有限公司	其他机械设备及电子产品批发	广东省深圳市
深圳市硕捷实业有限公司	计算机、软件及辅助设备批发	广东省深圳市
广东办公伙伴商贸有限公司	文具用品批发	广东省东莞市
深圳市超利维实业有限公司	其他机械设备及电子产品批发	广东省深圳市
广东深华药业有限公司	西药批发	广东省梅州市
吴川市农业生产资料公司	化肥批发	广东省湛江市
广州市和兴隆食品科技股份有限公司	其他食品批发	广东省广州市
文晔领科商贸(深圳)有限公司	其他机械设备及电子产品批发	广东省深圳市
得福(东莞)进出口有限公司	服装批发	广东省东莞市
广州市鲲跃体育用品有限公司	服装批发	广东省广州市
浩云科技股份有限公司	其他机械设备及电子产品批发	广东省广州市
珠海市华海鹏城酒业有限公司	酒、饮料及茶叶批发	广东省珠海市
德津实业发展(深圳)有限公司	其他家庭用品批发	广东省深圳市
广州至信药业有限公司	中药批发	广东省广州市
深圳中金国礼文化金投资管理有限公司	首饰、工艺品及收藏品批发	广东省深圳市
深圳市三木希色服饰有限公司	服装批发	广东省深圳市
广州市巨和工程机械有限公司	其他机械设备及电子产品批发	广东省广州市
运通四方汽配供应链股份有限公司	汽车零配件批发	广东省广州市
深圳回收宝科技有限公司	再生物资回收与批发	广东省深圳市

4-1 续表 40

企业名称	所属行业	企业所在地
深圳市沙头角商业外贸有限公司	谷物、豆及薯类批发	广东省深圳市
深圳市星之导贸易有限公司	贸易代理	广东省深圳市
百乐贸易(深圳)有限公司	文具用品批发	广东省深圳市
卡尔蔡司光学(广州)有限公司	其他家庭用品批发	广东省广州市
广州舒客科技有限公司	化妆品及卫生用品批发	广东省广州市
深圳市彭成海产有限公司	肉、禽、蛋、奶及水产品批发	广东省深圳市
深圳戴维克珠宝首饰有限公司	首饰、工艺品及收藏品批发	广东省深圳市
茂名市三环药业有限公司	西药批发	广东省茂名市
广西壮族自治区		
中国石化销售有限公司广西南宁石油分公司	石油及制品批发	广西壮族自治区南宁市
广西壮族自治区烟草公司南宁市公司	烟草制品批发	广西壮族自治区南宁市
广西壮族自治区烟草公司桂林市公司	烟草制品批发	广西壮族自治区桂林市
中国石化销售有限公司广西柳州石油分公司	石油及制品批发	广西壮族自治区柳州市
中国石化销售有限公司广西桂林石油分公司	石油及制品批发	广西壮族自治区桂林市
中国石化销售有限公司广西百色石油分公司	石油及制品批发	广西壮族自治区百色市
广西壮族自治区烟草公司柳州市公司	烟草制品批发	广西壮族自治区柳州市
广西壮族自治区烟草公司百色市公司	烟草制品批发	广西壮族自治区百色市
中国石化销售有限公司广西河池石油分公司	石油及制品批发	广西壮族自治区河池市
中国石化销售有限公司广西玉林石油分公司	石油及制品批发	广西壮族自治区玉林市
广西高速石化有限公司	石油及制品批发	广西壮族自治区南宁市
中国石油天然气股份有限公司广西南宁销售分公司	石油及制品批发	广西壮族自治区南宁市
广西壮族自治区烟草公司玉林市公司	烟草制品批发	广西壮族自治区玉林市
中国石化销售有限公司广西贵港石油分公司	石油及制品批发	广西壮族自治区贵港市
广西壮族自治区烟草公司河池市公司	烟草制品批发	广西壮族自治区河池市
广西壮族自治区烟草公司贵港市公司	烟草制品批发	广西壮族自治区贵港市
中国石化销售有限公司广西梧州石油分公司	石油及制品批发	广西壮族自治区梧州市
中国石油天然气股份有限公司广西桂林销售分公司	石油及制品批发	广西壮族自治区桂林市
广西晟世欣兴格力贸易有限公司	家用电器批发	广西壮族自治区南宁市
中国石化销售有限公司广西钦州石油分公司	石油及制品批发	广西壮族自治区钦州市
中国石化销售有限公司广西崇左石油分公司	石油及制品批发	广西壮族自治区崇左市
中国石化销售有限公司广西北海石油分公司	石油及制品批发	广西壮族自治区北海市
广西壮族自治区烟草公司梧州市公司	烟草制品批发	广西壮族自治区梧州市
广西壮族自治区烟草公司钦州市公司	烟草制品批发	广西壮族自治区钦州市
广西辉煌交通石化有限公司	石油及制品批发	广西壮族自治区南宁市
南宁威宁市场发展有限责任公司	金属及金属矿批发	广西壮族自治区南宁市
广西通祥石油有限公司	石油及制品批发	广西壮族自治区南宁市
广西玉柴机器专卖发展有限公司	其他机械设备及电子产品批发	广西壮族自治区玉林市
中国石化销售有限公司广西贺州石油分公司	石油及制品批发	广西壮族自治区贺州市
中国石化销售有限公司广西来宾石油分公司	石油及制品批发	广西壮族自治区来宾市
广西壮族自治区烟草公司贺州市公司	烟草制品批发	广西壮族自治区贺州市
广西壮族自治区烟草公司北海市公司	烟草制品批发	广西壮族自治区北海市
中国石油天然气股份有限公司广西钦州销售分公司	石油及制品批发	广西壮族自治区钦州市
广西壮族自治区烟草公司崇左市公司	烟草制品批发	广西壮族自治区崇左市
广西壮族自治区烟草公司来宾市公司	烟草制品批发	广西壮族自治区来宾市
中国石油天然气股份有限公司广西柳州销售分公司	石油及制品批发	广西壮族自治区柳州市
广西太华医药有限责任公司	西药批发	广西壮族自治区南宁市
广西九州通医药有限公司	中药批发	广西壮族自治区南宁市
广西英特康药业有限公司	中药批发	广西壮族自治区南宁市
中国石油天然气股份有限公司广西玉林销售分公司	石油及制品批发	广西壮族自治区玉林市
广西怡亚通大泽深度供应链管理有限公司	化妆品及卫生用品批发	广西壮族自治区南宁市
广西圣康新药特药销售有限责任公司	西药批发	广西壮族自治区玉林市
中国石油天然气股份有限公司广西百色销售分公司	石油及制品批发	广西壮族自治区百色市

4-1 续表 41

企业名称	所属行业	企业所在地
广西壮族自治区烟草公司防城港市公司	烟草制品批发	广西壮族自治区防城港市
南宁华御堂医药有限责任公司	西药批发	广西壮族自治区南宁市
柳州市方盛汽车商贸有限公司	汽车批发	广西壮族自治区柳州市
中国石油天然气股份有限公司广西河池销售分公司	石油及制品批发	广西壮族自治区河池市
广西广投天然气管网有限公司	石油及制品批发	广西壮族自治区南宁市
北流市食品公司	肉、禽、蛋、奶及水产品批发	广西壮族自治区玉林市
南宁市王者通讯股份有限公司	通讯及广播电视设备批发	广西壮族自治区南宁市
浦北县食品有限责任公司	肉、禽、蛋、奶及水产品批发	广西壮族自治区钦州市
中国石油天然气股份有限公司广西梧州销售分公司	石油及制品批发	广西壮族自治区梧州市
南宁世尊商贸有限公司	米、面制品及食用油批发	广西壮族自治区南宁市
广西兴南城物流有限公司	厨房、卫生间用具及日用杂货批	广西壮族自治区南宁市
博白县食品总公司	牲畜批发	广西壮族自治区玉林市
广西东龙世纪医药有限公司	中药批发	广西壮族自治区南宁市
广西小松工程机械设备有限责任公司	其他机械设备及电子产品批发	广西壮族自治区南宁市
桂林优利特医疗电子销售有限公司	医疗用品及器材批发	广西壮族自治区桂林市
广西山宁工程机械有限公司	其他机械设备及电子产品批发	广西壮族自治区南宁市
广西梧州市杰迅医药有限公司	西药批发	广西壮族自治区梧州市
海南省		
海南省烟草公司海口公司	烟草制品批发	海南省海口市
海南省烟草公司三亚公司	烟草制品批发	海南省三亚市
海南省烟草公司琼海公司	烟草制品批发	海南省琼海市
海南天祥药业有限公司	中药批发	海南省儋州市
海南康宁药业有限公司	中药批发	海南省儋州市
海南盛世欣兴格力贸易有限公司	家用电器批发	海南省海口市
海南快克药业有限公司	西药批发	海南省海口市
海南德义堂药业有限公司	中药批发	海南省儋州市
海南凤凰新华出版发行有限责任公司	图书批发	海南省海口市
海南华健药业有限公司	西药批发	海南省海口市
重庆市		
中国烟草总公司重庆市公司	烟草制品批发	重庆市江北区
重庆东风渝安汽车销售有限公司	汽车零配件批发	重庆市沙坪坝区
重庆北汽幻速汽车销售有限公司	汽车批发	重庆市合川区
重庆吉之汇农产品有限公司	其他食品批发	重庆市永川区
重庆盛世新兴格力电器销售有限公司	家用电器批发	重庆市江北区
重庆医药(集团)股份有限公司	西药批发	重庆市渝中区
凯欣粮油有限公司	米、面制品及食用油批发	重庆市渝北区
中国石油天然气股份有限公司重庆永川销售分公司	石油及制品批发	重庆市永川区
重庆港九两江物流有限公司	金属及金属矿批发	重庆市江北区
中国航空油料有限责任公司重庆分公司	石油及制品批发	重庆市渝北区
重庆市长安跨越车辆营销有限公司	汽车批发	重庆市江北区
重庆华轻商业有限公司	家用电器批发	重庆市渝中区
重庆九州通医药有限公司	西药批发	重庆市南岸区
重庆力帆汽车销售有限公司	汽车批发	重庆市渝北区
中国石油化工股份有限公司重庆石油分公司	石油及制品批发	重庆市渝中区
重庆力帆实业(集团)进出口有限公司	摩托车及零配件批发	重庆市沙坪坝区
周大福珠宝金行(重庆)有限公司	首饰、工艺品及收藏品批发	重庆市涪陵区
欧菲斯办公伙伴控股有限公司	文具用品批发	重庆市渝北区
重庆长圣医药有限公司	西药批发	重庆市南岸区
重庆美的家用空调产品销售有限公司	家用电器批发	重庆市渝中区
重庆龙禹石油有限公司	石油及制品批发	重庆市渝北区
重庆市泰康灯具销售有限公司	灯具、装饰物品批发	重庆市潼南区

4-1 续表 42

企业名称	所属行业	企业所在地
重庆市南部洽洽食品销售有限公司	其他食品批发	重庆市荣昌区
中国烟草总公司重庆市公司万州分公司	烟草制品批发	重庆市万州区
重庆博多物流有限公司	化妆品及卫生用品批发	重庆市江北区
永辉物流有限公司	肉、禽、蛋、奶及水产品批发	重庆市沙坪坝区
重庆绿丰再生资源有限公司	再生物资回收与批发	重庆市开州区
重庆医药和平医药批发有限公司	西药批发	重庆市南岸区
国药控股重庆有限公司	西药批发	重庆市南岸区
中国石化销售有限公司重庆三峡石油分公司	石油及制品批发	重庆市万州区
中国航油集团重庆石油有限公司	石油及制品批发	重庆市渝北区
重庆医药集团科渝药品有限公司	西药批发	重庆市南岸区
重庆有友食品销售有限公司	其他食品批发	重庆市渝北区
重庆市烟草公司奉节分公司	烟草制品批发	重庆市奉节县
重庆市江津利华贸易有限公司	化肥批发	重庆市江津区
中国烟草总公司重庆市公司彭水分公司	烟草制品批发	重庆市彭水苗族土家族自治县
中国烟草总公司重庆市公司巫山分公司	烟草制品批发	重庆市巫山县
中国烟草总公司重庆市公司酉阳分公司	烟草制品批发	重庆市酉阳土家族苗族自治县
重庆富明高钟表有限公司	其他家庭用品批发	重庆市涪陵区
重庆人和粮食产业集团有限责任公司	米、面制品及食用油批发	重庆市九龙坡区
中国烟草总公司重庆市公司武隆分公司	烟草制品批发	重庆市武隆县
重庆东银硕润石化集团有限公司	石油及制品批发	重庆市北碚区
中国烟草总公司重庆市公司黔江分公司	烟草制品批发	重庆市黔江区
重庆市江津区糖酒有限责任公司	米、面制品及食用油批发	重庆市江津区
六福珠宝首饰(重庆)有限公司	首饰、工艺品及收藏品批发	重庆市涪陵区
中国烟草总公司重庆市公司丰都分公司	烟草制品批发	重庆市丰都县
重庆卡美商贸有限责任公司	首饰、工艺品及收藏品批发	重庆市涪陵区
重庆国泰生化药品有限责任公司	西药批发	重庆市合川区
重庆市赛玛特科技有限责任公司	通讯及广播电视设备批发	重庆市渝中区
重庆市江津区江边酿酒有限公司	酒、饮料及茶叶批发	重庆市江津区
中国石油化工股份有限公司重庆黔江石油分公司	石油及制品批发	重庆市黔江区
重庆远成永恒铝业销售有限公司	金属及金属矿批发	重庆市綦江区
中国烟草总公司重庆市公司石柱分公司	烟草制品批发	重庆市石柱土家族自治县
重庆绿旺农产品有限公司	果品、蔬菜批发	重庆市渝北区
重庆铃宇百货有限公司	化妆品及卫生用品批发	重庆市渝中区
重庆粮食集团铜梁区粮食有限责任公司	谷物、豆及薯类批发	重庆市铜梁区
重庆今瑜医药股份有限公司	西药批发	重庆市南岸区
四川省		
攀钢集团国际经济贸易有限公司	金属及金属矿批发	四川省成都市
中国石油天然气股份有限公司西南化工销售分公司	其他化工产品批发	四川省成都市
四川省烟草公司成都市公司	烟草制品批发	四川省成都市
四川长虹佳华信息产品有限责任公司	计算机、软件及辅助设备批发	四川省绵阳市
中石化四川销售有限公司	石油及制品批发	四川省成都市
成都联想信息技术有限公司	计算机、软件及辅助设备批发	四川省成都市
四川省烟草公司凉山州公司	烟草制品批发	四川省凉山彝族自治州
国药控股四川医药股份有限公司	西药批发	四川省成都市
攀钢集团汇裕供应链有限公司	煤炭及制品批发	四川省攀枝花市
泸州老窖国窖酒类销售股份有限公司	酒、饮料及茶叶批发	四川省泸州市
四川科伦医药贸易有限公司	西药批发	四川省成都市
成都红旗连锁批发有限公司	其他食品批发	四川省成都市
西昌市宏达再生资源回收市场有限公司	再生物资回收与批发	四川省凉山彝族自治州
四川长江水运有限责任公司	石油及制品批发	四川省泸州市
四川省烟草公司宜宾市公司	烟草制品批发	四川省宜宾市
四川省烟草公司泸州市公司	烟草制品批发	四川省泸州市
四川省烟草公司绵阳市公司	烟草制品批发	四川省绵阳市

4-1 续表 43

企业名称	所属行业	企业所在地
中国石油天然气股份有限公司四川广元销售分公司	石油及制品批发	四川省广元市
四川省烟草公司南充市公司	烟草制品批发	四川省南充市
国药集团西南医药有限公司	西药批发	四川省成都市
成都神钢工程机械(集团)有限公司	其他机械设备及电子产品批发	四川省成都市
成都永辉商业发展有限公司	米、面制品及食用油批发	四川省成都市
吉峰农机连锁股份有限公司	农业机械批发	四川省成都市
四川省烟草公司达州市公司	烟草制品批发	四川省达州市
四川省烟草公司乐山市公司	烟草制品批发	四川省乐山市
中国石油天然气股份有限公司四川德阳销售分公司	石油及制品批发	四川省德阳市
四川省烟草公司眉山市公司	烟草制品批发	四川省眉山市
中国石油天然气股份有限公司四川宜宾销售分公司	石油及制品批发	四川省宜宾市
四川省烟草公司内江市公司	烟草制品批发	四川省内江市
中铁二局集团物资有限公司	建材批发	四川省成都市
中国石油天然气股份有限公司四川攀枝花销售分公司	石油及制品批发	四川省攀枝花市
四川省烟草公司广元市公司	烟草制品批发	四川省广元市
四川中路能源有限公司	石油及制品批发	四川省成都市
中国铁路物资成都有限公司	金属及金属矿批发	四川省成都市
中国航油集团四川石油有限公司	石油及制品批发	四川省德阳市
四川九州通医药有限公司	医疗用品及器材批发	四川省成都市
四川汇金商贸有限公司	酒、饮料及茶叶批发	四川省德阳市
四川省烟草公司自贡市公司	烟草制品批发	四川省自贡市
四川省烟草公司广安市公司	烟草制品批发	四川省广安市
中国石油天然气股份有限公司四川雅安销售分公司	石油及制品批发	四川省雅安市
四川省烟草公司巴中市公司	烟草制品批发	四川省巴中市
成都龙翔通讯有限责任公司	通讯及广播电视设备批发	四川省成都市
泸州老窖特曲酒类销售股份有限公司	酒、饮料及茶叶批发	四川省泸州市
四川美丰农资化工有限责任公司	化肥批发	四川省成都市
四川野马汽车销售有限公司	汽车批发	四川省成都市
四川合纵医药股份有限公司	西药批发	四川省成都市
四川省烟草公司资阳市公司	烟草制品批发	四川省资阳市
四川沱牌舍得供销有限公司	酒、饮料及茶叶批发	四川省遂宁市
四川省烟草公司攀枝花市公司	烟草制品批发	四川省攀枝花市
中国石油天然气股份有限公司四川自贡销售分公司	石油及制品批发	四川省自贡市
四川成都美的制冷产品销售有限公司	家用电器批发	四川省成都市
中国石化销售有限公司四川攀枝花石油分公司	石油及制品批发	四川省攀枝花市
四川古蔺郎酒销售有限公司	酒、饮料及茶叶批发	四川省泸州市
四川仙潭酒业销售有限公司	酒、饮料及茶叶批发	四川省泸州市
四川金仁医药有限公司	西药批发	四川省成都市
中国石油天然气股份有限公司四川甘孜销售分公司	石油及制品批发	四川省甘孜藏族自治州
中国石化销售有限公司四川泸州石油分公司	石油及制品批发	四川省泸州市
中国石油天然气股份有限公司四川阿坝销售分公司	石油及制品批发	四川省阿坝藏族羌族自治州
成都德仁堂药业有限公司	中药批发	四川省成都市
四川贝尔康医药有限公司	西药批发	四川省成都市
四川省烟草公司甘孜州公司	烟草制品批发	四川省甘孜藏族自治州
四川省烟草公司阿坝州公司	烟草制品批发	四川省阿坝藏族羌族自治州
四川省迈克实业有限公司	医疗用品及器材批发	四川省成都市
成都市医药工业有限公司	西药批发	四川省成都市
成都红牛维他命饮料销售有限公司	酒、饮料及茶叶批发	四川省成都市
成都西部医药经营有限公司	西药批发	四川省成都市
四川超越者体育用品有限公司	服装批发	四川省成都市
四川国光农资有限公司	化肥批发	四川省成都市
成都英普瑞生通讯设备有限公司	通讯及广播电视设备批发	四川省成都市
四川德惠商业股份有限公司	米、面制品及食用油批发	四川省成都市

4-1 续表 44

企业名称	所属行业	企业所在地
四川好彩头实业股份有限公司	糕点、糖果及糖批发	四川省巴中市
四川仁通医药有限公司	西药批发	四川省成都市
绵阳市酒鑫鑫商贸有限公司	酒、饮料及茶叶批发	四川省绵阳市
成都金百裕医药有限责任公司	西药批发	四川省成都市
四川智同医药有限公司	西药批发	四川省成都市
成都金松营销有限公司	其他文化用品批发	四川省成都市
四川省科欣医药贸易有限公司	西药批发	四川省成都市
四川易初明通工程机械维修服务有限公司	其他机械设备及电子产品批发	四川省成都市
绵阳市聚富商贸有限公司	酒、饮料及茶叶批发	四川省绵阳市
中海油销售四川有限公司	其他化工产品批发	四川省成都市
四川豫园黄金珠宝有限公司	首饰、工艺品及收藏品批发	四川省成都市
成都市荣贸食品有限公司	其他食品批发	四川省成都市
四川龙一医药有限公司	西药批发	四川省成都市
成都创维电器有限公司	家用电器批发	四川省成都市
四川阿莫锋药业有限公司	西药批发	四川省德阳市
四川宏华国际科贸有限公司	其他机械设备及电子产品批发	四川省成都市
四川南充科伦医药贸易有限公司	医疗用品及器材批发	四川省南充市
贵州省		
贵州茅台酒销售有限公司	酒、饮料及茶叶批发	贵州省遵义市
贵州省烟草公司遵义市公司	烟草制品批发	贵州省遵义市
贵州省烟草公司毕节市公司	烟草制品批发	贵州省毕节市
贵州省烟草公司贵阳市公司	烟草制品批发	贵州省贵阳市
贵州茅台酱香酒营销有限公司	酒、饮料及茶叶批发	贵州省遵义市
贵州省烟草公司黔西南州公司	烟草制品批发	贵州省黔西南布依族苗族自治州
贵州省烟草公司黔东南州公司	烟草制品批发	贵州省黔东南苗族侗族自治州
贵州省烟草公司铜仁市公司	烟草制品批发	贵州省铜仁市
贵州省烟草公司黔南州公司	烟草制品批发	贵州省黔南布依族苗族自治州
中国石化销售有限公司贵州黔南石油分公司	石油及制品批发	贵州省黔南布依族苗族自治州
贵州省烟草公司六盘水市公司	烟草制品批发	贵州省六盘水市
中国石油化工股份有限公司贵州黔东南石油分公司	石油及制品批发	贵州省黔东南苗族侗族自治州
贵州省烟草公司安顺市公司	烟草制品批发	贵州省安顺市
贵州康心药业有限公司	西药批发	贵州省贵阳市
贵州省习水县习酒销售公司	酒、饮料及茶叶批发	贵州省遵义市
贵州省医药(集团)有限责任公司	西药批发	贵州省贵阳市
贵州盛远医药有限公司	西药批发	贵州省贵阳市
贵州航天实业有限公司	金属及金属矿批发	贵州省遵义市
安顺市工投贸易有限公司	金属及金属矿批发	贵州省安顺市
贵州盘县盘兴能源开发投资有限公司	煤炭及制品批发	贵州省六盘水市
贵州茅台醇营销公司	酒、饮料及茶叶批发	贵州省遵义市
贵州省仁怀市粮油收储有限总公司	米、面制品及食用油批发	贵州省遵义市
贵州意通医药有限责任公司	中药批发	贵州省贵阳市
贵州鼎圣药业有限公司	西药批发	贵州省遵义市
云南省		
云南能投物流有限责任公司	金属及金属矿批发	云南省昆明市
云南省烟草公司曲靖市公司	烟草制品批发	云南省曲靖市
云南云天化农资连锁有限公司	化肥批发	云南省昆明市
云南省医药有限公司	西药批发	云南省昆明市
云南省烟草公司昆明市公司	烟草制品批发	云南省昆明市
云南建投物流有限公司	建材批发	云南省昆明市
云南省烟草公司楚雄州公司	烟草制品批发	云南省楚雄彝族自治州
云南省烟草公司红河州公司	烟草制品批发	云南省红河哈尼族彝族自治州
云南省烟草公司大理州公司	烟草制品批发	云南省大理白族自治州
云南省烟草公司玉溪市公司	烟草制品批发	云南省玉溪市

4-1 续表 45

企业名称	所属行业	企业所在地
云南省烟草公司保山市公司	烟草制品批发	云南省保山市
云南省烟草公司昭通市公司	烟草制品批发	云南省昭通市
云南云投版纳石化有限责任公司	石油及制品批发	云南省西双版纳傣族自治州
云南省烟草公司普洱市公司	烟草制品批发	云南省普洱市
中国石化销售有限公司云南曲靖石油分公司	石油及制品批发	云南省曲靖市
德宏后谷咖啡有限公司	酒、饮料及茶叶批发	云南省德宏傣族景颇族自治州
中国石化销售有限公司云南大理石油分公司	石油及制品批发	云南省大理白族自治州
中国石油天然气股份有限公司云南曲靖销售分公司	石油及制品批发	云南省曲靖市
云南省烟草公司临沧市公司	烟草制品批发	云南省临沧市
云南省烟草公司丽江市公司	烟草制品批发	云南省丽江市
中国石油化工股份有限公司云南玉溪石油分公司	石油及制品批发	云南省玉溪市
中国石化销售有限公司云南楚雄石油分公司	石油及制品批发	云南省楚雄彝族自治州
昆药集团医药商业有限公司	西药批发	云南省昆明市
中国石化股份有限公司云南普洱石油分公司	石油及制品批发	云南省普洱市
国药控股云南有限公司	西药批发	云南省昆明市
中国石油天然气股份有限公司云南楚雄销售分公司	石油及制品批发	云南省楚雄彝族自治州
中国石油天然气股份有限公司云南大理销售分公司	石油及制品批发	云南省大理白族自治州
云南医药工业股份有限公司	西药批发	云南省昆明市
云南同丰医药有限公司	西药批发	云南省昆明市
云南东骏药业有限公司	西药批发	云南省昆明市
瑞丽市玉城珠宝有限责任公司	首饰、工艺品及收藏品批发	云南省德宏傣族景颇族自治州
云南健之佳健康连锁店股份有限公司	西药批发	云南省昆明市
中国石油天然气股份有限公司云南临沧销售分公司	石油及制品批发	云南省临沧市
云南东昌医药股份有限公司	西药批发	云南省昆明市
云南通海宋威农产品进出口有限公司	果品、蔬菜批发	云南省玉溪市
孟连椿林商贸有限责任公司	金属及金属矿批发	云南省普洱市
瑞丽市姐告吉茂珠宝有限公司	首饰、工艺品及收藏品批发	云南省德宏傣族景颇族自治州
中国石油天然气股份有限公司云南普洱销售分公司	石油及制品批发	云南省普洱市
中国石油化工股份有限公司云南德宏石油分公司	石油及制品批发	云南省德宏傣族景颇族自治州
云南茂源果蔬进出口有限公司	果品、蔬菜批发	云南省玉溪市
云南易初明通工程机械维修有限公司	其他机械设备及电子产品批发	云南省昆明市
云南佳能达医药有限公司	西药批发	云南省昆明市
瑞丽市姐告璟缅珠宝有限责任公司	首饰、工艺品及收藏品批发	云南省德宏傣族景颇族自治州
云南力帆骏马进出口有限公司	汽车批发	云南省大理白族自治州
富源县供销合作社联合社	化肥批发	云南省曲靖市
中国石油天然气股份有限公司云南德宏销售分公司	石油及制品批发	云南省德宏傣族景颇族自治州
通海县汪家富蔬菜有限公司	果品、蔬菜批发	云南省玉溪市
云南睿德工贸有限公司	农业机械批发	云南省昆明市
云南新华书店图书有限公司	图书批发	云南省昆明市
云南医药开发有限公司	中药批发	云南省玉溪市
昆明云中药业有限责任公司	西药批发	云南省昆明市
云南百江燃气有限公司	石油及制品批发	云南省昆明市
云南盘龙云海药品经营有限公司	中药批发	云南省昆明市
云南龙马药业有限公司	西药批发	云南省保山市
通海县东绿食品有限公司	果品、蔬菜批发	云南省玉溪市
云南金六福贸易有限公司	其他未列明批发业	云南省迪庆藏族自治州
云南昊邦医药销售有限公司	西药批发	云南省昆明市
西藏自治区		
西藏神威药业有限公司	中药批发	西藏自治区拉萨市
西藏泰达厚生医药有限公司	西药批发	西藏自治区拉萨市
陕西省		
陕钢集团韩城钢铁有限责任公司	金属及金属矿批发	陕西省渭南市
陕西省煤炭运销(集团)有限责任公司	煤炭及制品批发	陕西省西安市

4-1 续表 46

企业名称	所属行业	企业所在地
陕西东岭物资有限责任公司	金属及金属矿批发	陕西省宝鸡市
中油延长石油销售股份有限公司	石油及制品批发	陕西省西安市
中国石油天然气股份有限公司渭南销售分公司	石油及制品批发	陕西省渭南市
陕西延长石油物资集团有限责任公司	其他化工产品批发	陕西省西安市
陕西丹尼尔市场股份有限公司	服装批发	陕西省西安市
陕西省烟草公司西安市公司	烟草制品批发	陕西省西安市
陕西丹尼尔康复路大卖场有限公司	服装批发	陕西省西安市
中国石油化工股份有限公司陕西石油分公司	石油及制品批发	陕西省西安市
神华神木清洁能源有限公司	煤炭及制品批发	陕西省榆林市
中国石油天然气股份有限公司陕西西安销售分公司	石油及制品批发	陕西省西安市
中国石化销售有限公司陕西宝鸡石油分公司	石油及制品批发	陕西省宝鸡市
陕西广药康健医药有限公司	西药批发	陕西省西安市
陕西医药控股集团派昂医药有限责任公司	西药批发	陕西省西安市
国药控股陕西有限公司	西药批发	陕西省西安市
西安雨润菜篮子农业科技有限公司	果品、蔬菜批发	陕西省西安市
陕西欣绿实业股份有限公司	果品、蔬菜批发	陕西省西安市
陕西省烟草公司咸阳市公司	烟草制品批发	陕西省咸阳市
陕西省烟草公司榆林市公司	烟草制品批发	陕西省榆林市
陕西省烟草公司渭南市公司	烟草制品批发	陕西省渭南市
中国石油天然气股份有限公司陕西宝鸡销售分公司	石油及制品批发	陕西省宝鸡市
陕西盛世恒兴格力电器销售有限公司	家用电器批发	陕西省西安市
陕西省石油化工工业贸易公司	石油及制品批发	陕西省西安市
陕西重型汽车进出口有限公司	汽车批发	陕西省西安市
陕西西凤酒营销有限公司	酒、饮料及茶叶批发	陕西省宝鸡市
陕西省烟草公司宝鸡市公司	烟草制品批发	陕西省宝鸡市
中国石油天然气股份有限公司陕西榆林销售分公司	石油及制品批发	陕西省榆林市
陕西省烟草公司汉中市公司	烟草制品批发	陕西省汉中市
陕西省烟草公司安康市公司	烟草制品批发	陕西省安康市
中油股份陕西咸阳销售分公司	石油及制品批发	陕西省咸阳市
陕西榆林煤炭出口(集团)有限责任公司	煤炭及制品批发	陕西省榆林市
中国石油化工股份有限公司陕西西安石油分公司	石油及制品批发	陕西省西安市
中国石油化工股份有限公司陕西渭南石油分公司	石油及制品批发	陕西省渭南市
上药科园信海陕西医药有限公司	西药批发	陕西省西安市
陕西省烟草公司延安市公司	烟草制品批发	陕西省延安市
中国石油天然气股份有限公司陕西延安销售分公司	石油及制品批发	陕西省延安市
中国石油天然气股份有限公司陕西汉中销售分公司	石油及制品批发	陕西省汉中市
陕西省烟草公司商洛市公司	烟草制品批发	陕西省商洛市
陕西榆林能源集团煤炭运销有限公司	煤炭及制品批发	陕西省榆林市
中国铁路物资西安公司	金属及金属矿批发	陕西省西安市
陕西彬长矿业集团有限公司	煤炭及制品批发	陕西省咸阳市
陕西华氏医药有限公司	中药批发	陕西省西安市
中国石油化工股份有限公司陕西榆林石油分公司	石油及制品批发	陕西省榆林市
中国石油天然气股份有限公司陕西安康销售分公司	石油及制品批发	陕西省安康市
陕西医药控股集团西安医药有限公司	西药批发	陕西省西安市
陕西省府谷县煤炭公司	煤炭及制品批发	陕西省榆林市
西安西电国际工程有限责任公司	电气设备批发	陕西省西安市
中国石油天然气股份有限公司陕西铜川销售分公司	石油及制品批发	陕西省铜川市
陕西兴庆医药有限公司	西药批发	陕西省西安市
西安医药股份有限公司	中药批发	陕西省西安市
中国石油化工股份有限公司陕西汉中石油分公司	石油及制品批发	陕西省汉中市
中集陕汽重卡(西安)专用车有限公司	汽车批发	陕西省西安市
中国石油天然气股份有限公司陕西商洛销售分公司	石油及制品批发	陕西省商洛市
陕西新华发行集团有限责任公司	图书批发	陕西省西安市

4-1 续表 47

企业名称	所属行业	企业所在地
中铁物资集团西北有限公司	金属及金属矿批发	陕西省西安市
陕西百丽鞋业有限公司	鞋帽批发	陕西省西安市
西安大正医药有限责任公司	西药批发	陕西省西安市
中国石油化工股份有限公司陕西咸阳石油分公司	石油及制品批发	陕西省咸阳市
陕西现代医药有限公司	中药批发	陕西省西安市
陕西省烟草公司铜川市公司	烟草制品批发	陕西省铜川市
西安连奇物流配送有限公司	酒、饮料及茶叶批发	陕西省西安市
陕西新贸物流配送连锁有限责任公司	其他食品批发	陕西省宝鸡市
神木县煤炭公司	煤炭及制品批发	陕西省榆林市
甘肃省		
中国石油天然气股份有限公司西北销售分公司	石油及制品批发	甘肃省兰州市
甘肃省烟草公司兰州市公司	烟草制品批发	甘肃省兰州市
中国石油天然气股份有限公司甘肃张掖销售分公司	石油及制品批发	甘肃省张掖市
中国石油天然气股份有限公司甘肃庆阳销售分公司	石油及制品批发	甘肃省庆阳市
甘肃省烟草公司庆阳市公司	烟草制品批发	甘肃省庆阳市
甘肃省烟草公司天水分公司	烟草制品批发	甘肃省天水市
甘肃省烟草公司定西市公司	烟草制品批发	甘肃省定西市
甘肃省烟草公司陇南市公司	烟草制品批发	甘肃省陇南市
兰州强生医药有限责任公司	西药批发	甘肃省兰州市
甘肃仕通汽车销售有限公司	汽车批发	甘肃省兰州市
中国石油天然气股份有限公司甘肃平凉销售分公司	石油及制品批发	甘肃省平凉市
甘肃天马物流股份有限公司	建材批发	甘肃省定西市
兰州西城药业有限责任公司	西药批发	甘肃省兰州市
甘肃省烟草公司武威市公司	烟草制品批发	甘肃省武威市
甘肃省烟草公司临夏回族自治州公司	烟草制品批发	甘肃省临夏回族自治州
甘肃新华书店飞天传媒股份有限公司	图书批发	甘肃省兰州市
甘肃省烟草公司张掖分公司	烟草制品批发	甘肃省张掖市
甘肃天元药业有限公司	西药批发	甘肃省兰州市
甘肃众友药业集团有限公司	西药批发	甘肃省兰州市
甘肃前进牧业科技有限责任公司	肉、禽、蛋、奶及水产品批发	甘肃省张掖市
金徽酒兰州销售有限公司	酒、饮料及茶叶批发	甘肃省兰州市
甘肃省烟草公司甘南藏族自治州公司	烟草制品批发	甘肃省甘南藏族自治州
甘肃瑞康医药有限公司	西药批发	甘肃省兰州市
青海省		
中国石油天然气股份有限公司青海销售分公司	石油及制品批发	青海省西宁市
中国石油化工股份有限公司青海石油分公司	石油及制品批发	青海省西宁市
中国石油天然气股份有限公司青海格尔木销售分公司	石油及制品批发	青海省海西蒙古族藏族自治州
青海省烟草公司西宁市公司	烟草制品批发	青海省西宁市
中国石化销售有限公司青海格尔木石油分公司	石油及制品批发	青海省海西蒙古族藏族自治州
西宁中油燃气有限责任公司	石油及制品批发	青海省西宁市
中国石油天然气股份有限公司青海海西销售分公司	石油及制品批发	青海省海西蒙古族藏族自治州
青海互助青稞酒销售有限公司	酒、饮料及茶叶批发	青海省西宁市
宁夏回族自治区		
中国石油化工股份有限公司宁夏石油分公司	石油及制品批发	宁夏回族自治区银川市
中国石油天然气股份有限公司宁夏银川销售公司	石油及制品批发	宁夏回族自治区银川市
宁夏回族自治区烟草公司银川市公司	烟草制品批发	宁夏回族自治区银川市
中国石油天然气股份有限公司固原销售分公司	石油及制品批发	宁夏回族自治区固原市
中国石油天然气股份有限公司宁夏中卫销售分公司	石油及制品批发	宁夏回族自治区中卫市
中国石油天然气股份有限公司宁夏吴忠销售分公司	石油及制品批发	宁夏回族自治区吴忠市
国药控股宁夏有限公司	西药批发	宁夏回族自治区银川市
中国石油天然气股份有限公司宁夏石嘴山销售分公司	石油及制品批发	宁夏回族自治区石嘴山市
中国石油天然气股份有限公司宁夏高速公路销售分公司	石油及制品批发	宁夏回族自治区银川市
宁夏回族自治区烟草公司吴忠市公司	烟草制品批发	宁夏回族自治区吴忠市

4-1 续表 48

企业名称	所属行业	企业所在地
宁夏回族自治区烟草公司固原市公司	烟草制品批发	宁夏回族自治区固原市
新疆维吾尔自治区		
中国石油天然气股份有限公司天然气销售西部分公司	石油及制品批发	新疆维吾尔自治区乌鲁木齐市
新疆中泰化学股份有限公司	其他化工产品批发	新疆维吾尔自治区乌鲁木齐市
新疆生产建设兵团棉麻公司	棉、麻批发	新疆维吾尔自治区乌鲁木齐市
新疆维吾尔自治区烟草公司	烟草制品批发	新疆维吾尔自治区乌鲁木齐市
新疆农资(集团)有限责任公司	化肥批发	新疆维吾尔自治区乌鲁木齐市
新疆生产建设兵团第一师棉麻有限责任公司	棉、麻批发	新疆维吾尔自治区阿克苏地区
新疆兵团第七师供销合作总公司	棉、麻批发	新疆维吾尔自治区伊犁哈萨克自治州
新疆维吾尔自治区烟草公司乌鲁木齐市公司	烟草制品批发	新疆维吾尔自治区乌鲁木齐市
新疆九州通医药有限公司	西药批发	新疆维吾尔自治区乌鲁木齐市
中国石化销售有限公司新疆石油分公司	石油及制品批发	新疆维吾尔自治区乌鲁木齐市
中国石油天然气股份有限公司新疆喀什销售分公司	石油及制品批发	新疆维吾尔自治区喀什地区
中国石油天然气股份有限公司新疆克拉玛依销售分公司	石油及制品批发	新疆维吾尔自治区克拉玛依市
中石油新疆销售有限公司阿克苏分公司	石油及制品批发	新疆维吾尔自治区阿克苏地区
中国石油天然气股份有限公司新疆昌吉销售分公司	石油及制品批发	新疆维吾尔自治区昌吉回族自治州
中航油新疆航空油料有限公司	石油及制品批发	新疆维吾尔自治区乌鲁木齐市
中石油新疆销售有限公司巴州分公司	石油及制品批发	新疆维吾尔自治区巴音郭楞蒙古自治州
中石油新疆销售有限公司伊犁分公司	石油及制品批发	新疆维吾尔自治区伊犁哈萨克自治州
新疆岐峰电子商务有限公司	果品、蔬菜批发	新疆维吾尔自治区昌吉回族自治州
中石油新疆销售有限公司哈密分公司	石油及制品批发	新疆维吾尔自治区哈密地区
中国石油天然气股份有限公司新疆吐鲁番销售分公司	石油及制品批发	新疆维吾尔自治区吐鲁番市
中国石化销售有限公司新疆阿克苏石油分公司	石油及制品批发	新疆维吾尔自治区阿克苏地区
中石油新疆销售有限公司阿勒泰分公司	石油及制品批发	新疆维吾尔自治区阿勒泰地区
新疆同益投资有限公司	石油及制品批发	新疆维吾尔自治区克拉玛依市
新疆维吾尔自治区喀什地区烟草公司	烟草制品批发	新疆维吾尔自治区喀什地区
新疆利华棉业股份有限公司	棉、麻批发	新疆维吾尔自治区巴音郭楞蒙古自治州
新疆维吾尔自治区新华书店	图书批发	新疆维吾尔自治区乌鲁木齐市
新疆维吾尔自治区阿克苏地区烟草公司	烟草制品批发	新疆维吾尔自治区阿克苏地区
中国石油化工股份有限公司新疆巴州石油分公司	石油及制品批发	新疆维吾尔自治区巴音郭楞蒙古自治州
新疆维吾尔自治区昌吉回族自治州烟草公司	烟草制品批发	新疆维吾尔自治区昌吉回族自治州
中国石油化工股份有限公司新疆喀什石油分公司	石油及制品批发	新疆维吾尔自治区喀什地区
中石油新疆销售有限公司和田分公司	石油及制品批发	新疆维吾尔自治区和田地区
新疆九鼎恒兴蔬菜经营管理有限公司	果品、蔬菜批发	新疆维吾尔自治区乌鲁木齐市
新疆维吾尔自治区伊犁哈萨克自治州烟草公司	烟草制品批发	新疆维吾尔自治区伊犁哈萨克自治州
新疆维吾尔自治区巴音郭楞蒙古自治州烟草公司	烟草制品批发	新疆维吾尔自治区巴音郭楞蒙古自治州
新疆生产建设兵团第十三师天元供销(集团)有限公司	棉、麻批发	新疆维吾尔自治区哈密地区
中石油新疆销售有限公司塔城分公司	石油及制品批发	新疆维吾尔自治区塔城地区
中国石化销售有限公司新疆哈密石油分公司	石油及制品批发	新疆维吾尔自治区哈密地区
新疆兵团农三师农业生产资料公司	化肥批发	新疆维吾尔自治区喀什地区
中国石油天然气股份有限公司新疆博州销售分公司	石油及制品批发	新疆维吾尔自治区博尔塔拉蒙古自治州
中粮屯河番茄有限公司	盐及调味品批发	新疆维吾尔自治区昌吉回族自治州
中国石油化工股份有限公司新疆伊犁石油分公司	石油及制品批发	新疆维吾尔自治区伊犁哈萨克自治州
中国石化销售有限公司新疆吐鲁番石油分公司	石油及制品批发	新疆维吾尔自治区吐鲁番市
新疆农佳乐农业科技发展有限公司	化肥批发	新疆维吾尔自治区博尔塔拉蒙古自治州
国药控股新疆新特喀什药业有限公司	西药批发	新疆维吾尔自治区喀什地区
新疆新捷燃气有限责任公司	石油及制品批发	新疆维吾尔自治区乌鲁木齐市
库车县棉麻公司	棉、麻批发	新疆维吾尔自治区阿克苏地区
沙雅利华棉业有限公司	棉、麻批发	新疆维吾尔自治区阿克苏地区
新疆利生医药药材公司	西药批发	新疆维吾尔自治区伊犁哈萨克自治州
新疆棉花产业(集团)莎车棉业有限责任公司	棉、麻批发	新疆维吾尔自治区喀什地区
新疆星沃机械工程设备有限公司	其他机械设备及电子产品批发	新疆维吾尔自治区乌鲁木齐市
新疆生产建设兵团果业有限公司	果品、蔬菜批发	新疆维吾尔自治区乌鲁木齐市

4-2 分地区大型零售业企业名单

企业名称	所属行业	企业所在地
北京市		
北京京东世纪信息技术有限公司	计算机、软件及辅助设备零售	北京市大兴区
中国石化销售有限公司北京石油分公司	机动车燃料零售	北京市东城区
苹果电子产品商贸(北京)有限公司	计算机、软件及辅助设备零售	北京市东城区
北京苏宁云商销售有限公司	日用家电设备零售	北京市通州区
华润医药商业集团有限公司	药品零售	北京市东城区
北京菜市口百货股份有限公司	珠宝首饰零售	北京市西城区
北京华联综合超市股份有限公司	超级市场零售	北京市西城区
北京华联(SKP)百货有限公司	百货零售	北京市朝阳区
北京市大中家用电器连锁销售有限公司	日用家电设备零售	北京市石景山区
北京物美综合超市有限公司	超级市场零售	北京市大兴区
北京永辉超市有限公司	超级市场零售	北京市石景山区
北京国美在线电子商务有限公司	互联网零售	北京市海淀区
日上免税行(中国)有限公司	百货零售	北京市顺义区
北京燕莎友谊商城有限公司	百货零售	北京市朝阳区
国美电器有限公司	日用家电设备零售	北京市通州区
北京京客隆商业集团股份有限公司	超级市场零售	北京市朝阳区
北京家乐福商业有限公司	超级市场零售	北京市丰台区
北京当当网信息技术有限公司	图书、报刊零售	北京市东城区
北京世纪卓越信息技术有限公司	互联网零售	北京市朝阳区
北京一商宇洁商贸有限公司	其他日用品零售	北京市东城区
北京翠微大厦股份有限公司	百货零售	北京市海淀区
曙光信息产业(北京)有限公司	计算机、软件及辅助设备零售	北京市海淀区
北京稻香村食品有限责任公司	糕点、面包零售	北京市东城区
北京超市发连锁股份有限公司	超级市场零售	北京市海淀区
北京沃尔玛百货有限公司	超级市场零售	北京市石景山区
北京物美大卖场商业管理有限公司	超级市场零售	北京市大兴区
北京汉光百货有限责任公司	百货零售	北京市西城区
北京物美流通技术有限公司	超级市场零售	北京市海淀区
中化道达尔燃油有限公司	机动车燃料零售	北京市海淀区
国兴汽车服务中心	汽车零售	北京市西城区
中粮海优(北京)有限公司	互联网零售	北京市朝阳区
宝盛道吉(北京)贸易有限公司	服装零售	北京市怀柔区
北京寺库商贸有限公司	互联网零售	北京市西城区
中国图书进出口(集团)总公司	图书、报刊零售	北京市朝阳区
飒拉商业(北京)有限公司	服装零售	北京市朝阳区
北京易喜新世界百货有限公司	百货零售	北京市东城区
百盛商业发展有限公司	百货零售	北京市西城区
北京宝泽行汽车销售服务有限公司	汽车零售	北京市丰台区
迪卡侬(北京)体育用品有限公司	体育用品及器材零售	北京市朝阳区
北京崇德商贸有限公司	鞋帽零售	北京市西城区
北京迪信通电子通信技术有限公司	通信设备零售	北京市海淀区
北京华冠商业科技发展有限公司	超级市场零售	北京市房山区
北京宜家家居有限公司	家具零售	北京市朝阳区
王府井集团北京双安商场有限责任公司	百货零售	北京市海淀区
王府井集团股份有限公司	百货零售	北京市东城区
北京鑫海韵通商业大楼	百货零售	北京市顺义区
柒一拾壹(北京)有限公司	其他综合零售	北京市东城区
丝芙兰(北京)化妆品销售有限公司	化妆品及卫生用品零售	北京市朝阳区
北京京宝行汽车销售服务有限公司	汽车零售	北京市海淀区
北京屈臣氏个人用品连锁商店有限公司	超级市场零售	北京市朝阳区
北京君太太平洋百货有限公司	百货零售	北京市西城区

4-2 续表 1

企业名称	所属行业	企业所在地
北京美廉美连锁商业有限公司	超级市场零售	北京市门头沟区
北京淘宝科技有限公司	互联网零售	北京市朝阳区
北京欧尚超市有限公司	超级市场零售	北京市海淀区
北京市华德宝汽车销售服务有限公司	汽车零售	北京市朝阳区
永旺商业有限公司	百货零售	北京市昌平区
沃尔玛(北京)商业零售有限公司	超级市场零售	北京市朝阳区
北京国泰平安百货有限公司	百货零售	北京市顺义区
ＢＨＧ(北京)百货有限公司	百货零售	北京市西城区
北京盈之宝汽车销售服务有限公司	汽车零售	北京市朝阳区
北京英龙华辰科技有限公司	计算机、软件及辅助设备零售	北京市房山区
北京每日优鲜电子商务有限公司	互联网零售	北京市朝阳区
北京三元石油有限公司	机动车燃料零售	北京市大兴区
北京人天书店有限公司	图书、报刊零售	北京市丰台区
北京当代商城有限责任公司	百货零售	北京市海淀区
北京味多美食品有限责任公司	糕点、面包零售	北京市西城区
北京市上品商业发展有限责任公司	服装零售	北京市东城区
北京同仁堂连锁药店有限责任公司	药品零售	北京市东城区
北京首航国力商贸有限公司	超级市场零售	北京市丰台区
北京西红门宜家家居有限公司	家具零售	北京市大兴区
北京首商集团股份有限公司	百货零售	北京市西城区
北京玉蜓桥物美商贸有限公司	超级市场零售	北京市丰台区
北京首都机场商贸有限公司	超级市场零售	北京市顺义区
北京好药师大药房连锁有限公司	药品零售	北京市大兴区
北京华联精品超市有限公司	超级市场零售	北京市西城区
北京丽家丽婴婴童用品股份有限公司	其他日用品零售	北京市大兴区
北京物美京北大世界商贸有限公司	百货零售	北京市怀柔区
幸福荣耀(北京)超市有限公司	超级市场零售	北京市海淀区
酒仙网电子商务股份有限公司	互联网零售	北京市大兴区
华润超级市场有限公司	超级市场零售	北京市朝阳区
范思哲(中国)商业有限公司	服装零售	北京市朝阳区
北京兴长信达科技发展有限公司	互联网零售	北京市朝阳区
北京市好利来食品有限公司	糕点、面包零售	北京市朝阳区
北京中复电讯设备有限责任公司	通信设备零售	北京市朝阳区
北京顺天府商贸有限公司	超级市场零售	北京市门头沟区
北京物美生活超市有限公司	超级市场零售	北京市朝阳区
北京高氏橱柜有限公司	家具零售	北京市朝阳区
北京城乡商业(集团)股份有限公司	百货零售	北京市海淀区
北京星球通科技发展有限公司	通信设备零售	北京市海淀区
北京金隅天坛家具股份有限公司	家具零售	北京市东城区
北京尚岑服饰有限公司	服装零售	北京市东城区
北京易初莲花连锁超市有限公司	超级市场零售	北京市朝阳区
北京全时叁陆伍连锁便利店有限公司	其他综合零售	北京市朝阳区
北京蓝岛大厦有限责任公司	百货零售	北京市朝阳区
北京城乡一一八生活汇超市有限公司	超级市场零售	北京市丰台区
北京市顺义国泰商业大厦	百货零售	北京市顺义区
北京乐友达康商贸有限公司	其他日用品零售	北京市通州区
北京沃谷农业发展有限公司	超级市场零售	北京市顺义区
北京赛特百货有限公司	百货零售	北京市朝阳区
中国国际图书贸易集团有限公司	图书、报刊零售	北京市海淀区
北京金象大药房医药连锁有限责任公司	药品零售	北京市西城区
北京港佳好邻居连锁便利店有限责任公司	其他综合零售	北京市西城区
北京贵友大厦有限公司	百货零售	北京市朝阳区

4-2 续表 2

企业名称	所属行业	企业所在地
北京市昌平新世纪商城	百货零售	北京市昌平区
北京门城物美商城有限公司	超级市场零售	北京市门头沟区
北京旺市百利商业有限公司	超级市场零售	北京市朝阳区
普安倍尔商业(北京)有限公司	服装零售	北京市朝阳区
北京天超仓储超市有限责任公司	超级市场零售	北京市东城区
北京甘家口大厦有限责任公司	百货零售	北京市海淀区
北京吴裕泰茶业股份有限公司	酒、饮料及茶叶零售	北京市东城区
北京华信通电讯有限公司	通信设备零售	北京市东城区
王府井集团北京长安商场有限责任公司	百货零售	北京市西城区
北京京客隆首超商业有限公司	超级市场零售	北京市石景山区
乐天超市有限公司	超级市场零售	北京市朝阳区
北京京烟卷烟零售连锁有限公司	烟草制品零售	北京市平谷区
北京百安居装饰建材有限公司	家具零售	北京市朝阳区
波丝可商业(北京)有限公司	服装零售	北京市朝阳区
北京通糖物美便利超市有限公司	其他综合零售	北京市通州区
北京京北美廉美超市有限公司	超级市场零售	北京市昌平区
仁和药房网(北京)医药科技有限公司	药品零售	北京市丰台区
北京市亨得利瑞士钟表有限责任公司	钟表、眼镜零售	北京市东城区
北京三夫户外用品股份有限公司	体育用品及器材零售	北京市西城区
彩盈储贤商贸(北京)有限公司	服装零售	北京市东城区
北京崇文门菜市场物美综合超市有限公司	其他综合零售	北京市东城区
北京京房美廉美超市有限公司	超级市场零售	北京市房山区
北京物美便利超市有限公司	超级市场零售	北京市石景山区
欧迪办公网络技术有限公司	文具用品零售	北京市海淀区
邻里家(北京)商贸有限公司	其他综合零售	北京市西城区
北京李宁体育用品销售有限公司	服装零售	北京市东城区
北京图书大厦有限责任公司	图书、报刊零售	北京市西城区
北京周黑鸭商贸有限公司	其他食品零售	北京市丰台区
北京奥士凯物美商业有限公司	其他食品零售	北京市东城区
北京家有德顺文化发展有限公司	厨房用具及日用杂品零售	北京市朝阳区
北京兴东鄂尔多斯商贸有限责任公司	服装零售	北京市海淀区
北京创锐文化传媒有限公司	互联网零售	北京市朝阳区
北京尚品宅配家居用品有限公司	家具零售	北京市朝阳区
北京首航优购商贸连锁有限公司	超级市场零售	北京市大兴区
乐购特易购商业(北京)有限公司	百货零售	北京市顺义区
北京同仁堂京北企业管理有限公司	药品零售	北京市海淀区
小米之家科技有限公司	通信设备零售	北京市海淀区
北京晒客天地科技有限公司	服装零售	北京市海淀区
北京淘礼网科技股份有限公司	互联网零售	北京市朝阳区
北京同仁验光配镜中心	钟表、眼镜零售	北京市东城区
万家沙发贸易(北京)有限公司	家具零售	北京市海淀区
北京吉元鼎动体育用品有限公司	体育用品及器材零售	北京市西城区
北京市新华书店连锁有限责任公司	图书、报刊零售	北京市西城区
北京金凤成祥食品有限责任公司	糕点、面包零售	北京市海淀区
北京义利食品商业连锁有限公司	糕点、面包零售	北京市大兴区
北京春播科技有限公司	互联网零售	北京市密云区
天津市		
中国石油化工股份有限公司天津石油分公司	机动车燃料零售	天津市西青区
唯品会(天津)电子商务有限公司	互联网零售	天津市武清区
中国石油天然气股份有限公司天津销售分公司	机动车燃料零售	天津市滨海新区
壳牌华北石油集团有限公司	机动车燃料零售	天津市武清区
乐视致新电子科技(天津)有限公司	其他电子产品零售	天津市滨海新区

4-2 续表 3

企业名称	所属行业	企业所在地
天津华润万家生活超市有限公司	超级市场零售	天津市滨海新区
天津一商友谊股份有限公司	百货零售	天津市河西区
天津瑞佳讯贸易有限公司	互联网零售	天津市武清区
当当网信息技术(天津)有限公司	互联网零售	天津市武清区
天津苏宁云商有限公司	家用视听设备零售	天津市和平区
天津国美电器有限公司	日用家电设备零售	天津市南开区
天津金元宝商厦集团有限公司	百货零售	天津市滨海新区
天津海信广场有限公司	其他文化用品零售	天津市和平区
天津中远汽车贸易有限公司	汽车零售	天津市河东区
天津市人人乐商业有限公司	超级市场零售	天津市河东区
天津伊势丹有限公司	其他文化用品零售	天津市和平区
天津劝宝超市有限责任公司	超级市场零售	天津市宝坻区
天津华润超级市场有限公司	超级市场零售	天津市和平区
沃尔玛(天津)商业零售有限公司	超级市场零售	天津市西青区
天津桂发祥十八街麻花食品股份有限公司	其他食品零售	天津市河西区
天津劝业家乐福超市有限公司	超级市场零售	天津市东丽区
天津乐友达康超市连锁有限公司	服装零售	天津市滨海新区
天津迎宾超市商贸有限公司	超级市场零售	天津市滨海新区
天津十力崇德运动服饰有限公司	鞋帽零售	天津市和平区
天津市好利来食品有限公司	糕点、面包零售	天津市和平区
天津永辉超市有限公司双街分公司	超级市场零售	天津市北辰区
天津永辉超市有限公司北辰分公司	超级市场零售	天津市北辰区
老百姓大药房连锁(天津)有限公司	药品零售	天津市河东区
中原百货集团股份有限公司	百货零售	天津市和平区
天津市长湖大润发商业有限公司	超级市场零售	天津市河西区
沃尔玛深国投百货有限公司天津和平路分店	其他文化用品零售	天津市和平区
天津市海达家乐超市有限公司	超级市场零售	天津市武清区
天津屈臣氏个人用品商店有限公司	化妆品及卫生用品零售	天津市南开区
天津市大桥道糕点食品有限公司	糕点、面包零售	天津市河东区
天津家福商业有限公司	超级市场零售	天津市东丽区
天津欧迪芬服装销售有限公司	服装零售	天津市武清区
百丽鞋业(天津)有限公司	鞋帽零售	天津市和平区
河北省		
北国商城股份有限公司	百货零售	河北省石家庄市
中国石化销售有限公司河北石家庄石油分公司	机动车燃料零售	河北省石家庄市
唐山百货大楼集团有限责任公司	百货零售	河北省唐山市
河北保百集团有限公司	百货零售	河北省保定市
中国石化销售有限公司河北沧州石油分公司	机动车燃料零售	河北省沧州市
中国石化销售有限公司河北保定石油分公司	机动车燃料零售	河北省保定市
中国石油天然气股份有限公司河北保定销售分公司	机动车燃料零售	河北省保定市
中国石化销售有限公司河北张家口石油分公司	机动车燃料零售	河北省张家口市
中国石化销售有限公司河北秦皇岛石油分公司	机动车燃料零售	河北省秦皇岛市
中国石油天然气股份有限公司河北石家庄销售分公司	机动车燃料零售	河北省石家庄市
河北永辉超市有限公司	超级市场零售	河北省石家庄市
中国石油天然气股份有限公司河北张家口销售分公司	机动车燃料零售	河北省张家口市
河北美食林商贸集团有限公司	超级市场零售	河北省邯郸市
承德宽广超市集团有限公司	超级市场零售	河北省承德市
邢台家乐园天一商贸有限公司	超级市场零售	河北省邢台市
石家庄人民商场股份有限公司	百货零售	河北省石家庄市
廊坊市明珠商业企业集团有限公司	百货零售	河北省廊坊市
中国石油天然气股份有限公司河北邢台销售分公司	机动车燃料零售	河北省邢台市
秦皇岛兴龙广缘商业连锁有限公司	超级市场零售	河北省秦皇岛市

4-2 续表 4

企业名称	所属行业	企业所在地
河北惠友商业连锁发展有限公司	超级市场零售	河北省保定市
中国石油天然气股份有限公司河北沧州销售分公司	机动车燃料零售	河北省沧州市
秦皇岛茂业控股有限公司	百货零售	河北省秦皇岛市
邯郸阳光新世纪股份有限公司	服装零售	河北省邯郸市
沧州市华北商厦有限公司	百货零售	河北省沧州市
石家庄苏宁云商商贸有限公司	日用家电设备零售	河北省石家庄市
定州市大世界购物中心	百货零售	河北省定州市
保定市惠友万家福超级市场有限公司	超级市场零售	河北省保定市
河北华北石油商业有限公司	百货零售	河北省沧州市
信誉楼百货集团有限公司黄骅信誉楼商厦	百货零售	河北省沧州市
邢台北国商城有限责任公司	百货零售	河北省邢台市
石家庄新兴药房连锁股份有限公司	药品零售	河北省石家庄市
信誉楼百货集团有限公司青县信誉楼商厦	百货零售	河北省沧州市
河北国大连锁商业有限公司	其他综合零售	河北省石家庄市
信誉楼百货集团有限公司泊头信誉楼商厦	百货零售	河北省沧州市
衡水吉美超市有限责任公司	超级市场零售	河北省衡水市
唐山市金客隆商贸有限公司	超级市场零售	河北省唐山市
国药河北乐仁堂医药连锁有限公司	药品零售	河北省石家庄市
河北保龙仓家乐福商业有限公司	超级市场零售	河北省石家庄市
石家庄信誉楼百货有限公司	百货零售	河北省石家庄市
河北保定时代商厦有限公司	百货零售	河北省保定市
河北壳牌石油销售有限公司	机动车燃料零售	河北省石家庄市
邯郸市阳光超市有限公司	超级市场零售	河北省邯郸市
沃尔玛(河北)商业零售有限公司	超级市场零售	河北省石家庄市
唐山家万佳超市有限公司	超级市场零售	河北省唐山市
河北华佗药房医药连锁有限公司	药品零售	河北省张家口市
三河物美商业有限公司	百货零售	河北省廊坊市
河北亚太通信科技集团有限公司	通信设备零售	河北省保定市
河北国美电器有限公司	家用视听设备零售	河北省石家庄市
秦皇岛天洋电器有限公司	日用家电设备零售	河北省秦皇岛市
邯郸市新华书店有限责任公司	图书、报刊零售	河北省邯郸市
河北家兴商贸集团有限公司	百货零售	河北省保定市
沧州信誉楼百货有限公司	百货零售	河北省沧州市
邯郸市阳光三联电器有限公司	日用家电设备零售	河北省邯郸市
沧州市同天购物中心有限公司	百货零售	河北省沧州市
正定县城关供销合作社	百货零售	河北省石家庄市
河北唐人医药股份有限公司	药品零售	河北省唐山市
河间信誉楼百货有限公司	百货零售	河北省沧州市
秦皇岛家惠商贸集团有限公司	超级市场零售	河北省秦皇岛市
河北衡水爱特购物中心有限责任公司	百货零售	河北省衡水市
沧州市新华书店有限责任公司	图书、报刊零售	河北省沧州市
石家庄市新华书店有限责任公司	图书、报刊零售	河北省石家庄市
廊坊市百和一笑堂医药零售连锁有限公司	药品零售	河北省廊坊市
晋州信誉楼百货有限公司	百货零售	河北省石家庄市
河北永通电子科技有限公司	通信设备零售	河北省廊坊市
赵县信誉楼百货有限公司	百货零售	河北省石家庄市
秦皇岛唐人医药连锁有限责任公司	药品零售	河北省秦皇岛市
邢台市华业通信设备有限公司	通信设备零售	河北省邢台市
河北神威大药房连锁有限公司	药品零售	河北省石家庄市
河北德仁堂大药房连锁有限公司	药品零售	河北省张家口市
唐山市新华书店有限责任公司	图书、报刊零售	河北省唐山市
枣强信誉楼百货有限公司	百货零售	河北省衡水市

4-2 续表 5

企业名称	所属行业	企业所在地
北京京客隆(廊坊)有限公司	超级市场零售	河北省廊坊市
石家庄玉华信誉楼百货有限公司	百货零售	河北省石家庄市
衡水百货大楼(集团)股份有限公司	百货零售	河北省衡水市
衡水怡水园商城有限公司	百货零售	河北省衡水市
邢台市新华书店有限责任公司	图书、报刊零售	河北省邢台市
隆化鸿兆商贸有限责任公司	百货零售	河北省承德市
辛集信誉楼百货有限公司	百货零售	河北省辛集市
石家庄东方城市广场有限公司	百货零售	河北省石家庄市
唐山润良商贸有限公司	超级市场零售	河北省唐山市
衡水市新华书店有限责任公司	图书、报刊零售	河北省衡水市
唐山华盛超市有限公司	超级市场零售	河北省唐山市
正定北国商城有限责任公司	百货零售	河北省石家庄市
河北家乐园购物广场有限责任公司	百货零售	河北省邢台市
沧州市新同天超市有限公司	超级市场零售	河北省沧州市
清河县信誉楼百货有限公司	超级市场零售	河北省邢台市
蠡县信誉楼百货有限公司	超级市场零售	河北省保定市
邯郸市千鑫商贸有限公司	文具用品零售	河北省邯郸市
河北万合汽车贸易股份有限公司	汽车零售	河北省邯郸市
张家口市新华书店有限责任公司	图书、报刊零售	河北省张家口市
石家庄玉琢信誉楼百货有限公司	百货零售	河北省石家庄市
唐山振华诚成百货有限公司	百货零售	河北省唐山市
河间市信发商厦有限责任公司	百货零售	河北省沧州市
盐山县千童购物中心有限公司	百货零售	河北省沧州市
秦皇岛民乐医药连锁有限责任公司	药品零售	河北省秦皇岛市
山西省		
国药集团山西有限公司	药品零售	山西省太原市
山西美特好连锁超市股份有限公司	超级市场零售	山西省太原市
山西大昌汽车集团有限公司	汽车零售	山西省太原市
中国石化销售有限公司山西太原石油分公司	机动车燃料零售	山西省太原市
山西诺维兰集团有限公司	汽车零售	山西省运城市
中国石化销售有限公司山西晋中石油分公司	机动车燃料零售	山西省晋中市
中国石化销售有限公司山西运城石油分公司	机动车燃料零售	山西省运城市
中国石化销售有限公司山西临汾石油分公司	机动车燃料零售	山西省临汾市
中国石化销售有限公司山西吕梁石油分公司	机动车燃料零售	山西省吕梁市
中国石化销售有限公司山西大同石油分公司	机动车燃料零售	山西省大同市
中国石化销售有限公司山西忻州石油分公司	机动车燃料零售	山西省忻州市
中国石化销售集团有限公司山西石油分公司	机动车燃料零售	山西省朔州市
中国石化销售有限公司山西长治石油分公司	机动车燃料零售	山西省长治市
中国石油化工股份有限公司山西晋城石油分公司	机动车燃料零售	山西省晋城市
山西海宁皮革城发展有限公司	服装零售	山西省朔州市
山西华宇商业发展股份有限公司	百货零售	山西省太原市
中国石油天然气股份有限公司山西太原销售分公司	机动车燃料零售	山西省太原市
山西省太原唐久超市有限公司	其他综合零售	山西省太原市
山西苏宁云商销售有限公司	日用家电设备零售	山西省太原市
中国石油天然气股份有限公司山西晋中销售分公司	机动车燃料零售	山西省晋中市
山西天美新天地购物中心有限公司	服装零售	山西省太原市
中国石化销售有限公司山西阳泉石油分公司	机动车燃料零售	山西省阳泉市
大同市热力有限责任公司	生活用燃料零售	山西省大同市
山西铜锣湾国际购物中心有限公司	百货零售	山西省太原市
大同市华林有限责任公司	百货零售	山西省大同市
延长壳牌山西石油有限公司	机动车燃料零售	山西省太原市
国药控股国大药房山西益源连锁有限公司	药品零售	山西省太原市

4-2 续表 6

企业名称	所属行业	企业所在地
山西神迪汽车销售有限公司	汽车零售	山西省太原市
中国石油天然气股份有限公司山西销售侯马分公司	机动车燃料零售	山西省临汾市
中国石油天然气股份有限公司山西运城销售分公司	机动车燃料零售	山西省运城市
大同华润燃气有限公司	生活用燃料零售	山西省大同市
山西吉隆斯商贸股份有限公司	超级市场零售	山西省晋中市
浑源县金都商贸有限责任公司	百货零售	山西省大同市
中国石油天然气股份有限公司山西忻州销售分公司	机动车燃料零售	山西省忻州市
山西生龙国际投资发展有限公司	百货零售	山西省临汾市
山西田森集团有限公司	超级市场零售	山西省晋中市
晋城市凤展购物广场有限公司	超级市场零售	山西省晋城市
大同银星金店有限公司	珠宝首饰零售	山西省大同市
山西国大万民药房连锁有限公司	药品零售	山西省太原市
山西鸿翔一心堂药业有限公司	药品零售	山西省太原市
山西省长治市飞路汽车贸易有限公司	汽车零售	山西省长治市
临汾万佳福仓储超市有限公司	超级市场零售	山西省临汾市
山西国新天然气利用有限公司	其他未列明零售业	山西省晋中市
山西荣华大药房连锁有限公司	药品零售	山西省太原市
沃尔玛(山西)商业零售有限公司	百货零售	山西省太原市
山西永辉超市有限公司	超级市场零售	山西省太原市
太原六味斋食品有限公司	肉、禽、蛋、奶及水产品零售	山西省太原市
晋城市长江实业有限公司	汽车零售	山西省晋城市
高平市红旗商场有限责任公司	百货零售	山西省晋城市
怀仁县供销合作联合社	百货零售	山西省朔州市
太原屈臣氏个人用品商店有限公司	化妆品及卫生用品零售	山西省太原市
北京同仁堂山西连锁药店有限责任公司	药品零售	山西省太原市
长治市金威超市有限公司	超级市场零售	山西省长治市
高平市佳惠商贸有限责任公司	百货零售	山西省晋城市
山西同仁康大药房连锁有限公司	药品零售	山西省吕梁市
内蒙古自治区		
中国石油天然气股份有限公司内蒙古鄂尔多斯销售分公司	机动车燃料零售	内蒙古自治区鄂尔多斯市
中国石油天然汽股份有限公司内蒙古赤峰销售分公司	机动车燃料零售	内蒙古自治区赤峰市
中国石油天然气股份有限公司内蒙古呼伦贝尔销售分公司	机动车燃料零售	内蒙古自治区呼伦贝尔市
中国石油天然气股份有限公司内蒙古通辽销售分公司	机动车燃料零售	内蒙古自治区通辽市
中国石油天然气股份有限公司内蒙古锡林郭勒销售分公司	机动车燃料零售	内蒙古自治区锡林郭勒盟
中国石油化工股份有限公司内蒙古鄂尔多斯石油分公司	机动车燃料零售	内蒙古自治区鄂尔多斯市
中国石油天燃气股份有限公司内蒙兴安石油销售分公司	机动车燃料零售	内蒙古自治区兴安盟
中国石油天然气股份有限公司内蒙古包头销售分公司	机动车燃料零售	内蒙古自治区包头市
中国石化销售有限公司内蒙古包头石油分公司	机动车燃料零售	内蒙古自治区包头市
中国石油天然气股份有限公司内蒙古乌海销售分公司	机动车燃料零售	内蒙古自治区乌海市
内蒙古维多利商业(集团)有限公司	百货零售	内蒙古自治区呼和浩特市
中国石油天然气股份有限公司内蒙古乌兰察布销售分公司	机动车燃料零售	内蒙古自治区乌兰察布市
中国石油天然气股份有限公司内蒙古阿拉善销售分公司	机动车燃料零售	内蒙古自治区阿拉善盟
赤峰海达电器有限责任公司	日用家电设备零售	内蒙古自治区赤峰市
内蒙古包头百货大楼集团股份有限公司	百货零售	内蒙古自治区包头市
包头王府井百货有限责任公司	百货零售	内蒙古自治区包头市
赤峰利丰汽车行有限公司	汽车零售	内蒙古自治区赤峰市
内蒙古维多利超市连锁有限公司	超级市场零售	内蒙古自治区呼和浩特市
包头宁鹿石油有限公司	机动车燃料零售	内蒙古自治区包头市
内蒙古呼伦贝尔市友谊有限责任公司	百货零售	内蒙古自治区呼伦贝尔市
内蒙古维多利商业管理有限公司	百货零售	内蒙古自治区呼和浩特市
内蒙古赤峰奔腾实业(集团)股份有限公司	日用家电设备零售	内蒙古自治区赤峰市
内蒙古民族商场有限责任公司	百货零售	内蒙古自治区呼和浩特市

4-2 续表 7

企业名称	所属行业	企业所在地
鄂尔多斯市蒙凯汽车销售集团有限公司	汽车零售	内蒙古自治区鄂尔多斯市
巴彦淖尔市腾洁燃气有限责任公司	生活用燃料零售	内蒙古自治区巴彦淖尔市
国药控股国大药房内蒙古有限公司	药品零售	内蒙古自治区呼和浩特市
通辽市泽强药业连锁有限责任公司	药品零售	内蒙古自治区通辽市
赤峰人川大药房连锁有限公司	药品零售	内蒙古自治区赤峰市
通辽润泰商贸有限公司	超级市场零售	内蒙古自治区通辽市
呼和浩特市屈臣氏个人用品商店有限公司	其他日用品零售	内蒙古自治区呼和浩特市
辽宁省		
沈阳京东世纪贸易有限公司	互联网零售	辽宁省沈阳市
中国石油天然气股份有限公司大连销售分公司	机动车燃料零售	辽宁省大连市
中国石油天然气股份有限公司辽宁沈阳销售分公司	机动车燃料零售	辽宁省沈阳市
大商股份有限公司	百货零售	辽宁省大连市
沈阳国美电器有限公司	日用家电设备零售	辽宁省沈阳市
大连国际商贸大厦有限公司	百货零售	辽宁省大连市
大商集团沈阳新玛特购物休闲广场有限公司	百货零售	辽宁省沈阳市
中国石油天然气股份有限公司辽宁锦州销售分公司	机动车燃料零售	辽宁省锦州市
中兴-沈阳商业大厦(集团)股份有限公司	百货零售	辽宁省沈阳市
辽宁卓展时代广场百货有限公司	百货零售	辽宁省沈阳市
中国石油天然气股份有限公司辽宁丹东销售分公司	机动车燃料零售	辽宁省丹东市
沈阳家乐福商业有限公司	超级市场零售	辽宁省沈阳市
沈阳兴隆大家庭购物中心有限公司	百货零售	辽宁省沈阳市
中国石油天然气股份有限公司辽宁辽阳销售分公司	机动车燃料零售	辽宁省辽阳市
辽宁成大方圆医药连锁有限公司	药品零售	辽宁省沈阳市
葫芦岛市百货大楼	百货零售	辽宁省葫芦岛市
大连苏宁云商销售有限公司	日用家电设备零售	辽宁省大连市
大连国美电器有限公司	日用家电设备零售	辽宁省大连市
国药控股国大药房沈阳连锁有限公司	药品零售	辽宁省沈阳市
辽宁华润万家生活超市有限公司	超级市场零售	辽宁省沈阳市
大商集团有限公司	百货零售	辽宁省大连市
沈阳苏宁云商销售有限公司	日用家电设备零售	辽宁省沈阳市
沈阳兴隆大天地购物中心有限公司	百货零售	辽宁省沈阳市
沈阳乐购超市有限公司	超级市场零售	辽宁省沈阳市
大连中升凌志汽车销售服务有限公司	汽车零售	辽宁省大连市
大连友谊(集团)股份有限公司	百货零售	辽宁省大连市
大连锦辉购物广场有限责任公司	服装零售	辽宁省大连市
大连沃尔玛百货有限公司	超级市场零售	辽宁省大连市
大连莱卡门服装有限公司	服装零售	辽宁省大连市
大商集团抚顺百货大楼有限公司	百货零售	辽宁省抚顺市
特易购商业(辽宁)有限公司	超级市场零售	辽宁省沈阳市
大商集团鞍山商业投资有限公司	百货零售	辽宁省鞍山市
大连海王星辰医药有限公司	药品零售	辽宁省大连市
朝阳兴隆大家庭购物中心有限公司	百货零售	辽宁省朝阳市
辽宁和兴大众汽车销售服务有限公司	汽车零售	辽宁省沈阳市
本溪华联商厦有限公司	百货零售	辽宁省本溪市
铁岭兴隆百货有限公司	百货零售	辽宁省铁岭市
大连家乐福商业有限公司	超级市场零售	辽宁省大连市
大商投资管理有限公司	百货零售	辽宁省大连市
营口万隆广场商业管理有限公司	百货零售	辽宁省营口市
锦州兴隆大家庭购物中心有限公司	百货零售	辽宁省锦州市
大商集团沈阳新玛特购物休闲广场有限公司千盛百货购物中心	百货零售	辽宁省沈阳市
大商集团锦州千盛购物广场有限公司	百货零售	辽宁省锦州市
大商集团锦州百货大楼有限公司	百货零售	辽宁省锦州市

4-2 续表 8

企业名称	所属行业	企业所在地
沈阳荟华楼珠宝有限公司	珠宝首饰零售	辽宁省沈阳市
盘锦金社裕农乡村百货超市连锁有限公司	百货零售	辽宁省盘锦市
大连好又多百货商业广场有限公司	超级市场零售	辽宁省大连市
阜新兴隆大家庭购物中心有限公司	百货零售	辽宁省阜新市
辽宁天士力大药房连锁有限公司	药品零售	辽宁省沈阳市
沈阳大东兴隆百货有限公司	百货零售	辽宁省沈阳市
大石桥市真实惠百货有限公司	超级市场零售	辽宁省营口市
大商阜新新玛特购物广场有限公司	百货零售	辽宁省阜新市
辽宁兴隆超市连锁有限公司	超级市场零售	辽宁省沈阳市
大石桥市兴隆百货有限公司	百货零售	辽宁省营口市
辽宁亿家商业集团有限公司	超级市场零售	辽宁省鞍山市
大连宜家家居有限公司	其他室内装饰材料零售	辽宁省大连市
辽宁百草益寿中药房连锁有限责任公司	药品零售	辽宁省沈阳市
欧亚集团沈阳联营有限公司	百货零售	辽宁省沈阳市
营口经济技术开发区商业大厦有限公司	百货零售	辽宁省营口市
大商集团铁岭新玛特有限公司	百货零售	辽宁省铁岭市
沈阳商业城股份有限公司	百货零售	辽宁省沈阳市
营口兴隆百货有限公司	超级市场零售	辽宁省营口市
营口经济技术开发区红旺广场购物中心有限公司	百货零售	辽宁省营口市
沈阳中兴新一城商场经营管理有限公司	百货零售	辽宁省沈阳市
沈阳兴隆一百商业有限公司	百货零售	辽宁省沈阳市
兴城兴隆大家庭购物中心有限公司	百货零售	辽宁省葫芦岛市
大商集团沈阳铁西新玛特购物休闲广场有限公司	百货零售	辽宁省沈阳市
辽宁人民康泰大药房连锁有限公司	药品零售	辽宁省朝阳市
沈阳大润发商业有限公司	超级市场零售	辽宁省沈阳市
大连联华快客中山便利商业有限公司	其他综合零售	辽宁省大连市
沈阳市苏家屯大润发商业有限公司	超级市场零售	辽宁省沈阳市
沃尔玛(大连)商业零售有限公司	超级市场零售	辽宁省大连市
辽宁永辉超市有限公司	超级市场零售	辽宁省沈阳市
锦州大润发商业有限公司	超级市场零售	辽宁省锦州市
大商集团沈阳于洪新玛特购物休闲广场有限公司	百货零售	辽宁省沈阳市
大连旅顺供销大厦有限公司	百货零售	辽宁省大连市
葫芦岛大润发商业有限公司	超级市场零售	辽宁省葫芦岛市
朝阳商业城有限公司	百货零售	辽宁省朝阳市
阜新大润发商业有限公司	百货零售	辽宁省阜新市
沈阳润泰商业有限公司	超级市场零售	辽宁省沈阳市
沈阳东北大药房连锁店	药品零售	辽宁省沈阳市
沈阳一动体育用品销售有限公司	服装零售	辽宁省沈阳市
辽阳大润发商业有限公司	超级市场零售	辽宁省辽阳市
成大方圆(辽宁)新药特药连锁有限公司	药品零售	辽宁省沈阳市
沈阳沃尔玛百货有限公司	超级市场零售	辽宁省沈阳市
大连罗森便利店有限公司	超级市场零售	辽宁省大连市
沈阳市新华书店	图书、报刊零售	辽宁省沈阳市
沈阳积家百货有限公司	百货零售	辽宁省沈阳市
朝阳商业城超市连锁有限公司	超级市场零售	辽宁省朝阳市
吉林省		
长春欧亚集团股份有限公司	百货零售	吉林省长春市
长春伊通河石油经销有限公司	机动车燃料零售	吉林省长春市
中国石油天然气股份有限公司吉林白城销售分公司	机动车燃料零售	吉林省白城市
国药控股吉林有限公司	药品零售	吉林省长春市
中国石油天然气股份有限公司吉林延边销售分公司	机动车燃料零售	吉林省延边朝鲜族自治州
长春卓展时代广场百货有限公司	百货零售	吉林省长春市

4-2 续表 9

企业名称	所属行业	企业所在地
中国石化销售有限公司吉林长春石油分公司	机动车燃料零售	吉林省长春市
中国石油天然气股份有限公司吉林四平销售分公司	机动车燃料零售	吉林省四平市
延吉百货大楼股份有限公司	百货零售	吉林省延边朝鲜族自治州
吉林省华生交电集团有限公司	家用视听设备零售	吉林省四平市
长春市华阳汽车贸易有限责任公司	汽车零售	吉林省长春市
吉林大药房药业股份有限公司	药品零售	吉林省长春市
吉林省威宝恒客隆仓储百货有限公司	超级市场零售	吉林省长春市
中国石油天然气股份有限公司吉林白山销售分公司	机动车燃料零售	吉林省白山市
中国石油化工股份有限公司吉林市石油分公司	机动车燃料零售	吉林省吉林市
长春苏宁云商销售有限公司	日用家电设备零售	吉林省长春市
吉林省益和大药房有限公司	药品零售	吉林省长春市
德惠市商贸大厦	百货零售	吉林省长春市
吉林省吉刚汽车贸易有限公司	汽车零售	吉林省长春市
吉林省东丰万隆商贸有限责任公司	超级市场零售	吉林省辽源市
白山市合兴实业股份有限公司	百货零售	吉林省白山市
榆树市新新小镇现代生活馆有限公司	其他综合零售	吉林省长春市
吉林亚泰超市有限公司	超级市场零售	吉林省长春市
吉林省金叶烟草有限责任公司	烟草制品零售	吉林省长春市
吉林省中东新天地购物公园有限公司	服装零售	吉林省长春市
吉林省新天地超市连锁经营有限公司	其他综合零售	吉林省长春市
长春国商百货有限公司	百货零售	吉林省长春市
吉林市润泰商业有限公司	超级市场零售	吉林省吉林市
长春远方实业集团有限公司	超级市场零售	吉林省长春市
四平辽河农垦管理区佳鑫商厦有限公司	百货零售	吉林省四平市
大商集团吉林新玛特购物休闲广场有限公司	百货零售	吉林省吉林市
吉林市大润发超市有限公司	超级市场零售	吉林省吉林市
大商集团延吉千盛购物广场有限公司	百货零售	吉林省延边朝鲜族自治州
松原大润发商业有限公司	超级市场零售	吉林省松原市
黑龙江		
哈药集团医药有限公司	药品零售	黑龙江省哈尔滨市
黑龙江远大购物中心有限公司	百货零售	黑龙江省哈尔滨市
哈尔滨中央红集团股份有限公司	百货零售	黑龙江省哈尔滨市
黑龙江黑天鹅家电有限公司	日用家电设备零售	黑龙江省哈尔滨市
中国石油天然气股份有限公司黑龙江实华销售分公司	机动车燃料零售	黑龙江省哈尔滨市
绥化市正大现代经营管理服务有限公司	百货零售	黑龙江省绥化市
大商集团大庆百货大楼有限公司	百货零售	黑龙江省大庆市
大商集团大庆新玛特购物休闲广场有限公司	百货零售	黑龙江省大庆市
哈尔滨卓展时代广场百货有限公司	百货零售	黑龙江省哈尔滨市
黑龙江省东方新天地商厦有限责任公司	服装零售	黑龙江省佳木斯市
黑龙江永辉超市有限公司	其他综合零售	黑龙江省哈尔滨市
大商哈尔滨新一百购物广场有限公司	百货零售	黑龙江省哈尔滨市
哈尔滨松雷股份有限公司	百货零售	黑龙江省哈尔滨市
黑龙江比优特商贸有限责任公司	超级市场零售	黑龙江省鹤岗市
黑龙江远大群力购物中心有限公司	百货零售	黑龙江省哈尔滨市
哈尔滨申格体育连锁有限公司	体育用品及器材零售	黑龙江省哈尔滨市
中化石油黑龙江有限公司	机动车燃料零售	黑龙江省哈尔滨市
佳木斯新玛特购物广场	百货零售	黑龙江省佳木斯市
肇州县世纪华辰超市连锁有限公司	百货零售	黑龙江省大庆市
大庆市庆客隆连锁商贸有限公司	超级市场零售	黑龙江省大庆市
大商集团牡丹江新玛特购物广场有限公司	百货零售	黑龙江省牡丹江市
黑龙江泰华医药集团有限公司	药品零售	黑龙江省绥化市
大庆福瑞邦药房连锁有限公司	药品零售	黑龙江省大庆市

4-2 续表 10

企业名称	所属行业	企业所在地
齐齐哈尔百货大楼股份有限公司	服装零售	黑龙江省齐齐哈尔市
大商集团大庆新东风购物广场有限公司	百货零售	黑龙江省大庆市
哈尔滨市联强商业发展有限公司	超级市场零售	黑龙江省哈尔滨市
齐齐哈尔市富拉尔基兴隆大家庭购物中心有限公司	家用视听设备零售	黑龙江省齐齐哈尔市
五大连池市东谕百货大楼有限责任公司	百货零售	黑龙江省黑河市
绥化市华晨商贸有限公司	超级市场零售	黑龙江省绥化市
大商股份鸡西新玛特广益街购物广场有限公司	百货零售	黑龙江省鸡西市
大商集团佳木斯百货大楼	百货零售	黑龙江省佳木斯市
沃尔玛深国投百货有限公司哈尔滨中山路分店	超级市场零售	黑龙江省哈尔滨市
大庆市世一大药房连锁有限公司	药品零售	黑龙江省大庆市
宝清县千禧经贸有限责任公司	服装零售	黑龙江省双鸭山市
青岛润泰佳木斯大润发超市	超级市场零售	黑龙江省佳木斯市
宝清县惠丰经贸有限公司	超级市场零售	黑龙江省双鸭山市
哈尔滨大润发商业有限公司	超级市场零售	黑龙江省哈尔滨市
黑龙江省东方新天地商厦有限责任公司同江分公司	百货零售	黑龙江省佳木斯市
黑龙江和邦企业管理服务有限公司	服装零售	黑龙江省双鸭山市
大商集团大庆让胡路商场	百货零售	黑龙江省大庆市
哈尔滨润富商业有限公司	超级市场零售	黑龙江省哈尔滨市
大商股份鸡西新玛特中心街购物广场有限公司	百货零售	黑龙江省鸡西市
桦南县新华管理市场	肉、禽、蛋、奶及水产品零售	黑龙江省佳木斯市
肇源县金域阳光购物中心有限公司	百货零售	黑龙江省大庆市
富锦市秋林公司	百货零售	黑龙江省佳木斯市
大庆市新华书店	图书、报刊零售	黑龙江省大庆市
哈尔滨屈臣氏个人用品商店有限公司	其他综合零售	黑龙江省哈尔滨市
上海市		
上海圆迈贸易有限公司	互联网零售	上海市嘉定区
锦江麦德龙现购自运有限公司	超级市场零售	上海市普陀区
迅销(中国)商贸有限公司	服装零售	上海市徐汇区
国药控股股份有限公司	药品零售	上海市黄浦区
上海苏宁云商销售有限公司	日用家电设备零售	上海市虹口区
耐克商业(中国)有限公司	服装零售	上海市杨浦区
中国石油天然气股份有限公司上海销售分公司	机动车燃料零售	上海市浦东新区
日上免税行(上海)有限公司	百货零售	上海市浦东新区
海恩斯莫里斯(上海)商业有限公司	服装零售	上海市黄浦区
路易威登(中国)商业销售有限公司	箱、包零售	上海市静安区
农工商超市(集团)有限公司	超级市场零售	上海市普陀区
苹果贸易(上海)有限公司	通信设备零售	上海市浦东新区
联华超市股份有限公司	超级市场零售	上海市普陀区
上海拉夏贝尔服饰股份有限公司	服装零售	上海市徐汇区
上海联家超市有限公司	超级市场零售	上海市虹口区
永乐(中国)电器销售有限公司	家用视听设备零售	上海市浦东新区
飒拉商业(上海)有限公司	服装零售	上海市静安区
上海福满家便利有限公司	其他综合零售	上海市普陀区
丝芙兰(上海)化妆品销售有限公司	化妆品及卫生用品零售	上海市黄浦区
香奈儿(中国)贸易有限公司	服装零售	上海市浦东新区
无印良品(上海)商业有限公司	服装零售	上海市静安区
上海易初莲花连锁超市有限公司	超级市场零售	上海市浦东新区
拓速乐汽车销售服务(上海)有限公司	汽车零售	上海市浦东新区
上海世纪联华超市发展有限公司	超级市场零售	上海市浦东新区
迪卡侬(上海)体育用品有限公司	体育用品及器材零售	上海市浦东新区
上海丽人丽妆化妆品有限公司	化妆品及卫生用品零售	上海市松江区
爱马仕(上海)商贸有限公司	箱、包零售	上海市静安区

4-2 续表 11

企业名称	所属行业	企业所在地
上海宽尚服饰有限公司	服装零售	上海市静安区
中化道达尔油品有限公司	机动车燃料零售	上海市浦东新区
盖璞(上海)商业有限公司	服装零售	上海市静安区
上海国美电器有限公司	日用家电设备零售	上海市普陀区
上海第一八佰伴有限公司	百货零售	上海市浦东新区
普拉达时装商业(上海)有限公司	服装零售	上海市静安区
上海利星汽车维修有限公司	汽车零售	上海市闵行区
沃尔玛华东百货有限公司	超级市场零售	上海市浦东新区
上海阑途信息技术有限公司	汽车零配件零售	上海市闵行区
克丽丝汀迪奥商业(上海)有限公司	服装零售	上海市静安区
上海家得利超市有限公司	超级市场零售	上海市徐汇区
上海久光百货有限公司	百货零售	上海市静安区
上海众像科技发展有限公司	通信设备零售	上海市浦东新区
施华洛世奇(上海)贸易有限公司	珠宝首饰零售	上海市黄浦区
上海盒马网络科技有限公司	超级市场零售	上海市浦东新区
上海新世界股份有限公司	百货零售	上海市黄浦区
蒂芙尼(上海)商业有限公司	珠宝首饰零售	上海市静安区
上海来伊份食品连锁经营有限公司	其他食品零售	上海市松江区
上海宝诚汽车销售服务有限公司	汽车零售	上海市浦东新区
上海联华快客便利有限公司	其他综合零售	上海市虹口区
上海易果电子商务有限公司	互联网零售	上海市长宁区
上海好德便利有限公司	其他综合零售	上海市黄浦区
上海新欧尚超市有限公司	超级市场零售	上海市杨浦区
玩具反斗城(中国)商贸有限公司	其他日用品零售	上海市闵行区
上海宜家家居有限公司	家具零售	上海市徐汇区
桦洁商贸(上海)有限公司	鞋帽零售	上海市黄浦区
安德阿镆贸易(上海)有限公司	服装零售	上海市黄浦区
潘多拉珠宝(上海)有限公司	工艺美术品及收藏品零售	上海市徐汇区
上海华润万家超市有限公司	百货零售	上海市徐汇区
上海百联百货经营有限公司	其他综合零售	上海市黄浦区
上海迪亚零售有限公司	其他综合零售	上海市普陀区
上海欧尚超市有限公司	超级市场零售	上海市杨浦区
宝格丽商业(上海)有限公司	珠宝首饰零售	上海市静安区
华联集团吉买盛购物中心有限公司	超级市场零售	上海市静安区
优衣库商贸有限公司	服装零售	上海市静安区
上海凡德汽车销售服务有限公司	汽车零售	上海市浦东新区
上海屈臣氏日用品有限公司	超级市场零售	上海市黄浦区
上海新华传媒连锁有限公司	图书、报刊零售	上海市黄浦区
上海可的便利店有限公司	其他综合零售	上海市黄浦区
上海旗计智能科技有限公司	百货零售	上海市金山区
安莉芳(上海)有限公司	服装零售	上海市杨浦区
上海凯诘电子商务有限公司	互联网零售	上海市嘉定区
上海伍缘现代杂货有限公司	其他综合零售	上海市普陀区
多喜佳伴纳服饰商业(上海)有限公司	服装零售	上海市黄浦区
上海松江燃气有限公司	生活用燃料零售	上海市松江区
上海大润发有限公司	粮油零售	上海市静安区
雨果博斯(上海)商贸有限公司	服装零售	上海市黄浦区
上海力涌商贸有限公司	其他日用品零售	上海市浦东新区
上海微乐服饰有限公司	服装零售	上海市闵行区
上海五菱汽车销售有限公司	汽车零售	上海市浦东新区
上海良友金伴便利连锁有限公司	其他综合零售	上海市浦东新区
上海水星电子商务有限公司	互联网零售	上海市奉贤区

4-2 续表 12

企业名称	所属行业	企业所在地
华美敦贸易(上海)有限公司	服装零售	上海市普陀区
柏蒂温妮达(中国)贸易有限公司	箱、包零售	上海市静安区
上海锐力运动用品有限公司	体育用品及器材零售	上海市黄浦区
上海捷强烟草糖酒(集团)连锁有限公司	烟草制品零售	上海市徐汇区
鞋柜商贸有限公司	鞋帽零售	上海市青浦区
国药控股国大药房上海连锁有限公司	药品零售	上海市杨浦区
上海悦目化妆品有限公司	化妆品及卫生用品零售	上海市浦东新区
上海拉谷谷时装有限公司	服装零售	上海市嘉定区
上海震旦办公自动化销售有限公司	计算机、软件及辅助设备零售	上海市嘉定区
上海恭汇贸易有限公司	其他综合零售	上海市虹口区
上海博道电子商务有限公司	互联网零售	上海市静安区
特易购商业(上海)有限公司	超级市场零售	上海市普陀区
上海三联(集团)有限公司	钟表、眼镜零售	上海市黄浦区
上海瑞表钟表贸易有限公司	钟表、眼镜零售	上海市徐汇区
上海美承高科技有限公司	计算机、软件及辅助设备零售	上海市虹口区
光橙(上海)信息科技有限公司	互联网零售	上海市浦东新区
西雅衣家(中国)商业有限公司	服装零售	上海市长宁区
芬廸(上海)商业有限公司	服装零售	上海市静安区
上海太平洋百货有限公司	百货零售	上海市徐汇区
东方商厦有限公司	百货零售	上海市徐汇区
上海古今内衣集团有限公司	服装零售	上海市黄浦区
上海永乐通讯设备有限公司	通信设备零售	上海市浦东新区
上海宝山宜家家居有限公司	家具零售	上海市宝山区
上海第一医药股份有限公司	药品零售	上海市黄浦区
托德斯(上海)商贸有限公司	鞋帽零售	上海市静安区
梦田服装(上海)有限公司	服装零售	上海市浦东新区
麦西姆杜特商业(上海)有限公司	服装零售	上海市静安区
上海天天鲜果电子商务有限公司	互联网零售	上海市浦东新区
上海华氏大药房有限公司	药品零售	上海市长宁区
上海益丰大药房连锁有限公司	药品零售	上海市黄浦区
利邦(上海)服装贸易有限公司	服装零售	上海市闵行区
上海热风时尚企业发展有限公司	鞋帽零售	上海市嘉定区
上海夏微服饰有限公司	服装零售	上海市徐汇区
上海喜士多便利连锁有限公司	其他综合零售	上海市静安区
上海绿地优鲜超市有限公司	超级市场零售	上海市宝山区
上海丽婴房婴童用品有限公司	服装零售	上海市闵行区
昆山润华商业有限公司上海闵行分公司	超级市场零售	上海市闵行区
彩盈商贸(上海)有限公司	服装零售	上海市黄浦区
上海赫基服饰贸易有限公司	服装零售	上海市徐汇区
永安百货有限公司	百货零售	上海市黄浦区
上海志行合力网络技术有限公司	工艺美术品及收藏品零售	上海市青浦区
国药控股国大复美大药房上海连锁有限公司	药品零售	上海市普陀区
魅力惠(上海)贸易有限公司	服装零售	上海市黄浦区
上海永辉杨浦超市有限公司	超级市场零售	上海市杨浦区
上海蝶翠诗商业有限公司	化妆品及卫生用品零售	上海市浦东新区
巴丽(上海)商业有限公司	服装零售	上海市徐汇区
歌帝梵(上海)食品商贸有限公司	其他食品零售	上海市黄浦区
上海环盛商业有限公司	超级市场零售	上海市浦东新区
上海璞康实业有限公司	互联网零售	上海市宝山区
上海上蔬永辉生鲜食品有限公司	超级市场零售	上海市浦东新区
上海剪刀石头布家居实业有限公司	纺织品及针织品零售	上海市闵行区
昆山润华商业有限公司上海松江分公司	超级市场零售	上海市松江区

4-2 续表 13

企业名称	所属行业	企业所在地
昆山润华商业有限公司上海南汇分公司	百货零售	上海市浦东新区
上海致尚服饰有限公司	服装零售	上海市浦东新区
菲仕乐贸易(上海)有限公司	厨房用具及日用杂品零售	上海市浦东新区
上海牛奶棚食品有限公司	糕点、面包零售	上海市虹口区
上海奉贤大润发商贸有限公司	超级市场零售	上海市奉贤区
上海七宝乐购购物中心有限公司	超级市场零售	上海市闵行区
机时商贸(上海)有限公司	服装零售	上海市浦东新区
上海易买得超市有限公司	超级市场零售	上海市虹口区
上海铂利德钻石有限公司	珠宝首饰零售	上海市静安区
上海米源饮料有限公司	酒、饮料及茶叶零售	上海市浦东新区
上海乐欧服饰有限公司	服装零售	上海市闵行区
上海美特斯邦威服饰销售有限公司	服装零售	上海市黄浦区
上海光大通信终端产品销售有限公司	通信设备零售	上海市杨浦区
爱步贸易(上海)有限公司	鞋帽零售	上海市浦东新区
上海九百购物中心有限公司	百货零售	上海市宝山区
纽洛克商业(上海)有限公司	服装零售	上海市长宁区
乾玺贸易(上海)有限公司	服装零售	上海市静安区
统一超商(上海)便利有限公司	其他综合零售	上海市黄浦区
汤美费格(上海)服饰有限公司	服装零售	上海市长宁区
上海尚东家居用品有限公司	家具零售	上海市徐汇区
利越(上海)服装商贸有限公司	服装零售	上海市闵行区
上海浦东好又多超市有限公司	超级市场零售	上海市浦东新区
上海马克华菲捷销商业有限公司	服装零售	上海市徐汇区
欣恒上品时装贸易(上海)有限公司	服装零售	上海市虹口区
上海闵行华漕大润发商贸有限公司	超级市场零售	上海市闵行区
上海泗泾大润发商贸有限公司	百货零售	上海市松江区
奥依修商贸(上海)有限公司	服装零售	上海市静安区
上海康仁乐购超市贸易有限公司	超级市场零售	上海市普陀区
朗浩控股有限公司	服装零售	上海市长宁区
拉格代尔商业(上海)有限公司	服装零售	上海市长宁区
上海养和堂药业连锁经营有限公司	药品零售	上海市浦东新区
上海三林大润发商贸有限公司	超级市场零售	上海市浦东新区
麦考林电子商务(上海)有限公司	邮购及电视、电话零售	上海市长宁区
斯凯奇贸易(上海)有限公司	鞋帽零售	上海市黄浦区
上海保德威服饰有限公司	服装零售	上海市普陀区
斯特拉迪瓦里斯商业(上海)有限公司	服装零售	上海市闵行区
上海梅林正广和便利连锁有限公司	其他综合零售	上海市闵行区
永辉云创科技有限公司	其他综合零售	上海市杨浦区
上海摩安珂服饰有限公司	服装零售	上海市松江区
上海教育超市连锁有限公司	超级市场零售	上海市宝山区
上海朗赫服饰有限公司	服装零售	上海市徐汇区
莎莎化妆品(中国)有限公司	化妆品及卫生用品零售	上海市黄浦区
迅销(上海)商业有限公司	服装零售	上海市黄浦区
上海新语餐饮管理有限公司	糕点、面包零售	上海市徐汇区
特力屋(上海)商贸有限公司	家具零售	上海市徐汇区
上海上虹大药房连锁有限公司	药品零售	上海市闵行区
上海汇丰大药房有限公司	药品零售	上海市徐汇区
飒拉家居商贸(上海)有限公司	厨房用具及日用杂品零售	上海市静安区
上海欧帛服饰有限公司	服装零售	上海市徐汇区
江苏省		
昆山润华商业有限公司	超级市场零售	江苏省苏州市
苏果超市有限公司	超级市场零售	江苏省南京市

4-2 续表 14

企业名称	所属行业	企业所在地
昆山京东尚信贸易有限公司	互联网零售	江苏省苏州市
中国石油化工股份有限公司江苏南京石油分公司	机动车燃料零售	江苏省南京市
唯品会(昆山)电子商务有限公司	互联网零售	江苏省苏州市
中石化壳牌(江苏)石油销售有限公司	机动车燃料零售	江苏省苏州市
江苏五星电器有限公司	日用家电设备零售	江苏省南京市
孩子王儿童用品股份有限公司	百货零售	江苏省南京市
江苏高速公路石油发展有限公司	机动车燃料零售	江苏省南京市
德基广场有限公司	服装零售	江苏省南京市
中国石化销售有限公司江苏盐城石油分公司	机动车燃料零售	江苏省盐城市
上药集团常州药业股份有限公司	药品零售	江苏省常州市
苏宁云商集团股份有限公司	日用家电设备零售	江苏省南京市
江苏华润万家超市有限公司	超级市场零售	江苏省苏州市
江苏永辉超市有限公司	超级市场零售	江苏省南京市
金鹰国际商贸集团(中国)有限公司	百货零售	江苏省南京市
苏州人民商场股份有限公司	百货零售	江苏省苏州市
南京中央商场(集团)股份有限公司	百货零售	江苏省南京市
苏州欧尚超市有限公司	超级市场零售	江苏省苏州市
中国石油天然气股份有限公司江苏南京销售分公司	机动车燃料零售	江苏省南京市
中国石化销售有限公司江苏江阴石油分公司	机动车燃料零售	江苏省无锡市
江苏宏图三胞高科技术投资有限公司	计算机、软件及辅助设备零售	江苏省南京市
苏州苏宁云商销售有限公司	日用家电设备零售	江苏省苏州市
好孩子(中国)零售服务有限公司	服装零售	江苏省苏州市
沃尔玛(江苏)商业零售有限公司	超级市场零售	江苏省南京市
南京新街口百货商店股份有限公司	百货零售	江苏省南京市
中国石油天然气股份有限公司江苏无锡销售分公司	机动车燃料零售	江苏省无锡市
南京宁星汽车维修服务有限公司	汽车零售	江苏省南京市
江苏欢乐买商贸股份有限公司	超级市场零售	江苏省徐州市
文峰大世界连锁发展股份有限公司	百货零售	江苏省南通市
无锡商业大厦大东方股份有限公司	百货零售	江苏省无锡市
中国石油天然气股份有限公司江苏常州销售分公司	机动车燃料零售	江苏省常州市
江苏乐天玛特商业有限公司	超级市场零售	江苏省南通市
美丽华企业(南京)有限公司	鞋帽零售	江苏省南京市
苏州函数集团有限责任公司	百货零售	江苏省苏州市
好享购物股份有限公司	邮购及电视、电话零售	江苏省南京市
江苏雅家乐集团有限公司	超级市场零售	江苏省盐城市
无锡八佰伴商贸中心有限公司	百货零售	江苏省无锡市
中国石油天然气股份有限公司江苏淮安销售分公司	机动车燃料零售	江苏省淮安市
常州百货大楼股份有限公司	百货零售	江苏省常州市
无锡市苏宁云商销售有限公司	家用视听设备零售	江苏省无锡市
江苏步步高电子有限公司	通信设备零售	江苏省苏州市
镇江市八佰伴商贸有限公司	百货零售	江苏省镇江市
江苏康众汽配有限公司	汽车零配件零售	江苏省南京市
南京屈臣氏个人用品商店有限公司	化妆品及卫生用品零售	江苏省南京市
中国石油天然气股份有限公司江苏宿迁销售分公司	机动车燃料零售	江苏省宿迁市
江苏中央新亚百货股份有限公司	百货零售	江苏省淮安市
中国石油天然气股份有限公司江苏镇江销售分公司	机动车燃料零售	江苏省镇江市
昆山商厦股份有限公司	百货零售	江苏省苏州市
徐州苏宁云商销售有限公司	家用视听设备零售	江苏省徐州市
无锡悦家商业有限公司	超级市场零售	江苏省无锡市
永银文化创意产业发展有限责任公司	工艺美术品及收藏品零售	江苏省南京市
宜兴市和信广场有限公司	百货零售	江苏省无锡市
利福广场(苏州)有限公司	百货零售	江苏省苏州市

4-2 续表 15

企业名称	所属行业	企业所在地
福中集团有限公司	计算机、软件及辅助设备零售	江苏省南京市
江苏益丰大药房连锁有限公司	药品零售	江苏省南京市
南京云田网络科技股份有限公司	照相器材零售	江苏省南京市
有货(江苏)商贸服务有限公司	互联网零售	江苏省南京市
南京商厦股份有限公司	百货零售	江苏省南京市
苏州天虹商场有限公司	百货零售	江苏省苏州市
盐城苏宁云商销售有限公司	家用视听设备零售	江苏省盐城市
镇江扬中商城	百货零售	江苏省镇江市
南通苏宁云商销售有限公司	日用家电设备零售	江苏省南通市
先声再康江苏药业有限公司	药品零售	江苏省南京市
特易购商业(江苏)有限公司	百货零售	江苏省南京市
南京宜家家居有限公司	家具零售	江苏省南京市
盐城商业大厦有限公司	百货零售	江苏省盐城市
无锡欧尚超市有限公司	超级市场零售	江苏省无锡市
常州市五星电器有限公司	家用视听设备零售	江苏省常州市
苏果超市(句容)有限公司	超级市场零售	江苏省镇江市
无锡华润万家生活超市有限公司	超级市场零售	江苏省无锡市
南通文峰电器销售有限公司	日用家电设备零售	江苏省南通市
无锡红豆居家服饰销售有限公司	服装零售	江苏省无锡市
南通欧尚超市有限公司	超级市场零售	江苏省南通市
永旺华东(苏州)商业有限公司	超级市场零售	江苏省苏州市
扬中市通达商业总公司	百货零售	江苏省镇江市
南京行狐电子商务有限公司	服装零售	江苏省南京市
恒泰人民(江苏)大药房连锁有限公司	药品零售	江苏省常州市
宜兴融通商贸有限公司	超级市场零售	江苏省无锡市
常州关河大润发商业有限公司	超级市场零售	江苏省常州市
连云港家得福商贸有限公司	超级市场零售	江苏省连云港市
苏果超市(淮安)有限公司	超级市场零售	江苏省淮安市
江苏天汇商贸有限公司	日用家电设备零售	江苏省南京市
苏州鹏润国美电器有限公司	家用视听设备零售	江苏省苏州市
南京欧尚超市有限公司	超级市场零售	江苏省南京市
苏州润瑞商业有限公司	超级市场零售	江苏省苏州市
常熟市新合作常客隆购物广场有限公司	超级市场零售	江苏省苏州市
常熟大润发超市有限公司	超级市场零售	江苏省苏州市
江苏金坛大统华购物中心有限公司	超级市场零售	江苏省常州市
常州新世纪商城有限公司	百货零售	江苏省常州市
扬州润良商业有限公司	超级市场零售	江苏省扬州市
江苏宏信商贸股份有限公司	百货零售	江苏省扬州市
无锡天惠超市股份有限公司	超级市场零售	江苏省无锡市
张家港市新百信超市连锁经营有限公司	超级市场零售	江苏省苏州市
南京顺序钟表有限公司	钟表、眼镜零售	江苏省南京市
苏果超市(连云港)有限公司	超级市场零售	江苏省连云港市
苏州润德商业有限公司	超级市场零售	江苏省苏州市
无锡大统华购物有限公司	超级市场零售	江苏省无锡市
张家港曼巴特购物广场有限公司	百货零售	江苏省苏州市
宜兴大润发商业有限公司	超级市场零售	江苏省无锡市
江苏海王星辰健康药房连锁有限公司	药品零售	江苏省苏州市
江苏雅鹿品牌运营股份有限公司	服装零售	江苏省苏州市
镇江家世界万方连锁超市有限责任公司	超级市场零售	江苏省镇江市
常州金太阳至尊家电有限公司	家用视听设备零售	江苏省常州市
华润苏州礼安医药连锁总店有限公司	药品零售	江苏省苏州市
宜兴新苏南商厦有限责任公司	百货零售	江苏省无锡市

4-2 续表 16

企业名称	所属行业	企业所在地
南京新华书店有限责任公司	图书、报刊零售	江苏省南京市
江苏省中油泰富石油集团有限公司	机动车燃料零售	江苏省苏州市
吴江润良商业有限公司	超级市场零售	江苏省苏州市
江苏百润商品配送中心有限公司	超级市场零售	江苏省苏州市
昆山千灯润平商业有限公司	百货零售	江苏省苏州市
淮安广济医药连锁有限公司	药品零售	江苏省淮安市
江苏宏信超市连锁股份有限公司	超级市场零售	江苏省扬州市
南通通州润泰商业有限公司	超级市场零售	江苏省南通市
南通通润发超市有限公司	超级市场零售	江苏省南通市
无锡天润发超市有限公司	超级市场零售	江苏省无锡市
苏州婴知岛孕婴用品有限公司	其他日用品零售	江苏省苏州市
连云港润良商贸有限公司	百货零售	江苏省连云港市
江苏亨佳健康科技股份有限公司	营养和保健品零售	江苏省南京市
镇江大润发商业有限公司	超级市场零售	江苏省镇江市
苏果超市(宿迁)有限公司	超级市场零售	江苏省宿迁市
南京边城体育用品销售有限公司	服装零售	江苏省南京市
苏州美罗百货高新区购物中心有限公司	百货零售	江苏省苏州市
南京悦家超市有限公司	超级市场零售	江苏省南京市
苏州浒关润华商业有限公司	超级市场零售	江苏省苏州市
宿迁润良商业有限公司	超级市场零售	江苏省宿迁市
无锡宜家家居零售有限公司	家具零售	江苏省无锡市
江苏盐阜人民商场有限公司	百货零售	江苏省盐城市
江苏来伊份食品有限公司	其他食品零售	江苏省南京市
苏果超市(宝应)有限公司	超级市场零售	江苏省扬州市
吴江市润泰商业有限公司	超级市场零售	江苏省苏州市
溧阳大润发商业有限公司	超级市场零售	江苏省常州市
如皋大润发商业有限公司	超级市场零售	江苏省南通市
南京中商金润发龙江超市有限公司	超级市场零售	江苏省南京市
苏果超市泰州姜堰有限公司	超级市场零售	江苏省泰州市
溧阳大统华购物中心有限公司	超级市场零售	江苏省常州市
南通祥盛倍得满家居广场有限公司	家具零售	江苏省南通市
沭阳润泰商业有限公司	超级市场零售	江苏省宿迁市
泰兴润泰商业有限公司	超级市场零售	江苏省泰州市
南京驰信通信设备有限公司	通信设备零售	江苏省南京市
苏果超市(仪征)有限公司	超级市场零售	江苏省扬州市
南京上元堂医药股份有限公司	药品零售	江苏省南京市
徐州润平商业有限公司	超级市场零售	江苏省徐州市
苏州来伊份食品有限公司	其他食品零售	江苏省苏州市
苏果超市(高邮)有限公司	超级市场零售	江苏省扬州市
无锡汇华强盛医药连锁有限公司	药品零售	江苏省无锡市
苏州宝带润泰商业有限公司	超级市场零售	江苏省苏州市
江苏汇银乐虎商业连锁有限公司	日用家电设备零售	江苏省扬州市
常州长虹大润发商业有限公司	超级市场零售	江苏省常州市
邳州市盛达商业有限公司	百货零售	江苏省徐州市
苏州食行生鲜电子商务有限公司	互联网零售	江苏省苏州市
常州怀德大润发商业有限公司	超级市场零售	江苏省常州市
扬州市百信缘医药连锁有限公司	药品零售	江苏省扬州市
苏果超市(溧水)有限公司	超级市场零售	江苏省南京市
常州瑞和泰食品有限公司	超级市场零售	江苏省常州市
江苏阿仕顿服饰有限公司	服装零售	江苏省苏州市
东台大润发商业有限公司	超级市场零售	江苏省盐城市
国药控股国大药房扬州大德生连锁有限公司	药品零售	江苏省扬州市

4-2 续表 17

企业名称	所属行业	企业所在地
南通星爱孕婴用品有限公司	其他综合零售	江苏省南通市
江苏盱眙县万润发商贸有限公司	超级市场零售	江苏省淮安市
好孩子好妈咪零售有限公司	服装零售	江苏省苏州市
常州市百胜电子有限公司	家用视听设备零售	江苏省常州市
苏州润平商业有限公司	超级市场零售	江苏省苏州市
兴化润泰商业有限公司	超级市场零售	江苏省泰州市
江苏明都超市有限公司	超级市场零售	江苏省常州市
常州棉之初服饰有限公司	服装零售	江苏省常州市
常州万仁大药房有限公司	药品零售	江苏省常州市
泰兴市鼓楼购物中心有限公司	百货零售	江苏省泰州市
连云港康济大药房连锁有限公司	药品零售	江苏省连云港市
南京中商金润发鼓楼购物中心有限公司	超级市场零售	江苏省南京市
扬州润邗商业有限公司	超级市场零售	江苏省扬州市
江苏商联超市有限公司	超级市场零售	江苏省淮安市
昆山双鹤同德堂连锁大药房有限责任公司	药品零售	江苏省苏州市
苏果超市(扬州)有限公司	超级市场零售	江苏省扬州市
宜兴市天健医药连锁有限公司	药品零售	江苏省无锡市
宜兴新东方百货有限公司	百货零售	江苏省无锡市
江苏百佳惠瑞丰大药房连锁有限公司	药品零售	江苏省苏州市
苏果超市(海安)有限公司	超级市场零售	江苏省南通市
苏果超市(兴化)有限公司	超级市场零售	江苏省泰州市
常州市信特超市有限公司	超级市场零售	江苏省常州市
江苏新合作常客隆连锁超市有限公司	超级市场零售	江苏省苏州市
泰兴市大统华购物中心有限公司	超级市场零售	江苏省泰州市
苏果超市(高淳)有限公司	超级市场零售	江苏省南京市
南通润良商业有限公司	超级市场零售	江苏省南通市
南京六合程桥农贸市场有限公司	肉、禽、蛋、奶及水产品零售	江苏省南京市
苏果超市(徐州)有限公司	超级市场零售	江苏省徐州市
南京医药百信药房有限责任公司	药品零售	江苏省南京市
南通国美电器有限公司	日用家电设备零售	江苏省南通市
徐州市广济连锁药店有限公司	药品零售	江苏省徐州市
镇江市恺源旅游商贸有限责任公司	超级市场零售	江苏省镇江市
常州中诚大药房有限公司	药品零售	江苏省常州市
南通润华商业有限公司	超级市场零售	江苏省南通市
苏果超市(沛县)有限公司	超级市场零售	江苏省徐州市
睢宁县百盛商贸有限责任公司	超级市场零售	江苏省徐州市
徐州旭旺超市有限公司	超级市场零售	江苏省徐州市
徐州恩华统一医药连锁销售有限公司	药品零售	江苏省徐州市
南京市朝阳加油(气)站管理服务有限责任公司	机动车燃料零售	江苏省南京市
浙江省		
杭州京东惠景贸易有限公司	互联网零售	浙江省杭州市
杭州联华华商集团有限公司	超级市场零售	浙江省杭州市
中国石化销售有限公司浙江台州石油分公司	机动车燃料零售	浙江省台州市
华润万家生活超市(浙江)有限公司	超级市场零售	浙江省杭州市
中国石化销售有限公司浙江湖州石油分公司	机动车燃料零售	浙江省湖州市
浙江永辉超市有限公司	超级市场零售	浙江省杭州市
杭州大厦有限公司	百货零售	浙江省杭州市
三江购物俱乐部股份有限公司	超级市场零售	浙江省宁波市
浙江康达汽车工贸有限公司	汽车零售	浙江省杭州市
中石化碧辟(浙江)石油有限公司绍兴分公司	机动车燃料零售	浙江省绍兴市
浙江森马电子商务有限公司	互联网零售	浙江省杭州市
杭州郝姆斯食品有限公司	互联网零售	浙江省杭州市

4-2 续表 18

企业名称	所属行业	企业所在地
浙江银泰百货有限公司	百货零售	浙江省杭州市
话机世界通信集团股份有限公司	通信设备零售	浙江省杭州市
江南布衣服饰有限公司	服装零售	浙江省杭州市
中国石化销售有限公司浙江丽水石油分公司	机动车燃料零售	浙江省丽水市
浙江万国汽车有限公司	汽车零售	浙江省杭州市
中国石油天然气股份有限公司浙江宁波销售分公司	机动车燃料零售	浙江省宁波市
杭州网易严选贸易有限公司	互联网零售	浙江省杭州市
中国石油天然气股份有限公司浙江台州销售分公司	机动车燃料零售	浙江省台州市
浙江世纪联华超市有限公司	超级市场零售	浙江省杭州市
浙江华联医药连锁有限公司	药品零售	浙江省绍兴市
浙江华润慈客隆超市有限公司	超级市场零售	浙江省宁波市
中国石油天然气股份有限公司浙江温州销售分公司	机动车燃料零售	浙江省温州市
宁波太平鸟时尚服饰股份有限公司	服装零售	浙江省宁波市
宁波太平鸟风尚男装有限公司	服装零售	浙江省宁波市
沃尔玛(浙江)百货有限公司	超级市场零售	浙江省杭州市
中石化碧辟(浙江)石油有限公司杭州分公司	机动车燃料零售	浙江省杭州市
中国石油天然气股份有限公司浙江嘉兴销售分公司	机动车燃料零售	浙江省嘉兴市
浙江百诚网络科技发展有限公司	互联网零售	浙江省杭州市
浙江金湖机电有限公司	汽车零售	浙江省杭州市
好易购家庭购物有限公司	邮购及电视、电话零售	浙江省杭州市
宁波中哲慕尚电子商务有限公司	互联网零售	浙江省宁波市
浙江国美电器有限公司	日用家电设备零售	浙江省杭州市
浙江十足商贸有限公司	其他综合零售	浙江省温州市
杭州优买科技有限公司	互联网零售	浙江省杭州市
中国石油天然气股份有限公司浙江绍兴销售分公司	机动车燃料零售	浙江省绍兴市
浙江胜道体育用品有限公司	服装零售	浙江省金华市
浙江中邮普泰移动通信设备有限公司	通信设备零售	浙江省杭州市
宁波博洋服饰集团有限公司	服装零售	浙江省宁波市
宁波甬宁苏宁云商商贸有限公司	家用视听设备零售	浙江省宁波市
浙江凯虹集团有限公司	百货零售	浙江省舟山市
杭州联华华商集团拱墅世纪联华超市有限公司	超级市场零售	浙江省杭州市
浙北大厦集团有限公司	百货零售	浙江省湖州市
杭州维卓电子商务有限公司	互联网零售	浙江省杭州市
杭州外海家友超市有限公司	超级市场零售	浙江省杭州市
博库网络传媒集团有限公司	互联网零售	浙江省杭州市
宁波宝恒汽车集团有限公司	汽车零售	浙江省宁波市
浙江汇德隆实业集团有限公司	超级市场零售	浙江省杭州市
特维轮网络科技(杭州)有限公司	互联网零售	浙江省杭州市
浙江上百贸易有限公司	百货零售	浙江省绍兴市
宁波市北仑加贝购物俱乐部	超级市场零售	浙江省宁波市
浙江诸暨第一百货有限公司	百货零售	浙江省绍兴市
浙江东兴商厦股份有限公司	超级市场零售	浙江省嘉兴市
杭州意丰歌服饰有限公司	服装零售	浙江省杭州市
浙江雅莹时装销售有限公司	服装零售	浙江省嘉兴市
百大集团股份有限公司	百货零售	浙江省杭州市
浙江越王珠宝有限公司	珠宝首饰零售	浙江省绍兴市
杭州屈臣氏个人用品商店有限公司	超级市场零售	浙江省杭州市
浙江大东鞋业有限公司	鞋帽零售	浙江省温州市
浙江瑞人堂医药连锁有限公司	药品零售	浙江省台州市
绍兴英特大通医药有限公司	药品零售	浙江省绍兴市
宁波唐狮网络科技有限公司	互联网零售	浙江省宁波市
衢州东方商厦有限公司	百货零售	浙江省衢州市

4-2 续表 19

企业名称	所属行业	企业所在地
杭州解百集团股份有限公司	百货零售	浙江省杭州市
海宁市华联大厦有限公司	百货零售	浙江省嘉兴市
杭州悠可化妆品有限公司	互联网零售	浙江省杭州市
宁波城市广场开发经营有限公司	百货零售	浙江省宁波市
浙江全麦网尚电子商务有限公司	互联网零售	浙江省杭州市
加贝物流股份有限公司	超级市场零售	浙江省宁波市
浙江人本超市有限公司	超级市场零售	浙江省温州市
浙江供销超市有限公司	超级市场零售	浙江省绍兴市
浙江迪安诊断技术股份有限公司	医疗用品及器材零售	浙江省杭州市
浙江星普五星电器有限公司	日用家电设备零售	浙江省杭州市
浙江大唐电子通信有限公司	通信设备零售	浙江省台州市
宁波市家家乐食品有限责任公司	超级市场零售	浙江省宁波市
台州市三和连锁超市有限公司	超级市场零售	浙江省台州市
绍兴大通购物中心有限公司	百货零售	浙江省绍兴市
杭州宜家家居有限公司	家具零售	浙江省杭州市
宁波浙国美电器有限公司	家用视听设备零售	浙江省宁波市
嵊州市国商大厦有限公司	百货零售	浙江省绍兴市
嘉兴市戴梦得购物中心有限公司	百货零售	浙江省嘉兴市
宁波先锋电器销售有限公司	互联网零售	浙江省宁波市
宁波新江厦连锁超市有限公司	超级市场零售	浙江省宁波市
华润万家生活超市(宁波)有限公司	超级市场零售	浙江省宁波市
嘉兴八佰伴商贸有限公司	百货零售	浙江省嘉兴市
浙江家家福超市有限公司	超级市场零售	浙江省宁波市
浙江速网电子商务有限公司	互联网零售	浙江省杭州市
浙江印象实业股份有限公司	服装零售	浙江省杭州市
浙江三江购物有限公司	超级市场零售	浙江省杭州市
杭州网阔电子商务有限公司	互联网零售	浙江省杭州市
浙江江南大厦股份有限公司	百货零售	浙江省嘉兴市
湖州浙北大厦超市有限公司	超级市场零售	浙江省湖州市
杭州昕喜家具销售有限公司	家具零售	浙江省杭州市
杭州黯涉电子商务有限公司	互联网零售	浙江省杭州市
台州华联超市有限公司	超级市场零售	浙江省台州市
浙江震元医药连锁有限公司	药品零售	浙江省绍兴市
杭州物美乐沙超市有限公司	超级市场零售	浙江省杭州市
杭州九洲大药房连锁有限公司	药品零售	浙江省杭州市
杭州物美大卖场商业有限公司	超级市场零售	浙江省杭州市
平湖大润发商业有限公司	超级市场零售	浙江省嘉兴市
温州崇高百货有限公司	服装零售	浙江省温州市
老百姓大药房连锁(浙江)有限公司	药品零售	浙江省杭州市
浙江福泰隆连锁超市有限公司	粮油零售	浙江省金华市
嘉兴市秀洲新区商业有限责任公司	超级市场零售	浙江省嘉兴市
绍兴市千客隆超市有限公司	超级市场零售	浙江省绍兴市
宁波中哲文墨品牌管理有限公司	服装零售	浙江省宁波市
杭州顶全便利店有限公司	其他食品零售	浙江省杭州市
浙江佰丽源实业有限公司	服装零售	浙江省杭州市
绍兴大通商城股份有限公司	百货零售	浙江省绍兴市
耀达集团有限公司	百货零售	浙江省台州市
杭州萧山润华大润发超市有限公司	超级市场零售	浙江省杭州市
杭州物美东汇百货有限公司	超级市场零售	浙江省杭州市
杭州孩子王儿童用品有限公司	百货零售	浙江省杭州市
浙江海港超市连锁有限公司	超级市场零售	浙江省嘉兴市
浙江杭州市新华书店有限公司	图书、报刊零售	浙江省杭州市

4-2 续表 20

企业名称	所属行业	企业所在地
温州好又多百货有限公司	超级市场零售	浙江省温州市
杭州海王星辰健康药房有限公司	药品零售	浙江省杭州市
永康润泰商业有限公司	超级市场零售	浙江省金华市
温州一正药房连锁有限公司	药品零售	浙江省温州市
宁波四明大药房有限责任公司	药品零售	浙江省宁波市
浙江贝爱服装有限公司	服装零售	浙江省嘉兴市
宁波彩虹大药房有限公司	药品零售	浙江省宁波市
杭州瑞祥珠宝有限公司	珠宝首饰零售	浙江省杭州市
宁波太平洋百货集团有限公司	百货零售	浙江省宁波市
杭州宇振体育用品有限公司	体育用品及器材零售	浙江省杭州市
浙江天天好大药房连锁有限公司	药品零售	浙江省杭州市
舟山市民生商厦有限责任公司	超级市场零售	浙江省舟山市
温州迪信通电子通信技术有限公司	通信设备零售	浙江省温州市
杭州晶杰通信技术股份有限公司	通信设备零售	浙江省杭州市
宁波家乐福商业有限公司	超级市场零售	浙江省宁波市
杭州顾家工艺家具销售有限公司	家具零售	浙江省杭州市
宁波乐购生活购物有限公司	超级市场零售	浙江省宁波市
浙江元祖食品有限公司	糕点、面包零售	浙江省杭州市
宁波新华书店有限公司	图书、报刊零售	浙江省宁波市
浙江乐清银泰百货有限公司	百货零售	浙江省乐清市
温州锐力体育用品有限公司	服装零售	浙江省温州市
华鼎菲妮迪国际时装零售有限公司	服装零售	浙江省杭州市
温州百一超市有限公司	超级市场零售	浙江省温州市
浙江华通医药连锁有限公司	药品零售	浙江省绍兴市
宁波海王星辰健康药房有限公司	药品零售	浙江省宁波市
安徽省		
三只松鼠股份有限公司	互联网零售	安徽省芜湖市
安徽省高速石化有限公司	机动车燃料零售	安徽省合肥市
合肥百货大楼集团股份有限公司	百货零售	安徽省合肥市
安徽永辉超市有限公司	超级市场零售	安徽省合肥市
中国石化销售有限公司安徽淮南石油分公司	机动车燃料零售	安徽省淮南市
中国石化销售有限公司安徽芜湖石油分公司	机动车燃料零售	安徽省芜湖市
亚夏汽车股份有限公司	汽车零售	安徽省芜湖市
中国石化销售有限公司安徽阜阳石油分公司	机动车燃料零售	安徽省阜阳市
安徽省医药(集团)股份有限公司	药品零售	安徽省合肥市
芜湖中油石油有限公司	机动车燃料零售	安徽省芜湖市
安徽百大合家福连锁超市股份有限公司	超级市场零售	安徽省合肥市
安徽快乐真棒商贸集团有限公司	超级市场零售	安徽省淮北市
中国石油天然气股份有限公司安徽阜阳销售分公司	机动车燃料零售	安徽省阜阳市
阜阳华联集团股份有限公司	超级市场零售	安徽省阜阳市
中国石化销售有限公司安徽马鞍山石油分公司	机动车燃料零售	安徽省马鞍山市
安徽商之都股份有限公司	百货零售	安徽省合肥市
芜湖华亿国际购物中心有限责任公司	百货零售	安徽省芜湖市
安徽苏宁云商销售有限公司	家用视听设备零售	安徽省合肥市
安徽五星电器有限公司	家用视听设备零售	安徽省合肥市
安徽欧尚超市有限公司	超级市场零售	安徽省芜湖市
安徽家家购物股份有限公司	邮购及电视、电话零售	安徽省合肥市
安徽百大电器连锁有限公司	日用家电设备零售	安徽省合肥市
合肥新华书店有限公司	图书、报刊零售	安徽省合肥市
安徽华运超市股份有限公司	超级市场零售	安徽省蚌埠市
合肥宝勋体育用品商贸有限公司	服装零售	安徽省合肥市
阜阳五一六电子商务有限公司	互联网零售	安徽省阜阳市

4-2 续表 21

企业名称	所属行业	企业所在地
安徽华联商厦有限责任公司	百货零售	安徽省淮南市
芜湖凡臣电子商务有限责任公司	互联网零售	安徽省芜湖市
萧县新联华商贸有限责任公司	百货零售	安徽省宿州市
合肥悦家商业有限公司	超级市场零售	安徽省合肥市
安徽宏图三胞科技发展有限公司	计算机、软件及辅助设备零售	安徽省合肥市
安徽菜大师农业信息科技有限公司	果品、蔬菜零售	安徽省合肥市
巢湖安德利购物中心有限公司	百货零售	安徽省合肥市
安徽省徽商红府连锁超市有限责任公司	超级市场零售	安徽省合肥市
安徽省阜阳商厦股份有限公司	百货零售	安徽省阜阳市
苏果超市(合肥)有限公司	超级市场零售	安徽省合肥市
安徽新百华誉商业集团有限公司	超级市场零售	安徽省阜阳市
安徽童联孩子王儿童用品有限公司	百货零售	安徽省合肥市
芜湖苏宁云商商贸有限公司	家用视听设备零售	安徽省芜湖市
安徽金华联投资股份有限公司	百货零售	安徽省安庆市
安徽百姓缘大药房连锁有限公司	药品零售	安徽省合肥市
安徽中新高科产业有限公司	超级市场零售	安徽省阜阳市
安庆市世纪华联超市有限公司	百货零售	安徽省安庆市
安徽安德利百货股份有限公司	百货零售	安徽省合肥市
亳州市盖盛祥超市有限公司	百货零售	安徽省亳州市
涡阳县新华电商贸有限公司	百货零售	安徽省亳州市
合肥百大集团蚌埠合家福百大超市有限责任公司	超级市场零售	安徽省蚌埠市
安徽丰原大药房连锁有限公司	药品零售	安徽省蚌埠市
安徽淮商超市有限公司	超级市场零售	安徽省蚌埠市
安徽省蚌埠市绿十字医药连锁有限公司	药品零售	安徽省蚌埠市
中化石油安徽有限公司	机动车燃料零售	安徽省合肥市
芜湖大润发商贸有限公司	超级市场零售	安徽省芜湖市
安徽三酉电子商务有限公司	互联网零售	安徽省合肥市
安徽国美电器有限公司	家用视听设备零售	安徽省合肥市
安徽白云(集团)商贸有限公司	百货零售	安徽省滁州市
淮北大润发商贸有限公司	超级市场零售	安徽省淮北市
安徽绿篮子超市有限责任公司	超级市场零售	安徽省六安市
苏果超市(淮南)有限公司	超级市场零售	安徽省淮南市
安徽满天星连锁超市有限公司	超级市场零售	安徽省合肥市
安徽国胜大药房连锁有限公司	药品零售	安徽省合肥市
安徽省台客隆连锁超市有限责任公司	超级市场零售	安徽省宣城市
阜阳市国贸商城投资股份有限公司	百货零售	安徽省阜阳市
苏果超市(全椒)有限公司	超级市场零售	安徽省滁州市
无为安德利购物中心有限公司	百货零售	安徽省芜湖市
合肥屈臣氏个人用品商店有限公司	超级市场零售	安徽省合肥市
滁州华巨百姓缘大药房连锁股份有限公司	药品零售	安徽省滁州市
定远县万汇龙装饰城有限公司	木质装饰材料零售	安徽省滁州市
六安市远盛贸易有限责任公司	百货零售	安徽省六安市
安徽省无为县食品公司	肉、禽、蛋、奶及水产品零售	安徽省芜湖市
淮南新欣医药有限公司	药品零售	安徽省淮南市
苏果超市(马鞍山)有限公司	超级市场零售	安徽省马鞍山市
合肥百货大楼集团铜陵合百商厦有限责任公司	百货零售	安徽省铜陵市
怀宁县永丰超市有限公司	百货零售	安徽省安庆市
合肥翡翠大润发商业有限公司	百货零售	安徽省合肥市
阜阳大润发商业有限公司	超级市场零售	安徽省阜阳市
安徽乐城投资股份有限公司	超级市场零售	安徽省合肥市
合肥太平鸟服饰营销有限公司	服装零售	安徽省合肥市
特易购商业(安徽)有限公司	超级市场零售	安徽省合肥市

4-2 续表 22

企业名称	所属行业	企业所在地
沃尔玛(安徽)商业零售有限公司	超级市场零售	安徽省合肥市
合肥庐阳大润发商业有限公司	超级市场零售	安徽省合肥市
濉溪县真棒特商贸有限公司	百货零售	安徽省淮北市
芜湖市福海商业投资有限公司	家具零售	安徽省芜湖市
安徽省利辛县粮油食品商厦	超级市场零售	安徽省亳州市
苏果超市(滁州)有限公司	超级市场零售	安徽省滁州市
亳州金色华联超市有限责任公司	百货零售	安徽省亳州市
淮南市大润发商业有限公司	超级市场零售	安徽省淮南市
砀山县壹度便利商贸有限公司	百货零售	安徽省宿州市
淮南市恒康医药有限公司	药品零售	安徽省淮南市
合肥联家商贸发展有限公司	超级市场零售	安徽省合肥市
南京医药合肥大药房连锁有限公司	药品零售	安徽省合肥市
安徽省亳州市医药供销有限公司	药品零售	安徽省亳州市
颍上县三八购物广场有限责任公司	百货零售	安徽省阜阳市
苏果超市(天长)有限公司	超级市场零售	安徽省滁州市
安徽新模范商业有限公司	超级市场零售	安徽省合肥市
安徽省春源大药房有限公司	药品零售	安徽省安庆市
和县安德利购物中心有限公司	超级市场零售	安徽省马鞍山市
合肥百维食品饮料有限责任公司	酒、饮料及茶叶零售	安徽省合肥市
福建省		
永辉超市股份有限公司	超级市场零售	福建省福州市
厦门京东东和贸易有限公司	互联网零售	福建省厦门市
福建新华发行(集团)有限责任公司	图书、报刊零售	福建省福州市
厦门安踏电子商务有限公司	互联网零售	福建省厦门市
斐乐服饰有限公司	纺织品及针织品零售	福建省厦门市
福州麦多万嘉超市有限公司	粮油零售	福建省福州市
福建同春药业股份有限公司	药品零售	福建省福州市
鹭燕医药股份有限公司	药品零售	福建省厦门市
中国石油天然气股份有限公司泉州销售分公司	机动车燃料零售	福建省泉州市
中国石油天然气股份有限公司福建福州销售分公司	机动车燃料零售	福建省福州市
泉州新华都购物广场有限公司	百货零售	福建省泉州市
中国石油天然气股份有限公司福建厦门销售分公司	机动车燃料零售	福建省厦门市
沃尔玛深国投百货有限公司福州山姆会员商店	超级市场零售	福建省福州市
福建新华都综合百货有限公司	百货零售	福建省福州市
福州国美电器有限公司	日用家电设备零售	福建省福州市
福建苏宁云商商贸有限公司	日用家电设备零售	福建省福州市
中化(泉州)石油销售有限公司	机动车燃料零售	福建省泉州市
宁德万达广场商业物业管理有限公司	服装零售	福建省宁德市
厦门市天虹商场有限公司	百货零售	福建省厦门市
沃尔玛(福建)商业零售有限公司	超级市场零售	福建省福州市
中闽百汇(泉州)商贸管理有限公司	百货零售	福建省泉州市
厦门苏宁云商销售有限公司	日用家电设备零售	福建省厦门市
厦门永辉民生超市有限公司	超级市场零售	福建省厦门市
中国石油天然气股份有限公司福建漳州销售分公司	机动车燃料零售	福建省漳州市
厦门永乐思文家电有限公司	日用家电设备零售	福建省厦门市
厦门新华都购物广场有限公司	超级市场零售	福建省厦门市
永兴东润(中国)服饰有限公司	服装零售	福建省厦门市
福建天天菜篮子生鲜食品配送有限公司	果品、蔬菜零售	福建省福州市
沃尔玛(厦门)商业零售有限公司	超级市场零售	福建省厦门市
中化(福建)石油销售有限公司	机动车燃料零售	福建省厦门市
图途(厦门)户外用品有限公司	体育用品及器材零售	福建省厦门市
福建成辉商务服务有限公司	五金零售	福建省泉州市

4-2 续表 23

企业名称	所属行业	企业所在地
沃尔玛深国投百货有限公司厦门世贸分店	百货零售	福建省厦门市
福建东百集团股份有限公司	百货零售	福建省福州市
福建省大家乐商贸有限公司	超级市场零售	福建省莆田市
福建惠好四海医药连锁有限责任公司	药品零售	福建省福州市
漳州新华都百货有限责任公司	超级市场零售	福建省漳州市
福建陆加叁商贸有限公司	百货零售	福建省莆田市
厦门市中闽百汇商业有限公司	百货零售	福建省厦门市
厦门海翼泰成汽车服务有限公司	汽车零售	福建省厦门市
福建回头客电子商务有限公司	糕点、面包零售	福建省泉州市
厦门市中博贸易有限公司	通信设备零售	福建省厦门市
福州吉汉唐企业管理有限公司	酒、饮料及茶叶零售	福建省福州市
厦门夏商民兴超市有限公司	超级市场零售	福建省厦门市
龙岩新华都购物广场有限公司	超级市场零售	福建省龙岩市
厦门国美电器有限公司	日用家电设备零售	福建省厦门市
厦门元初食品股份有限公司	其他综合零售	福建省厦门市
泉州鹏润国美电器有限公司	日用家电设备零售	福建省泉州市
名鞋库网络科技有限公司	互联网零售	福建省厦门市
日春股份公司	酒、饮料及茶叶零售	福建省泉州市
泉州市东南医药连锁有限公司	药品零售	福建省泉州市
厦门润瑞商业有限公司	超级市场零售	福建省厦门市
厦门夏商百货集团南平有限公司	超级市场零售	福建省南平市
厦门富山诚达百货商业广场有限公司	超级市场零售	福建省厦门市
三明新华都购物广场有限公司	超级市场零售	福建省三明市
永安市佳洁贸易有限公司	超级市场零售	福建省三明市
厦门育泰贸易有限公司	鞋帽零售	福建省厦门市
福建省平和大世界商贸有限公司	超级市场零售	福建省漳州市
福州好又多百货有限公司	超级市场零售	福建省福州市
沃尔玛深国投百货有限公司泉州江滨北路分店	百货零售	福建省泉州市
福州明视眼镜有限公司	钟表、眼镜零售	福建省福州市
漳州大润发商业有限公司	超级市场零售	福建省漳州市
莆田市凤凰百货有限公司	超级市场零售	福建省莆田市
龙岩大润发商业有限公司	超级市场零售	福建省龙岩市
厦门市越千阳发展有限公司	服装零售	福建省厦门市
福建宝闽体育用品有限公司	服装零售	福建省福州市
八十五度(福州)餐饮管理有限公司	糕点、面包零售	福建省福州市
福州金榕大润发商业有限公司	百货零售	福建省福州市
福建国大药房连锁有限公司	药品零售	福建省厦门市
厦门永辉商业有限公司	超级市场零售	福建省厦门市
福州家乐福商业有限公司	超级市场零售	福建省福州市
福建华润万家生活超市有限公司	超级市场零售	福建省厦门市
福建宜又佳医药连锁有限公司	药品零售	福建省福州市
厦门银祥食品有限公司	肉、禽、蛋、奶及水产品零售	福建省厦门市
福州诚达黎明百货有限公司	百货零售	福建省福州市
南平新华都购物广场有限公司	超级市场零售	福建省南平市
上海红星美凯龙品牌管理有限公司泉州洛江分公司	家具零售	福建省泉州市
厦门鹭燕大药房有限公司	药品零售	福建省厦门市
江西省		
江西新华发行集团有限公司	图书、报刊零售	江西省南昌市
江西洪客隆百货投资有限公司	百货零售	江西省南昌市
联盛商业连锁股份有限公司	百货零售	江西省九江市
南昌市天虹商场有限公司	百货零售	江西省南昌市
南昌百货大楼股份有限公司	百货零售	江西省南昌市

4-2　续表 24

企业名称	所属行业	企业所在地
江西风尚电视购物股份有限公司	邮购及电视、电话零售	江西省南昌市
江西省绿滋肴贸易有限公司	其他食品零售	江西省南昌市
江西苏宁云商销售有限公司	日用家电设备零售	江西省南昌市
江西黄庆仁栈华氏大药房有限公司	药品零售	江西省南昌市
江西煌上煌集团食品股份有限公司	肉、禽、蛋、奶及水产品零售	江西省南昌市
赣州国光实业有限公司	超级市场零售	江西省赣州市
江西青龙集团商厦有限公司	超级市场零售	江西省宜春市
江西鹏润国美电器有限公司	家用视听设备零售	江西省南昌市
沃尔玛(江西)商业零售有限公司	百货零售	江西省南昌市
洪城大厦(集团)股份有限公司	百货零售	江西省南昌市
德兴市东东商贸有限公司	百货零售	江西省上饶市
江西益丰大药房连锁有限公司	药品零售	江西省南昌市
江西省万宜经贸有限公司	百货零售	江西省九江市
江西坚强百货连锁有限公司	百货零售	江西省赣州市
江西国光商业连锁有限责任公司	超级市场零售	江西省吉安市
江西五一超市股份有限公司	超级市场零售	江西省上饶市
洪客隆投资发展(抚州)有限公司	超级市场零售	江西省抚州市
九江联盛超市连锁股份有限公司	百货零售	江西省九江市
江西新洪客隆莲塘实业有限公司	超级市场零售	江西省南昌市
沃尔玛(江西)百货有限公司	超级市场零售	江西省南昌市
吉安市甘雨亭超市有限公司	超级市场零售	江西省吉安市
江西瓷肌电子商务有限公司	化妆品及卫生用品零售	江西省南昌市
江西宝元商贸有限公司	服装零售	江西省南昌市
南昌百货大楼萍乡有限责任公司	超级市场零售	江西省萍乡市
宜春步步高商业连锁有限责任公司	超级市场零售	江西省宜春市
余干县财源商贸有限公司	超级市场零售	江西省上饶市
山东省		
山东远通汽车贸易集团有限公司	汽车零售	山东省临沂市
山东海王银河医药有限公司	药品零售	山东省潍坊市
青岛京东昌益得贸易有限公司	互联网零售	山东省青岛市
山东潍坊百货集团股份有限公司	百货零售	山东省潍坊市
家家悦集团股份有限公司	超级市场零售	山东省威海市
山东银座商城股份有限公司	百货零售	山东省济南市
济南华联商厦集团股份有限公司	百货零售	山东省济南市
中国石化销售有限公司山东青岛石油分公司	机动车燃料零售	山东省青岛市
山东新星集团有限公司	百货零售	山东省淄博市
中国石油化工股份有限公司山东潍坊分公司	机动车燃料零售	山东省潍坊市
临沂医药集团有限公司	药品零售	山东省临沂市
罗欣医药集团有限公司	药品零售	山东省临沂市
中国石化销售有限公司山东临沂石油分公司	机动车燃料零售	山东省临沂市
青岛传承国际商贸有限公司	服装零售	山东省青岛市
山东九州商业集团有限公司	百货零售	山东省临沂市
润华集团股份有限公司	汽车零售	山东省济南市
山东银座汽车有限公司	汽车零售	山东省济南市
中国石油天然气股份有限公司山东青岛销售分公司	机动车燃料零售	山东省青岛市
青岛利客来集团股份有限公司	百货零售	山东省青岛市
烟台市家家悦超市有限公司	超级市场零售	山东省烟台市
国药控股鲁南有限公司	药品零售	山东省临沂市
中国石油化工山东日照石油公司	机动车燃料零售	山东省日照市
中国石化山东泰山石油股份有限公司	机动车燃料零售	山东省泰安市
中国石化销售有限公司山东威海石油分公司	机动车燃料零售	山东省威海市
中国石化销售有限公司山东滨州石油分公司	机动车燃料零售	山东省滨州市

4-2 续表 25

企业名称	所属行业	企业所在地
山东路油油气管理有限公司	机动车燃料零售	山东省济南市
中国石油化工股份有限公司山东德州石油分公司	机动车燃料零售	山东省德州市
山东贵诚集团购物中心有限公司	百货零售	山东省枣庄市
山东全福元商业集团有限责任公司	百货零售	山东省潍坊市
济宁润华汽车销售服务有限公司	汽车零售	山东省济宁市
烟台市振华百货集团股份有限公司振华商厦	百货零售	山东省烟台市
山东三际电子商务有限公司	互联网零售	山东省济南市
青岛海信东海商贸有限公司	百货零售	山东省青岛市
青岛永旺东泰商业有限公司	百货零售	山东省青岛市
山东苏宁云商商贸有限公司	家用视听设备零售	山东省济南市
山东金宇商贸有限公司	家具零售	山东省济宁市
青岛维客集团股份有限公司	百货零售	山东省青岛市
济南国美电器有限公司	家用视听设备零售	山东省济南市
烟台振华量贩超市有限公司	百货零售	山东省烟台市
山东德州百货大楼(集团)有限责任公司	百货零售	山东省德州市
山东省聊城市百货大楼有限责任公司	百货零售	山东省聊城市
中国石油天然气股份有限公司山东潍坊销售分公司	机动车燃料零售	山东省潍坊市
青岛苏宁云商商贸有限公司	家用视听设备零售	山东省青岛市
中国石油天然气股份有限公司山东临沂销售分公司	机动车燃料零售	山东省临沂市
临沂佳轮汽车销售服务有限公司	汽车零售	山东省临沂市
山东鲁百百货大楼集团有限公司	其他文化用品零售	山东省东营市
济宁九龙贵和商贸集团有限公司	家用视听设备零售	山东省济宁市
利群集团青岛利群商厦有限公司	百货零售	山东省青岛市
漱玉平民大药房连锁股份有限公司	药品零售	山东省济南市
韩都衣舍电子商务集团股份有限公司	互联网零售	山东省济南市
东营银座商城有限公司	百货零售	山东省东营市
青岛国美电器有限公司	日用家电设备零售	山东省青岛市
中国石油天然气股份有限公司山东枣庄销售分公司	机动车燃料零售	山东省枣庄市
山东京博新能源控股发展有限公司	机动车燃料零售	山东省滨州市
青岛屈臣氏个人用品商店有限公司	超级市场零售	山东省青岛市
山东亿维信息科技有限公司	计算机、软件及辅助设备零售	山东省济宁市
青岛宝胜国际体育用品有限公司	服装零售	山东省青岛市
麦凯乐(青岛)百货总店有限公司	百货零售	山东省青岛市
泰安银座商城有限公司	百货零售	山东省泰安市
滨州银座商城有限公司	百货零售	山东省滨州市
胜利油田胜大超市	超级市场零售	山东省东营市
淄博商厦有限责任公司	百货零售	山东省淄博市
中国石油天然气股份有限公司山东德州销售分公司	机动车燃料零售	山东省德州市
临沂银座商城有限公司	百货零售	山东省临沂市
百丽国际鞋业(青岛)有限公司	鞋帽零售	山东省青岛市
淄博银座商城有限责任公司	百货零售	山东省淄博市
济宁九龙贵和购物广场有限公司	日用家电设备零售	山东省济宁市
聊城北斗汽车投资管理有限公司	汽车零售	山东省聊城市
日照凌云工贸有限公司	家用视听设备零售	山东省日照市
山东尚悦百货有限公司	百货零售	山东省威海市
邹城九龙贵和购物广场有限公司	百货零售	山东省济宁市
中国石油化工股份有限公司山东莱芜石油分公司	机动车燃料零售	山东省莱芜市
济宁市兖州区新合作百意商贸有限公司	百货零售	山东省济宁市
济南欧跃电子有限公司	通信设备零售	山东省济南市
山东燕喜堂医药连锁有限公司	药品零售	山东省威海市
济南人民大润发商业有限公司	超级市场零售	山东省济南市
山东儒原实业有限公司	百货零售	山东省泰安市

4-2 续表 26

企业名称	所属行业	企业所在地
国药控股国大药房山东有限公司	药品零售	山东省临沂市
淄博茂业商厦有限公司	百货零售	山东省淄博市
菏泽牡丹医药有限责任公司	药品零售	山东省菏泽市
巴龙国际集团有限公司	服装零售	山东省青岛市
山东泰山新合作商贸连锁有限公司	百货零售	山东省泰安市
山东省德州泰康药业有限公司	药品零售	山东省德州市
青岛新华书店有限责任公司	图书、报刊零售	山东省青岛市
日照日百商业有限公司	百货零售	山东省日照市
陵县粮食购销中心	粮油零售	山东省德州市
山东宏图三胞科技发展有限公司	计算机、软件及辅助设备零售	山东省济南市
山东招金银楼有限公司	珠宝首饰零售	山东省烟台市
银座集团股份有限公司菏泽银座商城	百货零售	山东省菏泽市
山东省东营市日用工业品公司	百货零售	山东省东营市
山东爱客多商贸有限公司	超级市场零售	山东省济宁市
山东力威经贸有限公司	服装零售	山东省潍坊市
青岛华润万家生活超市有限公司	超级市场零售	山东省青岛市
山东乐拍商业有限公司	邮购及电视、电话零售	山东省济南市
潍坊广潍汽车销售服务有限公司	汽车零售	山东省潍坊市
日照银座商城有限公司	百货零售	山东省日照市
临沂市仁和堂医药(连锁)有限公司	药品零售	山东省临沂市
山东金都百货股份有限公司	百货零售	山东省烟台市
济宁银座商城有限公司	百货零售	山东省济宁市
淄博信誉楼百货有限公司	百货零售	山东省淄博市
青岛春阳大润发商业有限公司	百货零售	山东省青岛市
邹城市百货大楼有限责任公司	百货零售	山东省济宁市
山东德百集团超市有限公司	超级市场零售	山东省德州市
东营信誉楼百货有限公司	百货零售	山东省东营市
章丘东方冷库商贸有限公司	百货零售	山东省济南市
日照市新世纪商厦有限公司	图书、报刊零售	山东省日照市
东营市商业大厦有限责任公司	百货零售	山东省东营市
莱芜信誉楼百货有限公司	超级市场零售	山东省莱芜市
山东龙口市博商购物广场	百货零售	山东省烟台市
青岛十八家家悦超市有限公司	超级市场零售	山东省青岛市
青岛国货汇海丽达购物中心有限公司	超级市场零售	山东省青岛市
山东金孚隆股份有限公司	超级市场零售	山东省潍坊市
济南维尔康实业集团有限公司	肉、禽、蛋、奶及水产品零售	山东省济南市
山东立健医药城连锁有限公司	药品零售	山东省烟台市
兖州九龙贵和购物广场有限公司	百货零售	山东省济宁市
潍坊世纪泰华福乐多超市有限公司	百货零售	山东省潍坊市
青岛医保城药品连锁有限公司	药品零售	山东省青岛市
淄博圣隆润发商业有限公司	超级市场零售	山东省淄博市
新泰青云购物中心有限公司	百货零售	山东省泰安市
青岛家乐福商业有限公司	超级市场零售	山东省青岛市
苍山县宝庆超市有限公司	超级市场零售	山东省临沂市
青岛润泰事业有限公司	超级市场零售	山东省青岛市
利群集团莱州购物广场有限公司	超级市场零售	山东省烟台市
山东聊城亿沣连锁超市有限公司	超级市场零售	山东省聊城市
淄博盈华置业有限公司惠仟佳购物广场	百货零售	山东省淄博市
济宁市广联医药连锁有限公司	药品零售	山东省济宁市
山东高速石化有限公司	机动车燃料零售	山东省济南市
山东省桓台县联华超市有限公司	超级市场零售	山东省淄博市
山东金通大药店股份有限公司	药品零售	山东省潍坊市

4-2 续表 27

企业名称	所属行业	企业所在地
山东十八乐超市有限公司莱芜店	超级市场零售	山东省莱芜市
文登家家悦超市有限公司	超级市场零售	山东省威海市
庆云县供销商厦	百货零售	山东省德州市
济南十八家家悦超市有限公司	超级市场零售	山东省济南市
青岛紫光药业有限公司	药品零售	山东省青岛市
山东梁山水泊商场	百货零售	山东省济宁市
山东振华五星百货有限公司	百货零售	山东省聊城市
济南天桥大润发商业有限公司	超级市场零售	山东省济南市
山东三信商贸股份有限公司	其他综合零售	山东省菏泽市
山东聊城振华量贩超市有限公司	超级市场零售	山东省聊城市
利群集团淄博购物广场有限公司	百货零售	山东省淄博市
山东世纪开元电子商务有限公司	其他文化用品零售	山东省济南市
济南居然之家家居建材市场有限公司泰安分公司	家具零售	山东省泰安市
济南市中大润发商业有限公司	超级市场零售	山东省济南市
临邑信业商厦有限公司	家用视听设备零售	山东省德州市
青岛胶州大润发商业有限公司	百货零售	山东省青岛市
利群集团青岛瑞泰购物广场有限公司	百货零售	山东省青岛市
济宁瑞尔福商贸有限公司	超级市场零售	山东省济宁市
邹平县供销大厦集团有限公司	百货零售	山东省滨州市
青岛新快进出口有限公司	肉、禽、蛋、奶及水产品零售	山东省青岛市
山东华润万家生活超市有限公司	超级市场零售	山东省济南市
济南宜家家居有限公司	家具零售	山东省济南市
山东省莱芜市医药公司	药品零售	山东省莱芜市
银座集团德州商城有限公司	百货零售	山东省德州市
广饶佳乐购物广场有限公司	超级市场零售	山东省东营市
山东孩子王儿童用品有限公司	其他日用品零售	山东省济南市
银座集团临朐华兴商场有限公司	百货零售	山东省潍坊市
日照大润发商业有限公司	百货零售	山东省日照市
东营益生堂药业连锁有限公司	药品零售	山东省东营市
泰安深国投商用置业有限公司	百货零售	山东省泰安市
青岛特来电新能源有限公司	汽车零售	山东省青岛市
青岛同方药业连锁有限公司	药品零售	山东省青岛市
济宁大润发商业有限公司	百货零售	山东省济宁市
临朐全福元商业有限公司	百货零售	山东省潍坊市
济宁市中央百货有限责任公司	百货零售	山东省济宁市
临沂润平商业有限公司	超级市场零售	山东省临沂市
乐陵澳林购物中心有限公司	其他文化用品零售	山东省德州市
山东利民大药店连锁股份有限公司	药品零售	山东省聊城市
莱阳大润发商业有限公司	超级市场零售	山东省烟台市
山东联民商业有限公司	百货零售	山东省济宁市
青岛盛客隆购物广场有限公司	百货零售	山东省青岛市
莱芜大润发商业有限公司	超级市场零售	山东省莱芜市
烟台十八家家悦超市有限公司	超级市场零售	山东省烟台市
山东奥德隆集团有限公司	百货零售	山东省淄博市
河南省		
郑州丹尼斯百货有限公司	百货零售	河南省郑州市
中国石化销售有限公司河南洛阳石油分公司	机动车燃料零售	河南省洛阳市
河南大张实业有限公司	超级市场零售	河南省洛阳市
中国石化销售有限公司河南信阳石油分公司	机动车燃料零售	河南省信阳市
河南迪信通商贸有限公司	通信设备零售	河南省郑州市
商丘市裕华汽车销售服务有限公司	汽车零售	河南省商丘市
西亚和美商业股份有限公司	超级市场零售	河南省信阳市

4-2 续表 28

企业名称	所属行业	企业所在地
中国石油化工股份有限公司河南商丘分公司	机动车燃料零售	河南省商丘市
郑州之星汽车销售服务有限公司	汽车零售	河南省郑州市
永辉超市河南有限公司	超级市场零售	河南省郑州市
郑州利星汽车有限公司	汽车零售	河南省郑州市
南阳市万德隆商贸有限责任公司	百货零售	河南省南阳市
河南苏宁云商销售有限公司	日用家电设备零售	河南省郑州市
河南张仲景大药房股份有限公司	药品零售	河南省郑州市
商丘恒昌汽车销售服务有限公司	汽车零售	河南省商丘市
许昌市胖东来商贸集团有限公司	百货零售	河南省许昌市
中国石油化工股份有限公司河南濮阳石油分公司	机动车燃料零售	河南省濮阳市
漯河双汇商业连锁有限公司	肉、禽、蛋、奶及水产品零售	河南省漯河市
中国石油天然气股份有限公司河南商丘销售分公司	机动车燃料零售	河南省商丘市
光山县上官岗聚龙实业有限公司	家具零售	河南省信阳市
河南丹尼斯百货有限公司	百货零售	河南省郑州市
中国石油天然气股份有限公司河南洛阳销售分公司	机动车燃料零售	河南省洛阳市
河南永乐生活电器有限公司	日用家电设备零售	河南省郑州市
河南省国美电器有限公司	日用家电设备零售	河南省郑州市
洛阳丹尼斯量贩有限公司	超级市场零售	河南省洛阳市
河南德信泉商贸有限公司	超级市场零售	河南省平顶山市
河南华润万家生活超市有限公司	超级市场零售	河南省郑州市
柘城县银邦贸易有限公司	超级市场零售	河南省商丘市
洛阳王府井百货有限责任公司	百货零售	河南省洛阳市
新乡凯德商用置业有限公司	百货零售	河南省新乡市
罗山县华联超市有限责任公司	超级市场零售	河南省信阳市
河南世纪联华超市有限公司	超级市场零售	河南省郑州市
大商集团(驻马店)新玛特购物广场有限公司	百货零售	河南省驻马店市
驻马店市天成汽车销售服务有限公司	汽车零售	河南省驻马店市
欢乐爱家超市有限公司	超级市场零售	河南省驻马店市
濮阳亿州商贸有限公司	家具零售	河南省濮阳市
沃尔玛(河南)百货有限公司	百货零售	河南省郑州市
河南万宝股份有限公司	家用视听设备零售	河南省开封市
河南百家好一生医药连锁有限公司	药品零售	河南省洛阳市
南阳大统集团金玛特商贸有限公司	超级市场零售	河南省南阳市
河南五星电器有限公司	日用家电设备零售	河南省郑州市
新乡市胖东来生活广场有限公司	超级市场零售	河南省新乡市
永城煤电控股集团先帅百货有限责任公司	家用视听设备零售	河南省商丘市
河南万果园实业集团有限公司	超级市场零售	河南省周口市
焦作市百货大楼有限责任公司	百货零售	河南省焦作市
濮阳市华中汽车交易市场有限公司	汽车零售	河南省濮阳市
濮阳市百姓量贩有限公司	超级市场零售	河南省濮阳市
郸城县安奇乐易商贸有限公司	超级市场零售	河南省周口市
光山县东圆聚神电子商务有限公司	互联网零售	河南省信阳市
驻马店市乐山商场实业有限公司	百货零售	河南省驻马店市
漯河国美电器有限公司	家用视听设备零售	河南省漯河市
新郑市万佳商业连锁有限公司	百货零售	河南省郑州市
河南东之杰运动产业发展有限公司	体育用品及器材零售	河南省郑州市
信阳市百家商业有限责任公司	百货零售	河南省信阳市
郑州维纳斯信息科技有限公司	互联网零售	河南省郑州市
河南航天家电股份有限公司	家用视听设备零售	河南省开封市

4-2 续表 29

企业名称	所属行业	企业所在地
永城金博大购物广场有限公司	家用视听设备零售	河南省商丘市
柘城幸福万家商贸有限公司	超级市场零售	河南省商丘市
河南省郑州市新华书店有限公司	图书、报刊零售	河南省郑州市
河南省裕隆时代百货有限公司	超级市场零售	河南省鹤壁市
大商集团(新乡)新玛特购物广场有限公司	百货零售	河南省新乡市
临颍县小跃商贸有限公司	超级市场零售	河南省漯河市
杞县红豆豆家世界超市	文具用品零售	河南省开封市
睢县嘉美商贸有限公司	超级市场零售	河南省商丘市
商丘市顺程汽车贸易有限公司	汽车零售	河南省商丘市
新乡市平原商场有限公司	百货零售	河南省新乡市
南阳新合作淅川县万客来商贸连锁有限责任公司	其他综合零售	河南省南阳市
大商集团河南超市连锁发展有限公司	百货零售	河南省郑州市
鹿邑县鑫顺商贸有限公司	超级市场零售	河南省周口市
河南正道思达连锁商业有限公司	超级市场零售	河南省郑州市
商丘广通汽车贸易有限公司	汽车零售	河南省商丘市
洛阳永乐生活电器有限公司	家用视听设备零售	河南省洛阳市
太康德银商贸城	服装零售	河南省周口市
新乡市百货大楼有限责任公司	百货零售	河南省新乡市
洛阳汉华商贸有限公司	超级市场零售	河南省洛阳市
周口同和堂医药有限公司	药品零售	河南省周口市
国药控股国大药房河南连锁有限公司	药品零售	河南省平顶山市
河南陆玖中原玉石城有限责任公司	珠宝首饰零售	河南省平顶山市
邓州市万德隆超市有限责任公司	百货零售	河南省南阳市
河南美锐大药房连锁有限公司	药品零售	河南省信阳市
河南天一文化传播股份有限公司	图书、报刊零售	河南省郑州市
三门峡华为医药零售连锁有限公司	药品零售	河南省三门峡市
固始县华联商业有限公司	超级市场零售	河南省信阳市
郑州悦家商业有限公司	超级市场零售	河南省郑州市
泌阳县家世界购物广场	百货零售	河南省驻马店市
河南信尧购物广场有限责任公司	超级市场零售	河南省济源市
湖北省		
武汉京东金德贸易有限公司	互联网零售	湖北省武汉市
三环集团有限公司	汽车零售	湖北省武汉市
武汉武商集团股份有限公司	百货零售	湖北省武汉市
中百控股集团股份有限公司	超级市场零售	湖北省武汉市
武汉屈臣氏个人用品商店有限公司	百货零售	湖北省武汉市
武汉京东世纪贸易有限公司	互联网零售	湖北省武汉市
中国石油化工股份有限公司湖北武汉石油分公司	机动车燃料零售	湖北省武汉市
国药控股湖北有限公司	药品零售	湖北省武汉市
中国石油天然气股份有限公司湖北武汉销售分公司	机动车燃料零售	湖北省武汉市
武汉工贸有限公司	日用家电设备零售	湖北省武汉市
武汉中商集团股份有限公司	百货零售	湖北省武汉市
湖北富迪实业股份有限公司	超级市场零售	湖北省仙桃市
湖北高路油站经营有限责任公司	机动车燃料零售	湖北省武汉市
武汉苏宁云商销售有限公司	日用家电设备零售	湖北省武汉市
沃尔玛(湖北)商业零售有限公司	超级市场零售	湖北省武汉市
湖北威马楚通实业集团有限公司	汽车零售	湖北省武汉市
湖北寿康永乐商贸集团有限公司	超级市场零售	湖北省十堰市
湖北良品铺子电子商务有限公司	其他食品零售	湖北省武汉市

4-2　续表 30

企业名称	所属行业	企业所在地
湖北黄商集团股份有限公司	百货零售	湖北省黄冈市
武汉国美电器有限公司	日用家电设备零售	湖北省武汉市
群光实业(武汉)有限公司	百货零售	湖北省武汉市
小米之家商业有限公司	通信设备零售	湖北省武汉市
荆门市东方百货大厦	超级市场零售	湖北省荆门市
中国石油化工股份有限公司湖北高速公路油站管理分公司	机动车燃料零售	湖北省武汉市
中国石油天然气股份有限公司湖北宜昌销售分公司	机动车燃料零售	湖北省宜昌市
十堰市新合作超市有限公司	超级市场零售	湖北省十堰市
武汉武商集团十堰市人民商场有限公司	超级市场零售	湖北省十堰市
湖北世纪愿景商贸有限公司	其他食品零售	湖北省武汉市
湖北金城大厦(集团)实业公司	百货零售	湖北省荆门市
武汉汉福超市有限公司	超级市场零售	湖北省武汉市
湖北杰之行体育产业发展股份有限公司	服装零售	湖北省武汉市
湖北国贸大厦集团有限公司	珠宝首饰零售	湖北省宜昌市
湖北竞速商贸有限公司	鞋帽零售	湖北省武汉市
湖北良品铺子食品有限公司	其他食品零售	湖北省武汉市
中国石油天然气股份有限公司湖北孝感销售分公司	机动车燃料零售	湖北省孝感市
东风鸿泰汽车销售有限公司	汽车零售	湖北省武汉市
武汉市汉商集团股份有限公司	百货零售	湖北省武汉市
道达尔石油(武汉)有限公司	机动车燃料零售	湖北省武汉市
湖北银泰新世纪购物中心有限公司	百货零售	湖北省随州市
中百仓储孝感购物广场有限公司	百货零售	湖北省孝感市
百丽鞋业(武汉)有限公司	鞋帽零售	湖北省武汉市
湖北三环盛通汽车有限公司	汽车零售	湖北省武汉市
宜昌北山商业连锁有限责任公司	超级市场零售	湖北省宜昌市
湖北银泰仙桃商城大厦有限公司	百货零售	湖北省仙桃市
浠水县鄂东农产品贸易有限责任公司	超级市场零售	湖北省黄冈市
湖北孝武电器集团有限公司	日用家电设备零售	湖北省孝感市
襄阳市好邻居连锁超市有限公司	超级市场零售	湖北省襄阳市
襄阳天济大药房连锁有限责任公司	药品零售	湖北省襄阳市
武汉宜家家居有限公司	家具零售	湖北省武汉市
武汉市富盟商贸有限公司	超级市场零售	湖北省武汉市
永旺(湖北)商业有限公司	超级市场零售	湖北省武汉市
武汉杰士邦卫生用品有限公司	医疗用品及器材零售	湖北省武汉市
湖北雅斯连锁商业有限公司	超级市场零售	湖北省宜昌市
湖北航天信息技术有限公司	计算机、软件及辅助设备零售	湖北省武汉市
湖北孝商股份有限公司	百货零售	湖北省孝感市
湖北长江大药房有限公司	药品零售	湖北省荆州市
武汉鲁巷广场购物中心	百货零售	湖北省武汉市
湖北奥莱商贸有限公司	家具零售	湖北省咸宁市
湖北顺泰商贸有限公司	超级市场零售	湖北省随州市
宜昌圣洁商贸物流有限公司	超级市场零售	湖北省宜昌市
武汉天利阁服饰有限责任公司	服装零售	湖北省武汉市
中百仓储随州购物广场有限公司	百货零售	湖北省随州市
湖北骏马贸易有限公司	汽车零售	湖北省武汉市
湖北孩子王儿童用品有限公司	其他综合零售	湖北省武汉市
武商仙桃购物中心管理有限公司	百货零售	湖北省仙桃市
恩施自治州好又多商贸股份有限公司	超级市场零售	湖北省恩施土家族苗族自治州

4-2 续表 31

企业名称	所属行业	企业所在地
十堰亨运集团汽车销售服务有限公司	汽车零售	湖北省十堰市
湖北贝贝熊母婴用品有限公司	服装零售	湖北省武汉市
老百姓大药房连锁(湖北)有限公司	药品零售	湖北省武汉市
湖北金药堂大药房连锁有限公司	药品零售	湖北省武汉市
武汉市仟吉食品销售有限公司	糕点、面包零售	湖北省武汉市
国药控股(湖北)汉口大药房有限公司	药品零售	湖北省武汉市
武汉新华书店股份有限公司	图书、报刊零售	湖北省武汉市
中百仓储恩施购物广场有限公司	百货零售	湖北省恩施土家族苗族自治州
湖北美尔雅销售有限公司	服装零售	湖北省黄石市
中百仓储黄石购物广场有限公司	超级市场零售	湖北省黄石市
湖北好邻居商贸有限公司	超级市场零售	湖北省荆州市
沃尔玛(湖北)百货有限公司	超级市场零售	湖北省武汉市
武汉美特斯邦威服饰有限公司	服装零售	湖北省武汉市
武汉中商团结销品茂管理有限公司	百货零售	湖北省武汉市
大悟县新世纪超市有限责任公司	家用视听设备零售	湖北省孝感市
襄樊佳邻超市有限公司	超级市场零售	湖北省襄阳市
天门市金龙汽车大市场有限责任公司	汽车零售	湖北省天门市
湖南省		
步步高商业连锁股份有限公司	超级市场零售	湖南省湘潭市
湖南友谊阿波罗商业股份有限公司	百货零售	湖南省长沙市
中国石化销售有限公司湖南长沙石油分公司	机动车燃料零售	湖南省长沙市
湖南家润多超市有限公司	超级市场零售	湖南省长沙市
国药控股湖南有限公司	药品零售	湖南省长沙市
中国石化销售有限公司湖南衡阳石油分公司	机动车燃料零售	湖南省衡阳市
长沙通程控股股份有限公司	百货零售	湖南省长沙市
中国石化销售有限公司湖南怀化石油分公司	机动车燃料零售	湖南省怀化市
中国石油化工股份有限公司湖南郴州石油分公司	机动车燃料零售	湖南省郴州市
中国石油天然气股份有限公司湖南长沙销售分公司	机动车燃料零售	湖南省长沙市
中国石化销售有限公司湖南株洲石油分公司	机动车燃料零售	湖南省株洲市
中国石油化工股份有限公司湖南岳阳石油分公司	机动车燃料零售	湖南省岳阳市
中国石化销售有限公司湖南常德石油分公司	机动车燃料零售	湖南省常德市
中国石油化工股份有限公司湖南邵阳石油分公司	机动车燃料零售	湖南省邵阳市
中国石化销售有限公司湖南石油高速分公司	机动车燃料零售	湖南省长沙市
中国石油化工股份有限公司湖南永州石油分公司	机动车燃料零售	湖南省永州市
中国石化销售有限公司湖南湘西石油分公司	机动车燃料零售	湖南省湘西土家族苗族自治州
中化石油湖南有限公司	机动车燃料零售	湖南省长沙市
中国石化销售有限公司湖南湘潭石油分公司	机动车燃料零售	湖南省湘潭市
中国石油化工股份有限公司湖南娄底石油分公司	机动车燃料零售	湖南省娄底市
益丰大药房连锁股份有限公司	药品零售	湖南省常德市
株洲百货股份有限公司	百货零售	湖南省株洲市
中国石化销售有限公司湖南益阳石油分公司	机动车燃料零售	湖南省益阳市
株洲东都步步高商业连锁有限责任公司	百货零售	湖南省株洲市
平和堂(中国)有限公司	百货零售	湖南省长沙市
老百姓大药房连锁股份有限公司	药品零售	湖南省长沙市
湖南苏宁云商有限公司	家用视听设备零售	湖南省长沙市
长沙步步高商业连锁有限责任公司	超级市场零售	湖南省长沙市
湖南国中医药有限公司	药品零售	湖南省长沙市
湖南丰彩实业发展有限公司	超级市场零售	湖南省常德市

4-2 续表 32

企业名称	所属行业	企业所在地
中国石化销售有限公司湖南张家界石油分公司	机动车燃料零售	湖南省张家界市
长沙王府井百货有限责任公司	百货零售	湖南省长沙市
衡阳步步高商业连锁有限责任公司	超级市场零售	湖南省衡阳市
湖南梅尼超市股份有限公司	百货零售	湖南省张家界市
王一实业集团衡阳香江百货有限公司	珠宝首饰零售	湖南省衡阳市
湖南华润万家生活超市有限公司	粮油零售	湖南省长沙市
湖南国美电器有限公司	日用家电设备零售	湖南省长沙市
永州步步高商业连锁有限责任公司	超级市场零售	湖南省永州市
醴陵市家佳旺超市有限公司	超级市场零售	湖南省株洲市
兴盛社区网络服务股份有限公司	超级市场零售	湖南省益阳市
湖南千金大药房连锁有限公司	药品零售	湖南省长沙市
长沙屈臣氏个人用品商店有限公司	化妆品及卫生用品零售	湖南省长沙市
湖南省新华书店有限责任公司永州市分公司	图书、报刊零售	湖南省永州市
沃尔玛(湖南)商业零售有限公司	超级市场零售	湖南省长沙市
湖南郴州步步高连锁超市有限责任公司	超级市场零售	湖南省郴州市
湖南乐语通讯设备有限公司	通信设备零售	湖南省长沙市
湖南省新华书店有限责任公司郴州市分公司	图书、报刊零售	湖南省郴州市
湖南步步高连锁超市益阳有限责任公司	超级市场零售	湖南省益阳市
湖南佳惠百货有限责任公司	超级市场零售	湖南省怀化市
湖南怀仁大健康产业发展有限公司	药品零售	湖南省怀化市
娄底市天客超市有限责任公司	超级市场零售	湖南省娄底市
常德步步高商业连锁有限责任公司	百货零售	湖南省常德市
长沙海信广场实业有限公司	百货零售	湖南省长沙市
长沙天潮汽车股份有限公司	汽车零售	湖南省长沙市
贝贝熊孕婴童连锁商业有限公司	其他综合零售	湖南省长沙市
邵阳县伍凌贸易有限责任公司	百货零售	湖南省邵阳市
长沙市天虹百货有限公司	百货零售	湖南省长沙市
汉寿县金湾购物广场有限公司	超级市场零售	湖南省常德市
长沙路口物资供销有限公司	百货零售	湖南省长沙市
长沙咿呀实业有限公司	其他食品零售	湖南省长沙市
岳阳市步步高连锁超市有限责任公司	超级市场零售	湖南省岳阳市
郴州拓普电器有限公司	日用家电设备零售	湖南省郴州市
湖南童联儿童用品有限公司	服装零售	湖南省长沙市
长沙市人人乐商业有限公司	百货零售	湖南省长沙市
长沙家乐福超市有限责任公司	超级市场零售	湖南省长沙市
湖南万佳利超市有限公司	超级市场零售	湖南省长沙市
百丽鞋业(长沙)有限公司	鞋帽零售	湖南省长沙市
张家界绿航果业有限公司	果品、蔬菜零售	湖南省张家界市
湖南省邵阳县百货公司	百货零售	湖南省邵阳市
常德大润发商业有限公司	超级市场零售	湖南省常德市
湖南九芝堂零售连锁有限公司	药品零售	湖南省长沙市
株洲奥湘鞋业营销有限公司	鞋帽零售	湖南省株洲市
湖南云田园林市政建设集团有限公司	其他日用品零售	湖南省株洲市
长沙润良商业有限公司	超级市场零售	湖南省长沙市
沃尔玛深国投百货有限公司娄底春园分店	百货零售	湖南省娄底市
湖南民生堂药店连锁有限公司	药品零售	湖南省衡阳市
长沙宁乡润福商业有限公司	超级市场零售	湖南省长沙市
湖南万家丽集团国际购物广场有限公司	百货零售	湖南省长沙市
湖南良品铺子食品有限公司	其他食品零售	湖南省长沙市
湖南养天和大药房企业集团有限公司	药品零售	湖南省长沙市

4-2 续表 33

企业名称	所属行业	企业所在地
广东省		
广州晶东贸易有限公司	互联网零售	广东省广州市
华润万家有限公司	超级市场零售	广东省深圳市
中国石化销售有限公司广东广州石油分公司	机动车燃料零售	广东省广州市
完美(中国)有限公司	营养和保健品零售	广东省中山市
东莞京东利昇贸易有限公司	互联网零售	广东省东莞市
深圳市环球易购电子商务有限公司	互联网零售	广东省深圳市
深圳沃尔玛百货零售有限公司	百货零售	广东省深圳市
唯品会(肇庆)电子商务有限公司	互联网零售	广东省肇庆市
天虹商场股份有限公司	百货零售	广东省深圳市
广东苏宁云商销售有限公司	家用视听设备零售	广东省广州市
中国石化销售有限公司广东东莞石油分公司	机动车燃料零售	广东省东莞市
中海油销售深圳有限公司	机动车燃料零售	广东省深圳市
惠州酷友网络科技有限公司	互联网零售	广东省惠州市
中国石油化工股份有限公司广东惠州石油分公司	机动车燃料零售	广东省惠州市
中油碧辟石油有限公司广州分公司	机动车燃料零售	广东省广州市
深圳华润万佳超级市场有限公司	超级市场零售	广东省深圳市
中国石化销售有限公司广东茂名石油分公司	机动车燃料零售	广东省茂名市
中国石化销售有限公司广东江门石油分公司	机动车燃料零售	广东省江门市
华润万家生活超市(广州)有限公司	超级市场零售	广东省广州市
广州市国美电器有限公司	日用家电设备零售	广东省广州市
深圳市苏宁云商销售有限公司	日用家电设备零售	广东省深圳市
中国石化销售有限公司广东湛江石油分公司	机动车燃料零售	广东省湛江市
中国石化销售有限公司广东中山石油分公司	机动车燃料零售	广东省中山市
广东永旺天河城商业有限公司	百货零售	广东省广州市
东莞东风南方汽车销售服务有限公司	汽车零售	广东省东莞市
广州屈臣氏个人用品商店有限公司	超级市场零售	广东省广州市
大参林医药集团股份有限公司	药品零售	广东省广州市
广州市广百股份有限公司	百货零售	广东省广州市
广物汽贸股份有限公司	汽车零售	广东省广州市
延长壳牌(广东)石油有限公司	机动车燃料零售	广东省广州市
深圳市分期乐网络科技有限公司	其他电子产品零售	广东省深圳市
中国石化销售有限公司广东河源石油分公司	机动车燃料零售	广东省河源市
中石化工股份有限公司广东肇庆石油分公司	机动车燃料零售	广东省肇庆市
中国石油天然气股份有限公司广东广州销售分公司	机动车燃料零售	广东省广州市
深圳市恒波商业连锁股份有限公司	通信设备零售	广东省深圳市
深圳市顺电连锁股份有限公司	日用家电设备零售	广东省深圳市
中国石化销售有限公司广东珠海石油分公司	机动车燃料零售	广东省珠海市
中国石化销售有限公司广东梅州石油分公司	机动车燃料零售	广东省梅州市
广州百佳超级市场有限公司	超级市场零售	广东省广州市
中国石油化工股份有限公司广东阳江石油分公司	机动车燃料零售	广东省阳江市
百朗商贸(深圳)有限公司	鞋帽零售	广东省深圳市
沃尔玛(深圳)百货有限公司	其他综合零售	广东省深圳市
广州友谊集团有限公司	百货零售	广东省广州市
中油碧辟石油有限公司东莞分公司	机动车燃料零售	广东省东莞市
广州易初莲花连锁超市有限公司	超级市场零售	广东省广州市
深圳东风南方汽车销售服务有限公司	汽车零售	广东省深圳市
广州市斯凯奇商业有限公司	鞋帽零售	广东省广州市

4-2 续表 34

企业名称	所属行业	企业所在地
广东壹加壹商业连锁有限公司	百货零售	广东省中山市
深圳茂业百货有限公司	百货零售	广东省深圳市
深圳市国美电器有限公司	日用家电设备零售	广东省深圳市
珠海市蓝海之略医疗股份有限公司	医疗用品及器材零售	广东省珠海市
东莞市嘉荣超市有限公司	超级市场零售	广东省东莞市
深圳市亨吉利世界名表中心有限公司	钟表、眼镜零售	广东省深圳市
永旺华南商业有限公司	百货零售	广东省深圳市
沃尔玛(广东)商业零售有限公司	超级市场零售	广东省广州市
深圳百丽商贸有限公司	鞋帽零售	广东省深圳市
深圳市人人乐商业有限公司	超级市场零售	广东省深圳市
广东赛壹便利店有限公司	超级市场零售	广东省广州市
中经汇通电子商务有限公司	互联网零售	广东省广州市
广东粤宝汽车销售服务有限公司	汽车零售	广东省广州市
深圳市国有免税商品(集团)有限公司	烟草制品零售	广东省深圳市
深圳汇洁集团股份有限公司	服装零售	广东省深圳市
广州市龙星行汽车销售服务有限公司	汽车零售	广东省广州市
中国石化销售有限公司广东云浮石油分公司	机动车燃料零售	广东省云浮市
广东鸿粤汽车销售集团有限公司	汽车零售	广东省广州市
深圳市宝骏汽车销售服务有限公司	汽车零售	广东省深圳市
珠海市爱婴岛商贸连锁有限公司	百货零售	广东省珠海市
中国石化销售有限公司广东揭阳石油分公司	机动车燃料零售	广东省揭阳市
广东壹号食品股份有限公司	肉、禽、蛋、奶及水产品零售	广东省湛江市
中国石油天然气股份有限公司广东肇庆分公司	机动车燃料零售	广东省肇庆市
佛山市苏宁云商销售有限公司	日用家电设备零售	广东省佛山市
美心食品(广州)有限公司	糕点、面包零售	广东省广州市
珠海市免税企业集团有限公司	百货零售	广东省珠海市
深圳市海王星辰健康药房连锁有限公司	药品零售	广东省深圳市
深圳岁宝百货有限公司	百货零售	广东省深圳市
广东康爱多连锁药店有限公司	药品零售	广东省广州市
深圳前海全棉时代电子商务有限公司	互联网零售	广东省深圳市
广东万宁连锁商业有限公司	其他综合零售	广东省广州市
东莞市东奥汽车服务有限公司	汽车零售	广东省东莞市
深圳市仁孚特力汽车服务有限公司	汽车零售	广东省深圳市
广州友谊班尼路服饰有限公司	服装零售	广东省广州市
华润万家生活超市(珠海)有限公司	百货零售	广东省珠海市
中国石油天然气股份有限公司广东惠州销售分公司	机动车燃料零售	广东省惠州市
广东广安冠德石化有限公司	机动车燃料零售	广东省广州市
中国石油天然气股份有限公司广东江门销售分公司	机动车燃料零售	广东省江门市
中油碧辟石油有限公司江门分公司	机动车燃料零售	广东省江门市
深圳市百佳华百货有限公司	百货零售	广东省深圳市
深圳市珂莱蒂尔服饰有限公司	服装零售	广东省深圳市
中油碧辟石油有限公司惠州分公司	机动车燃料零售	广东省惠州市
深圳市娜尔思时装有限公司	服装零售	广东省深圳市
深圳市影儿服饰有限公司	服装零售	广东省深圳市
广州家广超市有限公司	超级市场零售	广东省广州市
深圳市戴瑞珠宝有限公司	珠宝首饰零售	广东省深圳市
广州市好又多百货商业广场有限公司	百货零售	广东省广州市
深圳宜家家居有限公司	家具零售	广东省深圳市

4-2 续表 35

企业名称	所属行业	企业所在地
广州沃尔玛百货有限公司	超级市场零售	广东省广州市
快尚时装(广州)有限公司	服装零售	广东省广州市
中山市华润万家便利超市有限公司	超级市场零售	广东省中山市
深圳市金海马企业管理有限公司	家具零售	广东省深圳市
深圳家乐福商业有限公司	超级市场零售	广东省深圳市
沃尔玛(东莞)商业零售有限公司	超级市场零售	广东省东莞市
深圳市安奈儿股份有限公司	服装零售	广东省深圳市
深圳岁宝连锁商业发展有限公司	百货零售	广东省深圳市
广州市国美电器有限公司佛山分公司	日用家电设备零售	广东省佛山市
茂名大参林连锁药店有限公司	药品零售	广东省茂名市
江门华润万家生活超市有限公司	百货零售	广东省江门市
东莞市时尚电器有限公司	日用家电设备零售	广东省东莞市
绰琪服装(深圳)有限公司	服装零售	广东省深圳市
广州市汇美时尚集团股份有限公司	服装零售	广东省广州市
深圳臻乔时装有限公司	服装零售	广东省深圳市
珠海斗门龙达商务有限公司	厨房用具及日用杂品零售	广东省珠海市
宏珏高级时装股份有限公司	服装零售	广东省深圳市
珠海斗门龙农生态农业有限公司	肉、禽、蛋、奶及水产品零售	广东省珠海市
深圳市钱大妈农产品有限公司	肉、禽、蛋、奶及水产品零售	广东省深圳市
广州市锦龙汽车发展有限公司	汽车零售	广东省广州市
深圳百安居装饰建材有限公司	其他室内装饰材料零售	广东省深圳市
茂名市明湖百货有限公司	超级市场零售	广东省茂名市
广州宜家家居有限公司	家具零售	广东省广州市
英氏婴童用品有限公司	服装零售	广东省广州市
广州市福满家连锁便利店有限公司	其他综合零售	广东省广州市
惠州市天虹商场有限公司	百货零售	广东省惠州市
广州赫斯汀服饰有限公司	服装零售	广东省广州市
东莞市苏宁云商销售有限公司	日用家电设备零售	广东省东莞市
拉珂帝服饰(深圳)有限公司	服装零售	广东省深圳市
沃尔玛(珠海)商业零售有限公司	百货零售	广东省珠海市
广州摩登百货股份有限公司	百货零售	广东省广州市
国药控股国大药房(深圳)连锁有限公司	药品零售	广东省深圳市
珠海市泰锋电业有限公司	家用视听设备零售	广东省珠海市
深圳市大胜汽车销售服务有限公司	汽车零配件零售	广东省深圳市
广州市百丽鞋业有限公司	鞋帽零售	广东省广州市
东莞市天和商贸有限公司	百货零售	广东省东莞市
东莞沃尔玛百货有限公司	超级市场零售	广东省东莞市
特易购商业(广东)有限公司	百货零售	广东省广州市
广州七乐康药业连锁有限公司	药品零售	广东省广州市
广东合诚集团有限公司	汽车零售	广东省佛山市
郁南广东温氏家禽有限公司饲料厂	肉、禽、蛋、奶及水产品零售	广东省云浮市
佛山市顺客隆商业有限公司	超级市场零售	广东省佛山市
广州摩购电子商务有限公司	互联网零售	广东省广州市
东莞市天虹商场有限公司	百货零售	广东省东莞市
广州市田美润福商业有限公司	百货零售	广东省广州市
广州健民医药连锁有限公司	药品零售	广东省广州市
江门市蓬江区大昌超市有限公司	超级市场零售	广东省江门市
八马茶业股份有限公司	酒、饮料及茶叶零售	广东省深圳市

4-2 续表 36

企业名称	所属行业	企业所在地
深圳市永辉超市有限公司	超级市场零售	广东省深圳市
广东海航乐万家连锁超市本部	超级市场零售	广东省梅州市
深圳市方瑞厨具有限公司	日用家电设备零售	广东省深圳市
佛山市顺德区大润发商业有限公司	超级市场零售	广东省佛山市
佛山市顺德区大参林药业有限公司	药品零售	广东省佛山市
广东邦健医药连锁有限公司	药品零售	广东省肇庆市
广东胜佳超市有限公司	百货零售	广东省广州市
广州市宏丽有限公司	超级市场零售	广东省广州市
广州喜市多便利连锁有限公司	其他综合零售	广东省广州市
深圳市赛维网络科技有限公司	互联网零售	广东省深圳市
喜威(佛山)液化石油气有限公司	生活用燃料零售	广东省佛山市
卡尔丹顿服饰股份有限公司	服装零售	广东省深圳市
佛山宜家家居有限公司	家具零售	广东省佛山市
中山市中智大药房连锁有限公司	药品零售	广东省中山市
深圳市大润发商业有限公司	百货零售	广东省深圳市
惠州市万佳百货有限公司	百货零售	广东省惠州市
深圳市深燃石油气有限公司	其他未列明零售业	广东省深圳市
广州迪柯尼服饰股份有限公司	服装零售	广东省广州市
广州新居网家居科技有限公司	计算机、软件及辅助设备零售	广东省广州市
沃尔玛(深圳)商业零售有限公司	超级市场零售	广东省深圳市
佛山市西伍服饰有限公司	互联网零售	广东省佛山市
深圳出版发行集团公司	图书、报刊零售	广东省深圳市
广东香恋鞋业股份有限公司	鞋帽零售	广东省惠州市
广东赛壹便利店有限公司深圳分公司	其他综合零售	广东省深圳市
广州市西亚兴安商业有限公司	超级市场零售	广东省广州市
广东益华百货有限公司	百货零售	广东省中山市
广州市新华书店集团有限公司	图书、报刊零售	广东省广州市
东莞家乐福商业有限公司	超级市场零售	广东省东莞市
青岛润泰事业有限公司东莞大朗分公司	超级市场零售	广东省东莞市
惠州市丽日购物广场有限公司	百货零售	广东省惠州市
佛山大参林连锁药店有限公司	药品零售	广东省佛山市
深圳乐荣超市有限公司	超级市场零售	广东省深圳市
中山市信和商业连锁有限公司	超级市场零售	广东省中山市
深圳市百森鞋业有限公司	鞋帽零售	广东省深圳市
韶关市大润发商业有限公司	超级市场零售	广东省韶关市
广州市好又多新港百货商业有限公司	超级市场零售	广东省广州市
湛江大参林连锁药店有限公司	药品零售	广东省湛江市
广东绿瘦电子商务有限公司	互联网零售	广东省广州市
江门大参林药店有限公司	药品零售	广东省江门市
博士眼镜连锁股份有限公司	钟表、眼镜零售	广东省深圳市
广州市润平商业有限公司	百货零售	广东省广州市
广州康诚商业有限公司	超级市场零售	广东省广州市
肇庆市大润发商业发展有限公司	超级市场零售	广东省肇庆市
广州市海王星辰医药连锁有限公司	药品零售	广东省广州市
广州购书中心有限公司	图书、报刊零售	广东省广州市
普宁市美佳乐购物广场有限公司	百货零售	广东省揭阳市
深圳市好又多量贩百货有限公司	超级市场零售	广东省深圳市
惠州市爱华仕运动用品有限公司	箱、包零售	广东省惠州市

4-2 续表 37

企业名称	所属行业	企业所在地
东莞市顺利汽车贸易有限公司	汽车零售	广东省东莞市
华润万家生活超市(中山)有限公司	超级市场零售	广东省中山市
东莞喜威液化石油气有限公司	生活用燃料零售	广东省东莞市
昆山润华商业有限公司潮州分公司	百货零售	广东省潮州市
佛山市好又多怡东百货商业有限公司	超级市场零售	广东省佛山市
珠海市嘉宝华健康药房连锁股份有限公司	药品零售	广东省珠海市
深圳百果园实业发展有限公司	果品、蔬菜零售	广东省深圳市
深圳市金海马电子商务有限公司	互联网零售	广东省深圳市
广东聚盛药业集团凯德药品连锁有限公司	药品零售	广东省汕头市
阳江大润发商业有限公司	百货零售	广东省阳江市
深圳市国惠康实业发展有限公司	超级市场零售	广东省深圳市
深圳宜和股份有限公司	邮购及电视、电话零售	广东省深圳市
广州润增商贸有限公司	超级市场零售	广东省广州市
清远大参林连锁药店有限公司	药品零售	广东省清远市
深圳市自然醒商业连锁有限公司	其他综合零售	广东省深圳市
清远市大润发商业有限公司	百货零售	广东省清远市
湛江市霞山昌大昌超级购物广场有限公司	超级市场零售	广东省湛江市
东莞市大参林连锁药店有限公司	药品零售	广东省东莞市
广州市创成装饰材料有限公司	卫生洁具零售	广东省广州市
深圳市雅棉居品数据股份有限公司	纺织品及针织品零售	广东省深圳市
佛山市南海润良商业有限公司	超级市场零售	广东省佛山市
广州市万表科技股份有限公司	钟表、眼镜零售	广东省广州市
广东东明股份有限公司	超级市场零售	广东省韶关市
肇庆市昌大昌超级购物广场有限公司	超级市场零售	广东省肇庆市
东莞市华美乐建材超市有限公司	陶瓷、石材装饰材料零售	广东省东莞市
国药控股国大药房江门连锁有限公司	药品零售	广东省江门市
中山市大参林连锁药业有限公司	药品零售	广东省中山市
北京同仁堂佛山连锁药店有限责任公司	药品零售	广东省佛山市
利信达商业(中国)有限公司	服装零售	广东省广州市
珠海市煤气有限公司	生活用燃料零售	广东省珠海市
永旺美思佰乐(广州)商业有限公司	超级市场零售	广东省广州市
佛山市南海区润邗商业有限公司	超级市场零售	广东省佛山市
广东爱心大药房连锁有限公司	药品零售	广东省韶关市
北京同仁堂广州药业连锁有限公司	药品零售	广东省广州市
广州市8字连锁店有限公司	粮油零售	广东省广州市
佛山市南海润瑞商业有限公司	超级市场零售	广东省佛山市
揭阳市汇康医药有限公司	药品零售	广东省揭阳市
深圳市幸福商城科技股份有限公司	糕点、面包零售	广东省深圳市
广州市好又多(天利)百货商业有限公司	超级市场零售	广东省广州市
广东金百惠贸易有限公司	超级市场零售	广东省佛山市
珠海市得一有限公司	超级市场零售	广东省珠海市
梅州欧尚超市有限公司	超级市场零售	广东省梅州市
广东天天商场有限公司	超级市场零售	广东省佛山市
广西壮族自治区		
广西柳州医药股份有限公司	药品零售	广西壮族自治区柳州市
南宁百货大楼股份有限公司	百货零售	广西壮族自治区南宁市
广西苏宁云商销售有限公司	日用家电设备零售	广西壮族自治区南宁市
南宁柏联百盛商业有限公司	百货零售	广西壮族自治区南宁市

4-2 续表 38

企业名称	所属行业	企业所在地
广西联华超市股份有限公司	超级市场零售	广西壮族自治区柳州市
广西南宁梦之岛水晶城百货有限公司	百货零售	广西壮族自治区南宁市
桂林微笑堂实业发展有限公司	百货零售	广西壮族自治区桂林市
沃尔玛(广西)商业零售有限公司	百货零售	广西壮族自治区南宁市
广西南城百货有限责任公司	超级市场零售	广西壮族自治区南宁市
柳州桂中大药房连锁有限责任公司	药品零售	广西壮族自治区柳州市
南宁市人人乐商业有限公司	超级市场零售	广西壮族自治区南宁市
广西华润万家生活超市有限公司	百货零售	广西壮族自治区南宁市
柳州五星百货股份有限公司	百货零售	广西壮族自治区柳州市
柳州五菱新事业发展有限责任公司	汽车零售	广西壮族自治区柳州市
桂林市南城百货有限公司	超级市场零售	广西壮族自治区桂林市
广西钜荣汽车销售服务有限公司	汽车零售	广西壮族自治区南宁市
老百姓大药房连锁(广西)有限公司	药品零售	广西壮族自治区南宁市
柳州工贸大厦股份有限公司	百货零售	广西壮族自治区柳州市
广西鸿翔一心堂药业有限责任公司	药品零售	广西壮族自治区南宁市
南宁国美电器有限公司	日用家电设备零售	广西壮族自治区南宁市
北海和安贸易有限责任公司	百货零售	广西壮族自治区北海市
玉林金城商厦有限责任公司	百货零售	广西壮族自治区玉林市
北海大润发商业有限公司	超级市场零售	广西壮族自治区北海市
广西贵港市华隆超市有限公司	超级市场零售	广西壮族自治区贵港市
广西百朗体育用品有限公司	体育用品及器材零售	广西壮族自治区南宁市
桂林市华荣自选商店有限责任公司	百货零售	广西壮族自治区桂林市
广西鑫辉通讯集团有限责任公司	通信设备零售	广西壮族自治区南宁市
梧州市大参林连锁药店有限公司	药品零售	广西壮族自治区梧州市
南宁屈臣氏个人用品商店有限公司	化妆品及卫生用品零售	广西壮族自治区南宁市
柳州润平商业有限公司	超级市场零售	广西壮族自治区柳州市
桂林百货大楼股份有限公司	百货零售	广西壮族自治区桂林市
广西通用商贸有限公司	超级市场零售	广西壮族自治区玉林市
广西利客隆超市有限公司	超级市场零售	广西壮族自治区南宁市
广西一心医药集团有限责任公司	药品零售	广西壮族自治区南宁市
玉林润平商业有限公司	超级市场零售	广西壮族自治区玉林市
广西航天信息技术有限公司	其他未列明零售业	广西壮族自治区南宁市
南宁三燃燃气有限责任公司	生活用燃料零售	广西壮族自治区南宁市
广西贺州市泰兴连锁超市有限责任公司	超级市场零售	广西壮族自治区贺州市
广西南百超市有限公司	超级市场零售	广西壮族自治区南宁市
海南省		
中国石化销售有限公司海南石油分公司	机动车燃料零售	海南省海口市
中免集团三亚市内免税店有限公司	百货零售	海南省三亚市
中石油海南销售有限公司	机动车燃料零售	海南省海口市
海免海口美兰机场免税店有限公司	百货零售	海南省海口市
海南望海国际商业广场有限公司	百货零售	海南省海口市
海口家乐福商业有限公司	超级市场零售	海南省海口市
海口国兴大润发商业有限公司	超级市场零售	海南省海口市
海南大润发商业有限公司	超级市场零售	海南省海口市
海南美都贸易有限公司	日用家电设备零售	海南省海口市
广州市国美电器有限公司海南分公司	日用家电设备零售	海南省海口市
海南鸿翔一心堂医药连锁有限公司	药品零售	海南省海口市
海南龙昆大润发商业有限公司	超级市场零售	海南省海口市
海南旺佳旺商贸有限公司	超级市场零售	海南省海口市

4-2 续表 39

企业名称	所属行业	企业所在地
重庆市		
重庆百货大楼股份有限公司	百货零售	重庆市渝中区
重庆永辉超市有限公司	超级市场零售	重庆市江北区
重庆铠恩国际家居名都经营有限公司	家具零售	重庆市巴南区
重庆京东创盟信息技术有限公司	货摊纺织、服装及鞋零售	重庆市巴南区
重庆苏宁云商销售有限公司	家用视听设备零售	重庆市渝中区
重庆新华书店集团公司	图书、报刊零售	重庆市渝中区
永川区奥韵家博城	其他室内装饰材料零售	重庆市永川区
重庆市新大兴实业(集团)有限公司	超级市场零售	重庆市涪陵区
中国石油重庆销售涪陵分公司	机动车燃料零售	重庆市涪陵区
重庆市国美电器有限公司	日用家电设备零售	重庆市沙坪坝区
中国石油天然气股份有限公司重庆江南销售分公司	机动车燃料零售	重庆市南岸区
中国石油天然气股份有限公司重庆销售分公司	机动车燃料零售	重庆市渝中区
中国石油天然气股份有限公司重庆渝中销售分公司	机动车燃料零售	重庆市九龙坡区
重庆万友经济发展有限责任公司	汽车零售	重庆市渝中区
重庆东银壳牌石化有限公司	机动车燃料零售	重庆市南岸区
中国石化销售有限公司重庆涪陵石油分公司	机动车燃料零售	重庆市涪陵区
重庆和平药房连锁有限责任公司	药品零售	重庆市渝中区
重庆中石化惠通油料有限公司	机动车燃料零售	重庆市江北区
中国石油天然气股份有限公司重庆江北销售分公司	机动车燃料零售	重庆市江北区
重庆安福汽车营销有限公司	汽车零售	重庆市渝北区
重庆市渝教科贸有限公司	超级市场零售	重庆市涪陵区
重庆市滔搏商贸有限公司	服装零售	重庆市南岸区
重庆家乐福商业有限公司	百货零售	重庆市渝中区
重庆重客隆超市连锁有限责任公司	超级市场零售	重庆市渝中区
重庆鑫斛药房连锁有限公司	药品零售	重庆市涪陵区
重庆市万和药房连锁有限公司	药品零售	重庆市南岸区
重庆华润万家生活超市有限公司	超级市场零售	重庆市沙坪坝区
南川区风之彩商贸有限公司	超级市场零售	重庆市南川区
重庆名豪实业集团百货有限公司	百货零售	重庆市永川区
重庆海辉商贸有限公司	服装零售	重庆市合川区
重庆凤梧商贸有限公司	百货零售	重庆市巴南区
重庆宜家家居有限公司	家具零售	重庆市渝北区
重庆永川万达广场商业管理有限公司	超级市场零售	重庆市永川区
劲浪重庆体育用品有限公司	服装零售	重庆市渝中区
重庆屈臣氏个人用品商店有限公司	百货零售	重庆市渝中区
重庆百域商业管理有限公司	其他室内装饰材料零售	重庆市永川区
重庆童联孩子王儿童用品有限公司	百货零售	重庆市南岸区
重庆沁园餐饮管理有限公司	糕点、面包零售	重庆市九龙坡区
重庆合州实业集团兆庆商贸有限公司	汽车零售	重庆市合川区
重庆桐君阁大药房连锁有限责任公司	药品零售	重庆市渝中区
瑞皇(重庆)钟表有限公司	钟表、眼镜零售	重庆市渝中区
重庆美达钟表有限公司	钟表、眼镜零售	重庆市渝中区
重庆美特斯邦威服饰有限责任公司	服装零售	重庆市渝中区
重庆易宠科技有限公司	互联网零售	重庆市渝北区
砂之船(重庆)商业有限公司	服装零售	重庆市璧山区
重庆一能燃具有限公司	厨房用具及日用杂品零售	重庆市渝中区
云阳县腾龙商贸有限公司	超级市场零售	重庆市云阳县
重庆鸿翔一心堂药业有限公司	药品零售	重庆市渝北区
重庆好又多百货商业有限公司	超级市场零售	重庆市南岸区

4-2 续表 40

企业名称	所属行业	企业所在地
沃尔玛(重庆)百货有限公司	百货零售	重庆市渝北区
重庆市开县医药有限责任公司	药品零售	重庆市开县
重庆爱莲百货超市有限公司	超级市场零售	重庆市渝北区
重庆千叶眼镜连锁有限公司	钟表、眼镜零售	重庆市渝中区
忠县胡燃商行	服装零售	重庆市忠县
重庆诚泰通信连锁有限公司	通信设备零售	重庆市渝中区
重庆武陵山佳惠百货有限责任公司	百货零售	重庆市黔江区
四川省		
成都京东世纪贸易有限公司	互联网零售	四川省成都市
中国石化销售有限公司四川石油分公司	机动车燃料零售	四川省成都市
唯品会(简阳)电子商务有限公司	互联网零售	四川省成都市
中国石油天然气股份有限公司四川成都销售分公司	机动车燃料零售	四川省成都市
新华文轩出版传媒股份有限公司	图书、报刊零售	四川省成都市
中国石油天然气股份有限公司四川泸州销售分公司	机动车燃料零售	四川省泸州市
四川永辉超市有限公司	百货零售	四川省成都市
中国石油天然气股份有限公司四川销售成品油分公司	机动车燃料零售	四川省成都市
成都伊藤洋华堂有限公司	百货零售	四川省成都市
泸州汇通百货股份有限公司	百货零售	四川省泸州市
中国石油天然气股份有限公司四川南充销售分公司	机动车燃料零售	四川省南充市
成都国美电器有限公司	日用家电设备零售	四川省成都市
四川苏宁云商销售有限公司	日用家电设备零售	四川省成都市
四川交投中油能源有限公司	机动车燃料零售	四川省成都市
成都建国汽车贸易有限公司	汽车零售	四川省成都市
中国石油天然气股份有限公司四川岷江销售分公司	机动车燃料零售	四川省成都市
壹玖壹玖酒类平台科技股份有限公司	酒、饮料及茶叶零售	四川省成都市
茂业商业股份有限公司	百货零售	四川省成都市
中国石油天然气股份有限公司四川凉山销售分公司	机动车燃料零售	四川省凉山彝族自治州
中国石油天然气股份有限公司四川绵阳销售分公司	机动车燃料零售	四川省绵阳市
成都家乐福超市有限公司	超级市场零售	四川省成都市
成都红旗连锁股份有限公司	超级市场零售	四川省成都市
成都王府井百货有限公司	百货零售	四川省成都市
中国石油四川乐山销售分公司	机动车燃料零售	四川省乐山市
中国石油天然气股份有限公司四川达州销售分公司	机动车燃料零售	四川省达州市
沃尔玛(四川)百货有限公司	超级市场零售	四川省成都市
中国石油天然气股份有限公司四川眉山销售分公司	机动车燃料零售	四川省眉山市
中国石油天然气股份有限公司四川资阳销售分公司	机动车燃料零售	四川省资阳市
中国石油天然气股份有限公司四川内江销售分公司	机动车燃料零售	四川省内江市
四川舞东风超市连锁股份有限公司	超级市场零售	四川省成都市
中国石油天然气股份有限公司四川巴中销售分公司	机动车燃料零售	四川省巴中市
四川领跑体育用品有限公司	服装零售	四川省成都市
中国石油化工股份有限公司四川绵阳石油分公司	机动车燃料零售	四川省绵阳市
中国石油天然气股份有限公司四川广安销售分公司	机动车燃料零售	四川省广安市
成都屈臣氏个人用品商店有限公司	化妆品及卫生用品零售	四川省成都市
中国石油天然气股份有限公司四川遂宁销售分公司	机动车燃料零售	四川省遂宁市
四川家福来实业集团有限公司	家用视听设备零售	四川省绵阳市
成都王府井购物中心有限公司	百货零售	四川省成都市
成都宝悦汽车有限公司	汽车零售	四川省成都市
成都欧尚超市有限公司	超级市场零售	四川省成都市
四川文轩在线电子商务有限公司	图书、报刊零售	四川省成都市

4-2 续表 41

企业名称	所属行业	企业所在地
群光大陆实业(成都)有限公司	百货零售	四川省成都市
成都新元素兴业汽车服务有限公司	汽车零售	四川省成都市
四川华星名仕汽车销售服务有限公司	汽车零售	四川省成都市
中国石油化工股份有限公司乐山石油分公司	机动车燃料零售	四川省乐山市
四川亿佳隆通讯连锁有限公司	其他文化用品零售	四川省成都市
成都市滔搏商贸有限公司	鞋帽零售	四川省成都市
百丽鞋业成都有限公司	鞋帽零售	四川省成都市
成都宜家家居有限公司	家具零售	四川省成都市
成都市武侯区红旗连锁有限公司	其他综合零售	四川省成都市
成都市人人乐商业有限公司	百货零售	四川省成都市
四川省达州商业集团有限公司	百货零售	四川省达州市
犍为县黄家超市	超级市场零售	四川省乐山市
成都市金牛区红旗连锁有限公司	超级市场零售	四川省成都市
成都市青羊区红旗连锁有限公司	百货零售	四川省成都市
四川哦哦超市连锁管理有限公司	超级市场零售	四川省成都市
四川东升大药房连锁有限责任公司	药品零售	四川省达州市
达州新天泰药业集团有限公司	药品零售	四川省达州市
梅西商业有限公司	百货零售	四川省成都市
攀钢集团生活服务有限公司	超级市场零售	四川省攀枝花市
渠县凯歌超市有限公司	超级市场零售	四川省达州市
乐天百货(成都)有限公司	百货零售	四川省成都市
西昌市恒汇商贸有限责任公司	超级市场零售	四川省凉山彝族自治州
四川一心堂医药连锁有限公司	药品零售	四川省成都市
成都市锦江区红旗连锁有限公司	超级市场零售	四川省成都市
四川华润万家好来超市有限公司	超级市场零售	四川省成都市
成都市成华区红旗连锁有限公司	超级市场零售	四川省成都市
成都市华伟通讯有限责任公司	通信设备零售	四川省成都市
四川家乐福商业有限公司	超级市场零售	四川省成都市
四川华润万家生活超市有限公司	百货零售	四川省成都市
成都市好来屋量贩家居百货有限公司	百货零售	四川省成都市
四川步步高商业有限责任公司	超级市场零售	四川省成都市
成都美景舒适家居有限公司	日用家电设备零售	四川省成都市
四川卓尔百货有限公司	超级市场零售	四川省内江市
四川省老邻居商贸连锁有限责任公司	百货零售	四川省成都市
都江堰百伦商贸有限公司	百货零售	四川省成都市
成都市温江区红旗连锁有限公司	其他综合零售	四川省成都市
成都泉源堂大药房连锁有限责任公司	药品零售	四川省成都市
宜宾绿源食品有限公司	超级市场零售	四川省宜宾市
成都美特斯邦威服饰有限责任公司	服装零售	四川省成都市
乐山市家家乐超市连锁有限公司	百货零售	四川省乐山市
四川省万盛药业连锁有限公司	药品零售	四川省达州市
郫县百伦商贸有限公司	百货零售	四川省成都市
四川宏远上铖超市有限公司	百货零售	四川省眉山市
四川杏林医药连锁有限责任公司	药品零售	四川省成都市
四川德仁堂药业连锁有限公司	药品零售	四川省成都市
四川海王星辰健康药房有限公司	药品零售	四川省成都市
成都通能压缩天然气有限公司	生活用燃料零售	四川省成都市
成都利民药业连锁有限公司	药品零售	四川省成都市
四川圣杰药业有限公司	药品零售	四川省泸州市

4-2 续表 42

企业名称	所属行业	企业所在地
柒一拾壹(成都)有限公司	其他综合零售	四川省成都市
成都熙福贸易有限公司	服装零售	四川省成都市
广元市宝益商贸有限责任公司	超级市场零售	四川省广元市
成都幸福大润发商贸有限公司	超级市场零售	四川省成都市
成都福满家便利有限公司	其他综合零售	四川省成都市
成都讯捷通讯连锁有限公司	通信设备零售	四川省成都市
成都好又多百货商业广场有限公司	超级市场零售	四川省成都市
成都市新都区红旗连锁有限公司	超级市场零售	四川省成都市
绵阳兴达好又多商贸有限公司	超级市场零售	四川省绵阳市
成都安德鲁森食品有限公司	糕点、面包零售	四川省成都市
沃尔玛(四川)商业零售有限公司	超级市场零售	四川省成都市
贵州省		
中国石化销售有限公司贵州贵阳石油分公司	汽车零配件零售	贵州省贵阳市
中国石油化工股份有限公司贵州遵义石油分公司	机动车燃料零售	贵州省遵义市
中国石化销售有限公司贵州黔西南石油分公司	机动车燃料零售	贵州省黔西南布依族苗族自治州
中国石油化工股份有限公司贵州毕节石油分公司	机动车燃料零售	贵州省毕节市
中国石油天然气股份有限公司贵州贵阳销售分公司	机动车燃料零售	贵州省贵阳市
中国石化销售有限公司贵州六盘水石油分公司	机动车燃料零售	贵州省六盘水市
中国石化销售有限公司贵州安顺石油分公司	机动车燃料零售	贵州省安顺市
中国石化销售有限公司贵州铜仁石油分公司	机动车燃料零售	贵州省铜仁市
贵州永辉超市有限公司	超级市场零售	贵州省贵阳市
中国石油股份有限公司遵义销售分公司	机动车燃料零售	贵州省遵义市
贵州合力购物有限责任公司	超级市场零售	贵州省贵阳市
贵阳苏宁云商销售有限公司	日用家电设备零售	贵州省贵阳市
贵州一树连锁药业有限公司	药品零售	贵州省贵阳市
贵阳星力百货集团有限公司	百货零售	贵州省贵阳市
百江西南燃气有限公司	生活用燃料零售	贵州省贵阳市
沃尔玛(贵州)商业零售有限公司	超级市场零售	贵州省贵阳市
遵义华联综合超市管理有限公司	超级市场零售	贵州省遵义市
贵州东风南方汽车销售服务有限公司	汽车零售	贵州省贵阳市
贵州省铜仁上海华联超市有限公司	超级市场零售	贵州省铜仁市
贵州华联综合超市有限公司	超级市场零售	贵州省贵阳市
贵州一品药业连锁有限公司	药品零售	贵州省贵阳市
贵州国美电器有限公司	日用家电设备零售	贵州省贵阳市
贵州滔搏体育用品有限公司	服装零售	贵州省贵阳市
贵州芝林大药房零售连锁有限公司	药品零售	贵州省贵阳市
安顺大润发商业有限公司	超级市场零售	贵州省安顺市
贵州一树老百姓药业连锁有限公司	药品零售	贵州省六盘水市
贵州宝胜体育用品有限公司	服装零售	贵州省贵阳市
贵州省黔西南州兴客隆超市有限公司	超级市场零售	贵州省黔西南布依族苗族自治州
云南省		
中国石油化工股份有限公司云南昆明石油分公司	机动车燃料零售	云南省昆明市
云南鸿翔一心堂药业(集团)股份有限公司	药品零售	云南省昆明市
中国石油天然气股份有限公司云南昆明销售分公司	机动车燃料零售	云南省昆明市
中国石化销售有限公司云南红河石油分公司	机动车燃料零售	云南省红河哈尼族彝族自治州
中国石化销售有限公司云南文山石油分公司	机动车燃料零售	云南省文山壮族苗族自治州
宣威市新世纪商贸有限责任公司	其他室内装饰材料零售	云南省曲靖市
云南强林石化有限公司	机动车燃料零售	云南省昆明市
沃尔玛(云南)商业零售有限公司	超级市场零售	云南省昆明市

4-2 续表 43

企业名称	所属行业	企业所在地
云南苏宁云商销售有限公司	家用视听设备零售	云南省昆明市
云南万友汽车销售服务有限公司	汽车零配件零售	云南省昆明市
云南沃尔玛百货有限公司	超级市场零售	云南省昆明市
中国石油天然气股份有限公司云南红河销售分公司	机动车燃料零售	云南省红河哈尼族彝族自治州
中国石油天然气股份有限公司云南文山销售分公司	机动车燃料零售	云南省文山壮族苗族自治州
昆明家乐福超市有限公司	超级市场零售	云南省昆明市
中国石油天然气股份有限公司云南玉溪销售分公司	机动车燃料零售	云南省玉溪市
昆明云顺和商业发展有限公司	百货零售	云南省昆明市
会泽县土产公司综合市场	其他综合零售	云南省曲靖市
云南健之佳连锁健康药房有限公司	药品零售	云南省昆明市
中国石油天然气股份有限公司云南昭通销售分公司	机动车燃料零售	云南省昭通市
云南玉溪百信商贸集团有限公司	超级市场零售	云南省玉溪市
中国航油集团云南石油有限公司	机动车燃料零售	云南省昆明市
中国石化销售有限公司云南西双版纳石油分公司	机动车燃料零售	云南省西双版纳傣族自治州
云南奥龙世博经贸有限公司	服装零售	云南省昆明市
昆明国美电器有限公司	家用视听设备零售	云南省昆明市
云南立锐体育用品有限公司	服装零售	云南省昆明市
昆明屈臣氏个人用品商店有限公司	超级市场零售	云南省昆明市
昆明新华书店连锁有限公司	图书、报刊零售	云南省昆明市
云南白药大药房有限公司	药品零售	云南省昆明市
云南之佳便利店有限公司	百货零售	云南省昆明市
曲靖新华书店有限责任公司	图书、报刊零售	云南省曲靖市
云南百丽鞋业有限公司	鞋帽零售	云南省昆明市
普洱市天生祥超市	超级市场零售	云南省普洱市
云南四方街商贸有限公司	超级市场零售	云南省大理白族自治州
云南龙润茶科技有限公司	酒、饮料及茶叶零售	云南省临沧市
云南楚雄鹿城大厦实业有限责任公司	百货零售	云南省楚雄彝族自治州
丽江市古城区丽客隆超市	超级市场零售	云南省丽江市
景洪大润发商业有限公司	超级市场零售	云南省西双版纳傣族自治州
祥云县林源商贸有限公司	百货零售	云南省大理白族自治州
西双版纳迪升药业有限责任公司	药品零售	云南省西双版纳傣族自治州
嵩明伟诚蔬菜种植有限公司	果品、蔬菜零售	云南省昆明市
西藏自治区		
中国石油天然气股份有限公司西藏销售分公司拉萨公司	机动车燃料零售	西藏自治区拉萨市
西藏百益商贸有限公司	百货零售	西藏自治区拉萨市
陕西省		
西安华讯得贸易有限公司	互联网零售	陕西省西安市
陕西延长壳牌石油有限公司	机动车燃料零售	陕西省西安市
陕西西北轻工批发市场经营管理有限公司	家用视听设备零售	陕西省西安市
西安大明宫雁塔购物广场有限责任公司	家具零售	陕西省西安市
陕西省汽车工业贸易总公司	汽车零售	陕西省西安市
陕西宝胜贸易有限公司	体育用品及器材零售	陕西省西安市
陕西苏宁云商销售有限公司	日用家电设备零售	陕西省西安市
西安市国美电器有限公司	日用家电设备零售	陕西省西安市
陕西华润万家生活超市有限公司	超级市场零售	陕西省西安市
西安市人人乐超市有限公司	超级市场零售	陕西省西安市
宝鸡商场有限公司	超级市场零售	陕西省宝鸡市
西安利之星汽车有限公司	汽车零售	陕西省西安市

4-2 续表 44

企业名称	所属行业	企业所在地
开元商业有限公司	百货零售	陕西省西安市
西安赛格商业运营管理有限公司	百货零售	陕西省西安市
陕西省军区军人服务社	百货零售	陕西省西安市
西安爱家超市有限公司	超级市场零售	陕西省西安市
宝鸡人民商场股份有限公司	百货零售	陕西省宝鸡市
陕西滔搏体育商贸有限公司	鞋帽零售	陕西省西安市
西安光彩商贸有限责任公司	灯具零售	陕西省西安市
陕西永辉超市有限公司	超级市场零售	陕西省西安市
西安怡康医药连锁有限责任公司	药品零售	陕西省西安市
西安民生集团股份有限公司	百货零售	陕西省西安市
西安兴正元购物中心有限公司	百货零售	陕西省西安市
咸阳世纪金花商贸有限公司	超级市场零售	陕西省咸阳市
宝鸡天健医药有限公司	药品零售	陕西省宝鸡市
西安宜家家居有限公司	百货零售	陕西省西安市
陕西明珠家居产业有限公司	家具零售	陕西省咸阳市
西安易初莲花连锁超市有限公司	超级市场零售	陕西省西安市
陕西民生家乐投资管理有限公司	超级市场零售	陕西省西安市
陕西华润万家生活超市有限公司渭南东风路分公司	超级市场零售	陕西省渭南市
西安市新华书店	图书、报刊零售	陕西省西安市
陕西丽彩药业有限公司	药品零售	陕西省咸阳市
宝鸡市冠森大世界现代家居建材(城)有限公司	其他室内装饰材料零售	陕西省宝鸡市
陕西民生家乐商业连锁有限责任公司	超级市场零售	陕西省西安市
陕西西游电子商务有限公司	互联网零售	陕西省西安市
陕西福迪汽车贸易有限公司	汽车零售	陕西省西安市
陕西乐家电视购物有限责任公司	邮购及电视、电话零售	陕西省西安市
延安百货大楼(集团)有限公司	百货零售	陕西省延安市
西安屈臣氏个人用品商店有限公司	化妆品及卫生用品零售	陕西省西安市
西安开元商业地产发展有限公司	百货零售	陕西省西安市
陕西蜂星电讯零售连锁有限责任公司	通信设备零售	陕西省西安市
陕西老百姓大药房连锁有限公司	药品零售	陕西省西安市
汉中世纪阳光商厦有限公司	日用家电设备零售	陕西省汉中市
咸阳家友购物广场有限公司	百货零售	陕西省咸阳市
陕西乐友商贸有限公司	其他日用品零售	陕西省西安市
咸阳人人乐商业有限公司	超级市场零售	陕西省咸阳市
宝鸡华通商厦有限责任公司	百货零售	陕西省宝鸡市
渭南市佳盛商贸有限责任公司	百货零售	陕西省渭南市
汉中市第二药材公司	药品零售	陕西省汉中市
陕西正大食品有限公司	肉、禽、蛋、奶及水产品零售	陕西省西安市
安康市喜盈门商贸有限公司	超级市场零售	陕西省安康市
咸阳华润万家生活超市有限公司	超级市场零售	陕西省咸阳市
榆林市广济堂医药连锁有限公司	药品零售	陕西省榆林市
韩城市天惠商城有限责任公司	超级市场零售	陕西省渭南市
西安唐久便利连锁有限公司	百货零售	陕西省西安市
咸阳爱家超市有限公司	超级市场零售	陕西省咸阳市
西安市西蓝天然气股份有限公司	机动车燃料零售	陕西省西安市
沃尔玛陕西百货有限公司	超级市场零售	陕西省西安市
陕西众信医药超市有限公司	药品零售	陕西省西安市
陕西现代果业集团有限公司	果品、蔬菜零售	陕西省西安市

4-2 续表 45

企业名称	所属行业	企业所在地
甘肃省		
中国石油天然气股份有限公司甘肃兰州销售分公司	机动车燃料零售	甘肃省兰州市
中国石化销售有限公司甘肃石油分公司	机动车燃料零售	甘肃省兰州市
甘肃中油交通油品有限公司	机动车燃料零售	甘肃省兰州市
中国石油天然气股份有限公司甘肃定西销售分公司	机动车燃料零售	甘肃省定西市
中国石油天然气股份有限公司甘肃天水销售分公司	机动车燃料零售	甘肃省天水市
中国石油甘肃白银销售分公司	机动车燃料零售	甘肃省白银市
中国石油天然气股份有限公司甘肃陇南销售分公司	机动车燃料零售	甘肃省陇南市
甘肃华润万家生活超市有限公司	百货零售	甘肃省兰州市
兰州西太华工贸集团股份有限公司	百货零售	甘肃省兰州市
兰州民百(集团)股份有限公司	百货零售	甘肃省兰州市
兰州惠仁堂药业连锁有限责任公司	药品零售	甘肃省兰州市
甘肃苏宁云商销售有限公司	日用家电设备零售	甘肃省兰州市
甘肃众友健康医药连锁有限公司	药品零售	甘肃省兰州市
甘肃东方百佳商贸有限公司	超级市场零售	甘肃省庆阳市
甘肃新乐连锁超市有限责任公司	超级市场零售	甘肃省张掖市
兰州大润发商业有限公司	百货零售	甘肃省兰州市
甘肃国芳综合超市有限公司	百货零售	甘肃省兰州市
天水市金都商城有限公司	百货零售	甘肃省天水市
敦煌市展望文化旅游产业发展有限责任公司	工艺美术品及收藏品零售	甘肃省酒泉市
青海省		
西宁王府井百货有限责任公司	百货零售	青海省西宁市
西宁大十字百货商店有限公司	百货零售	青海省西宁市
青海夏都百货股份有限公司	纺织品及针织品零售	青海省西宁市
青海惠客家超市有限公司	超级市场零售	青海省西宁市
青海宁食(集团)有限公司	其他综合零售	青海省西宁市
宁夏回族自治区		
银川市新华百货连锁超市有限公司	超级市场零售	宁夏回族自治区银川市
银川新华百货商店股份有限公司	百货零售	宁夏回族自治区银川市
银川新华百货东桥电器有限公司	日用家电设备零售	宁夏回族自治区银川市
宁夏华润万家生活超市有限公司	百货零售	宁夏回族自治区银川市
宁夏荣盛商业连锁股份有限公司	百货零售	宁夏回族自治区中卫市
宁夏国大药房连锁有限公司	药品零售	宁夏回族自治区银川市
新疆维吾尔自治区		
国药集团新疆新特药业有限公司	药品零售	新疆维吾尔自治区乌鲁木齐市
新疆友好集团股份有限公司	百货零售	新疆维吾尔自治区乌鲁木齐市
中石油新疆销售有限公司乌鲁木齐分公司	机动车燃料零售	新疆维吾尔自治区乌鲁木齐市
美克国际家居用品股份有限公司	家具零售	新疆维吾尔自治区乌鲁木齐市
巴州民家百货有限责任公司	超级市场零售	新疆维吾尔自治区巴音郭楞蒙古自治州
新疆国美电器有限公司	家用视听设备零售	新疆维吾尔自治区乌鲁木齐市
新疆汇嘉时代百货股份有限公司	百货零售	新疆维吾尔自治区乌鲁木齐市
新疆百草堂医药连锁经销有限公司	药品零售	新疆维吾尔自治区乌鲁木齐市
阿克苏金桥超市有限责任公司	百货零售	新疆维吾尔自治区阿克苏地区
昌吉市汇嘉时代百货有限公司	服装零售	新疆维吾尔自治区昌吉回族自治州
新疆济康医药连锁有限责任公司	药品零售	新疆维吾尔自治区乌鲁木齐市
哈密天马商贸有限责任公司	百货零售	新疆维吾尔自治区哈密地区
新疆好家乡超市有限公司	超级市场零售	新疆维吾尔自治区乌鲁木齐市
新疆康宁医药连锁有限责任公司	药品零售	新疆维吾尔自治区巴音郭楞蒙古自治州
新疆家乐福超市有限公司	超级市场零售	新疆维吾尔自治区乌鲁木齐市
新疆华润万家生活超市有限公司	超级市场零售	新疆维吾尔自治区乌鲁木齐市
克拉玛依和家乐商贸有限公司	百货零售	新疆维吾尔自治区克拉玛依市
新疆茂业国际商贸有限责任公司	服装零售	新疆维吾尔自治区伊犁哈萨克自治州
新疆普济堂医药零售连锁有限公司	药品零售	新疆维吾尔自治区乌鲁木齐市

4-3 分地区大型住宿业企业名单

企业名称	所属行业	企业所在地
北京市		
北京桔子水晶酒店管理咨询有限公司	一般旅馆	北京市东城区
中国国际贸易中心有限公司	旅游饭店	北京市朝阳区
北京燕莎中心有限公司	旅游饭店	北京市朝阳区
北京富华金宝中心有限公司	其他住宿业	北京市东城区
丽都饭店有限公司	旅游饭店	北京市朝阳区
北京香格里拉饭店有限公司	旅游饭店	北京市海淀区
北京嘉里大酒店有限公司	旅游饭店	北京市朝阳区
北京友谊宾馆	旅游饭店	北京市海淀区
北京燕翔饭店有限责任公司	旅游饭店	北京市朝阳区
桔子酒店管理(中国)有限公司	旅游饭店	北京市海淀区
北京昆仑饭店有限公司	旅游饭店	北京市朝阳区
北京九华山庄集团股份有限公司	旅游饭店	北京市昌平区
北京温都水城旅游饭店管理有限公司	旅游饭店	北京市昌平区
北京亮马河大厦有限公司	旅游饭店	北京市朝阳区
北京市北京饭店	旅游饭店	北京市东城区
七天快捷酒店管理(北京)有限公司	一般旅馆	北京市东城区
北京世纪金源大饭店有限责任公司	旅游饭店	北京市海淀区
中国职工之家	旅游饭店	北京市西城区
北京国际饭店	旅游饭店	北京市东城区
北京朗丽兹西山花园酒店管理有限公司	旅游饭店	北京市海淀区
北京香江财富酒店有限公司	旅游饭店	北京市朝阳区
泛海酒店投资管理有限公司	旅游饭店	北京市东城区
北京新世纪饭店有限公司	旅游饭店	北京市海淀区
北京国际俱乐部有限公司	旅游饭店	北京市朝阳区
北京市西苑饭店	旅游饭店	北京市海淀区
北京云南大厦酒店有限公司	旅游饭店	北京市朝阳区
王府饭店有限公司	旅游饭店	北京市东城区
北京市长富宫中心有限责任公司	旅游饭店	北京市朝阳区
北京京铁天佑酒店管理有限公司	旅游饭店	北京市丰台区
东方艺术大厦有限公司	旅游饭店	北京市朝阳区
北京国二招宾馆	旅游饭店	北京市西城区
北京天伦王朝饭店有限公司	旅游饭店	北京市东城区
北京稻香湖投资发展有限责任公司	旅游饭店	北京市海淀区
盘古氏国际大酒店有限责任公司	旅游饭店	北京市朝阳区
北京香港马会会所有限公司	旅游饭店	北京市东城区
北京汉华国际饭店有限公司	旅游饭店	北京市东城区
赛特集团有限公司	旅游饭店	北京市朝阳区
北京光明饭店有限公司	旅游饭店	北京市朝阳区
如家和美酒店管理(北京)有限公司	一般旅馆	北京市朝阳区
北京新侨饭店有限公司	旅游饭店	北京市东城区
港澳中心有限公司	旅游饭店	北京市东城区
北京首旅置业集团有限公司	一般旅馆	北京市朝阳区
北京新疆大厦	旅游饭店	北京市海淀区
中日青年交流中心	旅游饭店	北京市朝阳区
北京裕龙国际酒店	旅游饭店	北京市海淀区
王府井饭店管理有限公司	旅游饭店	北京市东城区
台湾饭店有限公司	旅游饭店	北京市东城区
北京燕京饭店有限责任公司	旅游饭店	北京市西城区
北京金雁饭店有限责任公司	旅游饭店	北京市怀柔区
保利大厦有限公司	旅游饭店	北京市东城区
北京盛安酒店管理有限公司	一般旅馆	北京市海淀区
北京歌华开元大酒店有限公司	旅游饭店	北京市朝阳区

4-3 续表 1

企业名称	所属行业	企业所在地
北京金隅凤山温泉度假村有限公司	旅游饭店	北京市昌平区
北京春晖园文化娱乐有限责任公司	旅游饭店	北京市顺义区
首都大酒店	旅游饭店	北京市东城区
中国妇女活动中心	旅游饭店	北京市东城区
北京市京伦饭店有限责任公司	旅游饭店	北京市朝阳区
北京银泉大厦	旅游饭店	北京市海淀区
北京京都信苑饭店有限公司	旅游饭店	北京市海淀区
北京国宾酒店有限责任公司	旅游饭店	北京市西城区
北京西郊宾馆有限责任公司	旅游饭店	北京市海淀区
北京和平宾馆有限公司	旅游饭店	北京市东城区
梅地亚电视中心有限公司	旅游饭店	北京市海淀区
中青旅山水酒店投资管理(北京)有限公司	旅游饭店	北京市海淀区
北京维景国际大酒店有限责任公司	旅游饭店	北京市朝阳区
北京市建国饭店公司	旅游饭店	北京市朝阳区
北京欣燕都酒店连锁有限公司	旅游饭店	北京市西城区
天津市		
天津嘉里房地产开发有限公司天津香格里拉大酒店	旅游饭店	天津市河东区
天津天宾酒店管理有限公司	旅游饭店	天津市河西区
河北省		
新绎七修酒店管理有限公司	一般旅馆	河北省廊坊市
河北宾馆有限公司	旅游饭店	河北省石家庄市
河北世纪大饭店有限公司	旅游饭店	河北省石家庄市
山西省		
山西丽华大酒店	旅游饭店	山西省太原市
内蒙古自治区		
内蒙古饭店有限责任公司	旅游饭店	内蒙古自治区呼和浩特市
香格里拉大酒店(呼和浩特)有限公司	旅游饭店	内蒙古自治区呼和浩特市
辽宁省		
大连香格里拉酒店有限公司	旅游饭店	辽宁省大连市
香格里拉大酒店(沈阳)有限公司	旅游饭店	辽宁省沈阳市
大连富丽华大酒店	旅游饭店	辽宁省大连市
辽宁瑞心酒店集团有限责任公司	旅游饭店	辽宁省沈阳市
辽宁大厦	旅游饭店	辽宁省沈阳市
吉林省		
长春香格里拉大酒店有限公司	旅游饭店	吉林省长春市
长春金安大饭店有限公司	旅游饭店	吉林省长春市
黑龙江省		
哈尔滨香格里拉大饭店有限公司	旅游饭店	黑龙江省哈尔滨市
哈尔滨友谊宫	旅游饭店	黑龙江省哈尔滨市
上海市		
上海国际主题乐园配套设施有限公司	旅游饭店	上海市浦东新区
上海外滩半岛酒店有限公司	旅游饭店	上海市黄浦区
中国金茂(集团)有限公司	旅游饭店	上海市浦东新区
上海商城	旅游饭店	上海市静安区
上海浦东新区香格里拉酒店有限公司	旅游饭店	上海市浦东新区
锦江之星旅馆有限公司	一般旅馆	上海市闵行区
上海王宝和大酒店有限公司	旅游饭店	上海市黄浦区
上海新天舜华有限公司	旅游饭店	上海市浦东新区
静安希尔顿饭店	旅游饭店	上海市静安区
上海国际会议中心有限公司	旅游饭店	上海市浦东新区
上海元一酒店有限公司	一般旅馆	上海市闵行区
格林豪泰酒店(中国)有限公司	一般旅馆	上海市普陀区
上海西郊宾馆	旅游饭店	上海市长宁区

4-3 续表 2

企业名称	所属行业	企业所在地
花园饭店	旅游饭店	上海市黄浦区
上海和平饭店有限公司	旅游饭店	上海市黄浦区
上海锦江饭店有限公司	旅游饭店	上海市黄浦区
上海扬子江大酒店有限公司	旅游饭店	上海市长宁区
上海秀仕酒店经营有限公司	一般旅馆	上海市浦东新区
上海上实南洋大酒店有限公司	旅游饭店	上海市静安区
上海圣诺亚酒店有限公司	旅游饭店	上海市普陀区
上海瑞金宾馆	旅游饭店	上海市黄浦区
上海新发展大酒店有限公司	旅游饭店	上海市普陀区
上海长峰酒店管理有限公司	旅游饭店	上海市长宁区
上海新世界丽笙大酒店有限公司	旅游饭店	上海市黄浦区
上海斯格威大酒店有限公司	旅游饭店	上海市黄浦区
上海二十一世纪酒店有限公司	旅游饭店	上海市浦东新区
上海虹桥迎宾馆	旅游饭店	上海市长宁区
上海东郊宾馆有限公司	旅游饭店	上海市浦东新区
上海东锦江大酒店有限公司	旅游饭店	上海市浦东新区
上海国际贵都大饭店有限公司	旅游饭店	上海市静安区
上海锦江汤臣大酒店有限公司	旅游饭店	上海市浦东新区
上海世茂庄园置业有限公司佘山茂御酒店	旅游饭店	上海市徐汇区
上海兴国宾馆	旅游饭店	上海市长宁区
上海锦江国际饭店有限公司	旅游饭店	上海市黄浦区
上海上影影视文化交流有限公司	旅游饭店	上海市长宁区
上海达洛酒店管理有限公司	旅游饭店	上海市虹口区
上海海仑宾馆有限公司	旅游饭店	上海市黄浦区
上海太平洋大饭店有限公司	旅游饭店	上海市长宁区
上海光大会展中心有限公司	旅游饭店	上海市徐汇区
上海市衡山(集团)公司	旅游饭店	上海市徐汇区
上海华亭宾馆有限公司	旅游饭店	上海市徐汇区
上海紫金山大酒店	旅游饭店	上海市浦东新区
上海市上海宾馆有限公司	旅游饭店	上海市静安区
上海海鸥国际酒店投资管理有限公司	旅游饭店	上海市长宁区
上海建国宾馆有限公司	旅游饭店	上海市徐汇区
上海国际网球中心酒店管理有限公司	旅游饭店	上海市徐汇区
上海松江开元名都大酒店有限公司	旅游饭店	上海市松江区
江苏省		
金陵饭店股份有限公司	旅游饭店	江苏省南京市
苏州工业园区金鸡湖大酒店有限公司	旅游饭店	江苏省苏州市
苏州吴中白金汉爵大酒店有限公司	旅游饭店	江苏省苏州市
香格里拉大酒店(南京)有限公司	旅游饭店	江苏省南京市
溧阳亚东实业发展有限公司	旅游饭店	江苏省常州市
苏州中茵皇冠假日酒店有限公司	旅游饭店	江苏省苏州市
无锡湖滨饭店有限公司	旅游饭店	江苏省无锡市
启东恒大酒店有限公司	旅游饭店	江苏省南通市
无锡太湖饭店有限公司	旅游饭店	江苏省无锡市
南京维景国际大酒店有限公司	旅游饭店	江苏省南京市
南京中心大酒店有限公司	旅游饭店	江苏省南京市
江苏省会议中心有限公司(钟山宾馆)	旅游饭店	江苏省南京市
苏州同里湖大饭店有限公司	旅游饭店	江苏省苏州市
黄嘉酒店有限公司	旅游饭店	江苏省无锡市
苏州新城花园酒店有限公司	旅游饭店	江苏省苏州市
江阴国际大酒店有限公司	旅游饭店	江苏省无锡市
江苏辰茂新世纪大酒店有限公司	旅游饭店	江苏省南京市
常州波尔曼旅游投资发展有限公司	旅游饭店	江苏省常州市

4-3 续表 3

企业名称	所属行业	企业所在地
南通大饭店有限公司	旅游饭店	江苏省南通市
南京东郊国宾馆	旅游饭店	江苏省南京市
苏州吴江同里湖旅游度假村股份有限公司	旅游饭店	江苏省苏州市
南京银河房地产开发有限公司索菲特银河大酒店	旅游饭店	江苏省南京市
常州九洲花园大酒店有限公司	旅游饭店	江苏省常州市
浙江省		
杭州华溥实业有限公司	旅游饭店	浙江省杭州市
温州阿外楼度假酒店有限公司	旅游饭店	浙江省温州市
杭州铂丽大饭店有限公司	旅游饭店	浙江省杭州市
杭州黄龙饭店有限公司	旅游饭店	浙江省杭州市
香格里拉大酒店(宁波)有限公司	旅游饭店	浙江省宁波市
香格里拉大酒店(温州)有限公司	旅游饭店	浙江省温州市
湖州东吴开元名都酒店有限公司	旅游饭店	浙江省湖州市
浙江世贸君澜大饭店	旅游饭店	浙江省杭州市
宁波雅戈尔达蓬山旅游投资开发有限公司	旅游饭店	浙江省宁波市
宁波华侨饭店有限公司	旅游饭店	浙江省宁波市
冠鼎泽恒业千岛湖旅游有限公司	旅游饭店	浙江省杭州市
振石大酒店有限公司	旅游饭店	浙江省嘉兴市
杭州西湖国宾馆	旅游饭店	浙江省杭州市
杭州之江饭店	旅游饭店	浙江省杭州市
杭州香格里拉饭店有限公司	旅游饭店	浙江省杭州市
温州王朝大酒店有限公司	旅游饭店	浙江省温州市
杭州望湖宾馆有限责任公司	一般旅馆	浙江省杭州市
浙江西子宾馆	旅游饭店	浙江省杭州市
浙江万地酒店管理有限公司	旅游饭店	浙江省丽水市
杭州宝盛水博园大酒店有限公司	一般旅馆	浙江省杭州市
宁波南苑集团股份有限公司	旅游饭店	浙江省宁波市
舟山海中洲国际大酒店有限公司	旅游饭店	浙江省舟山市
浙江天籁之梦旅游投资有限公司	旅游饭店	浙江省湖州市
台州耀达国际酒店有限公司	旅游饭店	浙江省台州市
瑞安市辰茂阳光酒店有限公司	旅游饭店	浙江省温州市
杭州大华饭店	旅游饭店	浙江省杭州市
宁波太平洋大酒店有限公司	旅游饭店	浙江省宁波市
嘉兴富悦大酒店管理有限公司	旅游饭店	浙江省嘉兴市
浙江金马饭店有限公司	旅游饭店	浙江省杭州市
瑞安国际大酒店有限公司	旅游饭店	浙江省温州市
杭州太虚湖假日酒店有限公司	旅游饭店	浙江省杭州市
温州锦绣酒店投资有限公司	旅游饭店	浙江省温州市
平湖圣雷克大酒店有限责任公司	旅游饭店	浙江省嘉兴市
温州万和豪生大酒店有限公司	旅游饭店	浙江省温州市
浙江天玥酒店管理有限公司	旅游饭店	浙江省绍兴市
温州华侨饭店有限公司	旅游饭店	浙江省温州市
杭州万科酒店管理有限公司	旅游饭店	浙江省杭州市
德清县驿站生态旅游开发有限公司	旅游饭店	浙江省湖州市
台州恩都酒店有限公司	旅游饭店	浙江省台州市
杭州第一世界大酒店有限公司	旅游饭店	浙江省杭州市
宁波东港波特曼大酒店有限公司	旅游饭店	浙江省宁波市
义乌市市场发展集团有限公司幸福湖国际会议中心分公司	旅游饭店	浙江省金华市
安徽省		
安徽省世纪金源大饭店管理有限公司	旅游饭店	安徽省合肥市
安徽元一大酒店有限公司	旅游饭店	安徽省合肥市
香格里拉大酒店(合肥)有限公司	旅游饭店	安徽省合肥市
安徽天鹅湖大酒店有限公司	旅游饭店	安徽省合肥市

4-3 续表 4

企业名称	所属行业	企业所在地
福建省		
厦门磐基大酒店有限公司	旅游饭店	福建省厦门市
福建国惠大酒店有限公司	旅游饭店	福建省福州市
福州闽江世纪金源会展中心大饭店有限公司	旅游饭店	福建省福州市
长乐国惠大酒店有限公司	旅游饭店	福建省福州市
厦门海悦山庄酒店有限公司	旅游饭店	福建省厦门市
福州香格里拉酒店有限公司	旅游饭店	福建省福州市
厦门和平里酒店有限公司	旅游饭店	福建省厦门市
福州世纪金源大饭店有限公司	旅游饭店	福建省福州市
厦门国际大酒店有限公司	旅游饭店	福建省厦门市
晋江爱乐假日酒店	旅游饭店	福建省泉州市
厦门悦华酒店	旅游饭店	福建省厦门市
创元(福建)大酒店有限公司	旅游饭店	福建省福州市
福州贵安世纪金源温泉大饭店有限责任公司	旅游饭店	福建省福州市
漳州宾馆有限公司	旅游饭店	福建省漳州市
福州大饭店有限公司	旅游饭店	福建省福州市
福州悦华酒店有限公司	旅游饭店	福建省福州市
杭钢(厦门)酒店有限公司	旅游饭店	福建省厦门市
厦门佰翔软件园酒店有限公司	旅游饭店	福建省厦门市
厦门惠龙集团有限公司京闽北海湾酒店分公司	旅游饭店	福建省厦门市
中华全国总工会厦门劳动模范疗休养中心(中华全国总工会厦门	旅游饭店	福建省厦门市
宁德万达嘉华酒店有限公司	旅游饭店	福建省宁德市
泉州酒店	旅游饭店	福建省泉州市
厦门东方酒店有限公司	旅游饭店	福建省厦门市
江西省		
江西庐山天沐温泉渡假有限公司	旅游饭店	江西省九江市
南昌华远和平里酒店有限公司	旅游饭店	江西省南昌市
山东省		
山东银座佳驿酒店有限公司	一般旅馆	山东省济南市
青岛香格里拉大酒店有限公司	旅游饭店	山东省青岛市
山东大厦	旅游饭店	山东省济南市
青岛红树林度假酒店经营有限公司	旅游饭店	山东省青岛市
济南舜耕山庄	旅游饭店	山东省济南市
青岛海景(国际)大酒店发展有限公司	旅游饭店	山东省青岛市
青岛海景花园大酒店	旅游饭店	山东省青岛市
青岛奥海投资发展有限公司海尔洲际酒店	旅游饭店	山东省青岛市
济南海尔绿城置业有限公司喜来登酒店	旅游饭店	山东省济南市
港中旅(青岛)海泉湾有限公司	旅游饭店	山东省青岛市
山东银座旅游集团有限公司	旅游饭店	山东省济南市
青岛城市建设集团海景花园酒店管理有限公司	旅游饭店	山东省青岛市
青岛颐中国际大酒店有限公司	旅游饭店	山东省青岛市
荣成石岛宾馆有限公司	旅游饭店	山东省威海市
河南省		
河南省黄河迎宾馆	旅游饭店	河南省郑州市
开封中州国际饭店有限公司	旅游饭店	河南省开封市
郑州裕达国贸酒店有限公司	旅游饭店	河南省郑州市
河南省永和铂爵国际酒店有限公司	旅游饭店	河南省郑州市
驻马店市天龙大酒店有限公司	旅游饭店	河南省驻马店市
湖北省		
武汉武昌万达广场投资有限公司万达威斯汀酒店	旅游饭店	湖北省武汉市
武汉香格里拉大饭店有限公司	旅游饭店	湖北省武汉市
湖北洪山宾馆有限公司	旅游饭店	湖北省武汉市

4-3 续表 5

企业名称	所属行业	企业所在地
湖南省		
衡阳四海神龙实业有限公司神龙大酒店	旅游饭店	湖南省衡阳市
湖南圣爵菲斯投资有限公司	旅游饭店	湖南省长沙市
湖南运达酒店管理有限公司	旅游饭店	湖南省长沙市
长沙世纪金源大饭店有限公司	旅游饭店	湖南省长沙市
华天酒店集团股份有限公司	其他住宿业	湖南省长沙市
湖南华雅国际大酒店有限公司	旅游饭店	湖南省长沙市
湖南国际金融大厦有限公司	旅游饭店	湖南省长沙市
攸县东风投资有限公司东风大酒店	一般旅馆	湖南省株洲市
岳阳市泰和大酒店	旅游饭店	湖南省岳阳市
韶山宾馆	旅游饭店	湖南省湘潭市
湖南佳兴酒店管理有限公司	旅游饭店	湖南省长沙市
广东省		
珠海长隆投资发展有限公司	旅游饭店	广东省珠海市
七天酒店(深圳)有限公司	一般旅馆	广东省广州市
揭西县京明温泉度假村有限公司	旅游饭店	广东省揭阳市
香格里拉大酒店(广州琶洲)有限公司	旅游饭店	广东省广州市
广州花园酒店有限公司	旅游饭店	广东省广州市
香格里拉大酒店(深圳福田)有限公司	旅游饭店	广东省深圳市
华润(深圳)有限公司君悦酒店	旅游饭店	广东省深圳市
深圳华侨城大酒店有限公司	旅游饭店	广东省深圳市
白天鹅宾馆	旅游饭店	广东省广州市
星河实业(深圳)有限公司星河丽思卡尔顿酒店	旅游饭店	广东省深圳市
佛山市顺德区长鹿环保度假农庄有限公司	旅游饭店	广东省佛山市
中国大酒店	旅游饭店	广东省广州市
佛山宾馆有限公司	旅游饭店	广东省佛山市
深圳市京基一百大厦酒店管理有限公司	旅游饭店	广东省深圳市
深圳蛇口海上世界酒店管理有限公司	旅游饭店	广东省深圳市
龙门县地派温泉度假村有限公司	旅游饭店	广东省惠州市
东莞市康帝国际酒店有限公司	旅游饭店	广东省东莞市
深圳卓越酒店管理有限公司	旅游饭店	广东省深圳市
深圳大中华喜来登酒店有限公司	旅游饭店	广东省深圳市
广州岭南集团控股股份有限公司	旅游饭店	广东省广州市
广州首旅建国酒店有限公司	旅游饭店	广东省广州市
湛江海滨宾馆有限责任公司	旅游饭店	广东省湛江市
珠海华发国际酒店管理有限公司	旅游饭店	广东省珠海市
深圳市森森海实业有限公司	旅游饭店	广东省深圳市
金茂深圳酒店投资有限公司金茂深圳万豪酒店	旅游饭店	广东省深圳市
广东新白云宾馆有限公司	旅游饭店	广东省广州市
深圳市益田假日广场有限公司威斯汀酒店	旅游饭店	广东省深圳市
港中旅(珠海)海泉湾有限公司	旅游饭店	广东省珠海市
深圳香格里拉大酒店有限公司	旅游饭店	广东省深圳市
东莞市松山湖酒店有限公司	旅游饭店	广东省东莞市
深圳中洲圣廷苑酒店有限公司	旅游饭店	广东省深圳市
中国对外贸易广州物业开发公司	旅游饭店	广东省广州市
深圳好日子酒店有限公司	旅游饭店	广东省深圳市
东莞市塘厦三正半山酒店有限公司	旅游饭店	广东省东莞市
深圳市五洲宾馆有限责任公司	旅游饭店	广东省深圳市
深圳威尼斯酒店	旅游饭店	广东省深圳市
佛山益康酒店管理有限公司	旅游饭店	广东省佛山市
湛江康益广场娱乐有限公司	旅游饭店	广东省湛江市
深圳麒麟山庄	旅游饭店	广东省深圳市

4-3 续表 6

企业名称	所属行业	企业所在地
广东亚洲国际大酒店	旅游饭店	广东省广州市
深圳大中华国际酒店管理有限公司	旅游饭店	广东省深圳市
珠海度假村酒店有限公司	旅游饭店	广东省珠海市
东莞市宏远酒店有限公司	旅游饭店	广东省东莞市
广东嘉华酒店有限公司	旅游饭店	广东省东莞市
保利(佛山)酒店有限公司	旅游饭店	广东省佛山市
加福投资(深圳)有限公司福朋喜来登酒店	旅游饭店	广东省深圳市
龙门县南昆山温泉旅游大观园有限公司	旅游饭店	广东省惠州市
龙门尚天然温泉度假有限公司	旅游饭店	广东省惠州市
惠州市康帝国际酒店有限公司	旅游饭店	广东省惠州市
东莞市会展国际大酒店	旅游饭店	广东省东莞市
深圳市登喜路国际大酒店有限公司	一般旅馆	广东省深圳市
深圳市皇庭酒店管理有限公司	旅游饭店	广东省深圳市
广州远洋宾馆有限公司	旅游饭店	广东省广州市
广州市星河湾酒店有限公司	旅游饭店	广东省广州市
珠海御温泉渡假村	旅游饭店	广东省珠海市
中山温泉有限公司	旅游饭店	广东省中山市
深圳市东方银座美爵酒店有限公司	旅游饭店	广东省深圳市
深圳恒丰海悦国际酒店有限公司	旅游饭店	广东省深圳市
江门市古兜旅游酒店管理有限公司	旅游饭店	广东省江门市
深圳阳光酒店	旅游饭店	广东省深圳市
珠海市新骏景酒店有限公司	旅游饭店	广东省珠海市
广州翡翠皇冠假日酒店有限公司	旅游饭店	广东省广州市
深圳市圣淘沙酒店管理有限公司	其他住宿业	广东省深圳市
余彭年管理(深圳)有限公司	旅游饭店	广东省深圳市
深圳海景奥思廷酒店有限公司	旅游饭店	广东省深圳市
梅州雁南飞茶田有限公司	旅游饭店	广东省梅州市
广州从化碧水湾温泉度假村有限公司	旅游饭店	广东省广州市
广州华钜君悦酒店有限公司	旅游饭店	广东省广州市
东莞旗峰山酒店有限公司	旅游饭店	广东省东莞市
广州地中海国际酒店有限公司	旅游饭店	广东省广州市
中山市京华世纪酒店有限公司	旅游饭店	广东省中山市
深圳观澜湖酒店有限公司	旅游饭店	广东省深圳市
增城市碧桂园凤凰城酒店有限公司	旅游饭店	广东省广州市
从都国际企业有限公司	旅游饭店	广东省广州市
深圳市观澜格兰云天大酒店投资有限公司	旅游饭店	广东省深圳市
汕头帝豪酒店有限公司	旅游饭店	广东省汕头市
广西壮族自治区		
广西雅斯特酒店投资有限责任公司	一般旅馆	广西壮族自治区南宁市
香格里拉大酒店(桂林)有限公司	旅游饭店	广西壮族自治区桂林市
柳州饭店	旅游饭店	广西壮族自治区柳州市
广西沃顿国际大酒店有限公司	旅游饭店	广西壮族自治区南宁市
桂林市大公馆酒店有限责任公司	旅游饭店	广西壮族自治区桂林市
桂林漓江大瀑布饭店有限责任公司	旅游饭店	广西壮族自治区桂林市
海南省		
三亚红树林度假酒店经营有限公司	旅游饭店	海南省三亚市
中粮酒店(三亚)有限公司	旅游饭店	海南省三亚市
金茂(三亚)旅业有限公司	旅游饭店	海南省三亚市
三亚天域实业有限公司	旅游饭店	海南省三亚市
三亚红树林旅业有限公司	旅游饭店	海南省三亚市
金茂(三亚)度假酒店有限公司	旅游饭店	海南省三亚市
三亚家化旅业有限公司	旅游饭店	海南省三亚市

4-3 续表 7

企业名称	所属行业	企业所在地
三亚盈湾酒店有限公司	旅游饭店	海南省三亚市
三亚民生旅业有限责任公司	旅游饭店	海南省三亚市
三亚皇圃大酒店有限公司	旅游饭店	海南省三亚市
三亚天房酒店管理有限公司	旅游饭店	海南省三亚市
三亚长岛旅业有限公司	旅游饭店	海南省三亚市
三亚海韵度假酒店有限公司	旅游饭店	海南省三亚市
三亚鹿回头旅游区开发有限公司三亚半山半岛洲际度假酒店	旅游饭店	海南省三亚市
三亚高胜发展有限公司	旅游饭店	海南省三亚市
三亚香格里拉大酒店有限公司	旅游饭店	海南省三亚市
海南观澜湖酒店有限公司	旅游饭店	海南省海口市
三亚林海房地产开发有限公司三亚湾海居铂尔曼度假酒店	旅游饭店	海南省三亚市
三亚国光豪生度假酒店有限公司	旅游饭店	海南省三亚市
三亚华宇旅业有限公司	旅游饭店	海南省三亚市
海南新佳和实业有限公司三亚分公司	旅游饭店	海南省三亚市
三亚万达大酒店有限公司万达希尔顿逸林酒店	旅游饭店	海南省三亚市
海口国宾馆开发有限公司	旅游饭店	海南省海口市
重庆市		
重庆世纪金源时代大饭店有限公司	旅游饭店	重庆市江北区
重庆金科两江大酒店有限公司	旅游饭店	重庆市涪陵区
重庆洲际酒店投资有限公司	旅游饭店	重庆市渝中区
重庆宾馆有限公司	旅游饭店	重庆市渝中区
重庆天来酒店有限公司	旅游饭店	重庆市渝北区
四川省		
香格里拉大酒店(成都)有限公司	旅游饭店	四川省成都市
四川锦江宾馆有限责任公司	旅游饭店	四川省成都市
成都市向阳凯宾斯基饭店有限公司	旅游饭店	四川省成都市
成都市锦江区明宇豪雅饭店有限公司	旅游饭店	四川省成都市
成都马哥孛罗酒店有限公司	旅游饭店	四川省成都市
成都市高新区科华豪雅饭店有限公司	旅游饭店	四川省成都市
成都建工集团旅游有限公司青城国际酒店	旅游饭店	四川省成都市
贵州省		
贵阳世纪金源大饭店管理有限责任公司	旅游饭店	贵州省贵阳市
贵州饭店有限责任公司	旅游饭店	贵州省贵阳市
贵州中电酒店管理有限公司	旅游饭店	贵州省贵阳市
黔西南州富康国际酒店经营管理有限公司	旅游饭店	贵州省黔西南布依族苗族自治州
云南省		
昆明嘉丽泽旅游文化有限公司	旅游饭店	云南省昆明市
云南海埂酒店管理有限公司	旅游饭店	云南省昆明市
云南红河投资有限公司酒店分公司	旅游饭店	云南省红河哈尼族彝族自治州
昆明世纪金源大饭店有限公司	旅游饭店	云南省昆明市
西双版纳世纪金源大饭店有限责任公司	旅游饭店	云南省西双版纳傣族自治州
陕西省		
香格里拉大酒店(西安)有限公司	旅游饭店	陕西省西安市
陕西人民大厦有限公司	旅游饭店	陕西省西安市
陕西宾馆有限责任公司	旅游饭店	陕西省西安市
陕西金信实业发展有限公司	旅游饭店	陕西省西安市
陕西云海投资管理有限公司	旅游饭店	陕西省西安市
甘肃省		
甘肃宁卧庄宾馆	旅游饭店	甘肃省兰州市
新疆维吾尔自治区		
新疆机场集团天缘酒店管理有限责任公司	一般旅馆	新疆维吾尔自治区乌鲁木齐市

4-4 分地区大型餐饮业企业名单

企业名称	所属行业	企业所在地
北京市		
北京必胜客比萨饼有限公司	正餐服务	北京市东城区
北京麦当劳食品有限公司	快餐服务	北京市东城区
呷哺呷哺餐饮管理有限公司	快餐服务	北京市大兴区
北京肯德基有限公司	快餐服务	北京市东城区
北京星巴克咖啡有限公司	咖啡馆服务	北京市朝阳区
海鸿达(北京)餐饮管理有限公司	正餐服务	北京市大兴区
北京吉野家快餐有限公司	快餐服务	北京市西城区
眉州东坡餐饮管理(北京)有限公司	正餐服务	北京市朝阳区
汉堡王(北京)餐饮管理有限公司	快餐服务	北京市顺义区
中国全聚德(集团)股份有限公司	正餐服务	北京市西城区
北京健力源餐饮管理有限公司	快餐服务	北京市海淀区
北京金鼎轩酒楼有限责任公司	正餐服务	北京市东城区
聚德华天控股有限公司	正餐服务	北京市西城区
北京快客利餐饮管理有限公司	正餐服务	北京市朝阳区
北京和合谷餐饮管理有限公司	快餐服务	北京市西城区
北京永和大王餐饮有限公司	快餐服务	北京市东城区
北京东来顺集团有限责任公司	正餐服务	北京市东城区
北京索迪斯服务有限公司	其他未列明餐饮业	北京市朝阳区
北京新辣道餐饮管理有限公司	正餐服务	北京市朝阳区
北京嘉和一品餐饮管理有限公司	快餐服务	北京市顺义区
北京真功夫快餐连锁管理有限公司	快餐服务	北京市朝阳区
北京首都机场餐饮发展有限公司	正餐服务	北京市顺义区
北京市新宏状元餐饮管理有限公司	正餐服务	北京市海淀区
北京华卓餐饮连锁股份有限公司	正餐服务	北京市顺义区
北京西贝万家餐饮管理有限公司	正餐服务	北京市平谷区
北京礼信年年餐饮管理有限公司	其他未列明餐饮业	北京市海淀区
云海肴(北京)餐饮管理有限公司	正餐服务	北京市房山区
北京萨莉亚餐饮管理有限公司	正餐服务	北京市东城区
贝拉吉奥(北京)餐饮管理有限公司	正餐服务	北京市朝阳区
北京便宜坊烤鸭集团有限公司	正餐服务	北京市东城区
北京大董烤鸭店有限责任公司	正餐服务	北京市朝阳区
北京将太无二餐饮有限责任公司	正餐服务	北京市朝阳区
北京金丰餐饮有限公司	其他未列明餐饮业	北京市海淀区
北京紫福餐饮有限公司	正餐服务	北京市东城区
北京味千餐饮管理有限公司	快餐服务	北京市朝阳区
北京通泰餐饮有限责任公司	餐饮配送服务	北京市丰台区
北京联郡餐饮管理有限公司	正餐服务	北京市海淀区
北京汤城小厨餐饮管理有限公司	正餐服务	北京市东城区
顺峰饮食酒店管理股份有限公司	正餐服务	北京市门头沟区
北京航天华盛科贸发展有限公司	正餐服务	北京市丰台区
北京翔达投资管理有限公司	正餐服务	北京市西城区
北京汇丰利餐饮管理有限公司	正餐服务	北京市大兴区
北京恒泰丰餐饮有限公司	正餐服务	北京市东城区
北京达美乐比萨饼有限公司	快餐服务	北京市大兴区
华润太平洋餐饮管理(北京)有限公司	咖啡馆服务	北京市东城区
北京西贝部落餐饮管理有限公司	正餐服务	北京市平谷区
北京龙城丽华快餐餐饮管理有限公司	餐饮配送服务	北京市朝阳区
北京大董富春山居餐饮管理有限公司	正餐服务	北京市朝阳区
北京市西单麻辣诱惑餐饮有限公司	正餐服务	北京市西城区

4-4 续表 1

企业名称	所属行业	企业所在地
北京旺顺阁美食有限公司	正餐服务	北京市朝阳区
北京比格餐饮管理有限责任公司	快餐服务	北京市西城区
北京明帝餐饮管理有限公司	快餐服务	北京市朝阳区
北京心正意诚餐饮管理有限公司	正餐服务	北京市房山区
北京西贝一村餐饮管理有限公司	正餐服务	北京市平谷区
北京星物语餐饮管理有限公司	小吃服务	北京市东城区
北京宴禧餐饮管理有限公司	正餐服务	北京市丰台区
北京饭通天下餐饮管理有限公司	其他未列明餐饮业	北京市丰台区
北京为之味餐饮有限公司	快餐服务	北京市密云区
北京天隆瑞宸餐饮管理有限公司	正餐服务	北京市海淀区
北京东方饺子王餐饮有限责任公司	正餐服务	北京市门头沟区
北京市健坤餐饮有限责任公司	其他未列明餐饮业	北京市丰台区
北京京味楼餐饮管理有限公司	正餐服务	北京市西城区
美诺(北京)餐饮管理有限公司	正餐服务	北京市西城区
央视后勤服务发展(北京)有限责任公司	正餐服务	北京市海淀区
北京安妮餐饮有限公司	正餐服务	北京市朝阳区
北京潇湘府餐饮管理有限公司	正餐服务	北京市海淀区
北京凯瑞御仙都餐饮管理有限公司	正餐服务	北京市海淀区
北京新世纪青年饮食有限公司	正餐服务	北京市西城区
北京江边城外阳光餐饮管理有限公司	正餐服务	北京市海淀区
溱溱餐饮管理有限公司	正餐服务	北京市大兴区
北京眉州酒店管理有限公司	正餐服务	北京市朝阳区
北京西贝龙之梦餐饮管理有限公司	正餐服务	北京市平谷区
北京潇湘甲鱼村酒家	正餐服务	北京市丰台区
北京首钢饮食有限责任公司	正餐服务	北京市石景山区
北京眉州东坡酒楼	正餐服务	北京市朝阳区
北京千喜鹤餐饮管理有限公司	正餐服务	北京市西城区
北京禾绿回转寿司饮食有限公司	快餐服务	北京市西城区
北京市正一味快餐管理有限公司	快餐服务	北京市门头沟区
奇点同舟餐饮管理(北京)有限公司	正餐服务	北京市海淀区
北京渝信紫龙餐饮有限公司	正餐服务	北京市朝阳区
天津市		
天津肯德基有限公司	快餐服务	天津市南开区
天津麦当劳食品有限公司	快餐服务	天津市河西区
天津海底捞餐饮管理有限公司	正餐服务	天津市西青区
狗不理集团股份有限公司	正餐服务	天津市和平区
天津快客利食品科技咨询有限公司	餐饮配送服务	天津市河北区
恒大地产集团天津世博国际会议中心有限公司	正餐服务	天津市东丽区
河北省		
河北千喜鹤饮食股份有限公司	餐饮配送服务	河北省石家庄市
张家口国际大酒店有限公司	正餐服务	河北省张家口市
山西省		
太原肯德基有限公司	快餐服务	山西省太原市
山西金拱门食品有限公司	快餐服务	山西省太原市
大同市凯鸽餐饮有限责任公司	正餐服务	山西省大同市
内蒙古自治区		
内蒙古小尾羊牧业科技股份有限公司	正餐服务	内蒙古自治区包头市
内蒙古小肥羊餐饮连锁有限公司	正餐服务	内蒙古自治区包头市
内蒙古润隆餐饮管理有限公司	正餐服务	内蒙古自治区鄂尔多斯市

4-4 续表 2

企业名称	所属行业	企业所在地
辽宁省		
百胜餐饮(沈阳)有限公司	快餐服务	辽宁省沈阳市
大连肯德基有限公司	快餐服务	辽宁省大连市
沈阳铁道双瑞餐饮服务有限公司	快餐服务	辽宁省沈阳市
亚惠美食有限公司	快餐服务	辽宁省大连市
沈阳麦当劳(餐厅食品)有限公司	快餐服务	辽宁省沈阳市
大连麦当劳餐厅食品有限公司	快餐服务	辽宁省大连市
星巴克咖啡(辽宁)有限公司	咖啡馆服务	辽宁省沈阳市
星巴克咖啡(大连)有限公司	咖啡馆服务	辽宁省大连市
大连合兴快餐有限公司	快餐服务	辽宁省大连市
吉林省		
吉林缘生泰餐饮有限公司	快餐服务	吉林省吉林市
吉林省南湖宾馆	正餐服务	吉林省长春市
长春国商餐饮管理有限公司	快餐服务	吉林省长春市
黑龙江省		
黑龙江汇良餐厅食品有限公司	快餐服务	黑龙江省哈尔滨市
上海市		
上海统一星巴克咖啡有限公司	咖啡馆服务	上海市黄浦区
上海必胜客有限公司	快餐服务	上海市徐汇区
上海肯德基有限公司	快餐服务	上海市杨浦区
上海麦当劳食品有限公司	快餐服务	上海市黄浦区
王品西提(上海)餐饮有限公司	正餐服务	上海市长宁区
汉堡王(上海)餐饮有限公司	快餐服务	上海市黄浦区
上海小南国海之源餐饮管理有限公司	正餐服务	上海市杨浦区
上海适达餐饮管理有限公司	其他饮料及冷饮服务	上海市奉贤区
快乐蜂(中国)餐饮管理有限公司	快餐服务	上海市黄浦区
上海老城隍庙餐饮(集团)有限公司	快餐服务	上海市黄浦区
上海捞派餐饮管理有限公司	正餐服务	上海市宝山区
上海萨莉亚餐饮有限公司	正餐服务	上海市徐汇区
悦达咖世家(上海)餐饮管理有限公司	咖啡馆服务	上海市黄浦区
上海领先餐饮管理有限公司	正餐服务	上海市黄浦区
上海博海餐饮集团有限公司	正餐服务	上海市金山区
上海避风塘美食有限公司	正餐服务	上海市黄浦区
津味(上海)餐饮管理有限公司	咖啡馆服务	上海市静安区
望湘园(上海)餐饮管理有限公司	正餐服务	上海市浦东新区
上海伟略餐饮管理有限公司	正餐服务	上海市黄浦区
上海沃歌斯餐饮有限公司	快餐服务	上海市静安区
上海爱一特餐饮有限公司	正餐服务	上海市浦东新区
上海怡乐食食品科技服务有限公司	快餐服务	上海市黄浦区
蓝蛙餐饮管理(上海)有限公司	正餐服务	上海市浦东新区
小杨生煎企业管理发展(上海)有限公司	快餐服务	上海市普陀区
信恒餐饮管理(上海)有限公司	其他饮料及冷饮服务	上海市嘉定区
上海新旺餐饮管理有限公司	正餐服务	上海市黄浦区
上海广成餐饮管理有限公司	正餐服务	上海市长宁区
呷哺呷哺餐饮管理(上海)有限公司	正餐服务	上海市徐汇区
上海一茶一坐餐饮有限公司	正餐服务	上海市虹口区
康帕斯(中国)企业管理服务有限公司	餐饮配送服务	上海市黄浦区
上海速堡餐饮有限公司	正餐服务	上海市静安区
上海麦金地集团股份有限公司	正餐服务	上海市浦东新区
上海真功夫快餐管理有限公司	快餐服务	上海市静安区

4-4 续表 3

企业名称	所属行业	企业所在地
上海大富贵酒楼有限公司	正餐服务	上海市黄浦区
上海绿捷实业发展有限公司	正餐服务	上海市闵行区
上海棒约翰餐饮管理有限公司	正餐服务	上海市奉贤区
上海赤坂亭餐饮投资管理有限公司	正餐服务	上海市闵行区
上海家有好面餐饮管理有限公司	小吃服务	上海市青浦区
上海达美乐比萨有限公司	正餐服务	上海市浦东新区
绿捷(上海)企业发展有限公司	正餐服务	上海市虹口区
上海朋利来餐饮管理有限公司	小吃服务	上海市普陀区
新元素餐饮管理(上海)有限公司	正餐服务	上海市黄浦区
米斯特比萨金鹰餐饮管理(上海)有限公司	快餐服务	上海市徐汇区
上海馔山餐饮管理有限公司	正餐服务	上海市普陀区
希杰福味园(上海)餐饮管理有限公司	小吃服务	上海市闵行区
上海天泰餐饮服务有限公司	正餐服务	上海市黄浦区
上海学校餐饮服务有限公司	小吃服务	上海市黄浦区
马上诺餐饮(上海)有限公司	正餐服务	上海市黄浦区
富悦(上海)酒店管理有限公司	正餐服务	上海市松江区
上海海舟餐饮服务管理有限公司	其他未列明餐饮业	上海市浦东新区
上海光明村实业总公司	正餐服务	上海市黄浦区
上海宝莱纳餐饮有限公司	正餐服务	上海市徐汇区
上海俏江南酒店管理有限公司	正餐服务	上海市静安区
上海豪普生达商业管理有限公司	正餐服务	上海市浦东新区
上海锦江国际食品餐饮管理有限公司	其他未列明餐饮业	上海市杨浦区
上海新迎园餐饮管理有限公司	餐饮配送服务	上海市嘉定区
上海外滩三号饮食文化有限公司	正餐服务	上海市黄浦区
贝拉吉奥(上海)餐饮管理有限公司	正餐服务	上海市闵行区
上海长宁唐宫海鲜舫有限公司	正餐服务	上海市长宁区
上海荣新馆餐饮管理有限公司	正餐服务	上海市长宁区
上海伊秀餐饮管理股份有限公司	正餐服务	上海市浦东新区
上海银湖酒店有限公司	正餐服务	上海市松江区
上海港丽餐饮管理有限公司	正餐服务	上海市黄浦区
上海王家沙餐饮股份有限公司	正餐服务	上海市静安区
上海新亚富丽华餐饮股份有限公司	正餐服务	上海市黄浦区
上海日益餐饮有限公司	正餐服务	上海市浦东新区
上海仟果企业管理有限公司	其他饮料及冷饮服务	上海市杨浦区
上海功德林素食有限公司	正餐服务	上海市黄浦区
上海红子鸡美食总汇有限公司	正餐服务	上海市普陀区
杏花楼食品餐饮股份有限公司	正餐服务	上海市黄浦区
上海音家餐饮管理有限公司	正餐服务	上海市静安区
江苏省		
南京肯德基有限公司	快餐服务	江苏省南京市
苏州肯德基有限公司	快餐服务	江苏省苏州市
无锡肯德基有限公司	快餐服务	江苏省无锡市
大娘水饺餐饮集团股份有限公司	快餐服务	江苏省常州市
和夏(南京)餐饮管理有限公司	其他未列明餐饮业	江苏省南京市
南京麦当劳餐饮食品有限公司	快餐服务	江苏省南京市
常州丽华快餐集团有限公司	快餐服务	江苏省常州市
同庆楼太湖餐饮无锡有限公司	正餐服务	江苏省无锡市
南京联郡餐饮管理有限公司	正餐服务	江苏省南京市
苏州白金汉爵大酒店有限公司	正餐服务	江苏省苏州市
南京味千餐饮管理有限公司	快餐服务	江苏省南京市

4-4 续表 4

企业名称	所属行业	企业所在地
常州扬子餐饮管理有限公司	快餐服务	江苏省常州市
无锡麦当劳餐厅食品有限公司	快餐服务	江苏省无锡市
苏州松鹤楼餐饮管理有限公司	正餐服务	江苏省苏州市
南京荣邦餐饮投资管理发展有限公司	正餐服务	江苏省南京市
江阴市龙希国际大酒店有限公司	正餐服务	江苏省无锡市
苏州工业园区科桥餐饮服务有限公司	餐饮配送服务	江苏省苏州市
无锡汉爵投资有限公司	正餐服务	江苏省无锡市
南京金都饮食服务有限公司	正餐服务	江苏省南京市
江苏小厨娘餐饮管理有限公司	正餐服务	江苏省南京市
南京爱味弘企业管理服务有限公司	正餐服务	江苏省南京市
南京梅山生活服务发展有限公司	正餐服务	江苏省南京市
苏州工业园区金海华餐饮管理有限责任公司	正餐服务	江苏省苏州市
常州市怡佳逸高酒店管理有限公司	正餐服务	江苏省常州市
苏州市大娘水饺餐饮有限公司	其他未列明餐饮业	江苏省苏州市
浙江省		
杭州肯德基有限公司	快餐服务	浙江省杭州市
浙江麦当劳餐厅食品有限公司	快餐服务	浙江省杭州市
老娘舅餐饮有限公司	快餐服务	浙江省湖州市
杭州饮食服务集团有限公司	正餐服务	浙江省杭州市
杭州捞派餐饮有限公司	正餐服务	浙江省杭州市
东阳市横店影视城酒店管理有限公司	正餐服务	浙江省金华市
外婆家餐饮集团有限公司	正餐服务	浙江省杭州市
慈溪白金汉爵投资有限公司	正餐服务	浙江省宁波市
浙江凯旋门澳门豆捞控股集团有限公司	正餐服务	浙江省杭州市
浙江浙农茂阳农产品配送有限公司	餐饮配送服务	浙江省绍兴市
平湖白金汉爵大酒店有限公司	正餐服务	浙江省嘉兴市
八十五度(浙江)餐饮管理有限公司	小吃服务	浙江省杭州市
杭州楼外楼实业集团股份有限公司	正餐服务	浙江省杭州市
杭州味千餐饮管理有限公司	正餐服务	浙江省杭州市
绍兴市咸亨酒店有限公司	正餐服务	浙江省绍兴市
温州滨海大酒店有限公司	正餐服务	浙江省温州市
杭州新丰小吃股份有限公司	小吃服务	浙江省杭州市
杭州德克士食品有限公司	快餐服务	浙江省杭州市
宁波杭州湾新区世纪金源大饭店有限公司	正餐服务	浙江省宁波市
浙江同力教育后勤管理有限公司	正餐服务	浙江省杭州市
舟山市高佳庄餐饮管理有限公司	正餐服务	浙江省舟山市
浙江中宇航空发展有限公司	餐饮配送服务	浙江省杭州市
杭州西溪宾馆管理有限公司	正餐服务	浙江省杭州市
绍兴非滋意式餐饮服务有限公司	正餐服务	浙江省绍兴市
温州奥嘉国际酒店管理有限公司	正餐服务	浙江省温州市
安徽省		
同庆楼餐饮股份有限公司	正餐服务	安徽省合肥市
安徽老乡鸡餐饮有限公司	快餐服务	安徽省合肥市
安徽蜀王美心餐饮管理有限责任公司	快餐服务	安徽省合肥市
安徽省驿达高速公路服务区经营管理有限公司	快餐服务	安徽省合肥市
合肥白金汉爵大酒店有限公司	正餐服务	安徽省合肥市
安徽联升餐厅食品有限公司	快餐服务	安徽省合肥市
芜湖汉爵阳明大酒店有限公司	正餐服务	安徽省芜湖市
合肥丰大国际大酒店有限责任公司	正餐服务	安徽省合肥市
安徽江淮兴业餐饮服务有限公司	正餐服务	安徽省合肥市
合肥爱玛肥东老母鸡餐饮有限公司	快餐服务	安徽省合肥市

4-4 续表 5

企业名称	所属行业	企业所在地
福建省		
百胜餐饮(福州)有限公司	快餐服务	福建省福州市
厦门肯德基有限公司	快餐服务	福建省厦门市
福州麦当劳餐厅食品有限公司	快餐服务	福建省福州市
厦门麦当劳食品发展有限公司	快餐服务	福建省厦门市
福州豪亨世家餐饮管理有限公司	正餐服务	福建省福州市
厦门海底捞餐饮管理有限公司	正餐服务	福建省厦门市
八十五度(厦门)餐饮管理有限公司	其他未列明餐饮业	福建省厦门市
福州飞龙餐饮管理有限公司	快餐服务	福建省福州市
厦门市临家社区餐饮服务有限公司	正餐服务	福建省厦门市
福州德克士食品有限公司	快餐服务	福建省福州市
福州香米拉酒店投资有限公司	正餐服务	福建省福州市
厦门潮福城酒楼有限公司	正餐服务	福建省厦门市
厦门市和兴隆食品科技有限公司	快餐服务	福建省厦门市
江西省		
南昌肯德基有限公司	快餐服务	江西省南昌市
江西海印餐饮管理有限公司	正餐服务	江西省南昌市
山东省		
青岛肯德基有限公司	快餐服务	山东省青岛市
山东蓝海股份有限公司	正餐服务	山东省东营市
山东联升餐厅食品有限公司	快餐服务	山东省青岛市
山东麦当劳(餐厅食品)有限公司	快餐服务	山东省济南市
青岛健力源餐饮管理有限公司	其他未列明餐饮业	山东省青岛市
山东舜和国际酒店有限公司	正餐服务	山东省济南市
临沂市旅游服务中心有限公司	正餐服务	山东省临沂市
青岛美国星巴克咖啡有限公司	咖啡馆服务	山东省青岛市
济南南郊宾馆	正餐服务	山东省济南市
青岛举鑫帮厨有限公司	正餐服务	山东省青岛市
济南蓝海御华大饭店有限公司	正餐服务	山东省济南市
德州扒鸡美食城管理有限公司	正餐服务	山东省德州市
河南省		
郑州肯德基有限公司	快餐服务	河南省郑州市
河南迈乐加餐厅食品有限公司	快餐服务	河南省郑州市
洛阳餐旅(集团)股份有限公司	正餐服务	河南省洛阳市
湖北省		
百胜餐饮(武汉)有限公司	快餐服务	湖北省武汉市
湖北星巴克咖啡有限公司	咖啡馆服务	湖北省武汉市
武汉麦当劳餐饮食品有限公司	快餐服务	湖北省武汉市
武汉艳阳天商贸发展有限公司	正餐服务	湖北省武汉市
武汉武铁旅行服务有限责任公司	餐饮配送服务	湖北省武汉市
武汉天河机场空港服务有限公司	正餐服务	湖北省武汉市
武汉市亢龙太子酒轩有限责任公司	正餐服务	湖北省武汉市
易食纵横(武汉)餐饮股份有限公司	餐饮配送服务	湖北省武汉市
武汉湖锦娱乐发展有限公司江汉分公司	正餐服务	湖北省武汉市
武汉红鼎豆捞餐饮股份有限公司	正餐服务	湖北省武汉市
武汉欧亚会展国际酒店有限公司	正餐服务	湖北省武汉市
武汉新城国际博览中心酒店管理有限公司	正餐服务	湖北省武汉市
湖北三五醇食品配送有限公司	正餐服务	湖北省武汉市
武汉华大餐饮有限公司	快餐服务	湖北省武汉市
武汉湖锦娱乐发展有限责任公司	正餐服务	湖北省武汉市

4-4 续表 6

企业名称	所属行业	企业所在地
湖南省		
长沙肯德基有限公司	快餐服务	湖南省长沙市
湖南迈湘餐厅食品有限公司	快餐服务	湖南省长沙市
湖南徐记酒店管理有限公司	正餐服务	湖南省长沙市
长沙五十七度湘餐饮管理有限公司	正餐服务	湖南省长沙市
长沙乡村基餐饮有限公司	快餐服务	湖南省长沙市
长沙饮食集团长沙火宫殿有限公司	正餐服务	湖南省长沙市
广东省		
百胜餐饮(广东)有限公司	快餐服务	广东省广州市
广东三元麦当劳食品有限公司	快餐服务	广东省广州市
百胜餐饮(深圳)有限公司	快餐服务	广东省深圳市
广东星巴克咖啡有限公司	咖啡馆服务	广东省广州市
深圳金拱门食品有限公司	快餐服务	广东省深圳市
广州酒家集团股份有限公司	正餐服务	广东省广州市
星巴克咖啡(深圳)有限公司	咖啡馆服务	广东省深圳市
广州真功夫快餐连锁管理有限公司	快餐服务	广东省广州市
深圳面点王饮食连锁有限公司	快餐服务	广东省深圳市
广州真功夫经营管理有限公司	快餐服务	广东省广州市
深圳美西西餐饮管理有限公司	其他饮料及冷饮服务	广东省深圳市
深圳真功夫餐饮管理有限公司	快餐服务	广东省深圳市
汉堡王食品(深圳)有限公司	快餐服务	广东省深圳市
广州萨莉亚餐饮有限公司	正餐服务	广东省广州市
春满园饮食管理服务(深圳)集团有限公司	正餐服务	广东省深圳市
广州九毛九餐饮连锁股份有限公司	正餐服务	广东省广州市
东莞肯德基有限公司	快餐服务	广东省东莞市
广州动车组餐饮有限公司	餐饮配送服务	广东省广州市
东莞市鸿骏膳食管理有限公司	餐饮配送服务	广东省东莞市
深圳永和大王餐饮有限公司	快餐服务	广东省深圳市
深圳市海底捞餐饮有限责任公司	正餐服务	广东省深圳市
深圳绿源餐饮管理有限公司	快餐服务	广东省深圳市
元气寿司餐饮服务管理(深圳)有限公司	正餐服务	广东省深圳市
深圳西贝喜悦餐饮有限公司	正餐服务	广东省深圳市
八十五度餐饮管理(深圳)有限公司	小吃服务	广东省深圳市
深圳市宝利来投资有限公司	正餐服务	广东省深圳市
深圳市嘉旺餐饮连锁有限公司	快餐服务	广东省深圳市
中山金濠汉堡食品有限公司	快餐服务	广东省中山市
南海渔村集团有限公司	正餐服务	广东省广州市
深圳润园四季餐饮有限公司	正餐服务	广东省深圳市
深圳航空食品有限公司	餐饮配送服务	广东省深圳市
深圳新语餐饮管理有限公司	小吃服务	广东省深圳市
广州渔民新村饮食有限公司	正餐服务	广东省广州市
味千拉面饮食服务(深圳)有限公司	正餐服务	广东省深圳市
广州白云国际会议中心有限公司	正餐服务	广东省广州市
深圳市乐凯撒比萨餐饮管理有限公司	正餐服务	广东省深圳市
深圳市禾绿餐饮管理有限公司	快餐服务	广东省深圳市
深圳市百岁村餐饮连锁有限公司	正餐服务	广东省深圳市
东莞金拱门食品有限公司	快餐服务	广东省东莞市
广州市番禺中国旅行社	正餐服务	广东省广州市
真功夫餐饮管理有限公司	快餐服务	广东省东莞市
深圳市德保膳食管理有限公司	快餐服务	广东省深圳市

4-4 续表 7

企业名称	所属行业	企业所在地
惠州麦当劳(餐厅食品)有限公司	快餐服务	广东省惠州市
深圳维华盛世唐宫饮食有限公司	正餐服务	广东省深圳市
深圳家乐缘餐饮顾问有限公司	快餐服务	广东省深圳市
珠海金濠汉堡食品有限公司	快餐服务	广东省珠海市
深圳威耀饮食有限公司	快餐服务	广东省深圳市
美心食品(深圳)有限公司	小吃服务	广东省深圳市
江门麦当劳(餐厅食品)有限公司	快餐服务	广东省江门市
中山市海港城海鲜大酒楼有限公司	正餐服务	广东省中山市
深圳市粤菜王府餐饮管理有限公司	正餐服务	广东省深圳市
广州泛亚饮食有限公司	快餐服务	广东省广州市
广州市越秀区鸿星艺都海鲜酒家	正餐服务	广东省广州市
广州市食尚国味饮食管理有限公司	正餐服务	广东省广州市
佛山大家乐饮食有限公司	快餐服务	广东省佛山市
深圳市广深铁路列车经贸实业有限公司	正餐服务	广东省深圳市
惠州市惠阳丽景花园酒店有限公司	正餐服务	广东省惠州市
深圳南联股份有限公司	其他未列明餐饮业	广东省深圳市
深圳正中酒店餐饮管理有限公司	正餐服务	广东省深圳市
广州渔民新村兴盛饮食有限公司	正餐服务	广东省广州市
深圳吉野家快餐有限公司	正餐服务	广东省深圳市
深圳市食美乐餐饮管理有限公司	正餐服务	广东省深圳市
深圳市中海凯骊酒店有限公司	正餐服务	广东省深圳市
广州渔民新村餐饮企业管理有限公司	正餐服务	广东省广州市
深圳市巴蜀风饮食管理有限公司	正餐服务	广东省深圳市
广州市莲香楼有限公司	正餐服务	广东省广州市
广州七十二街餐饮连锁发展有限公司	快餐服务	广东省广州市
汕头肯德基有限公司	快餐服务	广东省汕头市
广州市超味盏饮食有限公司	正餐服务	广东省广州市
广州柒拾贰餐饮连锁管理有限公司	快餐服务	广东省广州市
深圳速堡餐饮有限公司	正餐服务	广东省深圳市
深圳市万味源餐饮管理有限公司	正餐服务	广东省深圳市
广州太兴餐饮管理有限公司	正餐服务	广东省广州市
珠海大家乐饮食有限公司	其他未列明餐饮业	广东省珠海市
深圳大快活快餐有限公司	快餐服务	广东省深圳市
深圳市七十九号渔船餐饮服务有限公司	正餐服务	广东省深圳市
明华(蛇口)海员服务公司明华国际会议中心	正餐服务	广东省深圳市
东莞金拱门餐饮服务有限公司	快餐服务	广东省东莞市
湛江市君豪酒店有限公司	正餐服务	广东省湛江市
广西壮族自治区		
南宁肯德基有限公司	快餐服务	广西壮族自治区南宁市
广西禾唛餐饮有限公司	快餐服务	广西壮族自治区南宁市
广西三品王餐饮管理有限公司	快餐服务	广西壮族自治区南宁市
桂林市椿记餐饮有限公司	正餐服务	广西壮族自治区桂林市
海南省		
海口麦点九毛九餐饮管理有限公司	正餐服务	海南省海口市
海南新宝岛餐饮管理有限公司	正餐服务	海南省海口市
重庆市		
重庆兴红得聪餐饮管理有限公司	正餐服务	重庆市渝中区
重庆陶然居饮食文化(集团)股份有限公司	正餐服务	重庆市九龙坡区
重庆市小八仙餐饮有限公司	正餐服务	重庆市万州区

4-4 续表 8

企业名称	所属行业	企业所在地
重庆味千餐饮文化有限公司	快餐服务	重庆市九龙坡区
重庆北三玖玖玖餐饮有限公司	正餐服务	重庆市万州区
重庆肯德基有限公司	快餐服务	重庆市渝中区
重庆菜香源餐饮文化有限公司	正餐服务	重庆市九龙坡区
重庆海印餐饮管理有限公司	快餐服务	重庆市渝北区
重庆刘一手餐饮管理有限公司	正餐服务	重庆市九龙坡区
重庆德庄酒店管理有限公司	正餐服务	重庆市南岸区
四川航空重庆机场配餐服务有限公司	餐饮配送服务	重庆市渝北区
重庆秦妈餐饮管理有限公司	正餐服务	重庆市渝北区
芭菲盛宴环球餐饮集团有限公司	正餐服务	重庆市九龙坡区
重庆渝风堂餐饮有限责任公司	正餐服务	重庆市渝北区
重庆吉之源餐饮连锁有限公司	正餐服务	重庆市垫江县
四川省		
百胜餐饮(成都)有限公司	快餐服务	四川省成都市
成都星巴克咖啡有限公司	咖啡馆服务	四川省成都市
四川乡村基餐饮有限公司	快餐服务	四川省成都市
四川麦当劳餐厅食品有限公司	快餐服务	四川省成都市
成都世外桃源酒店有限公司	正餐服务	四川省成都市
简阳市海捞餐饮管理有限公司	其他未列明餐饮业	四川省成都市
四川省成都市饮食公司	正餐服务	四川省成都市
成都八十五度餐饮管理有限公司	小吃服务	四川省成都市
成都市源创巴国布衣餐饮股份有限公司	正餐服务	四川省成都市
贵州省		
贵州醉苗乡餐饮投资管理有限公司	正餐服务	贵州省贵阳市
云南省		
昆明市肯德基有限公司	快餐服务	云南省昆明市
云南滇美餐饮有限公司	快餐服务	云南省昆明市
昆明饮食服务有限公司	正餐服务	云南省昆明市
云南东方航空食品有限公司	餐饮配送服务	云南省昆明市
昆明仟真和餐饮有限公司	正餐服务	云南省昆明市
云南空港航空食品有限公司	正餐服务	云南省昆明市
陕西省		
百胜餐饮(西安)有限公司	快餐服务	陕西省西安市
西安饮食股份有限公司	正餐服务	陕西省西安市
西安真爱服务事业有限公司	正餐服务	陕西省西安市
西安麦当劳(餐厅食品)有限公司	快餐服务	陕西省西安市
陕西徐记酒店有限公司	正餐服务	陕西省西安市
西安小六汤包餐饮股份有限公司	正餐服务	陕西省西安市
陕西在这里餐饮管理有限公司	正餐服务	陕西省西安市
西安百姓厨房大馄饨餐饮有限责任公司	正餐服务	陕西省西安市
陕西关中风情文化有限公司	正餐服务	陕西省宝鸡市
西安西贝情餐饮有限责任公司	正餐服务	陕西省西安市
西安师苑后勤服务有限责任公司	正餐服务	陕西省西安市
甘肃省		
兰州肯德基有限公司	快餐服务	甘肃省兰州市
敦煌市敦味夜吧饮食服务有限责任公司	正餐服务	甘肃省酒泉市
新疆维吾尔自治区		
新疆肯德基有限公司	快餐服务	新疆维吾尔自治区乌鲁木齐市
新疆百富餐饮股份有限公司	快餐服务	新疆维吾尔自治区乌鲁木齐市

附　录

附录Ⅰ：统计上大中小微型企业划分办法

附录Ⅱ：批发和零售业、住宿和餐饮业统计限额标准

附录Ⅲ：主要统计指标解释

附录Ⅰ 统计上大中小微型企业划分办法(2017)

一、根据工业和信息化部、国家统计局、国家发展改革委、财政部《关于印发中小企业划型标准规定的通知》(工信部联企业〔2011〕300 号),以《国民经济行业分类》(GB/T4754-2017)为基础,结合统计工作的实际情况,制定本办法。

二、本办法适用对象为在中华人民共和国境内依法设立的各种组织形式的法人企业或单位。个体工商户参照本办法进行划分。

三、本办法适用范围包括:农、林、牧、渔业,采矿业,制造业,电力、热力、燃气及水生产和供应业,建筑业,批发和零售业,交通运输、仓储和邮政业,住宿和餐饮业,信息传输、软件和信息技术服务业,房地产业,租赁和商务服务业,科学研究和技术服务业,水利、环境和公共设施管理业,居民服务、修理和其他服务业,文化、体育和娱乐业等 15 个行业门类以及社会工作行业大类。

四、本办法按照行业门类、大类、中类和组合类别,依据从业人员、营业收入、资产总额等指标或替代指标,将我国的企业划分为大型、中型、小型、微型等四种类型。具体划分标准见附表。

五、企业划分由政府综合统计部门根据统计年报每年确定一次,定报统计原则上不进行调整。

六、本办法自印发之日起执行,国家统计局 2011 年印发的《统计上大中小微型企业划分办法》(国统字〔2011〕75 号)同时废止。

附表：统计上大中小微型企业划分标准

行业名称	指标名称	计量单位	大型	中型	小型	微型
农、林、牧、渔业	营业收入(Y)	万元	Y≥20000	500≤Y<20000	50≤Y<500	Y<50
工业 *	从业人员(X)	人	X≥1000	300≤X<1000	20≤X<300	X<20
	营业收入(Y)	万元	Y≥40000	2000≤Y<40000	300≤Y<2000	Y<300
建筑业	营业收入(Y)	万元	Y≥80000	6000≤Y<80000	300≤Y<6000	Y<300
	资产总额(Z)	万元	Z≥80000	5000≤Z<80000	300≤Z<5000	Z<300
批发业	从业人员(X)	人	X≥200	20≤X<200	5≤X<20	X<5
	营业收入(Y)	万元	Y≥40000	5000≤Y<40000	1000≤Y<5000	Y<1000
零售业	从业人员(X)	人	X≥300	50≤X<300	10≤X<50	X<10
	营业收入(Y)	万元	Y≥20000	500≤Y<20000	100≤Y<500	Y<100
交通运输业 *	从业人员(X)	人	X≥1000	300≤X<1000	20≤X<300	X<20
	营业收入(Y)	万元	Y≥30000	3000≤Y<30000	200≤Y<3000	Y<200
仓储业*	从业人员(X)	人	X≥200	100≤X<200	20≤X<100	X<20
	营业收入(Y)	万元	Y≥30000	1000≤Y<30000	100≤Y<1000	Y<100
邮政业	从业人员(X)	人	X≥1000	300≤X<1000	20≤X<300	X<20
	营业收入(Y)	万元	Y≥30000	2000≤Y<30000	100≤Y<2000	Y<100
住宿业	从业人员(X)	人	X≥300	100≤X<300	10≤X<100	X<10
	营业收入(Y)	万元	Y≥10000	2000≤Y<10000	100≤Y<2000	Y<100
餐饮业	从业人员(X)	人	X≥300	100≤X<300	10≤X<100	X<10
	营业收入(Y)	万元	Y≥10000	2000≤Y<10000	100≤Y<2000	Y<100
信息传输业 *	从业人员(X)	人	X≥2000	100≤X<2000	10≤X<100	X<10
	营业收入(Y)	万元	Y≥100000	1000≤Y<100000	100≤Y<1000	Y<100
软件和信息技术服务业	从业人员(X)	人	X≥300	100≤X<300	10≤X<100	X<10
	营业收入(Y)	万元	Y≥10000	1000≤Y<10000	50≤Y<1000	Y<50
房地产开发经营	营业收入(Y)	万元	Y≥200000	1000≤Y<200000	100≤Y<1000	Y<100
	资产总额(Z)	万元	Z≥10000	5000≤Z<10000	2000≤Z<5000	Z<2000
物业管理	从业人员(X)	人	X≥1000	300≤X<1000	100≤X<300	X<100
	营业收入(Y)	万元	Y≥5000	1000≤Y<5000	500≤Y<1000	Y<500
租赁和商务服务业	从业人员(X)	人	X≥300	100≤X<300	10≤X<100	X<10
	资产总额(Z)	万元	Z≥120000	8000≤Z<120000	100≤Z<8000	Z<100
其他未列明行业 *	从业人员(X)	人	X≥300	100≤X<300	10≤X<100	X<10

说明：

1.大型、中型和小型企业须同时满足所列指标的下限，否则下划一档；微型企业只须满足所列指标中的一项即可。

2.附表中各行业的范围以《国民经济行业分类》(GB/T4754-2017）为准。带*的项为行业组合类别，其中，工业包括采矿业，制造业，电力、热力、燃气及水生产和供应业；交通运输业包括道路运输业，水上运输业，航空运输业，管道运输业，多式联运和运输代理业、装卸搬运，不包括铁路运输业；仓储业包括通用仓储，低温仓储，危险品仓储，谷物、棉花等农产品仓储，中药材仓储和其他仓储业;信息传输业包括电信、广播电视和卫星传输服务，互联网和相关服务；其他未列明行业包括科学研究和技术服务业，水利、环境和公共设施管理业，居民服务、修理和其他服务业，社会工作，文化、体育和娱乐业，以及房地产中介服务，其他房地产业等，不包括自有房地产经营活动。

3.企业划分指标以现行统计制度为准。（1）从业人员，是指期末从业人员数，没有期末从业人员数的，采用全年平均人员数代替。（2）营业收入，工业、建筑业、限额以上批发和零售业、限额以上住宿和餐饮业以及其他设置主营业务收入指标的行业，采用主营业务收入；限额以下批发与零售业企业采用商品销售额代替；限额以下住宿与餐饮业企业采用营业额代替；农、林、牧、渔业企业采用营业总收入代替；其他未设置主营业务收入的行业，采用营业收入指标。（3）资产总额，采用资产总计代替。

附录Ⅱ　批发和零售业、住宿和餐饮业统计限额标准

行业类别	统计指标名称	限额标准
批发业	年主营业务收入	2000 万元
零售业	年主营业务收入	500 万元
住宿业	年主营业务收入	200 万元
餐饮业		

附录III 主要统计指标解释

一、批发和零售业、住宿和餐饮业主要财务指标解释

1. 资产总计：指企业过去的交易或者事项形成的、由企业拥有或者控制的、预期会给企业带来经济利益的资源。资产一般按流动性（资产的变现或耗用时间长短）分为流动资产和非流动资产。其中流动资产可分为货币资金、交易性金融资产、应收票据、应收账款、预付款项、其他应收款、存货等；非流动资产可分为长期股权投资、固定资产、无形资产及其他非流动资产等。

2. 流动资产合计：资产满足以下条件之一应归为流动资产：（1）预计在一个正常营业周期中变现、出售或耗用，主要包括存货、应收账款等；（2）主要为交易目的而持有；（3）预计在资产负债表日起一年内（含一年）变现；（4）自资产负债日起一年内，交换其他资产或清偿负债的能力不受限制的现金或现金等价物。包括货币资金、应收票据、应收账款、存货等项目。

3. 固定资产原价：指固定资产的成本，包括企业在购置、自行建造、安装、改建、扩建、技术改造某项固定资产时所发生的全部支出总额。

4. 累计折旧：指企业在报告期末提取的历年固定资产折旧累计数。

5. 负债合计：指企业过去的交易或者事项形成的，预期会导致经济利益流出企业的现时义务。负债一般按偿还期长短分为流动负债和非流动负债。

6. 所有者权益合计：指企业资产扣除负债后由所有者享有的剩余权益。公司的所有者权益又称股东权益。包括实收资本、资本公积、盈余公积、未分配利润等。

7. 实收资本：指企业投资者实际投入的资本(或股本)，包括货币、实物、无形资产等各种形式的投入。实收资本按投资主体可分为国家资本、集体资本、法人资本、个人资本、港澳台资本和外商资本。

8. 国家资本：指有权代表国家投资的政府部门或机构、直属事业单位对企业形成的资本金。

9. 集体资本：指由本企业职工等自然人集体投资或各种机构对企业进行扶持形成的集体性质的资本金。

10. 法人资本：指法人以其依法可支配的资产投入企业形成的资本金。

11. 个人资本：指自然人实际投入企业的资本金。

12. 港澳台资本：指我国香港、澳门和台湾地区投资者实际投入企业的资本金。

13. 外商资本：指外国投资者实际投入企业的资本金。

14. 营业收入：指企业经营主要业务和其他业务所确认的收入总额。营业收入合计包括“主营业务收入”和“其他业务收入”。

15. 主营业务收入：指企业确认的销售商品、提供劳务等主营业务的收入。

16. 主营业务成本：指企业经营主要业务所发生的成本总额。

17. 主营业务税金及附加：指企业经营主要业务应负担的消费税、城市维护建设税、资源税、教育费附加及房产税、土地使用税、车船使用税、印花税等相关税费。

18. 主营业务利润：指企业在从事商品销售、提供服务等主要经营中所产生的利润之和。

19. 其他业务利润：指企业经营除主要业务以外的其他业务实现的利润。

20. 销售费用：指企业在销售商品和材料、提供劳务的过程中发生的各种费用，包括保险费、包装费、展览费和广告费、商品维修费、预计产品质量保证损失、运输费、装卸费等以及为销售本企业商品而专设的销售机构（含销售网点、售后服务网点

等）的职工薪酬、业务费、折旧费等经营费用。

21. 管理费用：指企业为组织和管理企业生产经营所发生的费用，包括企业在筹建期间内发生的开办费、董事会和行政管理部门在企业经营管理中发生的，或者应当由企业统一负担的公司经费等。

22. 财务费用：指企业为筹集生产经营所需资金等而发生的筹资费用，包括企业生产经营期间发生的利息支出（减利息收入）、汇兑损失（减汇兑收益）以及相关的手续费等。

23. 营业利润：指企业从事生产经营活动所取得的利润。

24. 利润总额：指企业在一定会计期间的经营成果，是生产经营过程中各种收入扣除各种耗费后的盈余，反映企业在报告期内实现的盈亏总额。

25. 所得税费用：所得税费用由两部分组成：当期所得税和递延所得税。当期所得税是指企业按照税法规定计算确定的针对当期发生的交易和事项，应交纳给税务部门的所得税金额，即应交所得税。递延所得税是指按照所得税准则规定应予确认的递延所得税资产和递延所得税负债应有的金额相对于原已确认金额之间的差异。

26. 应付职工薪酬：指企业为获得职工提供的服务而给予各种形式的报酬以及其他相关支出。包括职工工资、奖金、津贴和补贴，职工福利费，医疗保险费、养老保险费、失业保险费、工伤保险费和生育保险费等社会保险费，住房公积金，工会经费和职工教育经费，非货币性福利，因解除与职工的劳动关系给予的补偿，其他与获得职工提供的服务相关的支出。

27. 应交增值税：指按税法规定，针对销售货物、服务、无形资产、不动产或提供加工、修理修配劳务的增值额和货物进口金额为计税依据而课征的一种流转税。有两种计算方法，可选其一，一旦确定，原则上不得更改，

计算方法一：

应交增值税＝销项税额－（进项税额－进项税额转出）－出口抵减内销产品应纳税额－减免税款＋出口退税

计算方法二：

应交增值税＝销项税额－(进项税额－进项税额转出-免、抵、退应退税额)+简易计税办法计算的应纳税额+按简易计税办法计算的纳税检查应补缴税额－应纳税额减征额。

二、批发和零售业商品购、销、存情况指标解释

1. 商品购进额：指从本企业以外的单位和个人购进（包括从国外直接进口）作为转卖或加工后转卖的商品金额（含增值税）。本指标反映批发和零售业从国内外市场上购进商品的总价。

2. 进口：指直接从国外进口或委托外贸企业代理进口的商品金额，不包括从国内有关单位购进的进口商品。对外贸易企业只统计自主经营进口的商品，不统计受托代理进口的商品。

3. 商品销售额：指对本单位以外的单位和个人出售的商品金额（包括售给本单位消费用的商品，含增值税）。在批发和零售业中，本指标反映在国内市场上销售商品以及出口商品的总价。

4. 出口：指直接向国（境）外出口商品和委托外贸企业代理出口的商品金额，商品出口不包括售给外贸企业出口或加工后出口的商品，以及在国内市场以外币销售的商品。外贸企业只统计自主经营出口的商品，不包括受托代理出口的商品。

5. 期末商品库存额：对于批发和零售业法人单位和个体经营户，是指报告期末取得所有权的全部商品金额（含增值税）；对于批发和零售业产业活动单位，是指报告期末实际在库且归属法人具有所有权的全部商品金额（含增值税）。这个指标反映批发和零售业的商品库存情况，以及对市场商品供应的保证程度。

三、住宿和餐饮业经营情况指标解释

1. 营业额：指住宿和餐饮业单位在经营活动中因提供服务或销售商品等取得的全部收入（含增值税），收入主要来源于提供客房、餐费服务、商品销售和其他服务，如商务服务。不包括多产业法人企业附营的其他行业产业活动单位的餐费收入、商品销售收入等各项收入。

2. 客房收入：指住宿和餐饮业单位在经营活动中因提供住宿服务取得的收入（含增值税）。不包括多产业法人企业附营的其他行业产业活动单位的客

房收入。

3. **餐费收入**：指住宿和餐饮业单位为顾客提供就餐服务取得的收入（含增值税）。包括：经烹饪、调制加工后出售的各种食品，如主食、炒菜、凉拌菜等的收入。不包括多产业法人企业附营的其他行业产业活动单位的餐费收入。

4. **商品销售额**：指对本单位以外的单位和个人出售的商品金额（包括售给本单位消费用的商品，含增值税）。在住宿和餐饮业中，本指标反映住宿和餐饮业单位出售商品的销售总额（含增值税），不包括法人企业附营的其他行业产业活动单位的商品销售额。

5. **其他收入**：指提供客房、餐费服务、商品销售以外的其他服务获得的收入（含增值税），如商务服务、健身娱乐等。

四、批发和零售业、住宿和餐饮业主要经济效益指标解释

1. **负债率**：指企业负债合计与资产总计之比。它表示企业资产总计中，债权人提供资金所占的比重，以及企业资产对债权人权益的保障程度。其计算公式为：

负债率=（负债合计÷资产总计）×100%

2. **主营业务毛利率**：指企业主营业务收入和主营业务成本之间的差额与主营业务收入之比，其计算公式为：

主营业务毛利率=（主营业务收入-主营业务成本）÷主营业务收入×100%

3. **人均主营业务收入**：指企业主营业务收入与年末从业人员数之比，其计算公式为：

人均主营业务收入=主营业务收入÷年末从业人员数

4. **费用率**：指销售费用、管理费用和财务费用三项之和与主营业务收入之比。其计算公式为：

费用率 =（销售费用+管理费用+财务费用）÷主营业务收入×100%